FEMMES, SANTÉ ET PROFESSIONS

Nadia Fahmy-Eid

Aline Charles, Johanne Collin,
Johanne Daigle, Ruby Heap, Lucie Piché

FEMMES, SANTÉ ET PROFESSIONS

Histoire des diététistes et des physiothérapeutes au Québec et en Ontario, 1930-1980. L'affirmation d'un statut professionnel

Avec la participation de Pauline Fahmy
et de Rachel Caux

FIDES

Mise en page et typographie: Martel En-tête

Données de catalogage avant publication

Vedette principale au titre:
Femmes, santé et professions: histoire des diététistes et des physiothérapeutes au Québec et en Ontario, 1930-1980: l'affirmation d'un statut professionnel
Comprend des réf. bibliogr.

ISBN 2-7621-1952-9

1. Personnel paramédical – Québec (Province) – Histoire.
2. Personnel paramédical – Ontario – Histoire.
3. Diététique – Pratique – Canada – Histoire.
4. Physiothérapie – Pratique – Canada – Histoire.
5. Femmes diététistes – Canada.
6. Femmes physiothérapeutes – Canada.
I. Eid, Nadia F.

R697A4F45 1997 610.69'53'0971 C97-940270-0

Dépôt légal: 2e trimestre 1997
Bibliothèque nationale du Québec

Les Éditions Fides bénéficient de l'appui du Conseil des arts du Canada
et de la Société de développement des entreprises culturelles du Québec (SODEC).

Remerciements

Cet ouvrage a été le fruit de la collaboration précieuse de plusieurs personnes; une collaboration qui a revêtu plusieurs formes. Ainsi, nos assistantes et assistants de recherche, Barbara Aubie, Rachel Caux, Sheila Jones, Danielle Lacasse, Sylvie Renaud et Nicolas Savard ont contribué activement à la recherche archivistique et aussi à la rédaction de rapports de recherche qui nous ont été extrêmement utiles.

Mme Suzanne Mavrikakis, de la Corporation professionnelle des diététistes du Québec, et Mme France Hamel, de la Corporation professionnelle des physiothérapeutes du Québec, nous ont facilité l'accès aux archives de leurs associations respectives. Elles nous ont également prodigué des conseils utiles concernant notre recherche et nous ont fait bénéficier d'une perspective neuve relativement à des questions d'actualité liées à leur profession. Grâce à leur participation à plusieurs réunions de notre équipe de recherche, nous avons pu accéder à une vision plus vivante des dynamiques professionnelles en cours, dynamiques que la seule lecture des archives écrites ne suffit pas toujours à cerner complètement.

Nous voudrions également exprimer notre gratitude à Éric Vaillancourt, étudiant au doctorat en histoire à l'UQAM, qui a collaboré à la correction typographique des textes, ainsi qu'au personnel du secrétariat de l'UQAM et en particulier à Mme Michèle Lefebvre qui a recopié patiemment des versions nombreuses de notre manuscrit. Sa patience à cet égard n'a eu d'égal que sa bonne humeur et sa disponibilité constantes.

Nous voudrions rappeler que cet ouvrage est le résultat d'une recherche qui a été subventionnée par le Conseil de recherche en sciences humaines du Canada et financièrement appuyée par l'École des Études supérieures et de la recherche de l'Université d'Ottawa. La publication de cet ouvrage a bénéficié d'une subvention de la Fédération canadienne des sciences sociales et humaines.

1
Introduction

Les images liées au monde de la santé nous renvoient spontanément à des uniformes blancs de médecins et d'infirmières; deux silhouettes familières qui habitent notre imaginaire collectif et s'imposent d'emblée à notre mémoire dès qu'on évoque l'univers des soins médicaux et, surtout, notre expérience vécue de la maladie. Mais, nous le savons pourtant, même s'ils sont nombreux et qu'ils peuplent sans conteste le devant de la scène, médecins et infirmières ne sont pas les seuls protagonistes. Et ils le seront probablement de moins en moins, l'acte médical faisant appel de plus en plus à des compétences multiples (radiologies, analyses de laboratoire, etc.) pour parvenir à un diagnostic sûr.

Dans ce livre, nous verrons ainsi ce qu'il advient des acteurs, et plus précisément des *actrices*, qui occupent l'arrière-scène du monde de la santé. Nous avons formulé l'hypothèse que, dans cet espace en retrait, nous trouverions surtout des femmes, et que ces dernières ne sont pas nécessairement entrées dans le temple d'Esculape par la grande porte. Nous voulions voir, en fait, comment elles ont réussi à pénétrer ces lieux difficiles d'accès et à s'y aménager une place; comment aussi elles sont parvenues à s'y maintenir ou peut-être même à y améliorer leur position.

Parmi ce qu'on désigne aujourd'hui comme les professions auxiliaires de la santé ou encore les professions paramédicales, nous avons choisi de privilégier la physiothérapie et la diététique pour en retracer l'histoire. Pourquoi ces deux professions en particulier, alors qu'elles ne sont pas les seules à occuper cette arrière-scène évoquée plus haut? À partir de la fin des années 1940, on voit apparaître en effet, à un rythme accéléré, des occupations nouvelles dont l'émergence est liée aux progrès spectaculaires des connaissances et de la technologie biomédicales. Si nous avons privilégié l'étude de la physiothérapie et de la diététique, c'est qu'elles présentent toutes deux certains indices permettant de penser qu'elles constituent des exemples types du cheminement évoqué plus haut: une entrée discrète dans l'univers de la santé, l'occupation d'une place située plutôt à l'arrière-plan de la scène, mais aussi une amélioration éventuelle de cette position et du statut professionnel initial qui s'y rattache.

Parties d'un univers de pratique assimilé au début du siècle à une simple technique, issues des écoles ménagères ou des instituts familiaux, les spécialistes en massage thérapeutique et les techniciennes en alimentation deviendront, dans les années 1930 et 1940, ces physiothérapeutes et ces diététistes professionnelles que nous connaissons aujourd'hui. Pour parcourir un tel chemin, il leur aura fallu, à des moments différents de leur évolution respective, réussir à pénétrer l'enceinte (souvent bien fortifiée) des universités et mettre sur pied des associations professionnelles reconnues. Ont-elles dû lutter beaucoup pour parvenir à ces fins? La réponse à cette question représente une autre facette de leur histoire sur laquelle nous aurons l'occasion de revenir. Ce qui semble certain, c'est que, dans le parcours qui les a menées vers la professionnalisation, la physiothérapie et la diététique ont dû se munir des outils indispensables que représentent une formation universitaire reconnue et des associations professionnelles légalement constituées.

Parmi les obstacles à surmonter, il y avait aussi celui, crucial, de la reconnaissance par les pairs. Les nouvelles venues dans l'univers des professions devaient pouvoir s'imposer graduellement comme des interlocutrices valables pour les professions voisines. Certaines parmi ces dernières, telle la profession d'infirmière, bénéficiaient de plus d'ancienneté mais logeaient, en termes de statut, à la même enseigne que la diététique et la physiothérapie. D'autres par contre, comme la profession médicale, étaient plus menaçantes dans la mesure où elles occupaient de plain-pied, et depuis fort longtemps, un terrain situé à un palier supérieur. Il s'agissait donc, dans ce dernier cas, d'un voisinage un peu plus redoutable.

Toutefois, on a pu constater que la diététique et surtout la physiothérapie furent parrainées très tôt — à la fois protégées, et surveillées — par les disciples d'Esculape; même si, à cet égard, la diététique a réussi à se soustraire un peu plus facilement que la physiothérapie à un parrainage lourd à porter et dont les bénéfices pouvaient s'avérer parfois douteux.

Une histoire comparée

Malgré des cheminements qui, comme on le verra plus loin, ne furent pas identiques, la physiothérapie et la diététique présentent assez de points communs pour être jumelées dans une même analyse historique[1]. Cependant, notre objectif n'est pas d'écrire deux histoires qui se côtoient sagement sans connexions possibles. Nous voulons en fait les comparer, établir entre elles des ponts qui permettraient à la fois de les rapprocher et de marquer les distances qui les séparent.

Nous sommes conscientes de la richesse que représente une histoire comparée, mais aussi des risques liés à cette approche. Parmi ces risques, le plus évident demeure la tentation de comparer entre eux des objets non comparables; sans compter aussi le risque de chercher, consciemment ou non, à forcer les analogies ou à accentuer les différences afin de vérifier les hypothèses initiales.

Il nous faut pourtant accepter de courir de tels risques et de relever le défi si nous voulons mieux «faire parler nos sources», comme on dit dans le jargon historiographique; si nous voulons également répondre à plusieurs des questions que nous nous posions au départ. Mais quelles sont en fait ces questions?

Une histoire qui soulève des questions

Nous voulions comprendre, en premier lieu, pourquoi une profession réussissait à atteindre ses objectifs là où l'autre n'y parvenait pas aussi bien. Quels rapports établir entre ces succès ou ces échecs et certaines variables liées tantôt à la nature même de ces professions, tantôt à leurs conditions d'émergence, ou bien encore à leur environnement social et professionnel? Qu'est-ce qui dans l'orientation et le contenu de la formation diffère ou, à l'inverse, se retrouve d'une profession à l'autre? Quels éléments, dans les programmes de formation respectifs, ont pu faciliter l'atteinte des objectifs de reconnaissance professionnelle visés, ou au contraire en freiner la réalisation[2]?

On peut se demander également pour quelles raisons une profession comme la diététique semble, de prime abord, avoir réussi à maintenir plus de distance par rapport à l'institution médicale que n'est parvenue à le faire la physiothérapie. Ou encore, on peut chercher à savoir pourquoi les deux professions ont échoué à obtenir de l'État l'octroi d'un monopole d'exercice sur leur pratique. Ces questions et bien d'autres devraient, de toute évidence, pouvoir être mieux traitées dans le cadre d'une analyse comparée.

Une histoire qui raconte aussi celle des voisins

Nous avons également cherché à comprendre le développement de la physiothérapie et de la diététique dans les milieux francophone et anglophone au Québec; deux univers culturels qui se côtoient sans cesser pour autant de préserver leur identité propre. Il s'agit aussi de deux mondes professionnels dont les orientations et le mode de fonctionnement portent, de toute évidence, la marque de l'histoire particulière de chacune des deux communautés; surtout en ce qui a trait aux institutions éducatives et à la formation professionnelle.

Enfin, la comparaison que nous voulons mener portera également sur les deux communautés plus vastes que représentent le Québec et l'Ontario. Cette dernière province constitue une entité socio-historique et culturelle à la fois proche et différente de sa voisine francophone. C'est pourquoi, d'ailleurs, les deux provinces ont constamment représenté l'une pour l'autre un pôle de référence important dans la compréhension et l'évaluation de nombreux phénomènes sociaux.

Le développement de la physiothérapie et de la diététique dans les sociétés québécoise et ontarienne s'inscrit en fait dans un même schéma. Il s'agit d'occupations nouvelles, en majorité féminines, qui cherchent à améliorer leur statut professionnel tout en évoluant dans un univers de santé où des professions plus anciennes, comme la médecine, exercent depuis longtemps un pouvoir de type hégémonique. Cependant, l'analyse comparée du Québec et de l'Ontario devrait permettre de relativiser un ensemble d'éléments liés à ce schéma. Elle permettrait, par exemple, de mieux saisir la spécificité de la formation, des conditions de travail, des politiques législatives, ou encore celle des stratégies associatives qui ont ponctué l'histoire des deux professions dans chacune des deux sociétés voisines. On peut là aussi imaginer qu'à certains égards, les différences constatées pourraient renvoyer à des caractéristiques d'ordre non seulement structurel, mais aussi culturel. Cela reste à voir.

Dans notre étude, le cas ontarien se trouve à occuper une place un peu moins étendue que celle réservée au Québec. Ce choix ne procède nullement d'un quelconque ethnocentrisme. Il nous est imposé plutôt par une nécessité de type à la fois méthodologique et logistique. Non seulement une étude détaillée de la diététique et de la physiothérapie dans les deux provinces aurait atteint des proportions trop vastes pour faire l'objet d'un seul volume[3], mais il est entendu qu'une analyse comparée a intérêt à privilégier tour à tour, et non simultanément, les deux pôles de la comparaison.

Poser des questions suppose, enfin, que l'on se donne les moyens d'y répondre. Sans nous attarder indûment sur les théories et les concepts qui ont guidé notre réflexion, nous nous contenterons d'expliquer brièvement nos outils d'analyse[4]. Ceux-ci ont été souvent empruntés à la sociologie des professions. Ils nous ont fourni une meilleure possibilité d'interroger adéquatement nos sources archivistiques (c'est peut-être bien à ce niveau que l'interdisciplinarité apparaît la plus rentable).

Questions et outils d'analyse ont porté tour à tour sur la définition même de la notion de profession, sur les conditions et les enjeux de la formation professionnelle, la portée du rôle de l'État dans le développement des professions et, enfin, sur la dynamique des rapports interprofessionnels.

La face cachée des professions

Il fallait, au départ, être en mesure de catégoriser le type de travail que représentent la physiothérapie et la diététique. S'agissait-il uniquement de techniques ou pouvait-on parler résolument à leur sujet de «professions»? Chose certaine, ces nouvelles venues dans le champ de la santé ne correspondaient pas au profil classique des professions libérales traditionnelles comme la médecine, le droit ou le notariat. Ces dernières professions s'étaient constituées en corporation depuis le XIXe siècle. Leurs membres jouissaient d'une certaine autonomie dans la mesure où ils pratiquaient en cabinet privé. De plus, l'État leur avait assuré, depuis le siècle dernier, un statut légal et avait consolidé leur prestige en leur accordant non seulement un titre réservé, mais surtout un droit de monopole sur leur pratique. Ainsi, personne ne pouvait légalement s'annoncer ni surtout pratiquer comme médecin, avocat ou notaire s'il n'avait été habilité à le faire par l'association professionnelle correspondante.

Or, la physiothérapie et la diététique jouissaient bien d'une formation universitaire reconnue depuis les années 1940; elles avaient aussi réussi à se constituer en corporation professionnelle et même obtenu de l'État l'octroi d'un titre réservé. Mais il s'agissait majoritairement de travailleuses qui ne détenaient (et ne détiennent d'ailleurs encore) aucun monopole sur leur pratique. Ainsi, n'importe qui était autorisé à pratiquer la physiothérapie ou à conseiller des diètes, dans la mesure où il ou elle ne s'annonçait pas officiellement comme physiothérapeute ou diététiste.

Face à ces professions de type nouveau, qui ne pouvaient se comparer en termes de pouvoir et de prestige aux professions libérales traditionnelles et qu'on ne savait trop comment catégoriser, certains sociologues ont cru résoudre le problème en les identifiant comme des «semi-professions». Mais, en plus de la connotation quelque peu péjorative d'une telle appellation, celle-ci apparaissait à plusieurs analystes — dont nous-mêmes — inapte à rendre compte de la nature complexe de ces nouvelles occupations. D'ailleurs, les professions libérales elles-mêmes n'étaient pas sans subir, comme l'ensemble des autres professions, des transformations majeures, dont le salariat n'était pas la moindre. Le contrôle accru de l'État, ainsi que la bureaucratisation croissante auxquels la majorité des professions font face n'ont-ils pas amené les sociologues à parler de dé-professionnalisation en même temps que de prolétarisation?

Ceci dit, un bref détour du côté de l'histoire a suffi à nous convaincre que les professions ne partent pas toutes dans la vie avec des chances égales. Elles sont, au départ, fortement tributaires de leur origine. De plus, leur développement paraît être le résultat d'une lutte constante, non seulement pour s'assurer un statut professionnel, mais aussi pour l'améliorer. Aussi, si les professions ont connu une prolétarisation quelconque au cours du 20ème siècle, celle-ci ne les a pas affectées toutes de la même manière.

C'est cette lutte pour la professionnalisation qu'ont menée à leur tour la physiothérapie et la diététique dont cet ouvrage veut rendre compte.

Les enjeux liés à la formation professionnelle

Il est évident que la formation constitue un élément majeur dans l'entreprise de professionnalisation, mais de quel type de formation parle-t-on? S'agit-il, dans le domaine particulier de la santé, de formation à caractère plutôt théorique ou plutôt pratique? Tous les savoirs spécialisés sont-ils placés sur le même pied en ce qui concerne les professions de la santé? Et sinon, quels éléments permettent de hiérarchiser de tels savoirs?

On sait par exemple que, dès la fin du XIXe siècle, les infirmières avaient droit à une formation professionnelle, mais cette dernière, axée sur l'apprentissage des soins aux malades, a pris longtemps l'allure d'un enseignement «sur le tas». Elle avait lieu d'ailleurs dans le cadre même de l'hôpital et non à l'université. De plus, il faut se rappeler qu'à l'époque où la physiothérapie et la diététique pénètrent les enceintes de haut savoir, c'est-à-dire dans les années 1940 et 1950, les femmes étaient absentes de l'ensemble des disciplines biomédicales qui y étaient enseignées. La faculté de médecine avait à peine commencé à leur entrouvrir — très précautionneusement — ses portes, mais très peu de femmes osaient vraiment s'y aventurer.

Alors qu'elles s'avéraient de plus en plus indispensables dans le domaine du *care*, c'est-à-dire dans la sphère des soins, les femmes n'étaient pas vraiment les bienvenues dans celui, plutôt masculin, du *cure* lié au diagnostic et à la guérison. Autant que les autres domaines de la connaissance, celui de la santé en général, et de la médecine en particulier, reste encore le lieu privilégié d'un rapport étroit entre savoir et pouvoir; le lieu également où se concrétisent parfois de manière subtile, mais souvent aussi de façon explicite, les rapports de pouvoir entre les sexes, ceux que la sociologie dénomme des rapports sociaux de sexe.

C'est en suivant ces pistes de réflexion que nous avons interrogé la formation professionnelle offerte aux physiothérapeutes et aux diététistes jusqu'au début des années 1980. Comment ont évolué les orientations et le contenu des programmes? Quel a été le rapport entre les types de savoirs accessibles aux futures physiothérapeutes et aux diététistes tout au long de ces quatre décennies, qu'il s'agisse d'un savoir théorique ou pratique, d'un savoir général ou spécialisé, biomédical ou scientifique? Qui contrôlait les changements qui s'opéraient rapidement à ce niveau, et qui était en charge de transmettre ces savoirs? L'ensemble de ces questions nous a amenées à examiner l'évolution de l'enseignement et aussi la composition du corps enseignant, ainsi que celle du personnel administratif à la tête des institutions d'enseignement concernées. Nous allions constater rapidement que la formation professionnelle se situait dans un univers où le savoir n'était pas le seul élément important en cause. Loin de là.

L'État arbitre entre les professions

Tout au cours de leur histoire, on a vu l'État intervenir auprès des professions tantôt pour les légitimer, tantôt pour limiter le pouvoir qu'elles s'arrogent. Dans ce dernier cas, les rapports entre les professions et l'État peuvent aller jusqu'à prendre l'allure d'une véritable partie de bras de fer (on l'a constaté depuis une décennie au moins en ce qui concerne la profession médicale). Ainsi, pour le meilleur ou pour le pire, l'État québécois moderne se présente de plus en plus comme un interlocuteur inévitable. Non seulement fournit-il le cadre juridique où sont votées les lois qui régissent les professions, mais il est aussi appelé graduellement à fixer jusqu'aux formes mêmes que doit revêtir la pratique professionnelle.

Responsable et gérant suprême du secteur des soins dès le début des années soixante, l'État-providence deviendra enfin employeur sans cesser pour autant d'être législateur. Amené à travers ce double rôle à exercer un contrôle de plus en plus serré sur les professions de la santé, il leur imposera ses normes tout en leur garantissant certains droits.

Mais justement qu'en est-il de ces droits qui s'avèrent différents d'une profession à l'autre? On a vu certaines professions réussir à obtenir de l'État un monopole d'exercice sur leur pratique, alors que d'autres ne parvenaient à se faire garantir qu'un titre réservé. Selon quels critères l'État a-t-il distribué ces pouvoirs inégaux entre les professions? Comment réussit-il à gérer cette distribution? Comment les associations de physiothérapie et de diététique perçoivent-elles les politiques étatiques établies à leur endroit? C'est à ce type de questions que nous nous sommes efforcées de répondre.

La dynamique des rapports interprofessionnels

On le sait, la famille des professions de la santé a grandi très vite. Les nouvelles professions qui viennent prendre place à côté des anciennes devront se tailler un espace en tenant compte de celui qui est déjà occupé par les aînées. Bien sûr, chaque profession possède sa mission propre; celle-là même qui a justifié d'ailleurs sa venue au monde. Cette fonction spécifique devrait, en principe, correspondre à une place clairement identifiée dans le panorama toujours plus vaste de l'ensemble des professions.

On se rend compte très vite toutefois qu'un tel scénario, pour aussi simple et logique qu'il soit, ne correspond pas tout à fait à la réalité observée. Cette dernière paraît obéir à une dynamique beaucoup plus complexe où les droits d'aînesse mis de l'avant par les uns se heurtent aux revendications formulées par les autres, où le pouvoir exercé par les plus forts suscite la résistance des plus faibles. Ainsi, loin de planer au-dessus des contingences matérielles et politiques, l'univers des professions y plonge au contraire des racines solides.

Pour démêler l'écheveau complexe des rapports interprofessionnels et surtout pouvoir les interpréter, la sociologie des professions s'avère ici d'un grand secours. Elle a réfléchi sur les mécanismes de défense instaurés par les groupes professionnels pour défendre leurs droits ou leurs privilèges, ou encore pour établir leur monopole. On parlera alors de «clôture sociale» (*social closure*) pour désigner les barrières élevées par certaines professions pour se prémunir contre l'intrusion et la concurrence de leurs rivales[5]. Pour évoquer cette dynamique, on a également eu recours à des concepts tels que: «marchés protégés», ou encore «marchés de travail fermés[6]».

Quelles que soient les désignations utilisées, elles renvoient toutes à la tendance des professions à se développer à l'abri de barrières multiples. Celles-ci servent tantôt à démarquer un champ de pratique donné de celui occupé par des professions voisines et concurrentes, tantôt à exclure carrément d'un champ de pratique des professions estimées menaçantes.

Dans cette même optique, les groupes exclus mettent au point de leur côté, soit des stratégies d'inclusion pour forcer leur entrée dans des champs de pratique interdits (comme les femmes en médecine par exemple), soit des stratégies d'appropriation graduelle de certains actes professionnels (comme dans le cas des infirmières par rapport aux médecins).

La physiothérapie et la diététique n'échappent pas à la dynamique de la «clôture sociale» telle qu'elle est évoquée ici. L'histoire de leur développement est ponctuée d'affrontements qui les amèneront à se mesurer aux professions rivales. Certaines de ces dernières, comme la médecine, sont plus anciennes et bénéficient d'un statut et d'un prestige assurés, alors que d'autres, telle la chiropratie, sont plus neuves et ont un statut plus incertain.

Il sera important de se pencher également sur le problème des frontières interprofessionnelles qui amèneront la physiothérapie et la diététique à se mesurer à des occupations techniques issues de leurs propres rangs, telles que la technique en réadaptation physique ou la technique en diététique. À des rapports professionnels parfois difficiles vont ainsi se greffer, à partir des années 1970 surtout, des rapports *intra*professionnels non moins problématiques.

Enfin, il faut se rappeler que les questions de rivalité entre les professions évoquées ici s'inscrivent dans des rapports sociaux de sexe dont il faut également tenir compte. Ainsi, que signifie pour des professions à forte majorité féminine le fait de négocier avec des professions rivales, des organismes administratifs, ou même des réseaux politiques dont le membership est exclusivement masculin? Sur quels problèmes de pouvoir, ou d'absence de pouvoir plus précisément, ces réalités débouchent-elles?

C'est de l'ensemble des questions et des problèmes évoqués ici que nous traiterons dans cet ouvrage. Pour ce faire, nous remonterons le cours du temps jusqu'au début des années 1930, soit à la période qui voit naître les professions de diététiste et de physiothérapeute au Québec (en Ontario cette histoire commence plus tôt encore.) Nous avons découpé, cependant, à l'intérieur de cette période, deux champs thématiques. Le premier concerne l'ingérence croissante de l'État dans l'ensemble du champ de la santé, alors que le deuxième a plutôt trait au contrôle étatique de plus en plus serré sur les professions. Pour chacun de ces deux thèmes, nous brosserons tout d'abord un tableau global qui permettra de dresser le décor où évoluent les multiples acteurs sociaux concernés. Il y sera question de l'évolution générale du secteur de la santé, de l'émergence de nouvelles professions dans ce domaine, du cadre législatif mis en place par l'État etc. Nous verrons ainsi se profiler tour à tour le contexte historique où prennent racine la diététique et la physiothérapie, les formes et l'évolution de leurs organisations professionnelles, ainsi que celles de leurs conditions de travail, enfin la légitimation de leur savoir à travers leur accès à une formation universitaire. Nous observerons également les modalités et les conséquences de l'intervention croissante de l'État dans le champ des professions: comment évoluent dans cette conjoncture les associations professionnelles et syndicales que les diététistes et les physiothérapeutes mettent sur pied pour défendre leurs intérêts et quels rapports entretiennent ces dernières avec les professions connexes et concurrentes. Dans un dernier chapitre, on entendra, enfin, les témoignages percutants de quelques diététistes et physiothérapeutes qui réfléchissent sur leur vécu professionnel.

Les sources les plus importantes pour bâtir l'histoire de la physiothérapie et de la diététique nous ont été fournies par les associations professionnelles elles-mêmes. Celles-ci nous ont ouvert généreusement les portes de leurs archives et nous avons pu consulter un nombre impressionnant de documents sous forme de mémoires, de rapports de commissions d'enquête, de textes de loi, de programmes de formation professionnelle etc. Les archives des universités et les archives gouvernementales — celles des ministères de l'éducation et de la santé en particulier — ont également été d'un apport précieux. Parmi les publications gouvernementales, celles de l'Office des professions ont été particulièrement utiles[7].

À ces documents écrits, il faut ajouter enfin la source (orale) importante que représentent les témoignages mêmes des professionnelles concernées. Sans cette forme précieuse d'éclairage «in vivo» du passé, nos efforts de reconstitution de ce dernier auraient été certainement moins fructueux.

BIBLIOGRAPHIE

ABBOTT, Andrew, *The System of Professions. An Essay on the Division of Expert Labor*, Chicago, University of Chicago Press, 1988, 435 p.

BRAVERMAN, Harry, *Travail et capitalisme monopoliste. La dégradation du travail au XXe siècle*, Paris, Maspéro, 1976, 360 p.

COUTURE, Denise, «Enjeux actuels en sociologie des professions», *Sociologie et société*, 20,2, octobre 1988, p. 5-9.

—, «Technologies médicales et statut des corps professionnels dans la division du travail socio-sanitaire», *Sociologie et société*, 20,2, octobre 1988, p. 77-89.

DERBER, Charles et W. SCHWARTZ, «Des hiérarchies à l'intérieur de hiérarchies. Le pouvoir professionnel à l'œuvre», *Sociologie et société*, 20,2, octobre 1988, p. 55-76.

DERBER, Charles, «Sponsorship and the Control of Physicians», *Theory and Society*, 12, 1983, p. 561-601.

DUSSAULT, Gilles, «Professionnalisation et dé-professionnalisation», *in* DUFRESNE, Jacques, Fernand DUMONT et Yves MARTIN (dir.), *Traité d'anthropologie médicale*, Québec, PUQ, 1985, p. 605-616.

—, «L'évolution du professionnalisme au Québec», *Relations industrielles*, 33,3, 1978.

FRIEDSON, Eliot, «The Theory of Professions: State of the Art», *in* DINGWALL, R. et P. LEWIS (dir.), *The Sociology of the Professions. Lawyers, Doctors and Others*, Londres, MacMillan Press Ltd., 1983, p. 19-37.

—, *Profession of Medecine. A study of the Sociology of Applied Knowledge*, New York, Dodd, Mead & Co., 1972, 409 p.

OPPENHEIMER, Martin, «The Proletarization of the Professional», *in* HALMOS, P. (dir.) *Professionalization and Social Change*, Keele, University of Keele, Sociological Review Monograph n° 20, 1973, p. 213-28.

PARADEISE, Catherine, «Les professions comme marchés du travail fermés», *Sociologie et sociétés*, vol. 20, n° 2, octobre 1988, p. 9-21.

PARKIN, Frank, «Strategies of Social Closure in Class Formation», *in* PARKIN, Frank (dir.), *The Social Analysis of Class Structure*, Londres, Tavistock Publications Ltd., 1974, p. 1-18.

SARFATI-LARSON, Magali, *The Rise of Professionalism. A Sociological Analysis*, Berkeley, University of California Press, 1977, 309 p.

WITZ, Ann, *Professions and Patriarchy*, Londres/New York, Routledge, 1990.

2

Le cadre d'émergence du champ paramédical

À l'aube du XXe siècle, le Canada entre dans une ère de prospérité nouvelle. L'optimisme des politiciens et des milieux d'affaires est au rendez-vous. Ce sera, prédit-on, «le siècle du Canada». L'économie du pays, axée sur la mise en valeur de ses innombrables ressources naturelles, favorise l'ouverture des frontières aux immigrants, aux investisseurs, à des technologies nouvelles aussi bien qu'aux grands courants d'idées qui ont cours en Occident. Le Canada rejoint les rangs des grandes nations industrialisées.

Mais cette vision quelque peu idéalisée de la réalité canadienne ne peut faire oublier pour autant les zones d'ombre qui sont, elles aussi, une partie intégrante de ce décor. C'est que l'accélération des phénomènes d'industrialisation et d'urbanisation, l'évolution démographique et aussi les bouleversements qu'engendre la crise des années 1930 entraînent une multitude de problèmes sociaux dont en particulier des problèmes de santé dans les zones urbaines défavorisées des métropoles industrielles naissantes. Ces problèmes mèneront à leur tour à la recherche de solutions collectives. Dès la fin des années trente, on assiste progressivement à la mise en place de l'une des plus importantes institutions du siècle: l'État-Providence (*Welfare State*). Le chômage, la maladie, la vieillesse, enfin la misère humaine sous toutes ses formes, jusque-là redevables à la charité privée, seront, de plus en plus, perçus comme des «risques sociaux» ressortissant aux pouvoirs publics.

À la même époque, le progrès des connaissances scientifiques et médicales suscite les plus grands espoirs. Il devient désormais possible d'enrayer des maladies auparavant fatales et de reculer l'échéance de la mort. Mais ce n'est pas tout d'augmenter l'espérance de vie des populations, il faudra aussi veiller à la qualité de cette vie désormais prolongée. La santé publique devient, dès lors, un objectif social de première importance. On constate, en fait, que la multiplication des besoins sociaux, conjuguée aux avancées spectaculaires de la médecine «moderne» et aussi à une conscientisation sociale accrue, débouche sur la mise en place d'un véritable système de santé à caractère public. Dans le cadre d'un processus de médicalisation qui touche désormais l'ensemble des sociétés occidentales, les pouvoirs publics seront appelés non seulement à assumer une part toujours plus grande du coût de la santé, mais aussi à offrir une gamme de plus en plus variée de services et de soins. Au cours de cette première moitié du XXe siècle, c'est au fond la conception même de la santé qui subit une mutation profonde. Où cette mutation plonge-t-elle ses racines et quels ont été ses effets à plusieurs niveaux, surtout en ce qui concerne les professions de la santé, c'est ce que nous tenterons de comprendre dans les pages qui suivent.

I. L'ÉVOLUTION DU CHAMP SOCIO-SANITAIRE

Des soins familiaux aux services de santé communautaires

Jusqu'au XXe siècle, les soins de santé constituent encore, pour l'essentiel, l'apanage des individus et de leur famille. Traditionnellement, les femmes assistent les malades, participent aux accouchements, soignent, soulagent, réconfortent et pansent les blessures. Pour les malaises courants, les mères, tantes ou grands-mères disposent d'une panoplie de recettes de médecine populaire[1]. Pour les besoins plus complexes, et suivant les possibilités financières des divers milieux sociaux, on fait appel aux services d'un médecin à domicile. Les personnes les plus démunies peuvent recourir aux services offerts par des institutions de charité religieuses et laïques. Cependant, la montée de l'urbanisation et l'effritement progressif des solidarités familiales favorisent la prolifération d'organismes privés qui, en se multipliant, se spécialisent dans l'assistance à certaines catégories de personnes dans le besoin: enfants, «filles-mères», vieillards, malades contagieux, etc. Dans ces domaines, on se rend compte que l'initiative privée a précédé généralement celle des pouvoirs publics.

L'organisation des services de santé au Canada est d'abord redevable aux efforts des communautés locales pour lutter contre les grandes épidémies qui jalonnent le XIXe siècle. À l'instar de la Grande-Bretagne qui délègue, en 1875, la responsabilité de la santé publique aux autorités locales, le gouvernement canadien incite les provinces à adopter des lois dans ce domaine (l'Ontario le fera en 1884 et le Québec en 1886). Celles-ci engagent à leur tour la responsabilité des autorités municipales dans la formation de bureaux de santé locaux. Le rôle des pouvoirs publics, d'abord limité à l'adoption de mesures ponctuelles comme la mise en quarantaine et la désinfection, s'étend bientôt à la promotion de la santé publique grâce à des mesures visant l'assainissement du milieu (cueillette des déchets, système d'égoûts, traitement des eaux, contrôle des aliments, pasteurisation du lait, etc.), le dépistage et la prévention des maladies contagieuses et la réduction de la mortalité infantile[2].

Au tournant du siècle, la propagation de maladies contagieuses — principalement la tuberculose — ainsi que la mortalité infantile comptent parmi les principales causes de mortalité au pays. La possibilité de réduire l'incidence de ces fléaux par des mesures d'hygiène et de prévention mobilise des énergies considérables. Le mouvement hygiéniste, favorisé par l'appui des pouvoirs publics, s'inspire d'une philosophie axée sur la participation communautaire. Fondés sur la base des paroisses, des quartiers, des municipalités ou des comtés, les services d'hygiène et de santé publique — tels les services de santé municipaux, les services d'infirmières visiteuses, les dispensaires antituberculeux, les unités sanitaires — sont redevables à l'initiative d'une kyrielle de personnes, de groupes et d'associations: groupements féminins, congrégations religieuses, organismes laïcs, médecins, députés, Chambres de commerce, etc.

Au fil des ans, les autorités provinciales prennent une plus grande part dans le financement, l'organisation et l'administration des services locaux d'hygiène et de santé. Dans les villes canadiennes comme Montréal et Toronto, les services de santé municipaux se voient confier à leur tour le mandat de «sauvegarder la santé publique». Leurs activités s'apparentent alors à celles des départements de santé provinciaux: établir des statistiques vitales, adopter des mesures visant l'assainissement du milieu, coordonner la lutte contre les maladies contagieuses, promouvoir l'hygiène maternelle, infantile et scolaire, favoriser l'éducation sanitaire de la population de leur territoire, etc. Dans les régions rurales et semi-urbaines, les services d'hygiène et de santé publique prennent la forme d'unités sanitaires intégrées, selon le concept d'unité de santé locale, inspiré de l'expérience américaine[3].

Les soins de santé communautaires contribueront, indéniablement, à faire reculer l'incidence des maladies contagieuses et de la mortalité infantile et à sensibiliser la population à l'importance de l'hygiène et de la prévention[4]. Parallèlement, l'espérance de vie à la naissance progresse de façon significative. De 1931 à 1981, elle passe de 62,10 ans à 78,98 ans pour les femmes et de 60,0 ans à 71,88 ans pour les hommes. Cependant, d'autres problèmes viennent relayer les anciens puisque les maladies chroniques et de dégénérescence (cancer, déficiences du système cardio-vasculaire, maladies mentales dues à la vieillesse, etc.) prennent une ampleur nouvelle. Leur prévalence inquiète d'autant plus que l'on connaît mal leur nature et leur traitement comme on l'admet volontiers encore à la fin des années 1950[5].

Les organismes de santé publique mettront du temps à s'adapter à cette nouvelle conjoncture. Ils se feront reprocher d'avoir raté le virage épidémiologique. À l'heure des réformes des soins de santé dans les années 1960, on critique leur isolement des autres services de soins, en particulier des hôpitaux, et l'inégale distribution de leurs services. Les unités sanitaires en particulier sont la cible des pointes les plus acerbes[6]. Il s'avère que ces critiques ne sont pas sans fondements. Faute de ressources et de moyens — la part du budget consacré aux unités sanitaires décline au fil des ans — les organismes de santé publique, après avoir connu une phase d'expansion jusqu'aux années 1940-1950, périclitent. De plus, les principaux indicateurs de l'état de santé de la population canadienne révèlent la persistance d'importantes inégalités entre les différentes provinces et régions. En 1948, par exemple, la mortalité due à la tuberculose se chiffrait à 50,4 pour mille décès à Montréal, à 25,2 pour mille à Toronto et à 31,3 pour mille à Vancouver. Dans ces trois villes, à la même époque, la mortalité infantile représentait respectivement 54,15, 29,0 et 24,3 pour mille décès. À cet égard, la situation sanitaire était nettement plus favorable en Ontario qu'au Québec, et les écarts enregistrés persisteront encore en 1961[7].

S'il est désormais reconnu que l'action hygiéniste a fait plus que la médecine hospitalière pour enrayer la mortalité depuis le début du siècle, c'est pourtant cette dernière qui réussira graduellement à se hisser au *hit-parade* du système sanitaire au Canada et à s'y maintenir fermement. C'est, au bout du compte, tout le prestige et l'importance de la médecine préventive qui seront, paradoxalement, remis en cause.

L'institutionnalisation des soins de santé: l'emprise croissante des hôpitaux

Les besoins d'assistance, on l'a déjà évoqué, croissent dans la foulée des phénomènes d'industrialisation et d'urbanisation. Les Églises protestantes et catholiques, et dans une moindre mesure les organismes laïcs, sont les premiers à prendre acte et à intervenir pour dispenser divers services d'aide aux plus démunis. Le développement de ces services empruntera cependant, pour l'essentiel, la voie institutionnelle. Dès la seconde moitié du XIXe siècle, hospices, crèches, hôpitaux pour maternité, refuges de toutes sortes prolifèrent. Les années 1880 marquent l'essor des hôpitaux généraux dans les villes plus populeuses. Les lois canadiennes confèrent, par voie constitutionnelle, aux autorités provinciales, puis municipales, la responsabilité de voir à l'établissement, à l'entretien et à la bonne marche des institutions d'assistance sur leur territoire. Celles-ci s'en tiennent toutefois, dans un premier temps, à offrir leur soutien à l'initiative privée.

Cependant, les institutions charitables manquent de ressources et ne suffisent bientôt plus à assurer tous les services d'assistance. Si bien que certaines municipalités se chargent, ici et là, de mettre sur pied leurs propres hôpitaux. En 1917, les gouvernements provinciaux de la Saskatchewan et de l'Alberta établissent une hospitalisation municipale gratuite. Au cours des années 1920, les autres provinces canadiennes commencent à soutenir les hôpitaux généraux en finançant une partie des soins prodigués à certaines catégories de personnes indigentes. L'Ontario a déjà mis sur pied un service d'assistance publique au moment où le Québec vote sa Loi de l'assistance publique en 1921[8], une loi qui s'inspire d'une philosophie de soutien aux institutions privées principalement dirigées, au Québec, par des congrégations religieuses.

La crise des années 1930 accentue encore plus les besoins et force les gouvernements provinciaux à accroître leur participation dans le domaine de l'assistance publique, en particulier dans le secteur hospitalier. La couverture des programmes d'aide, d'abord appliquée aux coûts d'hospitalisation des indigents jugés inaptes au travail, s'élargit progressivement à d'autres catégories d'assistés aussi bien qu'à d'autres services — dont certains services sociaux à domicile[9] — ainsi qu'à une partie des frais engagés dans la construction ou l'amélioration des édifices. Cependant, des lacunes importantes sont maintes fois mises en relief lors d'enquêtes publiques, en particulier au Québec où les montants alloués pour l'assistance sont constamment maintenus en deçà des coûts réels d'hospitalisation. Il en résulte que les hôpitaux reconnus d'assistance publique supportent un fardeau financier plus lourd que les autres et accumulent des déficits d'opération chroniques dans la période qui suit la Deuxième Guerre mondiale. En dépit des problèmes rencontrés, les pouvoirs publics continueront à maintenir encore, jusqu'à la fin des années 1950, le caractère privé des institutions d'assistance. Les hôpitaux doivent donc compter sur d'autres sources de revenus, en particulier celles que leur procure, dans une proportion croissante, leur clientèle privée[10].

Le phénomène d'institutionnalisation des soins de santé prendra un nouvel essor avec la mise en place d'infrastructures visant l'amélioration des capacités hôtelière et soignante des hôpitaux. Ces institutions, d'abord consacrées aux malades sans ressources, poursuivent pour la plupart cette mission, mais accueillent, depuis le début du xxe siècle, une clientèle payante. À côté des salles communes avec leurs lits disposés en rangées, apparaissent alors quelques chambres privées et semi-privées et bientôt des pavillons spécialement conçus pour offrir à la clientèle aisée des conditions de séjour supérieures.

L'institutionnalisation des soins se trouve renforcée par le phénomène que certains qualifient d'«industrialisation» des hôpitaux. Ces derniers deviennent en fait les centres de production privilégiés de la pratique médicale. De plus, le développement prodigieux des connaissances et des technologies médicales accentue le processus de subdivision de l'exercice de la médecine en spécialités toujours plus nombreuses et entraîne, concurremment, la spécialisation des départements hospitaliers dont la liste ne cesse de s'allonger[11]. Ce processus, favorisé par l'introduction de moyens technologiques de plus en plus sophistiqués (comme les appareils automatisés à grande capacité de volume), contribue à multiplier les possibilités d'examens et de traitements[12].

À la veille d'entamer la seconde moitié du xxe siècle, la société canadienne dispose donc d'un réseau hospitalier assez bien équipé, mais qu'en est-il de son accessibilité? Les subventions des autorités gouvernementales pour la construction ou l'agrandissement des hôpitaux (en vertu notamment du programme national de subventions à la santé à compter de 1948) viseront en fait à en assurer la disponibilité dans l'ensemble du Canada, bien que les inégalités interprovinciales restent marquées et que les grands centres urbains demeurent plus favorisés à cet égard que les régions rurales. Dans la période de l'après-guerre, les subventions allouées à la construction de grands hôpitaux urbains[13] permettent de plus à ces derniers de disposer de tout un éventail de spécialités médicales.

Pour les régions très éloignées des grands centres et parfois sans ressource médicale et hospitalière, d'autres solutions sont mises à l'essai pour offrir aux communautés locales un minimum de soins de santé. Les services accessibles y vont de l'octroi d'une simple trousse médicale à l'usage des groupes les plus isolés, aux services d'infirmières œuvrant dans des dispensaires, en passant par l'organisation du transport par avion pour diriger des malades vers les hôpitaux. Au Québec, le Département de la santé inaugure, en 1936, un Service médical aux colons pour desservir les régions de colonisation de la province. Certains services médicaux d'ordre curatif (accouchements, petites chirurgies, etc.), aussi bien à domicile qu'en dispensaire, y sont assurés par des infirmières[14].

Mais ni l'amélioration du réseau sanitaire, ni son extension ne régleront, loin de là, le problème de la hausse vertigineuse des coûts tant pour les institutions que pour les malades. Les lois provinciales votées avant la Deuxième Guerre pour soutenir les institutions dans leur assistance aux malades indigents n'assurent l'accès des hôpitaux qu'aux plus démunis. Pour la majorité de la population, c'est la multiplication des régimes privés d'assurance, principalement celui de la Croix-Bleue, qui améliore l'accessibilité aux services hospitaliers. Cependant, comme on le verra un peu plus loin, la popularité des régimes d'assurance, ainsi que l'étendue de la couverture offerte, varient grandement d'une province à l'autre[15].

Une chose est certaine: la fréquentation des hôpitaux augmente constamment, lentement d'abord puis par bonds à partir des années 1940, jusqu'à devenir massive (voire incontrôlable) avec l'entrée en vigueur des programmes universels et gratuits d'assurance-hospitalisation dans l'ensemble des provinces canadiennes entre 1957 et 1961[16]. L'institutionnalisation des services de santé et surtout l'adoption de programmes d'assurance universels entraîneront cependant des coûts de plus en plus élevés: les dépenses de santé s'imposeront vite en effet aux premiers rangs des dépenses publiques[17]. De privées qu'elles étaient, nonobstant leur vocation, les institutions hospitalières acquièrent alors, pour la plupart, un caractère résolument public. Cette situation accentue leur importance dans le champ sanitaire et sanctionne, par ailleurs, la prédominance des soins curatifs — les plus coûteux — sur l'ensemble des soins de santé. Les pouvoirs publics tenteront alors de solutionner des problèmes qu'ils ont, paradoxalement, accentués par leurs interventions.

Du privé au public: une constellation de services placée dans l'orbite de l'État-providence

Dans les premières décennies du XXe siècle, on a vu les autorités politiques canadiennes, tant municipales, provinciales que fédérales, instaurer des services et des départements de santé permanents. Dans le champ de la santé publique, plusieurs provinces créent des districts sanitaires pour coordonner les efforts et permettre la distribution des services dans l'ensemble de leur territoire. Elles assurent généralement une aide financière, une assistance technique et des services consultatifs. Les municipalités, premières responsables des établissements d'assistance à l'intention des populations locales, consacrent, au début, des efforts substantiels au développement des soins de santé communautaires, tant préventifs (services de santé municipaux, unités sanitaires) que curatifs (sanatoriums). Le partage des responsabilités varie cependant d'une province à l'autre. Si, en Ontario, les services de santé locaux conservent leur autonomie pratiquement jusqu'aux années 1960, d'autres provinces, comme Terre-Neuve et l'Île-du-Prince-Édouard — pour des raisons liées aux conditions géographiques et à l'organisation municipale — centralisent leurs services d'hygiène publique dès le départ.

Dans le champ de l'assistance publique, les programmes d'aide aux indigents hospitalisés se fondent sur le principe d'une responsabilité partagée entre diverses instances privées et publiques. Au Québec, on instaure depuis 1921 une contribution à parts égales de la province, de la municipalité et de l'institution concernées[18]. À partir des années 1930, l'augmentation des besoins sociaux provoquée par la Crise, et le besoin d'une plus grande sécurité ressenti à la suite des deux guerres mondiales, suscitent l'intervention croissante des pouvoirs publics. À mesure que la portée des programmes d'assistance publique s'élargit, s'opère un transfert de responsabilités des organismes privés aux organismes publics, d'une part, et des municipalités aux provinces, d'autre part[19]. Toutefois, ce transfert s'effectue sans plan d'ensemble et les divers programmes publics forment une mosaïque de mesures disparates, introduites à des temps différents et mises à la disposition de clientèles spécifiques.

Or, on le constate de plus en plus, tant dans le champ de l'assistance sociale que dans celui de la santé, les solutions partielles ne suffisent plus à répondre aux besoins exprimés. C'est pourquoi la question de l'assurance-santé publique se pose régulièrement à partir des années 1930. Les commissions d'enquête, instaurées tant par les provinces que par le fédéral, se succèdent pour étudier cette question. En 1945, le gouvernement fédéral se montre favorable à l'adoption d'un régime national d'assurance-santé, conditionnel toutefois à l'accord des provinces. Le projet proposé prévoit deux étapes: dans une première phase, le programme comporterait la couverture des services hospitaliers et ceux des infirmières visiteuses, et, dans une seconde phase, cette couverture s'appliquerait aux principaux services médicaux, aux soins dentaires, aux services pharmaceutiques et de laboratoire, etc. Le report de ce projet à la fin des années 1950 serait attribuable à une conjugaison de facteurs parmi lesquels figurent principalement: le climat politique conservateur de l'après-guerre, la hausse du niveau de vie, la généralisation des plans privés d'assurance et les épineux problèmes de juridiction entre les divers pouvoirs publics. Qui plus est, les refus répétés de l'Ontario devant les volontés d'intervention du fédéral dans le champ de la santé — en principe sous la juridiction des provinces — jusqu'en 1955 et ceux, plus systématiques et persistants encore, du Québec jusqu'au début des années 1960, ne favorisent pas l'adoption de mesures concertées.

Par ailleurs, la situation particulière des provinces de l'Ouest, de création plus récente, à plus faible densité de population et où existe aussi une volonté manifeste de rendre plus accessibles les soins de santé y a favorisé le développement plus rapide de politiques gouvernementales interventionnistes. La Saskatchewan ouvre la voie en 1947, suivie par la Colombie-Britannique et par l'Alberta en 1949. Mais alors ces politiques sanitaires, laissées à l'initiative des provinces et aux ressources consenties par elles, auraient été jugées potentiellement préjudiciables à l'unité canadienne.

De plus, d'autres facteurs incitent à la mise en vigueur d'un programme national d'assurance publique en matière de santé, dont en particulier les difficultés financières croissantes des institutions hospitalières. Aussi, dès qu'il s'assure, en 1955, de l'adhésion de l'Ontario au plan national d'assurance-hospitalisation, le gouvernement fédéral, désormais fort du consentement de cinq provinces, adoptera, deux ans plus tard (en 1957), la Loi sur l'assurance-hospitalisation et les services diagnostiques. Entre 1958 et 1961, toutes les provinces canadiennes se mettent au diapason. Le Québec s'inscrit à la queue du peloton et adhère, finalement, au mouvement d'ensemble. Dans le cadre du nouveau programme d'assurance-hospitalisation, le gouvernement fédéral assume alors environ 50% des dépenses encourues, laissant aux provinces le soin de combler la différence. Quant à la participation financière des municipalités, elle ne représente plus en 1961 qu'une portion congrue[20].

Mais en finançant désormais l'ensemble des coûts des services hospitaliers prodigués au pays, les autorités provinciales et fédérales, même si elles interviennent dans la gestion des institutions sanitaires, se rendent vite compte qu'elles font face à des factures de plus en plus élevées. Dans la perspective d'endiguer la croissance des coûts d'hospitalisation, on passera alors à la deuxième phase du projet fédéral, en instaurant, dix ans après l'adoption du programme d'assurance-hospitalisation, un programme universel d'assurance-maladie. À cet égard, les provinces de l'Ouest furent, une fois de plus, les pionnières (la Saskatchewan en 1962, l'Alberta en 1963, la Colombie-Britannique en 1965).

Il faut préciser que la réflexion sur les problèmes et les solutions possibles dans le domaine de la santé n'a pas cessé d'être à l'ordre du jour dans l'ensemble du pays dès la fin des années cinquante, et même après l'adoption de l'assurance-hospitalisation en 1958. Les commissions d'enquête mises sur pied à partir de 1960, en particulier la Commission royale d'enquête sur les services de santé au Canada (Commission Hall: 1961-1965) et la Commission d'enquête sur la santé et le bien-être social au Québec (Commission Castonguay-Nepveu: 1966-1970) inspireront largement la seconde phase de refonte du système de santé.

L'application du nouveau programme d'assurance-maladie en 1968 vise alors une meilleure répartition géographique des services de santé, en particulier dans les régions de l'Ontario et du Québec, tout en faisant porter l'accent sur les pratiques préventives et communautaires. À cet égard le Québec poussera, après 1970, la réforme plus loin que les autres provinces canadiennes en mettant sur pied des Centres locaux de services communautaires (CLSC) ainsi que des Départements de santé communautaires (DSC) dans plusieurs hôpitaux.

La médecine sous les phares: l'omniprésence des médecins dans le champ sanitaire

Le schéma de fonctionnement à partir duquel l'hôpital réunit les champs de la clinique, du laboratoire et des technologies médicales favorise la consolidation d'un noyau institutionnel de pratiques et de savoirs. L'organisation du champ médical implique en plus la délimitation des rôles et des statuts liés aux professions anciennes, et aussi à celles qui émergent progressivement dans l'univers de la santé. Ces dernières occuperont à la fin du XIXe siècle des places situées nettement plus bas sur l'échelle des statuts et des salaires.

Au Canada, la profession médicale détient, dès la fin du siècle dernier, le pouvoir de réglementer la pratique de la médecine, de la chirurgie, de l'obstétrique et de la pédiatrie. Elle possède le monopole légal pour poser un diagnostic, prescrire des médicaments et fournir des traitements. Plus encore, elle dispose de la liberté de pratiquer toutes les professions de la santé, à l'exception de la pharmacie (la pratique de l'optométrie et de la chirurgie dentaire fait par ailleurs l'objet de certaines restrictions). En revanche, les praticiens des autres professions du champ sanitaire doivent s'en tenir à leurs seuls domaines de compétence. Concurremment à l'obtention d'un pouvoir étendu sur l'ensemble du champ sanitaire, la profession médicale fait porter ses efforts sur la formation des candidats à l'exercice de la médecine, une formation qui s'est institutionnalisée et intégrée dans le cursus des universités dès le milieu du XIXe siècle. Cependant, dans la mesure où les méthodes de diagnostic et de traitement se concentrent dans les hôpitaux, la formation médicale dépend de plus en plus étroitement, dès le milieu du XXe siècle, des ressources hospitalières et des soins curatifs qui y sont prodigués. Si bien que les jeunes médecins, formés à l'enseigne de la médecine «moderne», auront du mal à poser un diagnostic sans l'aide des nouveaux moyens technologiques, en particulier des laboratoires, comme le soulignent certains rapports d'enquêtes publiques[21].

L'institutionnalisation de la formation médicale permet d'accroître, au fil des ans, les effectifs médicaux. Dans l'ensemble du pays, le nombre de médecins, calculé d'après les données fournies par Statistique Canada, se chiffre à quelque 8706 en 1921, 10 723 en 1941, 21 290 en 1961 et 37 667 en 1980. Une hausse nettement supérieure à celle de l'ensemble de la population comme le démontre l'amélioration du ratio, estimé à un praticien pour 1008 personnes en 1921, un pour 857 en 1961 et enfin un pour 643 en 1980. À cet égard, la situation de l'Ontario est plus favorable que celle du Québec (en 1921, la première de ces deux provinces dispose des services d'un médecin pour 848 personnes, alors que la deuxième en compte un pour 1065; en 1961, le ratio s'établit à un pour 776 et à un pour 853, respectivement). En 1980, l'écart s'est estompé entre les deux provinces: un pour 524 en Ontario et un pour 525 au Québec. La hausse plus substantielle des effectifs médicaux survenue entre 1961 et 1980 s'explique par la crainte, suscitée par l'entrée en vigueur des programmes d'assurance-hospitalisation au début des années 1960, d'une pénurie de médecins pour faire face à la demande. La stratégie utilisée — l'augmentation du nombre et de la capacité d'accueil des facultés de médecine au pays et l'ouverture des frontières aux médecins étrangers — s'est avérée si fructueuse que l'on tente au contraire, à l'aube des années 1980, de limiter plutôt la croissance des effectifs médicaux[22].

Plus inquiétante que la croissance insuffisante des effectifs médicaux, est la répartition géographique des médecins qui reste problématique. Les régions urbaines attirent et retiennent en effet les médecins dans une proportion croissante. À titre d'exemple, le Québec comptait, en 1948, une proportion de 20,9% de ses effectifs médicaux pour desservir 47,2% de sa population répartie dans les centres de moins de 4000 habitants. L'écart entre les campagnes et les villes se creuse davantage au cours des années 1950. En 1961, on constate que dans l'ensemble du Canada les régions urbaines regroupent 70% des médecins. La pratique de la médecine dans les régions rurales attire de moins en moins de soignants[23]. Les raisons avancées pour expliquer cette situation sont bien connues: la formation médicale habitue les futurs médecins aux méthodes de diagnostic modernes que n'offrent pas toujours les régions rurales, les coûts d'installation à la campagne sont plus élevés qu'à la ville, les médecins craignent de ne pouvoir y gagner leur vie décemment faute d'un nombre suffisant de patients, les possibilités de contacts intellectuels et professionnels sont réduites, etc. Au cours des années 1980, certaines provinces imposeront des mesures visant à inciter les médecins à œuvrer dans les régions isolées.

Un autre phénomène, celui de la spécialisation de la médecine, accentue les problèmes liés à la répartition géographique des praticiens. La concentration des médecins dans les zones urbaines, concerne davantage encore les spécialistes que les généralistes. En 1961, la moitié des diplômés en médecine au Canada s'oriente vers des spécialités. Ce phénomène est encore plus accentué au Québec[24]. En 1981, la proportion de médecins spécialistes semble s'être stabilisée, alors qu'ils forment 49,8% des effectifs médicaux dans l'ensemble du pays. Cette vague de fond favorise indéniablement l'amélioration des connaissances et des compétences des médecins en même temps qu'elle alimente la hiérarchisation des statuts au sein de la profession. En fait, la spécialisation entraîne graduellement la dévalorisation de la pratique générale. Les médecins généralistes, qui sont les plus nombreux, se retrouvent, pour leur part, au bas de l'échelle salariale et jouissent d'un statut moindre que celui des spécialistes.

Malgré les changements majeurs qu'a connus le système de santé depuis les années 1960, la pratique médicale reste encore tributaire d'un modèle assez traditionnel où prévalent la pratique individuelle, la compétition, le secret professionnel, le libre choix des patients, etc. Cependant, le monopole légal et exclusif dont jouissent les médecins dans le champ sanitaire apparaît quelque peu remis en cause par d'autres détenteurs de pouvoirs (administrateurs, experts en planification…) dont le rôle croît en même temps que celui de l'État depuis les années 1970.

Toutefois, le changement le plus notable, si l'on en juge par les nombreux débats qu'il suscite, est lié à la féminisation de la profession; un processus amorcé au milieu des années 1960. En l'espace de deux décennies seulement, la proportion de femmes diplômées des écoles de médecine au Canada est passée de 6% (1959) à 33% (1981). Ce phénomène est plus accentué au Québec (pour ce qui est des écoles francophones) que partout ailleurs en Amérique du Nord, alors qu'en 1981, plus de la moitié des diplômés sont des femmes. Il faudra certainement quelque temps encore avant que l'apport de ces nouvelles diplômées se traduise par une représentation équivalente au sein du corps médical[25]. Cependant, on les croit déjà responsables en partie de nouveaux comportements: elles s'orientent davantage que leurs confrères en médecine générale, travaillent moins d'heures en moyenne que ces derniers et ont tendance à privilégier des pratiques plus communautaires qu'individuelles. Mais le changement n'affecte pas seulement la composition du corps médical puisque, parallèlement, la population canadienne adopte, dans son ensemble, de nouveaux comportements en matière de santé. Au Québec la *carte soleil* — qui donne accès à une gamme variée de services médicaux — concrétise en fait l'importance de la médecine curative dans la société. L'aura dont jouissent la profession médicale et les pratiques hospitalières draine de plus en plus les malades vers les institutions de santé en dépit de la volonté des gouvernements de contrôler les coûts et de faire porter l'accent sur la prévention, les soins continus et la réadaptation. C'est qu'au-delà des pratiques, des changements importants sont intervenus également au niveau des mentalités.

En effet, la définition même de la santé, longtemps associée dans la mentalité collective à l'absence de maladie, s'est élargie graduellement pour recouvrir une notion aux contours plus flous: celle d'un bien-être complet, aussi bien physique et mental que social[26]. Or cette vision élargie de la santé contribue à une popularisation plus grande de la médecine. La diffusion massive de bribes du savoir médical adopte dès lors la forme d'un discours sur la santé devenu omniprésent dans la vie quotidienne: campagne de publicité sur la nutrition, sur les modes de vie, sur l'influence néfaste de l'alcool ou du tabagisme, etc. Avec les possibilités toujours plus étendues de traitement (vaccins, pilules, etc.) tout concourt à un usage accru des services de santé.

Enfin, le déclin des groupes religieux traditionnellement impliqués dans l'assistance sanitaire, en particulier au Québec, contribue à son tour à faire une place plus grande aux nouveaux clercs de la santé que sont devenus les médecins. En 1973, le rapport d'un comité provincial sur la main-d'œuvre hospitalière affirme: «Dans un contexte où le sacré a moins de poids, la médecine voit son champ fort peu discuté et, par conséquent, le territoire de la santé est, en bonne partie, sous le contrôle de la profession médicale[27].»

Ainsi, mentalité collective axée sur le bien-être, institutionnalisation du système de santé et hégémonie manifeste des médecins, tout concourt à une médicalisation croissante de la société. Aussi, malgré l'affirmation progressive d'un discours sur la prévention, cette dernière est loin de l'emporter sur la fonction curative de l'hôpital. De plus, on constate un débordement des frontières de la profession médicale sur l'ensemble des nouvelles pratiques sanitaires, avec comme résultat, qu'à son tour la division du travail soignant connaîtra des changements importants au cours de la deuxième moitié du XXe siècle. Cette situation invite à considérer les composantes majeures d'un univers professionnel dans lequel s'interposera, de plus en plus, entre médecins et malades, un ensemble disparate d'acteurs et surtout d'actrices. L'entrée en scène, à partir des années 1950, de nouveaux groupes situés dans le champ du paramédical, s'inscrit dans la foulée de ces transformations.

LES DIMENSIONS MAJEURES DU CHAMP PARAMÉDICAL

La médicalisation croissante de la société s'avérera rapidement porteuse de tensions et de contradictions. Ainsi les besoins de la population en matière de services de santé connaissent une hausse constante alors que semble s'imposer de plus en plus la nécessité de limiter la progression des coûts que ces besoins entraînent. Il en va ainsi également de la concentration des services offerts malgré la volonté de les mieux répartir sur le plan géographique afin d'en assurer l'accessibilité dans les diverses régions du pays. On retrouve aussi des contradictions du même ordre lorsqu'on considère le pouvoir conféré à la profession médicale concurremment à une volonté collective nettement exprimée de partager plus équitablement ce pouvoir avec d'autres groupes du champ sanitaire: infirmières, sages-femmes et autres professions paramédicales. La croissance et l'ascension de ces autres groupes (que l'on a omis de mentionner dans le tableau d'ensemble jusqu'à maintenant) constitue sans doute le phénomène le plus caractéristique, mais aussi le plus méconnu, de l'évolution du champ sanitaire au XXe siècle.

L'épithète de paramédicaux accolée à une multitude de groupes œuvrant dans le champ sanitaire témoigne de l'imprécision des statuts et des fonctions dans ce domaine. Cet univers paramédical aux bornes mouvantes renvoie en fait à certains phénomènes de société récents, soit: à l'essor de la formation professionnelle, à la féminisation du marché de l'emploi, à la division croissante du travail, pour ne mentionner que ceux-là. Il participe également de la diversité, voire de l'éclatement de l'ensemble du champ sanitaire depuis la Deuxième Guerre mondiale. Mais l'univers du paramédical conserve malgré tout une certaine unité. Les paramédicaux ont pour eux le poids du nombre; ils forment la principale catégorie du champ sanitaire, une main-d'œuvre qui est de plus en plus une clef de voûte du système. Ils représentent aussi la *masse salariale* qui figure au premier chef des coûts sociaux de la santé. Paradoxalement, les informations les concernant restent encore souvent fragmentaires, partielles, et même inexistantes pour des périodes plus anciennes.

Tout en tenant compte de ces difficultés, les pages qui suivent évoquent, cependant, les caractéristiques majeures de cet univers. Elles tentent d'en présenter les acteurs et surtout les actrices, en particulier les professionnelles, de manière à situer la place qu'y tiennent les diététistes et les physiothérapeutes.

Un univers situé à la jonction de la médecine, des sciences et des techniques

Le champ paramédical prend forme, littéralement, à côté du champ médical. Il s'inscrit dans l'orbite de la médecine, s'insinue dans ses interstices, en recouvre les pourtours, comble ses failles, prolonge et complète ses activités. Il s'en démarque toutefois par son étendue. Entendue dans son sens large, l'épithète paramédicale sied à toute personne œuvrant dans le champ sanitaire, exception faite des médecins. Alors que ces derniers forment, en 1961, 15% de la main-d'œuvre sanitaire au Canada suivant les données du recensement, les paramédicaux en regroupent 85%[28].

Selon des estimations de source officielle, une proportion allant de 70% à 95% de paramédicaux œuvrent dans les hôpitaux canadiens au début des années 1960 et accaparent la portion la plus substantielle des dépenses au chapitre des salaires[29]. La main-d'œuvre sanitaire reste en fait, nonobstant tous les moyens modernes mis à la disposition des hôpitaux, la ressource la plus importante des soins de santé. Quant à l'importance relative du personnel paramédical, elle tient à la conjugaison d'un ensemble de facteurs caractéristiques du développement des hôpitaux, tels qu'une augmentation et une plus grande utilisation des lits disponibles, de nouveaux services offerts, la multiplication des examens et des traitements, et surtout l'accessibilité universelle des soins de santé. S'il existe déjà quelques occupations dans le champ du paramédical avant la Deuxième Guerre mondiale, le véritable essor de ce secteur survient au cours des années 1940, et plus encore à partir des années 1960.

Ces deux périodes charnières renvoient, plus globalement, à des facteurs généraux qui donnent une orientation décisive à l'ensemble du champ sanitaire et exercent, en contre-coup, une influence déterminante sur le développement du champ paramédical. Il s'agit plus particulièrement de la spécialisation du savoir médical et du développement des sciences connexes à la médecine, de la progression des technologies médicales et de l'évolution des besoins liés aux caractéristiques démographiques et épidémiologiques de la population canadienne.

Le développement des connaissances médicales représente en fait le premier des facteurs qui contribuent à étendre le champ d'exercice de la médecine tout en le subdivisant en spécialités toujours plus nombreuses au fil des ans. De plus, la progression des connaissances dans ce qu'il est convenu d'appeler les sciences connexes à la médecine (biologie, nutrition, hygiène...) favorise l'apparition de nouvelles professions, porteuses de savoirs spécialisés. La plupart des programmes de formation du personnel paramédical ont d'abord commencé par une initiation au travail, qui revêt la forme d'une formation sur le tas, le plus souvent offerte aux infirmières et inscrite dans le cursus des hôpitaux en fonction des besoins exprimés. Au cours des années cinquante, avec le transfert de plusieurs programmes de formation des hôpitaux aux universités, le niveau de la formation des paramédicaux tend à être plus élevé. Cependant, on note que la spécialisation des connaissances médicales entraîne dans son sillage un morcellement des programmes de formation[30].

Le deuxième facteur de développement du champ paramédical est certainement lié à la progression fulgurante des technologies médicales. Ces dernières se traduisent par le recours à des instruments, des procédures et des thérapeutiques médicales et chirurgicales toujours plus perfectionnées. Elles nécessiteront l'élaboration d'un système adéquat d'organisation des soins et, surtout, le recours à un personnel qualifié pour les dispenser[31]; sans compter qu'il s'agit de services dont le volume augmente continuellement depuis les années 1940. On voit apparaître désormais des analyses de laboratoire automatisées, des techniques d'hémodialyse, de radiothérapie, de chirurgie de pontage coronarien, de surveillance de signes vitaux à distance, etc. Cet ensemble de techniques et de procédés requiert la présence d'un personnel sanitaire plus spécialisé, formé et rompu à leur application[32]. Ces changements se produisent cependant surtout dans les centres urbains, dans la mesure où seuls les grands hôpitaux peuvent offrir un vaste éventail de services et acquérir des appareils dispendieux nécessitant l'embauche de diverses catégories de personnel paramédical.

L'autre facteur qui contribue à accélérer le développement du champ paramédical tient aux changements épidémiologiques caractérisés par l'accroissement des problèmes de santé chroniques affectant une population canadienne qui, à partir des années 1940, fait face de plus en plus à un problème de vieillissement. D'où la hausse des besoins sanitaires et conséquemment, celle du personnel requis pour procurer les services jugés nécessaires. De plus, l'expansion du rôle de l'État dans le champ de la santé suscite une demande accrue de soins. Les gouvernements municipaux, provinciaux et fédéraux deviennent, au fil des ans, les mandataires chargés d'assurer l'accessibilité des services socio-sanitaires à la fois dans l'ensemble de leur territoire et pour une gamme de services de plus en plus étendue. Or, la plupart de ces services requièrent des connaissances techniques que les médecins n'ont pas, d'où le transfert de plusieurs tâches autrefois dévolues aux médecins et à leurs aides, les infirmières, à d'autres professionnelles qui viennent ainsi gonfler les effectifs de la main-d'œuvre paramédicale.

L'État tente, de son côté, d'orienter le mode de dispensation de ces nouveaux services et d'exercer un certain contrôle sur le personnel chargé de les assumer (effectifs, groupes, niveaux et types de formation, organisation du travail, etc.). Il soutient ainsi, dès les années 1940, la tendance — déjà présente dans le système de soins de santé — à la substitution de personnel, ce processus par lequel on remplace le personnel médical par un personnel paramédical, à qui l'on confie certaines tâches relevant jusque-là des médecins, ainsi que des nouvelles tâches plus spécialisées ou plus techniques[33]. Les nombreuses enquêtes réalisées dans ce champ signalent l'existence d'une pénurie de soignants et de soignantes, notamment de médecins et d'infirmières, une situation qui prévaut de la fin de la Deuxième Guerre jusqu'aux années 1970. Pour assurer à la fois une plus grande accessibilité des soins et une plus grande efficacité des services de santé, l'État porte désormais une attention plus grande à la formation professionnelle des paramédicaux, à commencer par celle des infirmières auxquelles on cherchera à adjoindre des infirmières-auxiliaires. On observe également le même processus en ce qui concerne les hygiénistes dentaires, les diététistes, les physiothérapeutes ou les ergothérapeutes. L'on mise alors sur la formation d'un grand nombre d'assistantes et d'aides dans toutes ces catégories de personnel[34]. La division du travail devient donc à la fois plus poussée (avec l'apparition de groupes situés à divers paliers hiérarchiques), plus complexe et aussi plus rigide (compte tenu des lois régissant l'exercice des professions).

Ce sont encore les médecins qui garderont l'autorité légale de décider «[...] dans quelle mesure le soin des malades sera confié au personnel paramédical[35]». Cette structure hiérarchique s'articule, de plus, à l'existence d'une division du travail fondée sur le sexe des soignants-es[36]. Les nombreux rapports d'enquêtes sur la santé s'entendent pour reconnaître que, à la source du problème auquel sont confrontées les professions paramédicales, il y a le fait que ce sont des professions de femmes. En 1961, les femmes constituent 73% du personnel des services de santé au Canada. Si l'on s'en tient aux données du recensement fédéral, elles ne forment alors que 27,3% de l'ensemble de la main-d'œuvre canadienne active[37]. Ces professions de femmes, réputées instables, commandent des salaires moindres et jouissent d'une autonomie toute relative. Les jugements formulés à ce propos dans le cadre de la Commission Hall résument bien les perspectives habituelles sur cette question: «Nous croyons qu'il y a moyen d'améliorer les choses si les stagiaires obtiennent de l'assistance financière et si l'on relève les traitements, de manière à intéresser les hommes à s'orienter vers ces carrières[38].» Si ces propositions ne semblent pas s'être concrétisées, il reste néanmoins que les occupations paramédicales sont reconnues indispensables au diagnostic et au traitement médical. En fait, de conclure le rapport Hall: «[...] le médecin moderne ne peut plus s'en passer».

Quel portrait d'ensemble peut-on tracer de ce personnel paramédical désormais incontournable et bien planté dans le décor hospitalier? Quels sont les principaux groupes qui le composent? Quel est leur poids respectif sur l'échiquier des professions de la santé et quelles sont les tendances majeures de l'évolution qui les concerne? Les pages qui suivent tenteront d'apporter des éléments de réponse à ces questions.

La progression fulgurante du personnel paramédical

Dans le champ paramédical, certaines professions plus anciennes ont pris place aux côtés de la profession médicale, telles celles de dentiste et de pharmacien. Le décompte de leurs effectifs permet de constater une croissance significative mais récente, bien que les médecins continuent à les surpasser en nombre. Mais d'autres professions se sont constituées dans l'orbite de la profession médicale et lui sont restées plus directement subordonnées. Celle d'infirmière demeure la plus ancienne et la plus importante d'entre elles[39]; la plupart des professions paramédicales d'origine plus récente, telles celles de diététiste et de physiothérapeute, ont en effet l'infirmière comme ancêtre commune. D'abord figure traditionnelle représentée constamment au chevet des malades, l'infirmière devient, avec l'émergence des écoles de formation au tournant du siècle et l'acquisition d'un statut professionnel à l'issue de la Première Guerre mondiale, une véritable professionnelle des soins de santé.

Dans la foulée de la spécialisation de la médecine et aussi pour contrer la pénurie de praticiens, la profession d'infirmière recouvre des fonctions de plus en plus diversifiées. Dès les années 1930-1940 se profilent des infirmières hygiénistes, nutritionnistes, assistantes-dentaires, voire même hôtesses de l'air. On les retrouve à l'œuvre dans les laboratoires et les services de physiothérapie, faisant parfois office d'assistantes sociales dans certains services hospitaliers ou à domicile. Ce sont encore elles qui organisent, seules, des dispensaires dans les régions de colonisation ou les contrées isolées du pays. Au chevet des malades où elles agissent le plus souvent, leurs tâches et fonctions acquièrent un caractère plus technique, plus spécialisé, en quelque sorte. Les infirmières sont alors, et demeurent encore, omniprésentes dans les services hospitaliers, tout d'abord à cause de l'importance des fonctions de supervision qu'elles assument traditionnellement auprès d'un personnel moins qualifié (composé d'abord d'étudiantes puis d'aides) et surtout à cause de la nécessité d'assurer une surveillance continue auprès des malades.

Elles ne suffiront bientôt plus à la demande. Tout autour d'elles apparaissent et se multiplient, peu à peu, de nouvelles figures: diététistes, physiothérapeutes, archivistes médicales, techniciens-nes de laboratoire et de radiologie, ergothérapeutes etc.

Les données concernant ces divers groupes sont fort minces pour les périodes antérieures aux années 1960. Pour les années plus récentes, il n'est pas possible non plus de connaître le nombre exact, ni de mesurer le volume total de services effectivement dispensés par les paramédicaux. Les seules informations systématiques portent sur les hôpitaux publics et, en particulier, sur les services assurés en vertu des régimes d'assurance-santé. Ces informations s'en tiennent, cependant, au décompte des postes occupés et des heures travaillées, sans référence aux individus concernés. En fait, seules les associations paramédicales qui ont acquis un statut professionnel leur reconnaissant l'exercice exclusif de la profession sont en mesure d'effectuer une compilation systématique de leurs membres[40]; mais cette catégorie demeure minoritaire puisque la majorité des professions paramédicales ne bénéficient que de l'exclusivité de leur titre (titre réservé).

Malgré le caractère fragmentaire des données et la difficulté supplémentaire d'établir des comparaisons systématiques suivant les groupes et les années considérées, on peut à tout le moins tenter de dégager des tendances significatives à propos des divers groupes de paramédicaux. La principale concerne le gonflement des effectifs dans l'ensemble du champ. La progression apparaît incontestable au terme des années 1950: les effectifs des divers groupes — à l'exclusion toutefois des infirmières et des infirmières-auxiliaires — grimpent, dans les hôpitaux publics canadiens, de 6182 en 1953 à 10 083 en 1961; une hausse de l'ordre de 63%. L'augmentation du nombre de lits dressés ne progresse, au cours de la même période, que dans une proportion de 24%[41]. Il en résulte une amélioration du ratio des soignantes, toutes catégories confondues: une pour 11 personnes hospitalisées en 1953 contre une pour 9 en 1961. Le groupe des infirmières reste, par ailleurs, le plus imposant du champ paramédical et enregistre une progression fulgurante: ses effectifs passent de 7835 en 1941 à 33 061 en 1958. Le seul poids du nombre traduit dans le champ du paramédical une augmentation et peut-être aussi une amélioration des soins dispensés[42].

Mais malgré cette progression rapide des paramédicaux, leur nombre est encore jugé insuffisant au début des années 1960. La tendance, déjà signalée, à la substitution de la main-d'œuvre requise par un personnel moins qualifié à qui l'on délègue certaines tâches plus routinières ou plus techniques devient alors plus marquée, bien que les données manquent pour en évaluer l'ampleur réelle. Cette tendance est particulièrement prononcée dans le cas des infirmières. Au Québec par exemple, ce groupe (diplômées et étudiantes comprises) formait 65% du personnel de soins infirmiers en 1956; il n'en représentait plus que 46% en 1966[43]. Les aides-infirmières diplômées (appelées infirmières-auxiliaires au Québec) se multiplient dans l'ensemble du Canada: de 6367 en 1953, leur nombre grimpe à 17 140 en 1961; une progression de l'ordre de 169%[44].

Les paramédicaux présentent, dans l'ensemble, des profils de formation variés, allant des grades universitaires (du certificat au baccalauréat) aux diplômes d'instituts techniques, en passant par toute la gamme des programmes offerts dans les hôpitaux (formation en cours d'emploi ou internat) quand ce n'est pas un amalgame de ces programmes. Au début des années 1960, le rapport Hall note que la partie didactique de la formation des paramédicaux s'enseigne de plus en plus dans les instituts techniques au Canada, alors que l'expérience s'acquiert, comme par le passé, dans les centres de soins. Ce rapport signale en outre la progression plus rapide des contingents de paramédicaux formés dans les hôpitaux que celle des groupes formés dans les universités.

Le tableau 1 présente la répartition numérique de la main-d'œuvre dans les hôpitaux publics du Canada, du Québec et de l'Ontario pour les années 1961 et 1981, le poids respectif des diverses catégories de main-d'œuvre, excluant les médecins, et le régime d'emploi. Un premier constat se dégage: au Québec, la croissance de ces effectifs (167,3%) est plus rapide qu'en Ontario (92,7%) et que dans l'ensemble du pays (123,1%), bien que la province ontarienne dispose d'un personnel plus nombreux. Le deuxième constat va dans le même sens: l'augmentation enregistrée est plus rapide au Québec, quelle que soit la catégorie considérée, tandis que la province voisine a, pour tous les groupes, des effectifs plus importants. Ainsi, le personnel de soins infirmiers est en hausse de 155,9% au Québec, contre 68,9% en Ontario et 101,6% dans l'ensemble du pays; le personnel professionnel et technique augmente dans des proportions respectives de 683,5%, de 517,8% et de 561,6%; la catégorie «autres personnels» croît dans des proportions de l'ordre de 132,8% au Québec, de 61,4% en Ontario et de 93,9% dans l'ensemble du pays. Ce constat en autorise un autre: le personnel de soins infirmiers reste, pour les trois territoires considérés, le plus nombreux, suivi de la catégorie «autres personnels» et, loin derrière celle-ci, du personnel professionnel et technique.

Le personnel professionnel et technique représente, pour sa part, à peine plus de 6% de l'ensemble des effectifs en 1961 (6,9% au Québec, 6,2% en Ontario et 6,4% dans l'ensemble du pays). En 1981, il en compte près de 20% (20,2%, 19,9% et 18,9%). Ce dernier groupe enregistre donc

TABLEAU I

La main-d'œuvre sanitaire des hôpitaux publics, selon les grandes catégories d'emploi et le régime de travail, Canada-Québec-Ontario, 1961-1981[1]

1961

	CANADA			QUÉBEC			ONTARIO		
	Temps complet	Temps partiel	Total	Temps complet	Temps partiel	Total	Temps complet	Temps partiel	Total
Personnel total	162 805	17 042	179 847	41 002	3 360	44 362	60 192	7 979	68 171
Personnel de soins infirmiers[2]	83 543	7 186	90 729	19 601	1 190	20 791	31 386	3 866	35 252
Personnel professionnel et technique[3]	10 620	944	11 564	2 822	245	3 067	3 847	401	4 248
Autres personnels[4]	58 907	6 993	65 900	15 495	1 162	16 677	21 793	3 178	24 971

1981

	CANADA			QUÉBEC			ONTARIO		
	Temps complet	Temps partiel	Total	Temps complet	Temps partiel	Total	Temps complet	Temps partiel	Total
Personnel total	403 086	298 837	403 086	88 174	30 444	118 618	96 924	34 479	131 403
Personnel de soins infirmiers[2]	123 975	59 025	183 000	35 177	18 042	53 219	40 558	18 995	59 553
Personnel professionnel et technique[3]	60 663	15 853	76 516	18 965	5 066	24 031	20 762	5 486	26 248
Autres personnels[4]	98 880	28 936	127 816	31 545	7 291	38 836	30 427	9 881	40 308

1 À l'exclusion du personnel médical.

2 Sont inclus-es les infirmiers-ères diplômés-es, les infirmiers-ères - auxiliaires et les aides-infirmiers-ères.

3 Comprend notamment les diététistes, archivistes médicaux-ales, physiothérapeutes, ergothérapeutes, pharmaciens-nes, psychologues, techniciens-nes de laboratoire et de radiologie, travailleurs-euses sociaux-ales, ainsi que d'autres groupes non spécifiés.

4 Comprend notamment les employés-es de bureau et le personnel des buanderies, des cuisines et de l'entretien ménager.

Source: BFS, *La statistique des hôpitaux*, Ottawa, 1961 et 1981.

la progression la plus spectaculaire et la plus rapide de toutes les catégories considérées. Des différences restent à signaler entre les deux provinces considérées: la répartition du personnel de soins infirmiers avantage l'Ontario (bien que dans une moindre mesure en 1981 qu'en 1961). Celle du personnel professionnel et technique apparaît, par contre, légèrement plus favorable au Québec, comme l'est également la catégorie «autres personnels» (bien que dans une proportion plus faible en 1981).

Enfin, au terme de l'importante croissance survenue, la structure de la main-d'œuvre sanitaire s'est modifiée: le poids des catégories les plus anciennes, celle du personnel de soins infirmiers et au terme de ce tableau global, un portrait plus précis s'impose pour mieux connaître, au sein du groupe des professionnels paramédicaux, la place plus spécifique qu'y occupent les diététistes et les physiothérapeutes.

Diététistes et physiothérapeutes dans la mêlée: profil et caractéristiques des groupes professionnel et technique

On l'a vu, dans l'ensemble du personnel des hôpitaux publics, la catégorie du personnel professionnel et technique est celle qui enregistre la croissance la plus forte entre 1961 et 1981. Divers groupes composent ce sous-ensemble du personnel paramédical. En 1961 on y retrouve les techniciens-nes (essentiellement dans les laboratoires et les services de radiologie), les thérapeutes professionnels (physiothérapeutes et ergothérapeutes), les diététistes, les archivistes médicales, les pharmaciens etc. En 1981, le personnel professionnel et technique forme une mosaïque plus complexe marquée par l'ajout de nouveaux groupes professionnels (audiologistes-orthophonistes, hygiénistes du travail, spécialistes en activités cliniques, en orientation ou en évaluation des soins, etc.), la spécialisation des groupes de techniciens-nes (cytotechnologistes, inhalothérapeutes, orthésistes ou prothésistes, perfusionnistes, techniciens-nes en circulation extra-corporelle, en diététique, en électro-encéphalographie, en hémodynamique, en réadaptation) et enfin la multiplication des groupes d'assistants-es-techniciens-nes et de préposés-es.

De tous les groupes recensés dans la catégorie du personnel professionnel et technique au Canada, les techniciens-nes forment la catégorie la plus nombreuse. De 1953 à 1961, leurs effectifs grimpent de 2992 à 6253. Les diététistes, le deuxième groupe en importance en 1953 (965 soignantes), enregistrent plutôt une diminution d'effectifs en 1961 (727). Tous les autres groupes sont en progression au cours des années 1950: le nombre d'archivistes médicales croît de 634 à 713, celui des physiothérapeutes passe de 287 à 676, celui des ergothérapeutes, de 67 à 138[45]. En dépit de cette croissance, les auteurs du rapport Hall affirment l'existence d'une pénurie des effectifs paramédicaux, pénurie particulièrement criante dans le cas des thérapeutes et des diététistes.

Les départs prélèvent chaque année, en effet, une grande partie des effectifs. Pour l'année 1961, le nombre de soignantes ayant quitté leur emploi oscille, suivant les groupes, dans des proportions allant du quart à la moitié des effectifs[46]. Cette situation est attribuée à la prédominance des femmes dans l'ensemble des occupations paramédicales. Le rapport Hall avance l'explication suivante: «Beaucoup de femmes mariées cessent de travailler lorsque leurs obligations familiales viennent en conflit avec leur activité professionnelle. Il se peut que des salaires supérieurs et des conditions de travail meilleures incitent un bon nombre de femmes mariées à retourner au travail hospitalier[47].» Les auteurs de ce rapport mentionnent, par ailleurs, la hausse de la participation des femmes mariées dans la main-d'œuvre sanitaire des hôpitaux canadiens au cours des années 1950. La proportion de femmes mariées parmi les infirmières actives au Canada passe ainsi de 25,3% en 1951 à 46,5% en 1961, parmi les diététistes, elle augmente de 18,3% à 36%, parmi les physiothérapeutes et les ergothérapeutes, elle se situe à 40,8% en 1961. «La situation reflète la tendance généralisée qui marque l'emploi des femmes mariées», affirment alors les auteurs du rapport Hall[48].

Au cours des années 1960, deux solutions sont envisagées par les autorités gouvernementales et hospitalières pour contrer la pénurie d'effectifs: la formation d'un plus grand nombre de soignants-es dans les groupes professionnels et techniques et l'augmentation des emplois à temps partiel. Ces mesures viennent en fait appuyer des tendances déjà présentes dans le champ sanitaire. Au terme des années 1950, la proportion de diététistes reconnues qualifiées (soit celles possédant un diplôme établi selon les normes en vigueur) passe, dans l'ensemble du Canada, de 51,4% en 1953 à 72,9% en 1961; celle des physiothérapeutes s'établit à 89,3% en 1961. Dans une perspective comparée, on constate que le Québec enregistre un rapport plus favorable que l'Ontario dans le cas des diététistes, alors que cette dernière province présente une plus grande proportion de physiothérapeutes reconnues qualifiées[49].

Le tableau II permet de mesurer l'évolution des effectifs pour certains groupes du personnel professionnel et technique dans les hôpitaux du Canada, du Québec et de l'Ontario pour les années 1961 à 1981. La croissance rapide du personnel de cette catégorie touche tous les groupes recensés. Ainsi, les effectifs du groupe des diététistes sont cinq fois plus importants en 1981 qu'ils ne l'étaient en 1961, quel que soit le territoire considéré; ceux

TABLEAU II

Effectifs de certains groupes du personnel professionnel et technique, Canada-Québec-Ontario, 1961-1981[1]

	1961			1981		
	CANADA	QUÉBEC	ONTARIO	CANADA	QUÉBEC	ONTARIO
Diététistes	772	202	284	4 191	1 118	1 451
Archivistes médicales	737	158	273	2 287	177	883
Techniciens-nes de labo. et de radiologie	6 982	1 714	2 589	25 583	5 456	8 893
Physiothérapeutes	747	154	315	4 453	1 149	1 554
Ergothérapeutes	143	23	66	1 852	555	666
Pharmaciens-nes	621	183	237	17 039	3 534	5 813
Travailleurs-euses sociaux-ales	291	114	79	6 936	2 044	2 197
Infirmières	28 181	5 050	11 802	161 269	41 498	62 050
Infirmières-auxiliaires	11 646	2 756	4 285	88 344	18 355	41 251

1. Données comptabilisant le personnel en exercice.

Sources: *La statistique des hôpitaux*, 1961, Ottawa; Répertoire de la main-d'œuvre sanitaire au Canada, Canada, Ministère de la Santé et du Bien-Être Social, 1983.

des physiothérapeutes se sont multipliés par près de six fois dans l'ensemble du pays (près de cinq fois en Ontario et plus de sept fois au Québec).

En ce qui concerne le poids respectif des divers groupes recensés au tableau II, la répartition des effectifs apparaît fort inégale. Il est d'abord frappant de constater l'importance numérique des infirmières (28 881 au Canada en 1961 et 161 269 en 1981) et des infirmières-auxiliaires (11 646 et 88 344, respectivement) par rapport à celle des autres groupes considérés. Ces deux catégories intègrent à elles seules trois à quatre fois plus de personnel que tous les autres groupes réunis. Les autres groupes apparaissent, pour ainsi dire, en retrait, alors que leurs effectifs se comptent en centaines en 1961 et en milliers en 1981. Parmi eux, les diététistes et les physiothérapeutes (à l'instar des archivistes médicales et des travailleuses sociales) occupent une place bien petite en 1961. On en compte alors 772 et 747, respectivement, pour l'ensemble du pays, une place toutefois mieux assurée en 1981 alors qu'on dénombre 4191 diététistes et 4453 physiothérapeutes.

Les femmes continuent à se diriger en grand nombre vers les professions paramédicales, tout en faisant parallèlement des percées significatives dans les professions traditionnellement masculines du champ sanitaire (notamment en médecine et en pharmacie)[50]. Outre la catégorie des infirmières

(94,3% de femmes en 1980) et des infirmières-auxiliaires (85,6%), les catégories dans lesquelles le taux de féminité est le plus élevé restent celles des techniciennes (82,3%), des autres professionnels (76,9%) et des préposés-es (62,7%). Parmi les groupes qui enregistrent les plus fortes proportions de femmes, mentionnons les diététistes (97,4%) et les techniciennes en diététique (98,3%), les physiothérapeutes (84,5%) et les techniciennes en réadaptation (88,6%), les hygiénistes dentaires (85%) et les technologistes médicales (83,8%).

Il semble bien, au bout du compte, que les femmes ont intensifié et diversifié leur présence dans l'ensemble du champ sanitaire au Québec et qu'elles ont aussi, chemin faisant, consolidé leurs positions à un niveau mitoyen de la hiérarchie sanitaire, situé entre le sommet (place occupée par les médecins) et la base. Cette position mitoyenne qui caractérise, en particulier, les diététistes et les physiothérapeutes apparaît comme la résultante d'une évolution parsemée d'embûches, empreinte de multiples tensions et traversée de luttes pour conquérir ou encore consolider un statut professionnel, parfois fragile, de femmes soignantes. Dans le champ du paramédical, marqué souvent par des chevauchements et des zones grises, la définition des territoires professionnels deviendra l'objet de négociations permanentes impliquant dans la mêlée l'État, les administrations hospitalières et, bien entendu, la profession médicale qui ne cesse de monter la garde.

* *
*

Les principales transformations du champ socio-sanitaire révèlent en premier lieu l'importance accordée à la santé au XXe siècle. Au Canada, comme dans l'ensemble des pays occidentaux, il s'agit d'un objectif social qui sollicite, au premier plan, l'intervention des pouvoirs publics. De plus, l'essor du système de santé canadien s'inscrit, comme c'est le cas ailleurs, dans la foulée expansionniste de l'État-providence (*Welfare State*), d'une part, et de la médecine «moderne», d'autre part.

À l'issue de la Deuxième Guerre mondiale, la médecine dispose d'un arsenal de moyens «modernes» (appareils automatisés permettant des diagnostics plus précis, nouveaux produits thérapeutiques dont les antibiotiques...) destinés à guérir. Ces développements, que certains attribuent au processus d'«industrialisation» de la médecine, accentue la concentration des ressources médicales en milieu institutionnel. En multipliant ses laboratoires et ses champs cliniques, l'hôpital draine les malades dont le flot ne cesse de croître. Venus à la rescousse des malades aussi bien que des médecins et des infirmières, une foule de soignants-es y trouve bientôt sa place. La convergence des phénomènes liés au développement médical et à l'intervention croissante des pouvoirs publics favorise, indéniablement, la prédominance de l'hôpital et la mainmise des médecins sur l'ensemble des services de santé.

Les médecins, qui jouissent d'un monopole légal sur l'ensemble des pratiques sanitaires, exercent une influence déterminante à la fois sur le flot des personnes admissibles aux soins de santé, et sur le mouvement du personnel (nombre, composition) chargé d'assurer ces soins. Ce personnel appartient à cet univers particulier que constitue le champ paramédical où l'on retrouve, en 1961, 85% de la main-d'œuvre sanitaire canadienne. Dans ce vaste univers évolue, le plus souvent à l'ombre de la profession médicale, une mosaïque complexe de groupes parmi lesquels celui des infirmières et, dans une moindre mesure, celui des infirmières-auxiliaires constituent plus de la moitié des effectifs. La plupart des professions de ce champ ont pour ancêtre commune l'infirmière, mais à côté de cette dernière prennent place graduellement des figures nouvelles dont celles des diététistes et des physiothérapeutes.

La répartition des divers groupes suggère, plus globalement, une modification de la structure du personnel. Ces modifications, rappelons-le, renvoient à une participation accrue des femmes à la main-d'œuvre sanitaire, à une amélioration des qualifications professionnelles des groupes paramédicaux, à une division accrue du travail au sein du paramédical et aussi à une extension du régime de travail à temps partiel. Au total, les femmes consolident leurs positions à un niveau mitoyen de la hiérarchie sanitaire. C'est une position mieux assurée que par le passé mais qui reste, toutefois, profondement marquée par l'ambivalence.

Les diététistes et les physiothérapeutes dont nous tracerons l'itinéraire tout au long de cet ouvrage, appartiennent, on l'a vu, à cet univers paramédical en pleine croissance et en mutation constante. On verra ces deux groupes faire face à des impératifs de changement; on les verra s'y adapter et en susciter d'autres à leur tour. Mais à aucun moment on ne les verra se départir d'un objectif majeur: celui de se tailler une place bien à elles sur l'échiquier des professions de la santé et de préserver avant tout leur statut professionnel. Pour mieux saisir le cheminement suivi par les diététistes et les physiothérapeutes, nous tâcherons d'abord de remonter aux sources mêmes de leur émergence comme groupes professionnels.

3

L'entrée des diététistes et des physiothérapeutes dans l'univers de la santé

Au début du siècle, le malade hospitalisé peut distinguer autour de son lit la cornette de la religieuse et le voile de l'infirmière. À intervalles réguliers, la blouse blanche du médecin apparaît, puis se fond dans le décor, parfois accompagnée de celle d'un interne. Personne d'autre, à part peut-être une dame patronnesse et quelques servantes chargées des gros travaux. Soixante-quinze ans plus tard, la cornette a disparu. L'infirmière, le médecin et même la bénévole sont toujours là, mais ils ne sont plus seuls. Le malade voit aller et venir autour de lui des infirmières-auxiliaires, des préposés-es, des inhalothérapeutes, des ergothérapeutes, des orthophonistes, des techniciens-nes en radiologie, sans compter les nombreux médecins spécialistes. Il sait aussi que, quelque part dans l'hôpital, pharmaciens-nes, technologistes et archivistes médicales s'occupent de son cas.

Éventuellement, il a en outre affaire à une diététiste et à une physiothérapeute. Ce sont ces dernières qui nous intéressent ici. Comment ont-elles émergé dans l'univers de la santé en général, et dans le monde hospitalier en particulier? Qui sont-elles? Combien sont-elles? Que font-elles? La diététique et la physiothérapie sont des professions sœurs qui évoluent très souvent sur des voies parallèles. Ce sont ces voies que nous suivrons à travers le XXe siècle au Québec et en Ontario. Elles nous entraîneront sur la piste de professions semblables à maints égards, notamment parce qu'elles sont majoritairement féminines et qu'elles appartiennent à l'univers de la santé. Ces deux caractéristiques revêtiront cependant, de temps à autre, une signification et une importance spécifiques qu'il faudra mettre en lumière.

La naissance de la physiothérapie et de la diététique

Les deux premières diététistes canadiennes sont engagées en 1907 à Toronto, l'une au Hospital for the Sick Children, l'autre à l'Université de Toronto. Au Québec, le Royal Victoria Hospital revendique cette primeur en 1914, suivi de près par le Montreal General Hospital vers 1915. À la même époque, des organismes tels que le YWCA de Toronto (1911) ou la compagnie Bell à Montréal (1917) embauchent également des diététistes. Des pionnières de la physiothérapie au Canada, on sait peu de choses. Avant la Première Guerre, on compte à peine une poignée de «masseuses» à Montréal et à Toronto. La plupart viennent de Grande-Bretagne, quelques-unes ont reçu leur formation en Suède ou aux États-Unis. Elles exercent surtout en pratique privée et rares sont celles qui réussissent à pénétrer le milieu hospitalier.

La piste des diététistes et des physiothérapeutes canadiennes commence ainsi au début du xxe siècle et prend sa source dans les milieux anglophones, qu'ils soient québécois ou ontariens. Floue et imprécise de prime abord, elle émergera peu à peu au milieu des infirmières, des spécialistes d'arts ménagers ou des masseuses.

Les arbres généalogiques de la diététique et de la physiothérapie comportent en effet au moins une ancêtre commune: l'infirmière. Au tournant du siècle, la spécialisation des tâches dans le monde de la santé est encore embryonnaire et seules les infirmières peuvent prétendre au statut d'auxiliaires des médecins. C'est à ce titre que celles-ci administrent les diètes spéciales prescrites par les médecins et rééduquent les malades qui relèvent d'une opération ou d'un accident. Du reste, plusieurs d'entre elles décideront de réorienter leur carrière et de se spécialiser dans ce type de soins[1].

On ne peut cependant imputer aux seuls soins infirmiers l'origine de la diététique et de la physiothérapie qui se réclament par ailleurs d'univers très différents. La diététique doit beaucoup aux arts ménagers, domaine traditionnellement féminin et fort éloigné du champ de la santé. Dans les milieux anglophones du début du siècle, la filiation est très nette, sans équivoque: la plupart des diététistes sont formées dans les écoles universitaires de «Home Economics» ou de «Household Science» qui sont fondées au Canada à partir de 1902. C'est sur la base de cette formation que les premières diplômées sont ensuite engagées à titre de spécialistes de l'alimentation. Au Québec, du côté francophone, le lien entre diététique et arts ménagers semble plus indirect[2], mais n'en demeure pas moins réel. L'École ménagère provinciale offre par exemple, à partir de 1912, des cours de «cuisine diététique» adaptée aux besoins des malades; et comme on le verra plus loin, la couture, la tenue de maison et la gestion du budget familial se mêlent à l'anatomie, la physiologie et la nutrition dans le premier programme francophone de diététique qui s'ouvre dans les années 1940 à l'Université de Montréal.

La physiothérapie, pour sa part, est issue de l'art très ancien du massage et de la gymnastique corrective appliquée aux cas de difformité. Cette technique se développe au tournant du siècle dans une perspective thérapeutique, en Europe principalement. Un groupe d'infirmières britanniques fonde ainsi en 1894 la Society of Trained Masseuses pour promouvoir le massage thérapeutique et en faire un métier respectable pour les femmes[3]. Jusqu'en 1914 cependant, la société canadienne se montre peu réceptive aux techniques des masseuses qui, travaillant surtout dans les milieux aisés, demeurent rares.

C'est la Première Guerre mondiale qui va donner le véritable coup d'envoi à la physiothérapie. Dans ce contexte d'urgence, le gouvernement fédéral charge la Commission des Hôpitaux militaires d'organiser à travers tout le pays des services de santé pour les soldats blessés et handicapés. Très vite, celle-ci s'intéresse à la physiothérapie puisque l'expérience sur le terrain en Angleterre a démontré qu'elle traite efficacement les blessures, les séquelles de typhoïde ou les complications pulmonaires que les soldats ramènent des champs de bataille. Les physiothérapeutes étant trop peu nombreuses au moment où éclate la guerre, la Commission organise en toute hâte des cours de formation intensive à l'Université McGill et à l'Université de Toronto. La majorité des diplômés sont des femmes, que l'on s'empresse de diriger vers les hôpitaux et les maisons de convalescence militaires. De ce premier contingent de 250 physiothérapeutes émerge un leadership féminin désireux d'engager leurs consœurs dans la voie associative avant même la fin de la guerre[4]. La Toronto Society of Trained Masseuses est fondée dès 1915, suivie trois ans plus tard par la Montreal Society of Trained Masseuses. L'établissement de ces deux organisations allait préparer le terrain pour la création prochaine d'une association canadienne.

Si le conflit ne crée pas leur profession, il fournit néanmoins aux diététistes l'occasion de prouver l'importance d'une alimentation adéquate pour les soldats, tant malades que bien portants. En 1917, la Commission des hôpitaux militaires reconnaît en effet que le système des rations alimentaires complique sérieusement l'application des prescriptions diététiques des médecins (destinées notamment à enrayer une tuberculose endémique).

Elle reconnaît aussi que le système de préparation des repas laisse grandement à désirer. Violet M. Riley, responsable des services alimentaires à l'Université de Toronto, se voit alors confier la tâche d'organiser et de diriger tous les départements diététiques relevant de la Commission. Des dizaines de diététistes et d'étudiantes-diététistes sont ensuite engagées pour s'occuper à la fois de la diétothérapie dans les hôpitaux et de l'organisation des services alimentaires militaires. Elles sont plus de 45 en 1915[5].

La Grande Guerre a donc eu un impact marqué sur le développement de la physiothérapie et de la diététique au Canada. La première en est pour ainsi dire née et en ressort définie comme une profession à vocation essentiellement thérapeutique; la seconde y trouve aussi la reconnaissance de son utilité curative, mais établit en outre sa pertinence dans le domaine de la gestion de services alimentaires. Les premiers pas de ces deux professions révèlent déjà l'essence de leurs similitudes et de leurs différences.

Les associations professionnelles

Chez les physiothérapeutes comme chez les diététistes, les années d'après-guerre donnent lieu à un regroupement des effectifs au niveau national. La Grande Guerre ayant jeté les bases de la physiothérapie au Canada, les premières praticiennes ressentent le besoin urgent d'unir leurs forces pour assurer la survie et le développement de leur profession naissante dans la société civile. Les succès enregistrés par leurs consœurs en Grande-Bretagne alimentent leur démarche. En 1920, la Society of Trained Masseuses obtient en effet une charte royale et prend le nom de Chartered Society of Massage and Medical Gymnastics. La même année, la Canadian Association of Masseuses and Remedial Gymnasts (CAMRG) naît de la fusion des associations établies à Montréal et à Toronto durant la guerre, avec pour devise: *Exercitio Manuque Medica* («Soigne par l'exercice et par la main»); en 1935, elle prendra le nom d'Association canadienne de physiothérapie (ACP). Cette dernière compte dès le début deux sections locales (Toronto et Montréal), huit au début des années 1950[6]. Mais il faut attendre la décennie suivante pour voir apparaître des regroupements provinciaux, chacun d'eux chapeautant un nombre plus ou moins important de sections locales: en 1961, un regroupement qui deviendra la Corporation professionnelle des physiothérapeutes du Québec (CPPQ), et en 1964, l'Ontario Physiotherapy Association (OPA). Bien que placées sous l'autorité directe de l'ACP, les nouvelles associations sont toutefois appelées à jouer un rôle de premier plan auprès des gouvernements provinciaux puisque ceux-ci sont responsables de la réglementation professionnelle dans le champ de la santé. En

1964, le Comité exécutif de l'ACP déclare ainsi clairement que «the Provincial Branches must play an ever increasing part in the political affairs of their own Provinces. It is their own responsibility to observe and report what is happening and to be a party in Government discussions affecting the profession[7]».

Les diététistes cherchent également à consolider leurs assises professionnelles par la mise sur pied d'une association canadienne. Le cheminement qui mène à cette fondation est toutefois différent de celui des physiothérapeutes puisqu'il effectue un détour par les États-Unis. Les premières diététistes canadiennes commencent en effet par s'impliquer activement au sein de l'Association américaine de diététique, d'ailleurs créée en 1917 grâce à leur contribution. Dans les années 1920, le besoin d'établir des regroupements entièrement canadiens se fait cependant sentir et donne l'impulsion nécessaire pour jeter les bases de plusieurs associations provinciales (au Québec, en Colombie-Britannique et en Ontario) ou locales (à Toronto et à Ottawa). Puis, au début de la décennie suivante, les diététistes ontariennes pressent leurs consœurs des autres provinces de briser les liens avec l'association américaine et de se doter de leurs propres structures. Contrairement à leurs collègues, elles ont toujours refusé d'affilier leur groupe à l'American Dietetic Association et de se placer du même coup sous l'autorité d'une organisation «étrangère». Les restrictions imposées aux Canadiennes désireuses de se former ou de travailler aux États-Unis, notamment, leur apparaissent de plus en plus irritantes. Finalement, en 1935, l'Association canadienne de diététique (ACD) est fondée lors d'une réunion tenue au Ottawa General Hospital. L'élection de deux Torontoises aux postes de présidente honorifique et de présidente indique bien le rôle clef joué par les diététistes ontariennes dans cette fondation.

Aussitôt l'ACD établie, les associations provinciales disparaissent, à l'exception de la Toronto Dietetic Association qui continuera ses activités au cours des vingt années suivantes en tenant lieu d'association provinciale en Ontario. Au lendemain de la Deuxième Guerre mondiale qui a grandement contribué à son essor, l'ACD considère que le temps est venu d'obtenir un statut légal pour les diététistes. La crainte de voir ces dernières intégrées à des syndicats au gré d'une loi fédérale sur les relations de travail imminente pousse aussi l'association à l'action. Or, comme la réglementation des groupes professionnels relève de la juridiction des provinces, il faut d'abord constituer des associations provinciales qui se chargeront ensuite des démarches nécessaires auprès de leurs gouvernements respectifs. La Quebec Dietetic Association — ancêtre de l'actuelle Corporation professionnelle des diététistes du Québec (CPDQ) — voit alors le jour en 1952, suivie de l'Ontario Dietetic Association (ODA) en 1955[8].

Jusqu'ici, le schéma associatif des diététistes et des physiothérapeutes est relativement simple. À partir des années 1960 cependant, le tableau se complique quelque peu (voir le Tableau 1). Non seulement les associations se multiplient-elles, mais leur vocation et leur base de recrutement se diversifient. Dans les deux provinces, les professionnelles qui exercent en cabinet privé créent une organisation distincte, de même que celles qui occupent des postes de cadres. C'est au Québec cependant que la floraison associative est la plus remarquable. À partir de 1970, bon gré mal gré, l'État oblige tous les groupes professionnels à dédoubler leur mode de représentativité. Les corporations demeurent responsables des normes régissant la qualité des services, mais doivent désormais passer la main à des syndicats pour toutes les questions relatives aux intérêts économiques de leurs membres. Apparaissent alors le Syndicat professionnel des diététistes du Québec (SPDQ) ainsi que l'Association professionnelle des physiothérapeutes du Québec (APPQ). Nous en sommes donc déjà à quatre associations, deux pour chacune des professions qui nous intéressent. Par ailleurs, diététistes et physiothérapeutes s'associent à d'autres professions au sein d'organismes-parapluies comme le Conseil interprofessionnel du Québec (corporatif) et le Cartel des organismes professionnels de la santé (syndical). Ajoutons les associations de professionnelles cadres et en pratique privée. Au total, huit structures différentes représentent les diététistes et les physiothérapeutes québécoises, sans compter l'ACD et l'ACP dont plusieurs d'entre elles sont membres[9].

Les effectifs de toutes ces associations augmentent à un rythme relativement lent, freiné d'ailleurs par la Dépression. Les deux regroupements canadiens doivent attendre 1940-45 pour avoir 500 à 600 membres, puis les années 1950 pour dépasser le millier d'adhérentes, et enfin, le début de la décennie 1980 pour recruter 3000 à 4000 personnes. Les associations provinciales démarrent elles aussi à petite vitesse puisqu'elles oscillent encore entre 400 et 600 cotisantes quinze à vingt ans après leur fondation; seule l'OPA enregistre plus de mille membres dès 1968. Quant aux syndicats québécois, ils doublent avec peine le cap des 300 adhérentes chez les diététistes en 1980, mais inscrivent tout de même 625 physiothérapeutes sur leurs listes.

La Deuxième Guerre mondiale constitue une première période faste de recrutement. Entre 1940 et 1945, l'Association canadienne de physiothérapie enregistre une hausse de 65% de ses effectifs pendant que celle de

TABLEAU 1

Principales associations en diététique et en physiothérapie (Canada, Québec et Ontario)

DIÉTÉTIQUE		PHYSIOTHÉRAPIE	
1927	Ontario Dietetic Association (1927)	1915	Toronto Society of Trained Masseuses
1924	Quebec Dietetic Association (disparaît dans les années 1930)	1918	Montreal Society of Trained Masseuses
1934	Association canadienne de diététique	1920	Canadian Association of Masseuses and Remedial Gymnastics → Association canadienne de physiothérapie (1935)
1952	Association de diététique du Québec → Corporation des diététistes du Québec (1964) → Corporation professionnelle des diététistes du Québec (1973)	1940	Section montréalaise de l'Association canadienne de physiothérapie → «Physiothérapeutes de la Province de Québec Inc.» (1961) → Corporation professionnelle des physiothérapeutes du Québec (1973)
1965	Canadian Food Supervisors Association		
1970	Syndicat professionnel des diététistes du Québec		
1972	Société des technologues en nutrition du Québec (corporative)	1964	Ontario Physiotherapy Association
	Association des techniciens en diététique du Québec (syndicale)	1965	Private Practice Group (Ontario)
1973	Association des diététistes autonomes du Québec	1970	Association professionnelle des physiothérapeutes du Québec (syndicale)
	Association des diététistes cadres du Québec	1975	Association professionnelle des thérapeutes en réadaptation physique du Québec (syndicale)
		1980	Société québécoise des thérapeutes en réadaptation physique (corporative)
	→ Changement de nom		

REGROUPEMENTS MULTIPROFESSIONNELS	
1965	Conseil interprofessionnel du Québec (corporatif)
1971	Cartel des organismes professionnels de la santé (syndical, Québec)
1975	Association of Allied Health Professionnals of Ontario (syndicale)

diététique affiche une augmentation de 40%. Une telle performance s'explique sans nul doute par l'accroissement de la demande de soins que génère le conflit. Le ministre de la Défense accepte avec empressement l'offre de collaboration que lui adressent tant l'ACP que l'ACD. Et, dans ce contexte, ces dernières obtiennent des conditions très avantageuses pour leurs membres. Physiothérapeutes et diététistes sont non seulement enrôlées dans le Corps Médical de l'Armée canadienne, mais reçoivent en outre le statut d'officier, au même titre que les infirmières. Qui plus est, seules les candidates répondant aux critères fixés par les deux associations sont engagées.

La réponse des intéressées ne se fait pas attendre. L'ACP se dit «bombardée» par les offres de services. Plus du tiers de ses membres s'enrôlent, les finissantes se trouvent un poste à peine leur diplôme en poche et les praticiennes mariées ou retraitées reprennent du service. Malgré cela, plusieurs doivent se partager entre deux ou même trois hôpitaux sans arriver à combler tous les besoins. Les diététistes font de même, sollicitées tant par l'armée, la marine et l'aviation que par l'industrie de guerre qui les réclame pour gérer l'approvisionnement alimentaire ainsi que les menus des cafétérias[10].

Les années 1970 constituent l'autre période durant laquelle le recrutement s'accélère, surtout au Québec où la CPDQ et la CPPQ doublent le nombre de leurs membres. Mais, somme toute, les effectifs seront demeurés relativement modestes pour les deux professions tout au long de leur histoire. Ils n'auront jamais atteint des niveaux comparables à ceux des infirmières dont l'Ordre québécois, par exemple, compte 10 000 membres dès 1950 et 54 000 en 1980[11].

Canadiennes ou provinciales, toutes les associations professionnelles poursuivent en gros les mêmes objectifs. Elles établissent d'abord des standards de formation et de pratique, standards qui justifieront les demandes de monopoles professionnels qu'elles présenteront à l'État à partir des années 1950. Les examens d'admission, les codes d'éthique et l'accréditation des institutions offrant diplômes et stages constituent les outils développés à cette fin. Ces regroupements assurent en outre la défense des intérêts économiques de leurs membres. Ils offrent aussi un certain nombre de services: bureau de placement, journal ou bulletin, cours de recyclage, ateliers et conférences, bibliothèque, bourses d'études, service de consultation, etc.

D'autre part, les deux professions doivent s'imposer dans les milieux directement concernés par leurs champs de compétence. On voit alors les différents regroupements publier revues et bulletins professionnels, soumettre des mémoires à l'État, siéger au sein d'organismes tels que le Canadian Council on Nutrition, Sports-Physio ou la Société canadienne contre l'arthrite et le rhumatisme. Le secteur de la santé constitue évidemment la cible par excellence de leurs stratégies promotionnelles: c'est là que se joue leur avenir. Physiothérapeutes et diététistes prennent donc soin d'établir très tôt des liens avec les associations et les institutions tant médicales qu'hospitalières, parmi lesquelles l'influente Canadian Medical Association.

Ces liens constituent en fait un impératif dans le cas de l'ACP. Dès sa fondation, celle-ci met tout en œuvre pour se ménager la bienveillance du corps médical et le convaincre de la valeur de la physiothérapie. Son désir de collaboration figure noir sur blanc parmi les articles de sa charte officielle. Ses différentes instances font une large place aux médecins, invités à siéger à divers comités consultatifs ou comme présidents honoraires. Les pages de son journal sont aussi grandes ouvertes à ces derniers. Bien plus, la constitution de l'ACP spécifie clairement que ses membres s'engagent à ne pratiquer que sous la supervision d'un médecin, c'est-à-dire après avoir obtenu une prescription médicale. L'ACP suit en cela les traces de la Society of Trained Masseuses qui obtenait en 1900 son incorporation à la condition de plier ses membres à cette obligation. Dans les premières années qui suivent sa mise sur pied, l'ACP n'hésite pas à exclure de ses rangs celles qui insistent pour pratiquer de façon autonome et vendre librement leurs services. Comme l'explique le journal officiel de l'association en 1924:

> Chaque nouveau membre prend l'engagement formel de ne travailler que sous la supervision d'un médecin. Alors qu'il devrait être sacré, cet engagement a pourtant été brisé plus d'une fois sans qu'aucune démission ne nous parvienne pour autant. L'assemblée annuelle s'est alors prononcée sans équivoque: l'Association ne peut tolérer que des membres s'abritent sous son nom tout en enfreignant ses règlements. Se défaire de telles membres ne constitue pas une perte puisque cela nous laisse celles qui font véritablement la force de notre Association[12]. (*Nous traduisons.*)

Geste de soumission volontaire? On pourrait le croire à première vue. Mais l'attitude de l'ACP reflète aussi le désir d'une profession naissante d'accéder à un champ — la santé — où les médecins règnent en maîtres. Il est, par conséquent, essentiel de s'assurer le parrainage de ceux-ci pour survivre et se développer: une accusation de pratique illégale de la médecine est toujours possible, et les physiothérapeutes doivent pour cette raison éviter d'être associées aux chiropraticiens, aux naturopathes ou aux ostéopathes que le corps médical n'hésite pas à qualifier de «charlatans» parce qu'ils pratiquent en marge de son champ d'influence[13]. Travailler sous supervision médicale constitue de plus une garantie de respectabilité. Les «masseuses», pour utiliser le terme de l'époque, manipulent en effet des corps masculins et féminins selon des techniques qu'il leur faut impérativement distinguer de certaines pratiques jugées suspectes[14]. À la fois droit d'entrée dans l'univers de la santé et gage de moralité, cette tutelle consentie permet aux premières physiothérapeutes de se définir et d'être reconnues comme des soignantes. Au cours des années 1970, leurs successeures remettront cependant radicalement en question leurs rapports avec la médecine.

Tout autre est l'attitude de l'Association canadienne de diététique. Obtenir l'approbation médicale ne revêt à aucun moment un caractère d'obligation ou de nécessité pour cette dernière, pas plus d'ailleurs que pour les pionnières du début du siècle. Ceci tend à démontrer que l'alimentation, partie intégrante de la formation en sciences domestiques, demeure longtemps considérée comme une sphère d'activité essentiellement féminine. Et à ce titre, elle soulève beaucoup moins les craintes et l'intérêt de la profession médicale.

Par ailleurs, si diététistes et physiothérapeutes s'efforcent d'obtenir la reconnaissance des milieux de la santé, elles recherchent aussi — comme tous les groupes professionnels — une part de leur légitimité auprès du public en général. «Qu'est-ce qu'une diététiste?», «Que font les physiothérapeutes?» sont les questions auxquelles leurs associations respectives répondent à l'aide d'un arsenal publicitaire où figurent kiosques d'information, tournées dans les écoles secondaires et apparitions répétées dans les divers médias. Mais ici encore, les préoccupations pourtant similaires au départ des deux groupes professionnels prennent par la suite des accents un peu différents.

Les regroupements de diététistes semblent en effet vouloir établir de manière plus systématique des ponts de toute nature entre eux et l'ensemble de la population. Leurs actions débordent largement l'univers de la santé par le fait même, perspective qui paraît moins présente chez les physiothérapeutes. Dans les années 1940 et 1950, on voit l'ACD, par exemple, s'intégrer à un vaste réseau d'organismes sans attaches particulières avec le domaine sanitaire: la Canadian Association of Consumers, le Committee on Aging, le Council of Voluntary Agencies Assisting, le Homemakers Services Committee, l'UNICEF. L'ACD et les associations provinciales cultivent de plus des liens avec des regroupements de femmes, tels que le Conseil national des femmes du Canada, le Conseil Provincial des Femmes ou encore le Women's Bureau.

Sur un autre plan, plusieurs initiatives prises par les associations de diététique remportent un succès plus que respectable. C'est le cas de l'émission «Une diététiste vous écoute» qui voit le jour en 1969 à Québec et à Montréal sur les ondes de CJRP-Radio, animée par des membres bénévoles de la CPDQ. C'est aussi le cas du fameux «Mois de la nutrition» dont la carrière débute à la même époque sous le titre plus modeste de «Semaine de la nutrition». D'ores et déjà, on peut pressentir que les diététistes étendent leur champ d'action bien au-delà de l'univers des malades pour s'intéresser aux personnes en santé.

Esquisse d'un portrait

Qui sont réellement ces diététistes et ces physiothérapeutes? Photos d'époque, écrits divers, listes de membres et statistiques officielles s'accordent tous sur un point: les femmes constituent l'écrasante majorité des deux groupes professionnels tout au long de leur histoire. Cela est vrai tout particulièrement pour les spécialistes de l'alimentation chez qui les hommes ne comptent que pour un maigre 2% à 3%, quelle que soit la période considérée. La situation est à peine moins tranchée chez les physiothérapeutes où l'on retrouve jusqu'à 10% d'hommes en Ontario et 7% au Québec au milieu de la décennie 1970[15].

Longtemps, les dirigeantes des associations professionnelles considéreront cette dominance féminine comme un handicap. Qui dit profession féminine, dit mariage ou maternité, et dit aussi bas salaires. Résultat: la pénurie de praticiennes et le taux de roulement élevé prennent des proportions endémiques au point de devenir le leitmotiv de tous les regroupements. Faut-il vraiment s'inquiéter? Il semble que oui. Au Québec comme en Ontario, les associations le disent, les administrateurs hospitaliers l'affirment et les diverses commissions d'enquête le certifient. L'ACP et l'ACD déplorent cette situation dans l'entre-deux-guerres, et à nouveau du début des années 1950 jusqu'aux années 1970. L'Association des hôpitaux du Canada évalue en 1961 et en 1967 qu'il faudrait deux fois plus de physiothérapeutes et de diététistes pour combler les besoins[16]. La Commission Hall insiste en 1964 sur le rythme des départs qui élague les rangs de ces professions paramédicales. La CPDQ soutient que ses membres comblent difficilement la moitié des besoins hospitaliers de la province en 1960 et qu'elles sont encore trop peu nombreuses hors des grands centres en 1970[17].

D'autres indices démontrent la brièveté de ces carrières, interrompues le plus souvent par le mariage. Au cours de la décennie 1960, on estime que 10% des diplômées canadiennes en physiothérapie n'exercent jamais tandis que 65% à 75% d'entre elles pratiquent un maximum de cinq années, ce dernier chiffre reflétant aussi «l'espérance de vie au travail» des diététistes[18].

Chaque année, les administrateurs hospitaliers québécois et ontariens voient plus du tiers, parfois même la moitié, de ces professionnelles tirer leur révérence[19]. Et comme l'explique une diététiste québécoise en 1959:

> Malgré les changements considérables qui se sont produits dans notre mode de vie et qui font que dans le Québec 24,5% du total de la population féminine travaille en dehors du foyer et que même les femmes mariées sont en emploi (7,1% dans notre province comparativement à 11% pour le Canada et 15% pour l'Ontario), il est évident que la vocation de la femme demeurant immuable, le mariage décimera toujours constamment les rangs des professions féminines, comme le nursing, la diététique, l'enseignement[20].

La division sexuelle du travail qui assigne prioritairement les femmes de cette époque à la sphère privée constitue ainsi une réalité incontournable. Pour l'élite des physiothérapeutes et des diététistes, le problème apparaît sans doute d'autant plus aigu qu'elles sont engagées dans un processus de professionnalisation qui devient lourd à porter dans ces circonstances: un tel projet repose notamment sur la compétence que confère l'expérience et cadre très mal avec l'instabilité chronique d'effectifs déjà peu nombreux. C'est ce qu'explique la présidente de l'ACD en 1958, au moment où les diététistes obtiennent dans plusieurs provinces le droit de se constituer en corporations à titre réservé:

> Au moment où la reconnaissance professionnelle devient une réalité, il est vraiment très décevant de voir tant de diététistes démissionner parce qu'elles se marient. Il est en effet difficile de concilier une telle attitude avec le statut de *professionnelle*[21]. (*Nous traduisons.*)

Les conditions de travail représentent l'autre facteur important qui explique la pénurie de professionnelles. Les salaires, en particulier, constituent le nœud du problème. Peu élevés, plafonnant rapidement sans tenir compte de l'expérience ou du degré de scolarité, ils varient en outre d'une institution à l'autre et d'une province à l'autre selon le bon vouloir ou les moyens des employeurs. C'est en Ontario que l'on retrouve en 1971 le plus grand nombre de diététistes qui reçoivent les salaires les plus élevés au pays, soit $10 000 et plus. En 1975 par contre, l'OPA signale que ses membres célibataires ont tendance à quitter la province pour s'établir au Québec et en Colombie-Britannique: les salaires et les possibilités de se lancer en pratique privée y sont nettement meilleurs qu'ailleurs[22].

Timidement au début, énergiquement ensuite, les associations professionnelles s'attaquent au problème de la rémunération. Elles commencent par diffuser des échelles salariales jugées minimales tout en enquêtant sur les conditions réelles de leurs membres. Elles essaient aussi de développer le temps partiel, comme le montre cette annonce publiée par le journal de l'ACP en 1945: «Les membres mariées disponibles pour effectuer des traitements de physiothérapie quelques heures par jour ou par semaine sont priées d'en aviser la secrétaire[23].» (*Nous traduisons.*) Les associations réfléchissent d'autre part aux moyens d'encourager le retour sur le marché du travail des professionnelles mariées; l'ACP étudie en 1962 la possibilité de revendiquer un allégement d'impôt pour celles-ci tandis que l'ACD envisage en 1955 de créer à leur intention le statut de «membres auxiliaires[24]».

Mais la stratégie la plus fréquemment utilisée consiste à tenter d'attirer des hommes dans les univers si féminins de la diététique et de la physiothérapie. Fait significatif, l'ACD va jusqu'à se désaffilier en 1968 du Conseil national des femmes du Canada pour éviter de nuire au recrutement de membres masculins[25]. À titre d'incitatif, on offre à ces derniers les secteurs les plus prestigieux de la profession: l'administration de services alimentaires dans le cas de la diététique, la pratique privée dans le cas de la physiothérapie. La directrice de l'Institut de diététique de l'Université de Montréal déclare ainsi en 1959:

> La première [solution face à la pénurie de diététistes] est d'inviter de jeunes garçons à considérer les études qui les achemineront vers ces postes dans l'administration de services alimentaires. Rien en effet, dans le caractère scientifique de la formation universitaire requise ou dans la pratique, sens des responsabilités, aptitude à travailler en équipe, à diriger du personnel, à administrer un budget, ne s'oppose à les voir entrer dans les rangs de notre jeune profession[26].

Et en 1960, l'OPA soutient de son côté:

> Il est logique et naturel que beaucoup de femmes physiothérapeutes doivent interrompre, à un moment ou l'autre, l'exercice de leur profession étant donné leurs responsabilités familiales. À cause de cette situation, un programme destiné à former des hommes physiothérapeutes devrait être implanté, la plupart d'entre eux étant appelés à demeurer toute leur vie dans la profession, et à développer éventuellement la pratique privée au lieu de chercher un emploi dans les secteurs industriel ou institutionnel[27]. (*Nous traduisons.*)

Chaque mesure envisagée au sujet des salaires reflète ainsi l'inquiétude avec laquelle les porte-parole des deux professions voient leurs effectifs essentiellement féminins. Les problèmes que pose cette situation se résorbent toutefois graduellement entre 1971 et 1981 puisque le nombre de diététistes quadruple et celui des physiothérapeutes double[28]. Le travail des femmes mariées se généralise, le temps partiel gagne en popularité, les salaires doublent eux aussi (malgré certaines inégalités persistantes). En 1986, la CPPQ annonce fièrement que «[...] nous sommes destinés, pour la première fois, à une carrière s'échelonnant sur 40 ans. L'attrition de notre profession, surtout féminine, semble s'estomper pour donner place à un intérêt tout particulier pour une longue carrière[29]».

Hormis la présence massive des femmes, les autres caractéristiques des diététistes et des physiothérapeutes sont mal connues. Les documents disponibles à ce sujet, éclatés et parcellaires, ne permettent d'en faire qu'un portrait aux contours très flous. Tout juste lèvent-ils de temps en temps le voile sur certains éléments, voile aussi vite retombé que soulevé. On sait cependant que, au Québec, les anglophones occupent l'avant-scène des deux professions jusqu'aux années 1960, avant de voir leur importance diminuer graduellement. Les effectifs francophones de la CPDQ passent de 54% en 1959 à 73% en 1966, et à 79% en 1973; l'évolution est aussi sensible chez les physiothérapeutes où les anglophones, qui représentaient 75% des membres actives en 1962, ont reflué à 50% huit ans plus tard[30].

Sur l'origine sociale des deux groupes de professionnelles, les archives sont presque muettes. Aucune statistique ici n'est disponible. La durée et le niveau universitaire des études laissent toutefois présager que les femmes qui s'y engagent proviennent en général des classes moyennes relativement aisées. Quelques informations éparses, et édifiantes, vont dans le même sens. On apprend par exemple en 1953 que: «Une diététiste rencontre peu d'esprit de camaraderie au travail parce qu'elle côtoie un personnel généralement issu de milieux peu éduqués et de couches sociales différentes» (*nous traduisons*); ou encore, en 1971, qu'un grand nombre de diététistes étaient «[...] issues de milieux aisés, [et qu'elles] épousaient pour la plupart des médecins[31]». Les liens familiaux étroits entre les premières dirigeantes de l'ACP et le corps médical, leur détermination à obtenir dans l'armée en 1939-1945 un grade prestigieux en vertu de leur origine sociale, leur description des membres de la profession comme étant des jeunes filles «*of good type and appearance*», dessinent un portrait similaire chez les physiothérapeutes[32]. Ce dernier change-t-il par la suite? Seule une étude plus approfondie permettrait de le savoir.

Quant aux religieuses du Québec, il faut en suivre avec attention la trace toute en pointillés pour pouvoir les repérer dans la trame de l'histoire de ces deux professions. Presque absentes de la physiothérapie, ces dernières sont un peu plus présentes en diététique: 8% en 1959, 6% en 1966, 3% en

1970. La laïcisation du monde de la santé en général et du milieu hospitalier en particulier explique bien cette évolution. Mais on peut s'interroger sur les causes de leur absence en physiothérapie, absence qui contraste avec leur présence remarquée dans d'autres secteurs tels que les soins infirmiers, la technologie médicale, la pharmacie d'hôpital.

Les secteurs d'activité

On peut affirmer sans risque d'erreur que, dans le domaine de la santé, le XXe siècle est le siècle des hôpitaux. Attirant graduellement toutes les couches sociales, établissant les nouvelles normes sanitaires, disposant des équipements les plus sophistiqués, ces institutions deviennent nécessairement des lieux stratégiques à investir pour la plupart des professions de la santé, anciennes et nouvelles. Nombreux sont les médecins qui abandonnent leur cabinet, plus nombreuses encore sont les infirmières qui délaissent le service à domicile. Quant aux membres des jeunes professions qui émergent d'une division du travail toujours plus poussée, la pratique en institution se présente très vite comme un choix imposé. Diététistes et physiothérapeutes suivent le courant et le début des années 1980 montre la plupart d'entre elles occupées à recevoir les patients dans les hôpitaux. Pour en arriver là, les deux groupes de professionnelles auront suivi un parcours légèrement différent, mais également lent.

Les hôpitaux n'ont pas ouvert d'emblée leurs portes aux pionnières. Celles-ci ont dû patienter quelque peu sur le seuil et faire la preuve de leur efficacité avant de se voir accorder un droit de cité. Pour les physiothérapeutes en particulier, les années 1920-1930 se révèlent difficiles à travers tout le Canada. Lorsque les hôpitaux militaires ferment les uns après les autres au lendemain de la Grande Guerre, les institutions civiles montrent peu d'empressement à engager ces nouvelles professionnelles malgré leur expertise acquise à soigner les soldats. Plusieurs physiothérapeutes doivent alors travailler à domicile (comme les infirmières en service privé), logées et nourries par les familles qui les emploient; très rares sont celles qui réussissent à monter un petit cabinet privé pour recevoir leurs patients. La Crise aggrave encore leur situation en gelant le marché du travail. Non seulement les postes sont-ils rares, mais les hôpitaux préfèrent, en plus, embaucher des infirmières à titre de physiothérapeutes[33].

Durant cette période, des membres de l'ACP adoptent diverses stratégies pour se tailler une petite place dans le milieu hospitalier. Certaines entament une tournée des hôpitaux pour convaincre médecins, administrateurs et surintendantes-infirmières de la nécessité d'ouvrir des postes. Au cœur de la Crise, Kathleen McMurrich, fille de médecin, diplômée en physiothérapie de l'Université de Toronto et future présidente de l'ACP, ira jusqu'à parcourir le pays à ses propres frais dans ce but[34]. D'autres recourent au… bénévolat. Travailler gratuitement pendant quelques mois, quelques années si nécessaire, semble la seule façon de démontrer l'utilité et l'efficacité de leurs traitements. Plusieurs hôpitaux montréalais doivent d'ailleurs leur département de physiothérapie à ces bénévoles des années 1920 et 1930: le Reddy Memorial, le Queen Elisabeth, l'Hôpital Sainte-Justine. L'une d'entre elles écrit: «J'ai inauguré le service de physiothérapie [de Sainte-Justine] bénévolement en novembre 1924 avec la permission du Dr. M. qui a dit carrément: Montrez-nous ce que le service peut faire. Et tout cela, sans local attitré et, à mon point de vue, sans beaucoup d'intérêt des docteurs»; seule sa démission deux ans plus tard forcera les médecins à demander son engagement, salaire à la clef cette fois[35]. Une autre physiothérapeute, Margaret Vatcher, raconte ses débuts au Reddy Memorial vers 1931:

> Après une entrevue impressionnante avec les membres du Bureau médical, on m'a dit que je pouvais traiter cinq femmes âgées, clouées au lit avec des fractures de la hanche. Je leur ai consacré des soins enthousiastes, elles ont réappris à marcher et ont reçu leur congé. Le travail est devenu plus varié et intéressant et on m'a confié les exercices pré et postopératoires […]. Ma place forte était seulement une chaise dans le vestiaire des infirmières où je me changeais en uniforme. Après quelques mois, j'ai réquisitionné l'aide des épouses des médecins et de ma mère, et un bazar m'a aidée à équiper deux pièces dont l'hôpital réalisait maintenant avoir besoin. La prochaine étape fut de transférer l'équipement d'électrothérapie dans d'autres locaux de l'hôpital pour poser les fondations d'un département[36].

De leur côté, les diététistes ne semblent pas avoir dû recourir au bénévolat — les archives n'en ont pas gardé la trace en tout cas — mais leur présence dans les hôpitaux n'allait pas non plus de soi. C'est ce qu'explique en 1928 cette diplômée de l'Université McGill, tout en insistant sur les progrès réalisés avec le temps: «Au début j'ai trouvé cela difficile, alors que j'étais la première diététiste engagée à l'hôpital. Personne ne semblait savoir vraiment quoi faire de moi ni comment utiliser mes compétences… mais maintenant les médecins viennent constamment me voir pour établir les diètes de leurs malades, ceux qui sont hospitalisés comme ceux de l'extérieur[37].» (*Nous traduisons.*)

Il est malaisé d'évaluer laquelle des deux professions éprouve le plus de difficulté à se ménager une place au sein des institutions hospitalières.

Toutefois, les textes et les témoignages des physiothérapeutes de cette période mettent l'accent sur leurs débuts pénibles, davantage semble-t-il que les diététistes. Rien de flagrant ni de tranché ici, mais leurs perceptions respectives apparaissent tout de même assez différentes. Plusieurs facteurs expliquent sans doute cette différence. Les physiothérapeutes ne peuvent espérer franchir le seuil des hôpitaux qu'à un seul titre: celui de soignantes. Elles doivent aussi créer leur propre espace et leurs propres structures de travail à l'intérieur de l'institution. Mais par-dessus tout, il leur faut prouver que leurs services sont aussi nécessaires aux civils qu'ils l'étaient pour les militaires. Par comparaison, la situation des diététistes se devine moins difficile. Celles-ci peuvent faire valoir assez rapidement deux champs de compétences: la diétothérapie et l'administration d'un service alimentaire; elles bénéficient en outre d'un point de chute assuré dans tous les hôpitaux: les cuisines.

Certains chiffres semblent confirmer la percée plus facile des unes, plus tardive des autres. En 1946, les hôpitaux québécois emploient plus d'une centaine de diététistes, seuil que les physiothérapeutes n'atteindront que dix ans plus tard[38]. Si l'on change l'angle de comparaison, ces mêmes chiffres révèlent que les deux groupes demeurent des poids plumes, face en particulier aux effectifs imposants des infirmières qui recrutent plus de 5000 professionnelles dès le milieu des années 1950. L'entrée des diététistes et des physiothérapeutes dans le secteur hospitalier n'a donc rien de fracassant. Un peu laborieuse, un peu lente aussi, et surtout discrète, leur percée n'en est cependant pas moins réelle et s'affirme au fil du temps.

Le milieu hospitalier est en effet très vite devenu le premier secteur d'emploi des deux professions, malgré leurs effectifs globaux restés très modestes. C'est du moins ce que laissent entrevoir les différentes revues professionnelles qui placent les hôpitaux en tête des débouchés possibles dès les années 1930. Les statistiques épisodiques ultérieures semblent confirmer ce phénomène pour les deux professions, mais rendent difficile toute analyse comparative ou évolutive. Mentionnons tout de même que les hôpitaux recrutent 60% des physiothérapeutes à l'échelle du Canada en 1961 et environ 70% de celles qui pratiquent en Ontario et au Québec vers 1978-1980. Ils monopolisent aussi 40% des diététistes canadiennes et ontariennes dans les années 1960 et presque les trois quarts de leurs collègues québécoises à la fin de la décennie 1970[39]. Ajoutons que les départements spécialisés qui s'ouvrent en plus grand nombre après la Seconde Guerre mondiale, principalement dans les grands centres urbains, favorisent le mouvement de concentration des membres des deux professions en milieu hospitalier.

Ces dernières ne négligent pas pour autant complètement les autres avenues qui s'ouvrent à elles dans le domaine de la santé. Les soins à domicile attirent quelques physiothérapeutes qui sont 4% en Ontario et 2% au Québec à travailler au sein d'équipes mobiles vers la fin des années 1970. La pratique en cliniques ou en cabinets privés est aussi plus fréquente chez les physiothérapeutes que chez les diététistes. Très peu nombreuses à s'y risquer durant la première moitié du xxe siècle, les spécialistes de la réadaptation qui se lancent à leur compte représentent 17% des membres de la profession en Ontario vers 1980 (mais seulement 10% au Québec). Enfin, toujours à cette époque, les professionnelles des deux groupes se rejoignent presque dans les mêmes proportions sur le terrain de la santé communautaire (3%), ainsi que sur celui de l'enseignement et de la recherche (7% à 10%).

Ce tableau des débouchés développés par les deux professions n'est pas encore tout à fait complet. Tel quel, centré uniquement sur le domaine de la santé, il occulte certains choix posés par les membres de chacune d'entre elles à un moment de leur histoire, choix dont les échos se répercuteront longtemps sur la pratique de leurs successeures. En remontant à leurs origines, au début du siècle, on retrouve en effet les deux professions à la croisée des chemins. Si l'une et l'autre se définissent d'abord et avant tout comme des professions de la santé, d'autres champs d'action s'ouvrent à elles cependant: les physiothérapeutes sont à cette époque des «masseuses» dont l'art peut intéresser des non-malades, les diététistes peuvent trouver à employer leurs compétences dans le secteur de l'alimentation commerciale. Or, dès ce moment, leurs choix respectifs divergent dans des directions opposées.

Les physiothérapeutes refuseront résolument d'emprunter toute voie, même de traverse, menant à une pratique commerciale, non thérapeutique ou éloignée de la médecine curative. Sur ce point, elles se montreront remarquablement constantes, abandonnant de la sorte un terrain qu'occupent partiellement aujourd'hui les massothérapeutes. En 1925, à peine cinq ans après sa fondation, l'Association canadienne de physiothérapie interdit par exemple à ses membres toute publicité dans des revues autres que médicales. Et comme elle exige que ces dernières travaillent en tout temps à partir d'une prescription médicale, leur clientèle ne peut que se limiter aux malades. En 1968, la CPPQ remet de nouveau les pendules à l'heure:

> Les physiothérapeutes ne sont pas des guérisseurs nantis d'un don et encore moins des thaumaturges! Le buveur social qui aurait outrepassé ses limites ne frappe pas à la bonne porte s'il vient chez nous pour un bain de vapeur [...]. Nous ne sommes pas non plus des masseurs auxquels peuvent s'adresser des golfeurs fatigués [...][40].

Même à titre de soignantes, les physiothérapeutes s'aventurent très peu dans les secteurs industriel ou commercial. Celles qui soignent les travailleurs accidentés dans les entreprises sont rares et le cas retracé à la Canadian Car & Foundry Company de Montréal en 1952 fait presque figure d'exception. Au cours des années 1970, les professionnelles qui travaillent dans ce secteur n'atteignent même pas la barre du 1% sur l'ensemble des effectifs de leur profession, ni au Québec, ni en Ontario. En 1980, l'orientation prise et réaffirmée à plusieurs reprises tout au long du XXe siècle n'a toujours pas varié. Les cabinets privés, les unités de santé mobiles, les cliniques pour sportifs ou accidentés du travail, les centres d'accueil pour personnes âgées ou handicapées ainsi que les hôpitaux constituent l'essentiel des portes que les physiothérapeutes se sont ouvertes et des clientèles qu'elles se sont constituées. Or, tous sont des débouchés qui relèvent plus ou moins directement du champ de la santé.

Les diététistes jouent au contraire la carte de la polyvalence dès le début du siècle et insistent sur la multiplicité des terrains d'intervention qui s'offrent à elles, dans et hors l'univers des soins thérapeutiques. Quelques-unes trouvent notamment un emploi en tant que diététistes-visiteuses. En 1913, on explique dans ces termes en quoi consiste leur travail:

> Vous verrez le diététiste œuvrant auprès des familles pauvres, allant de l'une à l'autre afin d'expliquer aux femmes — fréquemment d'origine étrangère — comment préparer leur nourriture et tenir leur maison. Pour faire ce type de travail il faut faire preuve de tact, d'empathie et, plus encore, avoir la capacité de diffuser les connaissances (diététiques) de façon à ce qu'elles soient comprises facilement, et aussi acceptées spontanément par les personnes à qui elles s'adressent[41]. (*Nous traduisons.*)

À cette époque où les frontières entre les différentes formes du travail féminin se dessinent à peine, les diététistes-visiteuses rencontrent certainement de temps à autre les premières travailleuses sociales et des femmes impliquées dans diverses associations philanthropiques. Mais elles croisent en tout cas fréquemment des diplômées en sciences domestiques. Dotées d'une formation très similaire et effectuant des tâches qui se recoupent continuellement, les deux groupes croisent le fer à plusieurs reprises au cours des années 1920. Avec le temps cependant, les diététistes abandonneront totalement ce champ à mesure qu'elles prendront leurs distances avec les arts ménagers, jugés de plus en plus incompatibles avec le projet professionnel qu'elles poursuivent.

Formées en sciences ménagères, les premières spécialistes de l'alimentation profitent aussi des nombreux débouchés intéressants que leur offre le secteur commercial. Cafétérias d'entreprises (banques, industries, grands magasins), restaurants, hôtels, compagnies de produits alimentaires ou d'électroménagers, magazines féminins ou salons de thé, tous figurent sur la liste des possibilités d'emploi qu'elles dressent fièrement durant toute la première moitié du xxe siècle, et même au-delà. L'une d'entre elles explique ainsi en 1943 qu'une fonction importante de la diététiste consiste à faire «l'éducation sociale de l'acheteur, du consommateur, en fournissant en grand nombre aux manufacturiers de produits alimentaires des expertes consciencieuses pour leurs laboratoires d'analyses, de recherche, d'annonce [publicitaire][42]». Ce type de pratique attire alors jusqu'au quart des diététistes québécoises et ontariennes, ce qui le place en terme d'importance tout de suite après les hôpitaux. Au-delà des chiffres, le seul fait que l'on ne cherche nullement à éliminer, ni même à voiler, le visage commercial de la profession est déjà intéressant en soi et tranche avec le choix tout à fait inverse des physiothérapeutes.

Par la suite néanmoins, et sans qu'il soit facile de déterminer le moment exact de ce revirement, l'importance du secteur commercial décline progressivement. Mobilisant 20% des membres de la corporation québécoise à la fin des années 1950, il ne représente plus qu'un maigre 5% en 1978, délaissé au profit du milieu hospitalier dont la cote de popularité passe de 50% à plus de 70% dans l'intervalle. L'association ontarienne affiche la même tendance: en 1974, la moitié des membres de l'ODA pratiquent dans les hôpitaux et seulement 7% travaillent dans le secteur commercial[43]. Les spécialistes de l'alimentation semblent donc avoir graduellement réorienté leur profession pour l'ancrer plus solidement dans le champ de la santé et se définir dorénavant comme des soignantes. Et au bout du processus, elles constituent une profession tout aussi hospitalière que les physiothérapeutes.

L'éducation du public demeurant l'une des préoccupations constantes de leur profession, les diététistes en font un secteur d'activité qui n'entretient lui aussi qu'un rapport indirect avec l'univers de la santé. Plusieurs d'entre elles occupent des postes dans les écoles, les ministères ou les médias, et s'attachent à promouvoir les principes de base d'une saine alimentation. Brochures, guides, films, conférences, expositions, revues, journaux et émissions de radio constituent les principaux outils de diffusion qu'elles utilisent pour rejoindre toutes les clientèles possibles. Dans la presse et la radio québécoises, on verra par exemple apparaître des chroniques telles que *Santé et alimentation* en 1967 ou *Une diététiste vous écrit* en 1971.

Sans être négligeables, de tels débouchés n'absorberont toujours qu'une minorité de diététistes cependant. La CPDQ affirme ainsi en 1958 et 1963 que 6% à 8% de ses membres travaillent dans les secteurs de «l'éducation du public» et «des relations publiques, publicité, radio, TV».

Précisons pour clore cet inventaire de leurs secteurs d'emploi que la physiothérapie et la diététique n'échappent pas à une certaine division sexuelle du travail, malgré leur forte prédominance féminine. En Ontario, par exemple, la pratique privée, les universités et les autres institutions d'enseignement recrutent proportionnellement davantage d'hommes que de femmes physiothérapeutes au début des années 1980[44]. De même, les rares hommes qui s'aventurent sur le terrain de la diététique s'orientent presque exclusivement vers la gestion de services alimentaires. L'autonomie, le prestige et les meilleurs salaires figurent au nombre des raisons souvent invoquées pour expliquer cette situation. Mais, on l'a vu, diététistes et physiothérapeutes ont aussi longtemps «proposé» d'elles-mêmes ces secteurs d'emploi avantageux à leurs collègues masculins, dans l'espoir d'atténuer les problèmes qu'elles jugeaient inhérents au caractère éminemment féminin de leur profession.

L'organisation du travail en milieu hospitalier

L'étude de l'organisation du travail dans les hôpitaux viendra confirmer ce que les conditions d'émergence, l'histoire des structures associatives et les secteurs d'emploi des deux professions avaient déjà indiqué. Si la diététique et la physiothérapie proclament toutes deux résolument leur allégeance à l'univers de la santé depuis le début, une nuance refait constamment surface pour les démarquer l'une de l'autre: l'allégeance des spécialistes de la réadaptation se révèle quasi exclusive contrairement à celle des professionnelles de l'alimentation. Précisons toutefois avant d'aller plus loin qu'il faudra se limiter à traiter la question de l'organisation du travail dans le cadre hospitalier. C'est en effet le seul milieu de travail pour lequel les informations disponibles n'ont pas ce caractère fragmentaire, voire anecdotique, qui handicape lourdement toute analyse des autres secteurs d'activité.

Voyons pour commencer le volet thérapeutique du travail des diététistes et des physiothérapeutes. C'est la dimension la plus importante de leurs pratiques respectives, celle qui permet aux pionnières d'entrer dans les hôpitaux. À la cuisine des diètes, réservée à ce seul usage, les diététistes du début du siècle préparent menus et repas spéciaux destinés aux diabétiques, aux tuberculeux, aux opérés, aux «agités» ou aux «grands déséquilibrés métaboliques». Tous les éléments de ces «diètes calculées» doivent être minutieusement choisis, pesés et dosés en fonction de l'état du patient. Le parallèle avec le travail infirmier apparaît alors clairement. On retrouve la même combinaison de tâches thérapeutiques et ménagères, tâches qui s'inspirent dans les deux cas des théories scientifiques de l'époque. Pour les infirmières, ce sont les principes de l'asepsie et de l'antisepsie qui président tant aux injections hypodermiques qu'aux multiples travaux domestiques[45]; chez les diététistes, ce sont les connaissances sur la composition chimique des aliments qui dictent à la fois l'utilisation des tables de calcul des diètes et la préparation concrète des repas. Ce rapport étroit entre travail ménager et professionnel distingue d'ailleurs nettement ces dernières des physiothérapeutes dont la pratique comporte relativement peu de tâches domestiques, à l'égal des technologistes ou même des archivistes médicales. Ceci illustre bien que, si nombre de professions féminines constituent le résultat d'une transposition dans la sphère publique d'habiletés développées dans la sphère privée, ceci n'est vrai qu'à des degrés très divers.

Au fil du temps cependant, les diététistes se délestent progressivement des tâches ménagères, celles qui concernent la préparation des repas et des plateaux en particulier. Cette évolution s'explique par une division du travail hospitalier qui se complexifie, mais trahit aussi un rejet graduel du modèle qui associait professionnalisme et travail domestique au début du siècle. L'ACD s'insurge dès 1940 contre l'image de «*glorified cooks*» trop souvent accolée à ses membres et insiste sur leur rôle scientifique au regard de la santé nationale. Mais il faut attendre les années 1960 pour que les diététistes prennent véritablement leurs distances avec les arts ménagers[46]. Le témoignage de cette diététiste québécoise exprime à la fois le soulagement que certaines ont pu ressentir à l'époque en délaissant ce domaine et révèle en même temps la division du travail qui a permis une telle évolution:

> On a évolué. Quand j'étais jeune diététiste, on faisait le menu des patients. Nous, on disait qu'on était «waitress»: «Voulez-vous un œuf-trois-minutes ou cuit dur?» Maintenant, les diététistes ne font plus aucun menu. Ils font simplement le patron-type et c'est la technicienne qui fait remplir son menu au patient. (Entrevue D2)

À la suite de ces transformations, les diététistes mettent l'accent sur d'autres tâches. Dans les années 1960, elles établissent l'histoire diététique du patient, traduisent en menus concrets la prescription du médecin, surveillent la préparation et la distribution des régimes spéciaux, collaborent à la mise à jour régulière du manuel de régimes, visitent les malades, etc. Passant moins de temps que jadis à peser elles-mêmes les aliments et les portions, elles calculent en revanche de plus en plus et jonglent avec une série de tables relatives à la composition nutritive des aliments, leurs coûts et leurs équivalents. Avec les années 1970, elles délégueront aux techniciennes certaines fonctions comme la compilation des menus ou la présentation du menu-type aux patients.

Pour leur part, les physiothérapeutes des années 1910 et 1920 jettent les bases d'une pratique qui vise l'autonomie maximale de leurs patients. Massages, hydrothérapie et exercices de rééducation constituent l'essentiel de leurs traitements que complètent éventuellement l'utilisation de la chaleur et du froid, l'électrothérapie (stimulation électrique des nerfs et des muscles), l'héliothérapie et la mécanothérapie. S'ajoutent avec le temps: enveloppements, ultrasons, infrarouges et ultraviolets, tractions, mobilisations des membres et de la colonne. Axée au début du siècle principalement sur les cas de poliomyélite, de blessures diverses ou de paralysie, leur intervention s'est développée tous azimuts entre les murs des hôpitaux, réclamée en 1980 par une multitude de départements allant de l'orthopédie à l'oncologie en passant par la psychiatrie. La physiothérapie s'est donc engagée dans la voie de la spécialisation, tendance que les associations professionnelles encouragent fortement et qui nécessite une formation plus poussée de leurs membres[47].

La maturité professionnelle aidant, les physiothérapeutes cherchent en outre à partir des années 1960, à se libérer de la tutelle pesante du corps médical. Discrètement d'abord, ouvertement ensuite, plusieurs englobent progressivement dans leur pratique l'évaluation des cas qui leur sont soumis, ainsi que l'établissement d'un plan de traitement. L'évolution des diététistes à cet égard est d'ailleurs tout à fait similaire. Mais, comme on le verra dans le chapitre portant sur les rapports interprofessionnels, ceci ne se fera qu'au prix d'une bataille rangée avec les médecins, peu disposés à accepter une restriction de leur monopole du diagnostic et de la prescription.

L'approche des physiothérapeutes a, en fait, bouleversé toute une tradition soignante qui confinait les patients à leur lit, immobiles, au repos total. Or, entre les mains des physiothérapeutes, le malade ne s'abandonne plus mais devient au contraire l'un des moteurs de sa propre guérison. Cette perspective, qui constitue la pierre angulaire de la philosophie des physiothérapeutes encore aujourd'hui, a longtemps été perçue avec une méfiance non dissimulée dans les milieux de la santé. Certaines se rappellent avoir eu fort à faire pour démontrer le bien-fondé de leurs traitements qui heurtaient une pratique toujours tenace dans le Québec des années 1960:

> Il ne fallait pas que le patient bouge. Un patient, c'était bien couché dans le lit. Il fallait que le lit soit bordé, bien droit, les coins bien faits

> et bien tournés en dessous [...]. Nous, on arrivait avec une tout autre approche: un patient, il faut le lever le plus tôt possible, pour éviter toutes les complications. (Entrevue P5)

Ceci conduit tout naturellement à aborder la question du rapport au patient, sujet quasi obligé de toute étude d'une profession de la santé. Un peu moins présent peut-être dans le cas des diététistes[48], ce rapport demeure une dimension essentielle du travail des deux groupes de professionnelles et se tisse au fil des questions, des explications, des encouragements qui jalonnent le processus de guérison. Pendant que les unes visitent les malades pour indiquer les aliments permis avec leurs modes de préparation et leurs effets sur le métabolisme, les autres montrent comment effectuer les exercices nécessaires, utiliser cannes ou béquilles et vivre avec une prothèse. Pour les physiothérapeutes, cette relation revêt d'autant plus d'importance que la nature de leur travail les amène à rencontrer périodiquement leurs patients et à assurer au besoin un certain support psychologique.

Jusqu'aux années 1960, les mots «dévouement» et «oubli de soi» qualifient bien sûr de temps à autre le lien qui s'établit entre thérapeutes et malades. Curieusement pourtant, les citations en ce sens n'abondent pas autant qu'on aurait pu s'y attendre. Il faut scruter attentivement les documents de l'époque pour en trouver, ce qui contraste fortement avec leur surabondance dans le cas des infirmières. Cette caractéristique significative rapproche en quelque sorte les diététistes et les physiothérapeutes des professions libérales masculines chez qui les notions de service et d'altruisme figurent en bonne place du code d'éthique, sans pour autant déboucher sur l'oubli de soi prôné et imposé chez les infirmières[49]. Le parallèle s'arrête là cependant puisque l'éthique des médecins, des dentistes ou des chiropraticiens ne constituera jamais un obstacle à la reconnaissance de leur travail, notamment en termes monétaires, comme il le sera pour ces trois professions féminines.

Cette relation si précieuse entre soignantes et malades est par ailleurs de plus en plus menacée par les nouvelles technologies qui se développent au cours des années 1960. Les physiothérapeutes, qui manipulent pourtant des appareils depuis les origines de leur profession, sont particulièrement touchées par la forte poussée technologique qui déclasse à cette époque les techniques et les exercices manuels dans leur pratique quotidienne. Pris en 1958 à l'Hôtel-Dieu de Montréal, cet instantané donne une idée de l'ampleur du processus: l'utilisation de divers appareils (diathermie, ultrasons...) compte pour 34% des actes posés par les physiothérapeutes, les exercices thérapeutiques pour 37%, le massage pour 3%[50]. Ce dernier surtout, perçu comme l'antithèse du progrès, est délaissé progressivement: «On l'avait appris à l'école, mais le massage avait l'air tellement mémère [alors] qu'on avait de beaux appareils.» (Entrevue P2)

Des articles dans les bulletins et revues des différentes associations tirent alors la sonnette d'alarme. On y lit que, ensorcelées par les nouvelles technologies, les physiothérapeutes risquent de devenir de simples techniciennes qui poussent des boutons et qui ont oublié en cours de route l'importance du contact avec les patients. Le débat était lancé... et dure depuis lors, opposant une approche basée sur des technologies de plus en plus sophistiquées et une pratique axée sur «la main soignante». Au cours des années 1970, la présidente de l'ACP rappelle que la physiothérapie est un «art» avant d'être une science appuyée par la technologie, que le temps et l'écoute qu'exige cet art distinguent les vraies professionnelles des techniciennes[51]. Les médecines douces et alternatives redevenant populaires à cette époque, plusieurs physiothérapeutes redécouvrent les vertus des techniques de respiration, de relaxation, de massage ou même l'acupuncture... sans renoncer pour autant à utiliser des équipements informatisés dernier cri.

L'impact des nouvelles technologies sur la pratique des diététistes est par contre beaucoup plus difficile à cerner. Seul l'ordinateur semble avoir été jugé digne de mention pour son efficacité dans l'élaboration et la compilation des menus ou encore dans les calculs de la valeur nutritive des régimes. De nombreuses publicités émaillent pourtant les pages des revues professionnelles pour présenter les nouveaux procédés de cuisson, de conservation et de distribution des aliments (congélateurs, chariots chauffants, courroie, compacteurs...). Mais si ces équipements intéressent certaines catégories de diététistes, c'est-à-dire celles qui gèrent les services alimentaires et sont responsables des achats, ils affectent probablement surtout le travail des employés de cuisine qui les utilisent quotidiennement. Le développement des connaissances sur le métabolisme humain et sur la composition chimique des aliments semble par contre avoir eu un impact relativement important sur la pratique des diététistes, impact dont témoignent les multiples articles scientifiques qui regorgent de tableaux décomposant les aliments en calories ou en protéines. Une seule diététiste manifeste en 1968 son inquiétude devant les percées en pharmacologie qui permettent d'adoucir les diètes mais qui risquent, selon elle, de reléguer sa profession aux franges du processus de soins[52].

D'autre part, la qualité du rapport au patient est aussi menacée par la rationalisation du travail qui devient le mot d'ordre des hôpitaux dans la deuxième moitié du XXe siècle. Autorités publiques et administrations hospitalières deviennent beaucoup plus exigeantes en matière de productivité et de contrôle des coûts. C'est dans ce contexte qu'apparaissent dans les années 1950 le «Time Unit System» qui morcelle le temps des physiothérapeutes en unités de 5 à 15 minutes et accorde à chaque traitement un nombre fixe d'unités; le tout vise, bien sûr, à déterminer les prix des soins et à fixer des normes de rendement. En 1958, 15 hôpitaux généraux seulement utilisaient les «TUS» au Canada. Dès 1971, le gouvernement fédéral implantait avec la collaboration de l'ACP un système uniforme et obligatoire de ce type à l'échelle du pays[53]. Chez les diététistes, la rationalisation du travail prend d'autres formes, notamment la standardisation des recettes, des portions et des menus. Cette standardisation, pratiquée depuis un certain temps dans les hôpitaux pour faciliter le calcul de la valeur nutritive des mets servis et le contrôle des dépenses, s'accentue elle aussi au cours des années 1960.

Bien qu'à des degrés divers, les actes thérapeutiques des physiothérapeutes et des diététistes ont donc été uniformisés et décortiqués en unités mesurables. Redoutant les effets pervers de la routine, plusieurs d'entre elles dénoncent alors «l'apathie» de leurs collègues qui, dans leur course contre l'horloge, appliquent les traitements à la chaîne et s'enfoncent dans une série sans fin de tâches répétitives. La crainte fondamentale qu'elles expriment à chaque fois est celle de se voir ravalées au rang de techniciennes. Ce qui différencie professionnelles et techniciennes dans leur esprit, c'est surtout, semble-t-il, le contact avec le malade. Or, ce contact exige justement du temps, de l'attention et un intérêt au travail. La présidente de l'ACP juge le problème suffisamment grave pour en faire le sujet d'un éditorial en 1968:

> Le deuxième problème chronique à considérer est l'apathie des membres en ce qui concerne les standards de soins et le développement des connaissances et de la dextérité. [...]. Est-ce que le traitement routinier des patients, qui accorde peu d'attention à des choses telles qu'évaluer leurs besoins, réévaluer leurs programmes de traitement, tenir à jour des dossiers adéquats, est-ce que ce traitement est une indication de notre consentement à être considérées comme des techniciennes plutôt que des membres respectées d'une profession qui implique une dextérité basée sur des connaissances scientifiques[54]?

L'inquiétude est tout aussi palpable chez les diététistes québécoises, comme en témoigne le rapport de cet atelier organisé en 1963 par la corporation:

> La diétothérapie comporte une trop grande part de routine qui accapare la diététiste. Certaines tâches pourraient être déléguées à des

aides-diététistes et la diététiste devrait consacrer plus de temps à l'enseignement auprès du patient. Le travail serait peut-être moins assommant si les diététistes l'abordaient avec plus d'enthousiasme et si elles prenaient conscience de leur rôle au sein de l'équipe médicale[55].

Parallèlement aux actes thérapeutiques, les tâches administratives composent la deuxième sphère d'activité des diététistes et des physiothérapeutes. L'ampleur que cette dimension prendra chez les premières n'a cependant pas d'équivalent chez les secondes. Au cours de la première moitié du xxe siècle, les diététistes cheminent ainsi de la préparation des diètes spéciales à la supervision de toutes les fonctions alimentaires hospitalières. Les cuisines qui préparent les repas des malades, des employés ou des visiteurs passent alors progressivement sous leur juridiction avec tout le personnel assigné aux cafétérias et à la distribution des plateaux. Le mouvement est général, mais particulièrement marqué en Ontario ainsi que dans les institutions anglophones québécoises.

Dans les grands hôpitaux, la diététiste en chef assume d'abord seule la gestion administrative des services alimentaires. Celle-ci délègue ensuite à partir des années 1950 un certain nombre de tâches à des diététistes formées en administration. À ce schéma encore simple se greffent après 1970 des directrices adjointes, des responsables des achats, de la production (préparation des aliments) ou de la distribution (cafétérias...) qui peuvent chacune s'adjoindre des assistantes. Dans les hôpitaux de moindre importance par contre, les tâches administratives sont assumées par une seule diététiste, ou encore dans les petits centres hospitaliers, par la diététiste en chef elle-même. Les fonctions de gestion, qu'il s'agisse du budget ou du personnel, ne sont donc pas concentrées aux mains de la directrice du service mais constituent un champ d'activité accessible à l'ensemble des professionnelles. Les chiffres traduisent d'ailleurs cette réalité: les enquêtes menées par les associations québécoises et ontariennes à partir de la fin des années 1960 montrent que plus du tiers des diététistes hospitalières se consacrent exclusivement aux tâches administratives[56].

Cette évolution qui se déroule dans le secteur hospitalier est tout à fait conséquente avec la manière dont les diététistes ont toujours défini leur profession: leur spécialité, l'alimentation, ne doit pas les limiter à un rôle de soignantes mais leur permettre au contraire d'en développer toutes les facettes, y compris administratives. Leurs compétences de gestionnaires trouvaient déjà preneurs dans le secteur commercial et avaient même été reconnues par l'armée qui leur confiait entre 1939 et 1945 la direction de ses services alimentaires. Il ne s'agissait donc que d'adapter au cadre hospitalier une expertise déjà mise à profit ailleurs. Aujourd'hui, plusieurs évoquent sans aucune nostalgie le temps où leurs prédécesseures étaient «confinées» à la cuisine des diètes.

Leurs compétences administratives ouvrent à plusieurs diététistes des postes relativement haut placés au sein de la hiérarchie hospitalière. Au Québec, celles qui se retrouvent à la tête d'un service alimentaire gèrent en 1955 le quart du budget global de l'hôpital; celles qui exercent les mêmes fonctions en 1973 régissent un département qui représente encore 10% des dépenses totales de leur institution[57]. Dans les années 1960, les diététistes en chef des grands hôpitaux dirigent ainsi jusqu'à 200 ou même 300 personnes. Déjà imposants, les services alimentaires se ramifient et se hiérarchisent encore davantage au cours de la décennie suivante. Outre la diététiste en chef, on compte maintenant jusqu'à 9 ou même 16 postes différents de diététistes. Celles-ci se répartissent la supervision des techniciennes en nutrition et des internes ainsi que du personnel des cuisines — du chef-cuisinier aux opérateurs de machines à vaisselle en passant par les contremaîtres et les préposés aux cafétérias.

Les départements de physiothérapie, pour leur part, sont demeurés des unités de soignantes. Seule la chef-physiothérapeute assume certaines fonctions administratives telles que la répartition du travail, l'embauche du personnel professionnel ou l'achat d'équipement spécialisé. Dans les hôpitaux francophones du Québec, elle partage parfois la gestion du département avec une religieuse hospitalière. La pleine responsabilité administrative de son service ne lui reviendra en fait qu'avec la fin des années 1960. Les thérapeutes interrogées rapportent d'ailleurs combien le travail administratif était peu absorbant jusque là, comptant pour à peine 5% de la tâche d'une physiothérapeute en chef. Lorsqu'il engloutira presque 95% de son temps dans les années 1980, corporations et associations inciteront fortement leurs membres à se perfectionner, considérant que l'apprentissage «sur le tas» en la matière est une pratique révolue.

Dans le cas des physiothérapeutes, les fonctions administratives constituent clairement l'apanage des chefs de service. Il faut dire que leurs départements sont de taille plus modeste que ceux de diététique et comptent des paliers hiérarchiques beaucoup moins nombreux. De 1960 à 1980, leur structure la plus courante dans les grands hôpitaux ressemble à celle-ci: une chef-physiothérapeute et une surveillante (assistées parfois d'une adjointe), une responsable de l'enseignement clinique, plusieurs physiothérapeutes et des internes, auxquelles s'ajoutent éventuellement des techniciennes (thérapeutes en réadaptation physique), une secrétaire, une réceptionniste et quelques préposées. Dans certains cas, une physiothérapeute assume la supervision soit d'une section du département (l'hydro-gymnase), soit de cas spécifiques (les cas neurologiques). Les petits hôpitaux, quant à eux, se limitent le plus souvent à l'engagement de deux et parfois d'une seule physiothérapeute.

Diététistes et physiothérapeutes ont donc réussi à obtenir assez vite la constitution d'unités administratives qui les regroupent et qu'elles dirigent. Cela en soi donne la mesure du statut de professionnelles que leur reconnaît le secteur hospitalier: elles ont obtenu de cette façon un droit de regard sur leur propre organisation du travail[58]. La chose ne s'est cependant pas faite sans coup férir. À des niveaux différents et pour des raisons diverses, la responsabilité pleine et entière de leurs départements ou services respectifs a soulevé, et soulève encore, plusieurs problèmes.

Voyons d'abord le cas des physiothérapeutes du Québec. À la veille de la Révolution tranquille, apparaît dans leur champ de pratique un adversaire de taille: le physiâtre. Débute alors une guerre sans merci, aux ramifications multiples et qui durera plusieurs décennies[59]. À titre de médecin spécialiste, le physiâtre obtient la haute main sur les départements de physiothérapie, ergothérapie et orthophonie de plusieurs hôpitaux. Les chefs-physiothérapeutes demeurent en place mais voient leur pouvoir considérablement amoindri. C'est le cas à l'Hôtel-Dieu de Montréal en 1958. C'est aussi le cas à l'Hôpital Marie-Enfant où les tensions sourdes entre le physiâtre et les trois chefs de département placées sous sa direction dégénèrent en conflit ouvert. En 1973, ces dernières indiquent à l'administration qu'elles refusent de voir leur autorité constamment court-circuitée; leur mémoire s'ouvre, significativement, sur cette citation de Virgile: «Fermez les ruisseaux, enfants, les prés ont assez bu[60].» En 1974, la chef-physiothérapeute est congédiée, ce qui entraîne la démission en bloc de ses collègues. Il faudra l'intervention combinée de l'APPQ et du ministère des Affaires sociales pour régler le litige, à la satisfaction des thérapeutes.

Les problèmes des spécialistes de l'alimentation sont différents à plusieurs égards. Si elles parviennent facilement à obtenir une relative autonomie administrative en tant que thérapeutes, faire accepter leur juridiction sur l'ensemble des services alimentaires se révèle une entreprise beaucoup plus laborieuse. Les premières résistances viennent du personnel des cuisines. Celui-ci, chef-cuisinier en tête, accepte mal ces nouvelles venues qui occupent tout à coup des fonctions de direction et prétendent bouleverser l'organisation du travail et les habitudes. Plusieurs diététistes, entrées dans les cuisines des hôpitaux québécois à la fin des années 1950, disent qu'il leur a fallu d'abord imposer le respect intégral des prescriptions diététiques dont la nécessité n'était pas toujours comprise, et ensuite, assurer leur autorité comme chefs des services alimentaires.

Les diététistes ne sont pourtant pas au bout de leurs peines. Les administrateurs d'hôpitaux et l'État-employeur contestent, au Québec surtout, le principe de l'unification de la diétothérapie et des services alimentaires sous la direction d'une spécialiste de l'alimentation. Les signes précurseurs apparaissent à la fin des années 1950 lorsque plusieurs hôpitaux remettent publiquement en question les compétences des diététistes et leur préfèrent des diplômés en gestion hospitalière. Différentes instances gouvernementales s'impliquent aussi dans le dossier. Pendant près de vingt ans, diétothérapie et services alimentaires seront tour à tour séparés et réunifiés, au gré de lois et de règlements contradictoires dictés par des intérêts tout aussi contradictoires. En 1977, l'Association des hôpitaux de la province de Québec et le gouvernement accordent finalement aux diététistes le titre de chefs des services alimentaires... Mais cinq ans plus tard, le litige refait surface.

On ne peut s'empêcher de penser que les problèmes rencontrés par les membres des deux professions pour affirmer leur autorité renvoient au moins en partie à une division sexuelle du travail qui octroie traditionnellement aux hommes les tâches de supervision: les physiâtres dans un cas, les chefs-cuisiniers et les diplômés en gestion hospitalière dans l'autre. C'est en ces termes, en tout cas, que la directrice d'un département de physiothérapie analyse la situation en 1973:

> Il semble que, jusqu'aujourd'hui encore, même dans les professions majoritairement féminines, il y a une tendance à sous-estimer la capacité des femmes d'assumer une gestion vraiment professionnelle. Je soupçonne qu'il y a là quelque chose à voir avec la formation dispensée aux femmes dans ces professions: une formation qui ne met pas l'accent sur l'importance de se mettre en valeur, de savoir attirer l'attention à tout prix ou encore de savoir se bâtir des sphères de pouvoir, sinon même des empires[61]. (*Nous traduisons.*)

Enfin, l'enseignement constitue la troisième sphère d'activité des diététistes et des physiothérapeutes hospitalières. De tout temps en effet, les hôpitaux ont constitué un lieu de formation important, qu'il soit formel (internats, écoles hospitalières) ou informel. Les universités se chargeant dès le début du siècle d'implanter des programmes et de décerner les diplômes nécessaires, les membres des deux professions qui travaillent dans le cadre hospitalier assument donc surtout les aspects pratiques de la formation en supervisant stagiaires et internes. Ce modèle diffère nettement de celui des infirmières dont l'apprentissage se déroule durant une bonne partie du XXe siècle entre les quatre murs d'un hôpital.

Fait intéressant, la clientèle étudiante concernée ne se limite pas aux aspirantes physiothérapeutes ou diététistes. Depuis les années 1920 au moins, des infirmières assistent aux cours et aux démonstrations en diététique et en physiothérapie; après la Deuxième Guerre mondiale, des internes en médecine viennent aussi chercher certaines notions de diétothérapie ou de réadaptation. S'ajoutent en outre des membres du personnel auxiliaire. Présente dès l'origine, cette fonction d'enseignement a conservé toute son importance jusqu'à aujourd'hui et symbolise en quelque sorte la reconnaissance des physiothérapeutes et des diététistes en tant que spécialistes de leurs champs respectifs.

* *
*

Physiothérapeutes et diététistes sont toutes deux des professions féminines de la santé qui émergent au début du siècle. Régulièrement cependant, quel que soit l'angle d'approche privilégié, surgissent des éléments qui montrent combien le mode d'insertion de chacun de ces groupes dans l'univers des soins diffère. Tandis que l'une contracte un mariage exclusif avec le monde de la santé, l'autre pratique une sorte d'union libre en refusant de se limiter aux fonctions thérapeutiques. Qu'elle émane d'un choix volontaire ou de contraintes dictées par des circonstances précises, cette différence entre les deux professions se manifeste depuis leur naissance et imprègne la trame de leurs histoires respectives. Et la persistance de cette différence permet de croire qu'elle renvoie aux caractéristiques fondamentales de chaque profession.

Les diététistes s'engagent dans le champ de la santé en s'appuyant à la fois sur certains aspects du travail infirmier et du travail ménager qui, au début du siècle, se veut apparenté à un travail scientifique. L'évolution qui les fait mener de front la diétothérapie, d'une part, l'administration de services alimentaires et l'éducation du public, d'autre part, maintient par ailleurs leurs assises de chaque côté de la frontière qui sépare malades et bien portants, soignantes et non soignantes. Les physiothérapeutes, quant à elles, accèdent à l'univers des soins grâce à leur filiation avec le travail infirmier, ainsi qu'à leur volonté de faire reconnaître l'efficacité thérapeutique du massage, de la gymnastique corrective et de l'utilisation d'agents physiques divers. La tradition féminine dont elles pourraient se réclamer apparaît ainsi moins évidente dans leur cas. Leur parcours les amène à développer cette orientation initiale dans toutes ses dimensions — notamment technologiques — tout en conservant intacte leur allégeance première au groupe des soignantes et en refusant les applications non thérapeutiques de leurs compétences.

Tout différents que soient leurs modes d'insertion dans l'univers de la santé, la physiothérapie et la diététique ont donc connu une évolution qui les a conduites l'une et l'autre sur les chemins de la professionnalisation. Un parcours différent, mais une destination similaire.

4

La formation en diététique et en physiothérapie

Comment devient-on diététiste ou physiothérapeute professionnelle? Pour répondre à cette question, nous allons suivre à la trace le parcours de ces premières étudiantes en «sciences domestiques» ou en «*household sciences*», de ces premières spécialistes en «massage thérapeutique» ou en «*remedial gymnastics*». Nous verrons comment leur parcours a mené ces groupes, au statut initial incertain, sur la voie d'une professionnalisation progressive.

Quoique différents d'un groupe à l'autre, les chemins menant à la professionnalisation passaient tous par la voie obligée d'une formation universitaire reconnue. C'est seulement lorsque les institutions de haut savoir accepteront de leur conférer leurs lettres de noblesse académiques qu'on verra se profiler à l'horizon du système de santé les diététistes et les physiothérapeutes professionnelles que nous connaissons aujourd'hui. C'est de ce cheminement dans les structures et le savoir universitaires, de ses méandres et de ses aléas qu'il sera question dans ce chapitre.

À quoi ressemblaient les institutions qui prirent en charge la formation universitaire en diététique et en physiothérapie? Quels changements a connus leur orientation au cours des ans? Quelles mutations a subies le corpus de savoir qu'elles offraient à leurs étudiantes? Et enfin, qui dirigeait ces institutions, y enseignait, y étudiait? Les sources disponibles ne nous ont pas toujours permis de répondre aussi bien que nous le voulions à toutes ces questions. Les archives ont été en général plus loquaces lorsqu'il s'agissait des structures (des institutions et des programmes) que des personnes qui s'y mouvaient. C'est un peu comme si la trace des choses était plus facile à conserver que celle des personnes qui les ont animées... Il reste toutefois que l'esquisse historique que nous sommes parvenues à tracer nous donnera du passé une image assez claire, même si quelques zones d'ombre persistent encore.

LA FORMATION UNIVERSITAIRE EN DIÉTÉTIQUE

Apparentée au départ à l'enseignement ménager aussi bien qu'aux «*home economics*», la diététique mettra quelques décennies à se distancer graduellement d'un cousinage parfois encombrant et qui apparaissait à plusieurs comme le vestige d'un passé traditionnel révolu.

Les institutions et leur histoire

Dans le monde anglophone, ce passé remontait au début du siècle. La School of Household Science, fondée en 1907 et affiliée au MacDonald College, décidait alors d'offrir un enseignement de niveau universitaire en créant en 1918 un programme devant mener à un «Bachelor of Household Science (B.H.S.)». Sept ans plus tard, un article du *MacDonald College Magazine* soulignait le changement instauré par la nouvelle orientation de l'enseignement ménager. Il affirmait que le nouveau programme consacrait une rupture définitive avec une vision traditionnelle et dépassée de l'enseignement ménager: «it breaks away still further from the old idea of Household Science in which cooking and serving alone were taught[1]». Avec l'introduction de ce nouveau baccalauréat d'une durée de quatre ans, la School of Household Science voulait rompre en particulier avec les programmes courts d'une ou deux années, dans le genre du «Homemaker's course» (1907), ne menant qu'à un diplôme ou un certificat.

En 1943, le B.H.S. deviendra le Bachelor of Science in Home Economics (B.Sc. [H.Ec.]). Parmi les arguments évoqués pour justifier ce changement, on avance le fait que la majorité des universités canadiennes qui dispensent un enseignement en sciences ménagères confèrent un diplôme de B.Sc. (H.Ec.). À part cette conformité avec les autres institutions, il ne faut pas négliger aussi, explique-t-on, que la nouvelle désignation est plus familière au grand public[2].

Étalé sur quatre ans après l'«immatriculation junior» (11e année), ou sur trois ans après l'«immatriculation senior» (12e année), ce nouveau programme offrait, en quatrième année seulement, deux spécialisations: l'une en enseignement des sciences ménagères et l'autre en diététique. La diététique a donc cohabité, dès son origine, avec l'enseignement ménager, même après 1963 alors que le B.Sc. (H.Ec.) comptera désormais quatre options: «Dietetics», «Home Economics Education», «General Economics» et «Food Management». Cependant, signe des temps, la composante «sciences ménagères» apparaît de plus en plus désuète et, même si elle continue d'exister dans les programmes, elle se fait moins visible de l'extérieur. Ainsi en 1967, la School of Household Science troquera son nom pour celui de «School of Food Science» et le B.Sc. (H.Ec.) deviendra, deux ans plus tard, un B.Sc. en Food Science (B.Sc. [F.Sc.]). Durant les deux années qui suivent, la diététique cohabitera désormais, toujours à la dernière année du programme, avec une deuxième option: celle de «Food Management» (ou «administration des services alimentaires»). Cependant, selon le *McGill News*, il semble que la majorité des étudiantes inscrites choisissent plutôt l'option diététique.

La formation en diététique connaîtra encore des changements importants à partir de 1971 lorsque le baccalauréat en «Food Science» sera divisé en sept «majeures» (ou spécialisations) dont au moins trois: «food science», «nutrition», et «food management», se situent dans le même champ que la diététique[3]. Mais alors que les étudiantes de toutes les autres «majeures» sont libres de choisir une dizaine de cours optionnels dans une liste de près de 300 cours différents, celles de diététique (ou *food science*) doivent le faire parmi un nombre limité de programmes complémentaires (le nombre de ces derniers variant entre trois et six au cours de la décennie) considérés comme un complément important de leur formation. Derrière un dirigisme qui paraît plus grand que pour les autres spécialisations, on peut voir se profiler, en fait, l'influence de l'Association canadienne de diététique (ACD), aussi bien que celle de la Corporation professionnelle des diététistes du Québec (CPDQ). Celles-ci (nous le verrons plus loin) veilleront à ce que l'université concilie ses exigences avec certaines priorités qu'elles ont pris soin de définir à l'avance.

Mais combien sont-elles en fait, ces étudiantes qui prennent le chemin du MacDonald College? Les documents disponibles ne permettent pas, malheureusement, de le dire avec précision. Seules quelques informations éparses, ici et là, nous fournissent un certain ordre de grandeur. Ainsi, alors qu'en 1949 on compte 201 inscriptions à la School of Household Science, deux ans plus tard ce chiffre tombe à 144 puis baisse encore à 100 en 1954. En termes cumulatifs toutefois, il apparaît qu'en 1950, une totalité de 5204 étudiantes étaient passées par cette institution et que ce chiffre atteignait 6607 personnes en 1963[4].

Il est également intéressant de voir qui a présidé aux destinées de la School of Household Science au cours de toutes ces années. Affiliée dès sa naissance, en 1907, au MacDonald College, l'école sera intégrée, en 1935, à la faculté d'agriculture de l'université McGill dont elle fait d'ailleurs partie jusqu'à présent[5].

Une union heureuse? Difficile à dire parce qu'on sait peu de choses sur les avantages et les inconvénients qu'elle a entraînés pour l'école. Chose certaine, cette dernière ne peut avoir de réprésentant direct au Conseil d'administration (*Senate*) de l'université et doit se contenter de se faire entendre à travers la voix du doyen de la faculté d'agriculture.

Cependant, l'institution semble éprouver de la difficulté à recruter, à ses débuts, un personnel à la fois compétent et stable[6]. La première femme nommée au poste de directrice, Helen Brainbridge, détient une formation en Arts et s'avère peu à l'aise avec ses responsabilités administratives. L'année suivante, en 1908, on offre ce poste à une enseignante, Mme Juniper, qui n'est là que pour deux ans en attendant de céder la place à une nouvelle directrice: Mme Fisher. Celle-ci prendra alors les rennes de l'école pour une période assez longue. C'est elle qui luttera pour instaurer un programme de baccalauréat (*degree program*) en diététique, en remplacement des programmes courts (de type «perfectionnement») offerts jusque-là.

Outre Mme Fisher, la directrice qui semble avoir le plus marqué l'histoire de l'institution est Helen Neilson. Diététiste diplômée de l'Université McGill et détentrice d'un diplôme de 2e cycle, Mme Neilson assume la direction de l'école de 1949 à 1975. C'est au cours de ce long mandat de vingt-six ans qu'elle sera en mesure d'imprimer aux programmes les changements d'orientation qui s'imposent en vue de leur indispensable rajeunissement.

Après le départ d'Helen Neilson, la direction de l'école sera confiée, pour la première fois à un homme, médecin de surcroît: le Dr Edmund Idziak. Il est difficile, par ailleurs, de retracer les motifs à la base de ce brusque changement dans la politique d'embauche qui rompt délibérément avec le passé.

Quel bilan peut-on faire au terme de cette brève reconstitution du cadre institutionnel anglophone où a pris racine la formation universitaire en diététique? On sait maintenant que cette dernière discipline a cohabité longtemps avec les sciences domestiques (*household science*), puis avec ce qui s'y apparentait encore beaucoup, soit l'enseignement ménager (*home economics*). On sait aussi que cette cohabitation ne semble pas avoir provoqué de heurts apparents. Il reste toutefois que, sur le chemin qui menait à la professionnalisation, la diététique a dû prendre de plus en plus ses distances par rapport à ce premier voisinage et a dû opter pour des programmes de formation à caractère plus théorique et à contenu plus scientifique. On comprendra mieux cependant la dimension véritable de ces enjeux en joignant à cette esquisse historique une autre du même type qui reconstitue la formation des diététistes dans le milieu universitaire francophone.

* *
*

On constate, au départ, une analogie frappante entre les milieux anglophone et francophone en ce qui a trait aux liens entre la diététique et l'enseignement ménager (qui, à un niveau plus avancé, se transforme en «sciences domestiques»). Avec la différence peut-être que, dans le milieu francophone, se défaire de ces liens s'avérera une opération plus ardue. Mais n'anticipons pas.

La création de l'Institut de diététique et de nutrition à l'Université de Montréal (IDN) a lieu en 1942, dans un contexte de guerre, alors que le gouvernement fédéral mène une campagne active de sensibilisation aux problèmes nutritionnels de la population canadienne. Il semblerait alors que les autorités gouvernementales aient pris au sérieux les recommandations d'un comité de nutrition composé de représentants des universités canadiennes, qui concluait à la nécessité d'une formation universitaire en nutrition. La faculté de médecine de l'Université de Montréal sera une des premières à s'engager dans cette voie en mettant sur pied un institut de diététique et de nutrition dont le programme reçoit très vite l'aval de l'Association canadienne de diététique.

Ainsi, dès sa création, l'IDN voit son sort lié à celui de la faculté de médecine, alors que son homologue anglophone semble avoir scellé, sept ans auparavant, une alliance durable avec la faculté d'agriculture de l'Université McGill. Il s'agit, dans ce dernier cas, d'une association moins inusitée puisque, dans la majorité des universités anglophones, les facultés ou écoles de sciences domestiques sont soit indépendantes, soit rattachées aux facultés d'agriculture.

Cependant, la faculté de médecine de l'Université de Montréal ne paraît pas se distancer vraiment d'une vision traditionnelle de la discipline qu'elle vient de parrainer, mais elle assigne toutefois à cette discipline une vocation scientifique et sociale, en même temps que familiale. Dans un document — qui semble être un mémoire — soumis aux autorités universitaires, on peut lire au sujet du nouvel institut:

> Les sciences domestiques, par leur application, sont une contribution au bien-être et à la meilleure santé de l'individu et de la famille. De ce fait, la médecine ne leur est pas indifférente, aussi la Faculté de

> médecine a certes montré sa largeur de vue et son sens de la prévoyance en admettant le nouvel Institut dans les cadres de son enseignement... [Elle a donc] compris l'importance primordiale d'une préparation scientifique sérieuse comme base de l'étude de la science de la nutrition[7].

Dans l'annonce qu'elle fait du nouveau programme, la faculté insiste à nouveau sur le fait que l'Institut est «la seule école française à instituer un enseignement de la nutrition et de la diététique sur des bases scientifiques[8]». La seule? Peut-être bien, mais le fait que la faculté de médecine ait délibérément écarté du décor une possible concurrence de la part des écoles ménagères et des instituts familiaux ne semble pas s'être produit sans heurts. Ainsi, dans la même annonce du programme, on précise bien que si la diététique doit impérativement s'enseigner à l'université c'est que «dans le passé, l'enseignement de ces sciences [diététique et nutrition] fut laissé aux écoles ménagères, qui ne donnèrent pas aux sciences de bases [sic], l'attention ni l'ampleur qu'exigent aujourd'hui d'une diététicienne, les nécessités modernes». La condamnation est sans appel et englobe aussi bien les écoles ménagères que les instituts familiaux.

Enfin, parmi ces «nécessités modernes» évoquées plus haut, il y a, rappellent les responsables de la faculté de médecine, le fait que la diététique est considérée, de plus en plus, comme un élément indispensable des soins de santé en milieu hospitalier; aussi les futures diététistes travailleront en collaboration étroite avec l'équipe médicale qui y œuvre. C'est à ce type d'argument que la faculté recourt à quelques reprises pour convaincre les autorités universitaires qui paraissent longtemps indécises sur le choix du port d'attache le plus adéquat pour le nouvel institut.

En 1946, l'Université de Montréal invitera l'Université de l'État de New York et l'Université Cornell, réputées toutes deux pour leurs enseignements des «Home Economics» (l'Université Cornell n'offre alors que des programmes de 2e et de 3e cycles en diététique), à se prononcer sur le bien-fondé du rattachement de l'IDN à la faculté de médecine. Tout en notant les avantages qu'un tel rattachement représente sur le plan académique, les évaluateurs américains souligneront toutefois la dépendance administrative qui devient le lot du nouvel institut. Celui-ci ne sera, en effet, représenté dans les instances décisionnelles que par l'intermédiaire de la faculté de médecine, et ses professeurs «have no standing as faculty members and also could not have proper representation on the college committee where points of administration and other professional decisions are made in the interest of the faculties[9]». Le rapport concluait finalement à l'intérêt d'ériger l'Institut de diététique et de nutrition en une faculté autonome de sciences domestiques (School of Home Economics) dont les structures seraient calquées sur le modèle universitaire américain.

Ces recommandations resteront cependant lettre morte. Une des raisons pouvant expliquer l'immobilisme de l'université dans ce dossier semble avoir été, à part les pressions issues de la faculté de médecine en faveur du statu quo, l'essor assez lent que connaît l'Institut en raison de la faible clientèle étudiante qu'il attire. On parle en effet d'une clientèle dont la moyenne annuelle pour les trois années du programme atteint à peine la cinquantaine tout au long de la décennie 1945-1955 et ne dépassera pas la centaine entre 1960 et 1970[10].

Faut-il voir là un échec patent de toute l'entreprise? Il faut plutôt se rappeler, croyons-nous, la dure concurrence que les écoles ménagères et les instituts familiaux font à l'IDN[11]. Non seulement, disent les porte-parole de la faculté de médecine, les frais d'inscription exigés par cette institution sont-ils trop élevés — 200$ par année à l'Université de Montréal alors qu'à l'Université McGill ils ne sont que de 100$ — et la publicité très timide, mais à la Commission des études de l'université un membre précise que: «les religieuses enseignantes qui dirigent les autres institutions [on se garde de préciser lesquelles] cherchent à développer leurs maisons et à conserver le plus longtemps possible des jeunes filles... sans indiquer quelle est la véritable carrière de diététiste[12]».

En plus de dénoncer ce complot du silence, les partisans de l'Institut souligneront aussi (avec un dédain non dissimulé) qu'il était normal de voir «les conditions d'admission et d'études plus faciles» de l'Institut de Pédagogie familiale des Sœurs de Jésus-Marie attirer plus d'étudiantes. Surtout que cette institution — affiliée à l'Université de Montréal depuis 1947 — offrait un baccalauréat en pédagogie familiale à un prix monétaire, et surtout académique, moindre. Pour les défenseurs de l'Institut de diététique, il s'agissait là d'une concurrence déloyale dans la mesure où un même type de diplôme — le baccalauréat — venait couronner deux programmes rivaux, mais de valeur très inégale.

Les partisans de l'Institut de diététique n'étaient pas cependant au bout de leur peine puisqu'en 1954, ils devront convaincre les autorités universitaires de la non-pertinence de la fusion des deux institutions; une bataille que devra mener à nouveau, huit ans plus tard, la directrice de l'IDN auprès du vice-rectorat de l'université. En attendant, la même année 1954 est témoin d'une attaque en règle menée par des membres de la Commission des études de l'université contre le niveau de l'enseignement offert par l'IDN[13]. Quelques membres de la commission soulignent le nombre élevé d'échecs auxquels doivent faire face les étudiantes mal préparées à suivre un enseignement scientifique de niveau trop élevé pour elles (certains cours sont offerts à la fois aux étudiantes en diététique et aux étudiants de médecine et de chirurgie dentaire). D'autres, par contre, vont jusqu'à affirmer que le programme de diététique est, de par sa nature, d'un caractère plus technique que théorique et que sa place n'est donc pas à l'université. Certains enfin proposeront, en guise de solution, le rattachement possible de l'Institut à la faculté des arts de l'université, une faculté où, affirme-t-on, le niveau des études correspond mieux à celui offert par le programme de l'IDN. Les critiques sont donc multiples mais, de façon étonnante, elles partent de perspectives tout à fait opposées.

Ces remous se sont soldés par le maintien du statu quo sur le plan de l'affiliation institutionnelle, mais ils ne furent certainement pas étrangers au remaniement important que connut le programme de diététique à partir de 1955. Non seulement la teneur scientifique du programme allait être accentuée, mais elle le sera aux dépens des cours de sciences domestiques. Surtout, on a pensé assurer une meilleure préparation aux candidates en transformant la première année du baccalauréat en une «immatriculation senior» qui devenait donc une année préparatoire (équivalant à la 12e année). Il semblerait toutefois que ce problème ne trouvera une véritable solution qu'une quinzaine d'années plus tard avec l'exigence, à l'admission, d'un diplôme d'études collégiales (DEC).

Entre-temps, les orientations du programme de l'Institut varient peu jusqu'au début des années 1970. Une concentration de cours en nutrition coexiste avec une autre en gestion alimentaire et avec une troisième axée sur l'enseignement ménager. À partir de 1966, seules les deux premières concentrations seront élevées au rang de spécialisation. Quant à la troisième, elle débouchera en 1965 sur une «licence en enseignement secondaire de l'alimentation» qui se trouvera à concurrencer les instituts familiaux sur leur propre terrain. Mais ce choix met également en relief une certaine conception de la profession de diététiste qui s'est vue constamment attribuer, dès sa création, une mission éducative auprès de la population, aussi bien jeune qu'adulte. Cette tendance se confirme encore plus lorsque la licence se transformera, en 1970, en un «Baccalauréat ès-sciences» avec une majeure en alimentation et une mineure en éducation.

Cette même année 1970 est également témoin d'un tournant majeur dans l'avenir de l'Institut puisque ce dernier obtient le droit d'inaugurer un programme de maîtrise professionnelle en nutrition appliquée, afin de répondre à une demande en ce sens du ministère de la santé (MS)[14]. C'est alors une façon non négligeable d'asseoir le statut de l'institution au sein de l'université.

Enfin, dans le climat agité qui accompagne la mise en place de l'Institut au milieu des années 1940, il est intéressant de voir à qui on a confié le gouvernail. Deux instances se partagent alors sa gestion, soit: la direction administrative et le conseil pédagogique. Ici, contrairement à ce qu'on observe à l'Université McGill, le pouvoir est beaucoup moins personnalisé, mais se dilue plutôt dans une structure administrative plus sophistiquée — et éventuellement plus lourde à gérer aussi. Entre 1950 et 1970 (soit pour les années où ces données sont disponibles) on constate que les femmes, des diététistes pour la plupart, sont légèrement minoritaires au sein du conseil pédagogique de l'Institut où elles représentent en moyenne 45% des effectifs. Par contre, elles sont presque seules — 86% — à assumer les responsabilités au sein de la direction administrative où on semble plus enclin à leur confier les rennes du pouvoir[15].

Quant aux médecins, tous des hommes, ils constituent plus de la moitié (57% en moyenne) de l'ensemble du personnel administratif. On pouvait s'attendre, en fait, à une présence aussi importante, étant donné le rôle primordial que la faculté de médecine avait assumé dans la mise sur pied de l'Institut et dans sa défense contre ses détracteurs (on verra qu'en ce qui a trait à la physiothérapie, la présence du corps médical à ce niveau était bien plus accentuée).

Les médecins occuperont, par contre, tout le devant de la scène à partir de 1976 lorsque l'Institut de diététique et de nutrition sera intégré pour de bon à la faculté de médecine de l'Université de Montréal. Transformé désormais en département de nutrition, l'Institut acquiert certes des assises plus solides et un avenir plus assuré. De plus, sa clientèle augmente en nombre et se diversifie. Mais, par contre, il se trouve à céder beaucoup de son pouvoir décisionnel à des instances supérieures qu'il contrôle très peu. C'est ainsi qu'en 1977, la direction du nouveau département passe aux mains d'un administrateur. Quant à la seule femme qui occupe encore un poste de direction, Mme Estelle Mongeau, elle siégera comme «administrateur» au conseil de la faculté, mais seulement à titre d'invitée; une situation moins enviable encore que celle que connaissait alors la directrice de l'école de diététique de McGill au sein de la Faculté d'agriculture.

Le retrait des diététistes — et donc de l'élément féminin — des postes décisionnels était-il le prix à payer pour assurer la sécurité de l'avenir de l'Institut? Et ce prix était-il trop élevé? Il est peut-être un peu tôt pour se prononcer, en tant qu'historiennes, sur ces questions, mais il est évident que l'intégration de l'IDN à des structures académiques majoritairement masculines s'est traduite par un rapport de pouvoir déficitaire pour les diététistes.

Le savoir diététique

Au-delà des variations que connaissent, au fil des ans, les orientations de programme à McGill et à l'Université de Montréal, il y a lieu de s'arrêter sur ce qui constitue le cœur même d'une formation universitaire en diététique dans chacune des deux universités. Qu'il s'agisse des programmes de «household science» et de «home economics» à McGill ou de ceux de diététique et de nutrition à l'Université de Montréal, l'analyse se fixera autant que possible sur les périodes les plus stables dans la vie de ces programmes, ignorant volontairement les oscillations qui se situent dans un temps trop court pour être vraiment significatives. L'image qui en résultera omettra peut-être quelques détails, mais elle évitera par contre d'être floue.

Cependant, avant d'esquisser une telle image, rappelons les principaux paramètres qui ont guidé notre analyse des savoirs diététique et physiothérapeutique. Nous posons au départ un certain nombre d'hypothèses. Premièrement, que les différents savoirs institutionnalisés sont inévitablement hiérarchisés les uns par rapport aux autres dans la mesure où la société leur affecte des indices de valorisation différents. Ces savoirs débouchent, par voie de conséquence, sur des statuts et des pouvoirs différenciés pour leurs détenteurs et détentrices. Deuxièmement, on peut postuler sans crainte d'erreur que, dans l'univers particulier des sciences de la santé, le savoir médical occupe — en compagnie des sciences naturelles d'ailleurs — le sommet de la hiérarchie des savoirs. Enfin, il est entendu que le savoir figurant dans les programmes de médecine — considéré comme un savoir médical sur mode majeur — demeure le pôle de référence obligé, alors que celui figurant dans les programmes des disciplines paramédicales est considéré comme un savoir médical dispensé sur un mode mineur (moins avancé). Enfin, une troisième hypothèse suggère que le savoir théorique jouit, de façon générale, d'un statut plus élevé que le savoir pratique dans l'ensemble des programmes universitaires.

Quant au savoir spécialisé, regroupant les matières qui relèvent directement d'un champ disciplinaire donné (tel que celui de la diététique ou de la physiothérapie), sa prédominance trop marquée par rapport à un savoir de type général aboutit souvent à affecter un programme professionnel d'un indice négatif. Ainsi, lorsqu'on reproche à un programme d'être trop spécialisé, cela revient souvent à critiquer son enfermement dans un cadre fonctionnel et pragmatique trop étroit.

Notre lecture des programmes de diététique (et de physiothérapie également, comme on le verra plus loin) illustre ces hypothèses. Nous avons cherché à savoir comment les disciplines qui figurent dans ces programmes sont ordonnées les unes par rapport aux autres. Quelle est, en termes d'heures ou de nombre de cours, l'importance accordée aux matières regroupées selon les catégories évoquées plus haut? Nous avons ainsi évalué la part accordée au *savoir théorique* par rapport au *savoir pratique* (laboratoire, stages etc.), de même que la proportion de temps consacrée au *savoir spécialisé* par rapport au *savoir général*, et enfin l'importance que revêt dans les programmes le *savoir scientifique et médical*; ce dernier compris au sens large, c'est-à-dire incluant aussi bien la biologie, la biochimie que l'anatomie et la physiologie. Munies de ces quelques points de repères, nous avons examiné les profils des programmes qui s'offraient à nous à travers le langage parfois difficile à décoder des «*calendars*» et des annuaires des différentes écoles.

* *
*

Dans les programmes de diététique de l'Université McGill on constate, au départ, que *l'enseignement pratique* varie entre 35% et 51% de 1940 à 1970 (Tableau 1)[16]. Cette proportion est nettement à la baisse cependant au cours de la décennie suivante[17], alors que la moyenne des cours pratiques se situe autour de 25% (Tableau 2). Il faut préciser que, jusqu'en 1977, les stages n'étaient pas encore intégrés à la scolarité et revêtaient plutôt la forme d'un internat après l'obtention du baccalauréat. Leur intégration au programme, après cette date, viendra bouleverser le rapport entre la théorie et la pratique dans l'enseignement de la diététique.

La place occupée par le *savoir spécialisé* suit, quant à elle, une courbe opposée. Alors que de 1940 à 1966, ce type de savoir occupe déjà un peu plus de la moitié des heures de cours, il en représentera les deux tiers au cours des cinq années suivantes (Tableau 3). On a là l'indice d'une orientation qui tend à intégrer une proportion croissante de connaissances spécialisées, liées directement à la profession de diététiste. Toutefois, il est intéressant de noter que plusieurs matières comprises dans cette catégorie n'ont qu'un rapport assez lointain avec les connaissances médicales de base. C'est le cas, par exemple, de certains cours qui se rapprochent plutôt des sciences ménagères (étude des textiles ou gestion du foyer), ainsi que d'autres cours à caractère administratif qui font appel à des notions d'économie et de gestion du personnel.

C'est davantage à travers les cours qui se réfèrent explicitement à un *savoir médical et scientifique* qu'on cherche à transmettre un savoir médical de base. Ce dernier prend la forme de cours de physiologie, de bactériologie

TABLEAU 1

Importance de la formation pratique en diététique à l'Université McGill dans les différentes catégories de savoir, 1940-1968[1]

Années	*Savoir médical et scientifique*		*Savoir spécialisé*		*Culture générale*	
	Total des heures de cours[2]	Formation pratique[3] (%)	Total des heures de cours[2]	Formation pratique[3] (%)	Total des heures de cours[2]	Formation pratique[3] (%)
1940	825	58	1335	47	390	23
1941	1110	65	1200	45	390	23
1942	1110	65	1200	45	390	23
1943	900	63	990	39	435	21
1944	900	63	990	39	435	21
1945	810	63	1440	60	270	0
1946	810	63	1440	60	270	0
1947	750	60	1395	62	390	15
1948	750	60	1395	62	270	0
1949	750	60	1320	59	270	0
1950	750	60	1290	60	315	19
1951	750	60	1290	53	210	0
1952	750	60	1290	53	210	14
1953	750	60	1305	53	210	14
1954	750	60	1290	53	255	12
1955	750	60	1350	53	255	12
1956	750	60	1395	54	345	9
1957	750	60	1395	54	345	9
1958	750	60	1395	54	345	9
1959	960	59	1545	54	255	12
1960	960	59	1545	54	255	12
1961	960	59	1545	54	255	12
1962	870	59	1485	53	195	0
1963	870	59	1485	53	195	0
1964	870	59	1485	51	195	0
1965	870	59	1425	51	195	0
1966	870	52	1425	44	195	9
1967	465	52	1650	44	330	9
1968	465	43	1650	38	330	15

1 Les données concernant le rapport théorie/pratique ne sont pas disponibles pour la période allant de 1968 à 1970.

2 Ce chiffre représente le nombre d'heures de cours que totalise l'ensemble du programme dans chaque catégorie de savoir.

3 Ce chiffre correspond au pourcentage du nombre d'heures de cours pratiques sur le total des heures de cours.

Source: *McGill Calendar*, 1940-1970.

TABLEAU 2

Rapport entre les types de cours en «majeure en diététique» à l'Université McGill 1970-1980

Année	Cours de culture générale	Cours de sciences	Cours d'adm.	Cours ens. mén.	Cours théoriques	Cours pratiques: Stages	Cours pratiques: Autres cours	Cours pratiques: Total	Nbre d'hrs par année
1971	10%[1]	57%	33%	___	79%	___	21%	21%	
	(20)[2]	(120)	(70)		(165)		(45)	(45)	(573)
1972	16%	53%	31%	___	80%	___	20%	20%	
	(35)	(120)	(70)		(180)		(45)	(45)	(563)
1973	13%	65%	21%	___	76%	___	24%	24%	
	(50)	(255)	(85)		(295)		(95)	(95)	(532)
1974	12%	67%	21%	___	72%	___	28%	28%	
	(50)	(280)	(85)		(300)		(115)	(115)	(566)
1975	12%	67%	21%	___	70%	___	30%	30%	
	(50)	(280)	(85)		(290)		(125)	(125)	(566)
1976	10%	67%	23%	___	72%	___	28%	28%	
	(50)	(350)	(120)		(375)		(145)	(145)	(538)
1977	11%	63%	26%	___	73%	?	27%[3]	?	
	(50)	(290)	(120)		(335)		(125)		(460) + stages
1978	5%	71%	24%	___	73%	?	27%	?	
	(20)	(290)	(100)		(300)		(110)		(466) + stages
1979	15%	64%	21%	___	74%	?	26%	?	
	(70)	(300)	(100)		(350)		(120)		(500) + stages

1 Pourcentage du nombre d'heures total par année.
2 Nombre d'heures moyen par année.
3 À partir de cette année, le majeur comprend des stages, mais nous ne connaissons pas le nombre d'heures attribué à ces derniers.

Source: *McGill Calendar*, 1970-1980.

TABLEAU 3

Poids relatif des différentes catégories de savoir dans la formation en diététique à l'Université McGill, 1940-1968

Année	Savoir médical et scientifique (%)	Savoir spécialisé (%)	Culture générale (%)
1940	33	52	15
1941	41	45	14
1942	41	45	14
1943	39	43	18
1944	39	43	18
1945	32	57	11
1946	32	57	11
1947	30	55	15
1948	31	58	11
1949	32	57	11
1950	32	55	13
1951	34	57	9
1952	34	57	9
1953	33	58	9
1954	33	56	11
1955	32	57	11
1956	30	56	14
1957	30	56	14
1958	30	56	14
1959	35	56	9
1960	35	56	9
1961	35	56	9
1962	34	58	8
1963	34	58	8
1964	34	58	8
1965	35	57	8
1966	35	57	8
1967	19	67	14
1968	19	67	14

Source: *McGill Calendars*, 1940-1970.

et de microbiologie. On constate cependant que, jusqu'en 1970, ce type de savoir dans le programme de McGill n'occupe que 25% en moyenne de la totalité des heures de cours. Durant les années 1970, toutefois, le nombre d'heures de cours alloué à ce qu'on désignera désormais comme les «*sciences de la santé*» augmentera constamment, atteignant une moyenne de près de 65% de l'ensemble des cours offerts. Cette progression marquée correspond, selon nous, à une volonté manifeste des responsables des programmes de leur conférer un caractère plus scientifique, permettant ainsi à la formation universitaire en diététique de se distancer de plus en plus de celle offerte, depuis 1970, en «Technique de diététique» au niveau collégial.

Quant aux cours de culture générale, ils représentent 10% en moyenne du total des heures d'enseignement jusqu'en 1970. Ils avaient pourtant occupé une place plus importante jusqu'en 1944 (16% en moyenne), avant l'instauration du baccalauréat en Home Economics qui visera graduellement alors à démarquer la diététique des connaissances générales liées à l'enseignement ménager. Cependant, après le tournant des années 1970, on constate une oscillation marquée dans le nombre de cours consacrés à la culture générale. Ils sont tantôt un, tantôt quatre cours de sciences humaines à figurer dans le programme. Les auteurs de ces changements successifs ne semblent pas vraiment fixés sur le poids définitif à accorder à un tel ingrédient dans la formation des futures diététistes. Il n'en demeure pas moins que cette formation bénéficiera désormais d'un élargissement de ses frontières et de son horizon culturel.

En tenant compte de ce tableau d'ensemble, on peut conclure que le programme de diététique de l'Université McGill, entre 1940 et 1970, a offert un enseignement de plus en plus théorique et aussi de plus en plus axé sur les connaissances scientifiques. Quant au savoir spécialisé, qui suit une courbe à la hausse jusqu'en 1966, il connaîtra également une mutation importante au niveau du contenu, puisqu'il fera une place beaucoup plus grande que par le passé aux connaissances scientifiques et ceci aux dépens des «sciences ménagères».

* *
*

Lorsqu'on analyse, sous l'angle du rapport entre la théorie et la pratique, le contenu des programmes de diététique à l'Université de Montréal entre 1950 et 1970, on arrive à des constats qui se rapprochent de ceux déjà établis pour l'Université McGill. Alors qu'au départ, *l'enseignement pratique* l'emportait sur le théorique dans les programmes de l'Institut de diététique et de nutrition, la part accordée à ce type d'enseignement diminuera progressivement à partir de 1955 (date qui correspond d'ailleurs à une restructuration du programme). Elle se stabilisera autour d'une moyenne de 40%, un chiffre proche de celui observé à McGill jusqu'en 1970 (Tableau 4). Toutefois, après 1970, et contrairement à ce qui prévaut à McGill où ce type de cours connaît une baisse notoire (25%), la tendance à l'Université de Montréal semble être à la stabilité (Tableau 5)[18]. La formation en diététique dans l'institution francophone revêt dès lors un caractère plus pratique que celle dispensée par son homologue anglophone.

Avant 1970, la comparaison entre les cours de *sciences* qui figurent dans le programme de diététique des deux universités révèle des différences aussi marquées. Alors qu'elles représentent 60% du programme à l'Institut de diététique jusqu'en 1970, les sciences ne constituent que 25% des cours à McGill. Il faut se rappeler, toutefois, que de 1955 à 1970, le programme de l'Institut incorporait en première année les cours de l'année terminale du secondaire (12e année) avec les cours de sciences obligatoires que cette année comportait. Après 1970, la proportion des cours de sciences baisse à 52% à l'Université de Montréal alors qu'elle atteint une moyenne de 65% à McGill. Plus théorique, l'enseignement de la diététique à McGill se veut donc aussi plus axé sur les sciences.

Quant aux cours d'enseignement ménager, ils constituent une catégorie difficile à évaluer dans la mesure où certains d'entre eux camouflaient leur contenu véritable derrière des intitulés à caractère scientifique. C'est ainsi que, sous la rubrique de «Physique appliquée» de l'Annuaire de l'Institut de diététique de 1955, on peut lire: «Cours offert afin de familiariser l'étudiante avec les différents appareils utilisés au foyer moderne.... Revue des principes de physique à la base de leur fonctionnement. Facteurs qui doivent guider dans l'achat, l'entretien et le nettoyage». Il est évident que ce descripteur de cours (qui paraît aujourd'hui aberrant) doit être mis en rapport avec tout le processus de «scientifisation» de l'enseignement ménager qu'on a connu au Québec au cours des années 1950.

Quant à la proportion des cours de *culture générale*, elle est nettement plus élevée dans l'institution francophone que dans son homologue anglophone. Il semble que ce type de formation y ait revêtu une importance particulière si l'on en juge par le nombre autant que par la diversité des cours offerts: à côté des cours de sciences humaines figurent des cours d'éthique et aussi de religion. L'ensemble de ces cours représente une moyenne de 15% du programme jusqu'en 1970. Et même si cette catégorie de cours diminue nettement après cette année, le nombre d'heures d'enseignement consacrées à la culture générale demeure, quant à lui, assez stable.

TABLEAU 4

Rapport entre les types de cours à l'Institut de diététique de l'Université de Montréal, 1951 à 1969[1]

					Cours théoriques	Cours pratiques			
Année	Cours de culture générale	Cours de sciences	Cours techniques admin.	Cours ens. mén.		Stages	Autres cours	Total	Nbre d'hres par année
1951	10%[2]	57%	10%	22%	46%	1%	53%	54%	(789)
	(80)[3]	(450)	(75)	(173)	(366)	(11)	(413)	(424)	
1952	10%	54%	10%	21%	45%	1%	54%	55%	(744)
	(74)	(427)	(75)	(158)	(338)	(11)	(395)	(406)	
1953	10%	54%	10%	21%	45%	1%	54%	55%	(744)
	(74)	(427)	(75)	(158)	(338)	(11)	(395)	(406)	
1954	10%	54%	10%	21%	45%	1%	54%	55%	(744)
	(74)	(427)	(75)	(158)	(338)	(11)	(395)	(406)	
1955	15%	53%	17%	14%	55%	1%	46%	47%	(784)
	(116)	(416)	(131)	(109)	(435)	(11)	(338)	(349)	
1956	15%	53%	17%	14%	55%	1%	46%	47%	(784)
	(116)	(416)	(131)	(109)	(435)	(11)	(338)	(349)	
1957	15%	53%	17%	14%	55%	1%	46%	47%	(784)
	(116)	(416)	(131)	(109)	(435)	(11)	(338)	(349)	
1958	17%	53%	14%	14%	57%	1%	43%	44%	(810)
	(139)	(431)	(116)	(112)	(461)	(11)	(345)	(356)	
1959	17%	53%	14%	14%	57%	1%	43%	44%	(810)
	(139)	(431)	(116)	(112)	(461)	(11)	(345)	(356)	
1960	16%	54%	14%	14%	57%	1%	42%	43%	(795)
	(131)	(427)	(116)	(109)	(450)	(11)	(334)	(345)	
1961	16%	54%	14%	14%	57%	1%	42%	43%	(795)
	(131)	(427)	(116)	(109)	(450)	(11)	(334)	(345)	
1962	19%	55%	11%	11%	60%	4%	36%	40%	(776)
	(146)	(427)	(86)	(86)	(465)	(30)	(281)	(311)	
1963	19%	55%	11%	11%	60%	4%	36%	40%	(776)
	(146)	(427)	(86)	(86)	(465)	(30)	(281)	(311)	
1964	15%	58%	11%	11%	55%	4%	41%	45%	(746)
	(109)	(435)	(86)	(86)	(409)	(30)	(330)	(337)	
1965	15%	58%	11%	11%	55%	4%	41%	45%	(757)
	(116)	(438)	(86)	(86)	(416)	(30)	(311)	(341)	
1966	13%	63%	16%	6%	60%	___	40%	40%	(705)
	(94)	(451)	(114)	(45)	(420)		(285)	(285)	
1967	14%	63%	16%	6%	60%	___	40%	40%	(708)
	(97)	(451)	(114)	(45)	(424)		(285)	(285)	
1968	13%	64%	16%	6%	59%	___	41%	41%	(708)
	(94)	(453)	(114)	(45)	(420)		(288)	(288)	
1969	?	?	?	___	?	___	?	?	?

1 Les Annuaires de l'Institut de diététique ne sont pas disponibles entre 1942 (date de la fondation) de l'Institut) et 1950.

2 Pourcentage du nombre d'heures total par année.

3 Nombre d'heures moyen par année.

Source: *Annuaires de l'Institut de Diététique de l'Université de Montréal.*

TABLEAU 5
Rapport entre les types de cours à l'Institut de diététique de l'Université de Montréal, 1970-1975[1]

Année	Cours de culture générale	Cours de sciences	Cours technique admin.	Cours ens. mén.	Cours théoriques	Cours pratiques: Stages	Cours pratiques: Autres cours	Cours pratiques: Total	Nbre d'hres par année
1969	15,5%[2] (105)[3]	48% (324)	36,5% (248)	___	64% (435)	___	36% (242)	36% (242)	(677)
1970	15,5% (105)	48% (324)	36,5% (248)	___	64% (435)	___	36% (242)	36% (242)	(677)
1971	15,5% (105)	48% (324)	36,5% (248)	___	64% (435)	___	36% (242)	36% (242)	(677)
1972	15% (98)	47% (313)	38% (258)	?	58% (385)	___	43% (283)	43% (283)	(668)
1973	15% (98)	47% (313)	38% (258)	?	58% (385)	___	43% (283)	43% (283)	(668)
1974	15% (98)	47% (313)	38% (258)	?	58% (385)	___	43% (283)	43% (283)	(668)

1 Entre les années 1975 et 1980 les données ne sont pas disponibles.
2 Pourcentage du nombre d'heures total par année.
3 Nombre d'heures moyen par année.

Source: *Annuaires de l'Institut de diététique de l'Université de Montréal.*

Comment expliquer que par rapport au programme de diététique de McGill, celui de l'Université de Montréal affiche constamment près d'un tiers de plus de cours de culture générale (comprenant également des cours d'éthique et de religion)? C'est là, à notre avis, une réalité qui renvoie vraisemblablement à deux philosophies éducatives et peut-être même, à deux univers culturels différents.

Dans l'ensemble, en se référant à nos hypothèses initiales sur la hiérarchisation des savoirs, on peut dire que les programmes de diététique de l'Université de Montréal, aussi bien que ceux de l'Université McGill, entament à partir de 1970 un virage marqué vers un plus grand contenu scientifique. La formation professionnelle en diététique allait acquérir encore de nouveaux titres de noblesse avec l'instauration, à partir de cette même date, d'un programme d'enseignement de deuxième cycle.

Il reste à voir à qui on a confié, au cours de ces années, la formation professionnelle des futures diététistes.

Le corps enseignant en diététique

En ce qui a trait à la composition du corps enseignant à l'Université McGill aussi bien qu'à l'Université de Montréal, les sources s'avèrent un peu plus loquaces qu'en ce qui concerne la clientèle étudiante. Cependant, les informations que ces sources livrent restent parcellaires et semblent parfois tributaires des options variées — on aurait la tentation de dire de l'humeur — des rédacteurs des Annuaires. Ainsi, ces derniers peuvent, durant quelques années et sans aucune raison apparente, ignorer les ports d'attaches ou bien les qualifications des professeurs, quand ils ne décident pas d'omettre leurs titres, ou encore de taire jusqu'à leurs noms. D'où les périodes chronologiques limitées sur lesquelles portent nos observations. D'où surtout l'incertitude au sujet de la place dans l'échelle hiérarchique de certains groupes d'enseignants, dont en particulier les femmes à l'Université de Montréal. Cet état de l'information, qui prévaut jusqu'à la fin des années soixante, nous a d'ailleurs fait opter pour l'usage du sens générique du terme «professeur» dans nos références au corps enseignant; aussi, lorsque nous parlerons des «professeurs féminins» dans certaines disciplines ou institutions, il ne s'agira pas nécessairement d'enseignantes ayant toutes le statut formel de professeur. Il se pourrait bien que plusieurs d'entre elles ne soient que des assistantes-professeurs ou encore des chargées d'enseignement.

Nous sommes parvenues, malgré tout, à répondre à quelques questions qui nous apparaissaient particulièrement importantes. Ainsi, nous avons voulu connaître les proportions de femmes et d'hommes qui ont œuvré dans les institutions concernées, leur appartenance disciplinaire et, bien sûr lorsque cela était possible, leur place dans l'échelle hiérarchique.

Durant les années 1945 à 1970, *les professeures* de l'école de diététique de McGill ne représentent en moyenne que 44% de l'ensemble du corps enseignant, bien que l'école s'adresse à une clientèle presque exclusivement féminine (Tableau 6). Toutes ces femmes professeures font partie du personnel régulier de l'institution et en assurent donc le fonctionnement, en même temps qu'elles assument l'encadrement des étudiantes. Quant à leurs *collègues masculins*, ils proviennent pour la plupart de la Faculté d'agriculture de McGill et appartiennent à des disciplines variées, dont la chimie, la biologie, l'agronomie et le génie agricole. Il est à noter qu'il n'y a point de médecins dans ce corps enseignant, alors que les connaissances liées à la nutrition paraissent d'emblée aussi proches de la biochimie que de la physiologie du corps humain. On peut supposer que cette forme d'anomalie est liée à l'affiliation de l'école à la Faculté d'agriculture plutôt qu'à celle de médecine.

TABLEAU 6
Répartition du corps enseignant féminin et masculin selon l'appartenance disciplinaire et le statut. École de diététique de l'Université McGill, 1945-1970

Sexe	DISCIPLINE			STATUT					
	Diététique (%)	Médecine (%)	Autre (%)	Ext.[1] (%)	Prof.[2] (%)	Asoci.[3] (%)	Assist.[4] (%)	Lect.[5] (%)	?[6] (%)
F (100%)	100	0	0	17	5	11	15	48	4
H (100%)	0	0	100	100	0	0	0	0	0

1 EXT.: désigne les professeurs extérieurs à l'École, c'est-à-dire ceux qui ne font pas partie du personnel régulier et qui sont, le plus souvent, attachés à d'autres facultés ou écoles de l'Université. Les sources ne nous permettent cependant pas de connaître leur statut à l'intérieur de la faculté ou de l'école à laquelle ils sont rattachés, lorsque c'est le cas.
2 PROF.: désigne les professeurs réguliers de l'école ayant le statut de professeur titulaire (*full professor*).
3 ASSOCIA.: désigne les professeurs réguliers ayant le statut de professeur agrégé (*associate professor*).
4 ASSIST.: désigne les professeurs réguliers ayant le statut de professeur adjoint (*assistant professor*).
5 LECT.: *lecturer* correspond au statut de chargé de cours.
6 ?: informations manquantes.

Source: *McGill Calendars*, 1940-1970.

À part leur rattachement à la Faculté d'agriculture, l'autre caractéristique commune du *statut* des professeurs masculins en diététique est qu'ils occupent, dans l'échelle hiérarchique, une place bien plus enviable que celle de leurs collègues féminins. Tout au long de la période étudiée, ces enseignantes se retrouvent en majorité dans la classe modeste des chargées de cours et leur proportion va en diminuant à mesure qu'on progresse dans l'échelle hiérarchique. Il n'en va pas de même de l'élément masculin du corps enseignant dont à peine 10% se retrouvent parmi les chargés de cours; le reste des effectifs se partageant de façon assez égale entre les trois autres échelons de la hiérarchie des titres. Il est même remarquable de constater qu'à partir du début des années 60, la catégorie des professeurs titulaires (*full professors*) est celle qui regroupe les plus forts pourcentages de professeurs masculins, soit entre 38 et 44%.

Un tel clivage entre professeurs masculins et féminins de l'école ne peut cependant pas être attribuable au niveau de la *diplômation* des individus concernés, puisque entre le tiers et la moitié des enseignantes sont détentrices d'un B.Sc. et que près de la moitié d'entre elles possèdent, dès la fin des années 1940, un diplôme de deuxième cycle (Tableau 7). Il s'agit là d'un pourcentage relativement élevé par rapport à une clientèle féminine qui, jusqu'au milieu des années 1960, était le plus souvent cantonnée au premier cycle universitaire. Il s'agit cependant d'un pourcentage explicable, en partie du moins, par l'insistance que met dès 1947 l'Association cana-

TABLEAU 7

Répartition du personnel enseignant régulier en fonction de la diplômation[1]. École de diététique de l'Université McGill, 1945-1966[2]

Année	B.A. %	B.Sc. %	M.Sc. %	Ph.D. %	? %
1945	25	63	12	0	0
1948	0	38	49	13	0
1951	0	29	71	0	0
1954	11	44	45	0	0
1957	10	40	50	0	0
1960	0	55	36	9	0
1963	0	50	40	0	10
1966	0	36	45	9	10

1 Rappelons que le personnel enseignant régulier de l'École est entièrement composé de femmes.
2 Nous avons recueilli les informations concernant le personnel enseignant régulier à tous les trois ans, de façon à permettre une vue d'ensemble de l'évolution qui se produit à ce niveau. Les informations les plus complètes concernent la période allant de 1945 à 1966. Nous n'avons pu effectuer la comparaison avec la physiothérapie à ce chapitre, la proportion d'informations manquantes étant trop importante.

Source: *McGill Calendars*, 1940-1970.

dienne de diététique à exiger que le personnel enseignant soit composé aux deux tiers de détentrices d'un diplôme de deuxième ou même de troisième cycle[19]. Il y a là, de la part de cet organisme professionnel, un souci manifeste de faire concorder le niveau de diplômation de ses membres avec les responsabilités académiques qui leur sont confiées. Quant au statut correspondant et au salaire qui lui est forcément lié, l'Association s'est trouvée probablement face à des difficultés d'un autre ordre, soit celles qui se rapportent à l'infériorisation généralisée des femmes sur le marché du travail.

* *
*

À l'Institut de diététique et de nutrition de l'Université de Montréal, le portrait accuse cependant quelques différences. Ainsi, jusqu'au début des années 1950, les enseignantes ne représentent pas plus du tiers du corps professoral. Leur nombre ira toutefois en s'accroissant et, de 1961 à 1980, elles deviendront même légèrement majoritaires, constituant en moyenne 52% du personnel enseignant.

Quant à leur appartenance disciplinaire, il s'agit pour la plupart, et durant les années 1950 surtout, de diététistes en exercice. Par la suite, à partir des années 1970, le pourcentage des enseignants issus des autres disciplines aura tendance à augmenter. Mais dans l'ensemble, dans le programme de diététique de l'Université de Montréal, la multidisciplinarité est assurée par des professeurs masculins et surtout par des médecins. Cependant, le poids relatif de ces derniers ne dépassera pas de beaucoup le tiers des effectifs professoraux entre 1960 et 1970.

Quel était le degré de qualification du personnel enseignant féminin qui a œuvré à l'Institut de diététique et de nutrition? Les sources sont muettes à ce sujet, mais elles nous révèlent toutefois que, jusqu'en 1970, les femmes constituent seules le personnel régulier du corps professoral, ce qui ne les empêche pas de se retrouver dans la catégorie moins prestigieuse, et moins bien rétribuée bien sûr, des «auxiliaires d'enseignement» (Tableau 8). Après 1970, le paysage à cet égard tend à se diversifier et on retrouve, quoique toujours en minorité, des femmes parmi les professeurs agrégés, et même quelques-unes parmi les professeurs titulaires. Un progrès qui est à mettre, probablement, sur le compte de la proportion un peu plus élevée de femmes diplômées en sciences après la création des cégeps.

LA FORMATION UNIVERSITAIRE EN PHYSIOTHÉRAPIE

La création des écoles professionnelles répond, en général, à un besoin social précis, mais dans le cas de la physiothérapie, ce besoin a présenté dans le passé une caractéristique particulière: il a revêtu la forme d'une urgence. On avait déjà réalisé, au cours de la Première Guerre mondiale, que la physiothérapie avait le pouvoir de soulager et parfois même de guérir les terribles handicaps physiques dont souffraient les soldats rescapés du front. La création, en 1917, de la «Military School of Orthopedic Surgery and Physical therapy» en Ontario se situait dans ce cadre dramatique.

Mais la physiothérapie fera bien vite la preuve qu'elle était plus qu'une simple solution d'urgence applicable uniquement à un contexte de guerre. D'où la décision des autorités médicales ontariennes d'instaurer, à partir de 1926, une formation institutionnalisée dans ce domaine à l'Université de Toronto[20].

À Montréal, l'urgence d'une formation universitaire en physiothérapie se fera sentir lors de la Deuxième Guerre mondiale surtout, lorsque les hôpitaux feront face à nouveau aux séquelles physiques de la guerre sur les survivants. Bien vite, la demande de soins débordera l'offre et c'est un véritable appel au secours que lance en 1941 le docteur Fisk, directeur du département de physiothérapie au Montreal General Hospital, au doyen de

TABLEAU 8

Rapport femmes/hommes dans le corps enseignant de l'Institut de diététique et de nutrition de l'Université de Montréal, de 1961 à 1970

CATÉGORIE	FEMMES	HOMMES
Professeurs collaborateurs	22%	78%
Professeurs réguliers	100%	?
Auxiliaires d'enseignement	92%	8%
Rapport femmes/hommes dans l'ensemble du corps enseignant	52%	48%

Source: *Annuaires de l'Institut de diététique de l'Université de Montréal*

la faculté de médecine de l'Université McGill[21]. Les besoins dans ce secteur sont terriblement pressants, affirme le Dr Fisk. De plus, la future institution qu'il demande à McGill de créer serait assurée d'une clientèle étudiante suffisamment nombreuse, en provenance à la fois du Québec et des provinces maritimes. Enfin, méfiance justifiée ou simple xénophobie, le même docteur expliquait qu'une formation universitaire en physiothérapie permettrait de faire face à la concurrence indue de ces «*so called masseuses*» immigrées d'Angleterre et de Suède lors de la Première Guerre mondiale. Et de conclure à ce sujet: «If an efficient school is formated here there will be no reason to accept such immigrants».

Cette demande de création d'une école de physiothérapie est assortie de prévisions budgétaires qui se veulent rassurantes. En ce qui concerne les coûts, le quémandeur affirme, chiffres à l'appui, que la future école sera en mesure de s'autofinancer («*be self-supported*») et même de générer quelques profits. Il suffirait de fixer à 200$ la scolarité exigée de la vingtaine d'étudiantes escomptée au département et aussi de miser sur la généreuse contribution de quelques entreprises qu'on parviendrait à intéresser au projet.

On ne sait pas lequel de tous ces arguments l'a emporté, mais on sait que la faculté de médecine de l'Université McGill a pris la demande du Dr Fisk au sérieux. Entre 1941 et 1943, elle étudie ce dossier qui donne lieu à de multiples contacts avec l'Université de Toronto aussi bien qu'avec des universités américaines. On retrouve également dans les archives de la faculté de médecine la trace d'une volumineuse correspondance avec les associations professionnelles de physiothérapie, aussi bien au Canada qu'aux États-Unis, et surtout avec l'American Medical Association (AMA)[22]. Dans un document daté de 1936 et comportant une liste des écoles de physiothérapie agréées par l'AMA, on précisait, en dix-huit points, les critères et les normes d'acceptation appliqués à ces écoles[23]. Il est difficile de dire jusqu'à quel point l'université montréalaise entendait se conformer à ces exigences, mais on laissait entendre qu'il serait souhaitable d'harmoniser le profil du futur programme avec celui des voisins américains de manière à permettre aux finissantes de McGill de pratiquer leur profession au Canada aussi bien qu'aux États-Unis.

Entre-temps, il devenait de plus en plus évident qu'à l'instar de son homologue américaine, la physiothérapie canadienne n'échapperait pas au parrainage tout-puissant de l'institution médicale. Une garantie de respectabilité ou un handicap? La suite de l'histoire permettra d'apporter à cette question une réponse plus éclairée. En attendant, on se contentera de constater le rôle primordial joué par la faculté de médecine de McGill dans la création, en 1943, de la première institution universitaire québécoise offrant une formation professionnelle en physiothérapie.

On a semblé hésiter, au départ, sur le port d'attache de la nouvelle école: allait-on la jumeler à l'école de nursing, au département de santé publique ou devrait-on l'intégrer carrément à la faculté de médecine[24]? C'est la dernière option qu'appuyait avec insistance le directeur du Montreal General Hospital parce qu'elle garantissait mieux, selon lui, la qualité de la formation. Mais le recteur de l'Université McGill avouait craindre de voir un département de physiothérapie réclamer éventuellement une place prépondérante, et même un poste de présidence (*Chair*), au Conseil de la faculté[25]. Un risque trop élevé, aux conséquences imprévisibles, croit-il. On décidera finalement de créer une école semi-autonome, mais dont la supervision serait assumée par la faculté de médecine (une solution de moindre risque pour le pouvoir médical).

De 1943 à 1947, la nouvelle école de physiothérapie dispensera un cours de deux ans, exigeant une 12e année à l'admission et débouchant sur un «diplôme» plutôt qu'un baccalauréat. Mais ce profil sera maintes fois modifié; comme si on avait eu du mal, durant plus de deux décennies, à définir l'étendue et la forme optimales d'une formation en physiothérapie. Ainsi, en 1947 la durée des études sera de trois ans, mais les exigences à l'admission diminuent: un diplôme de 11e année est désormais considéré comme suffisant. De fait, le corpus des études ne s'accroît pas vraiment du tiers puisque les stages seront désormais intégrés à la formation. On opte donc manifestement pour un diplôme plus spécialisé — et aussi moins long à obtenir[26].

En 1950, le programme du diplôme en physiothérapie connaît une réorientation importante lorsqu'on décide d'y intégrer une formation en ergothérapie. Mais cette expérience de jumelage des deux disciplines allait être de courte durée puisqu'en 1954 on reviendra à la politique des programmes et des diplômes séparés (toujours de deux ans). Cette même année sera surtout témoin d'une innovation bien plus importante pour l'avenir de la formation en physiothérapie: l'école offrira désormais un baccalauréat en sciences avec une option en physiothérapie ou en ergothérapie (B.Sc. Physical Therapy, ou B.Sc. Occupational Therapy). Il s'agit d'un programme de cinq ans après une 11e année, ou de 4 ans, après une 12e année. On maintient donc, côte à côte, un diplôme de deux ans et un autre exigeant quatre ou même cinq années d'études — selon la préparation antérieure des candidates.

La coexistence de deux niveaux de diplômation au statut très différencié se maintiendra pendant une douzaine d'années. Mais le climat ne fut jamais vraiment à la stabilité à l'école de physiothérapie de McGill. La correspondance entre le Dr Fisk, la faculté de médecine et le vice-principal (vice-recteur) de l'université témoigne d'une série de malaises. Il apparaît que le diplôme de deux ans est considéré de plus en plus comme déphasé, alors que le B.Sc. reste au contraire trop exigeant et n'attire, de plus, que les étudiantes intéressées par la physiothérapie. D'où la nécessité de rectifier le parcours en séparant (à nouveau!) les deux disciplines et surtout en instaurant, à côté du B.Sc., un simple baccalauréat de trois ans en physiothérapie: Bachelor in Physical Therapy (B.P.T.); ainsi qu'un autre d'ailleurs en ergothérapie (B.D.T.). Ce programme, qui se concrétisera seulement en 1966, réussira à rester inchangé pendant cinq ans. Corrigeait-il vraiment tous les problèmes? Il est permis d'en douter dans la mesure où un tel profil débouchait en fait sur la création de deux voies parallèles et de valeur inégale: l'une, plus courte (3 ans) et moins exigeante en termes de préparation antérieure en sciences, mènera à un baccalauréat en physiothérapie (B.P.T.), alors que l'autre, plus longue (4 ans) mais plus prestigieuse, débouchera, quant à elle, sur un baccalauréat en sciences, option physiothérapie (B.Sc.[P.T.]). Deux catégories de diplômes, deux catégories de professionnelles, dans le cadre pourtant d'une pratique identique. C'est pourquoi il faudra, un peu plus tard, rectifier encore le tir.

Au début des années 1970, on aurait pu penser que l'école de physiothérapie à McGill avait enfin trouvé le chemin de la stabilité, mais la création des cégeps allait remettre en question ce qui apparut très vite comme un acquis fragile[27]. Est-ce par suite des changements induits par l'avènement des collèges, ou à cause d'autres facteurs au sujet desquels les archives ne sont pas très explicites, mais en 1972, la «Planning Commission» de l'Université McGill demande à la faculté de médecine de réfléchir sur le fonctionnement et l'avenir de l'école de physiothérapie (qu'elle a la charge de superviser). La faculté s'était-elle mal acquittée de cette obligation dans le passé? C'est en tous cas ce que la commission suggère dans la mesure où elle demande à la faculté de décider, à propos de son mandat: «...whether it should be continued or modified or handed over to some other agency[28]». On voit bien qu'aucune option n'est écartée...

La faculté de médecine s'exécute et confie la tâche à un comité de dix membres, — où on retrouve six médecins mais seulement une physiothérapeute (au statut de *lecturer*) et une étudiante au programme B.Sc.(P.T.). Le rapport produit par ce comité contient des recommandations multiples dont la teneur est intéressante à plus d'un titre. Tout d'abord, le comité expose ce qui apparaît beaucoup plus comme une information au sujet d'un fait accompli que comme une véritable recommandation: soit l'importance de sacrifier les deux baccalauréats (3 ans) en physiothérapie et en ergothérapie (B.P.T. et B.O.T.) au profit d'un baccalauréat en sciences avec les deux options pré-citées (B.Sc.PT ou B.Sc.OT). On rappelle qu'en optant pour ce dernier programme, plus exigeant certes que les deux autres, on ne fait que suivre l'exemple de la majorité des universités. De plus, explique-t-on, l'avènement des cégeps permettra à l'avenir le recrutement d'une clientèle mieux préparée.

En fait, affirme le comité, on n'a pas vraiment le choix. Ne faut-il pas impérativement hausser le niveau des études universitaires en physiothérapie pour faire face à l'implantation au cégep (depuis 1971) d'un programme de trois ans en «Techniques de réadaptation physique»? Pour les membres du comité, le choix est désormais bien clair: il faut ou bien se démarquer du niveau collégial en haussant le niveau des études, ou bien renoncer carrément à un programme qui ferait double emploi avec les cégeps et serait voué, à court ou à moyen terme, à disparaître. Or, le comité se prononce résolument contre cette dernière option, même si, précise-t-on, le ministère de l'Éducation exerce de fortes pressions en ce sens: «It should be mentioned that the Provincial Ministry of Education exerted considerable pressure on all Quebec universities in 1969 and 1970 to abandon training of physiotherapists at the university level[29].» Il faut comprendre, explique le comité, qu'en plus de l'argument de poids que représente le choix du B.Sc.(P.T.), il y a aussi le fait que les futures techniciennes en réadaptation physique ne bénéficient d'aucune reconnaissance sur le plan professionnel en dehors des frontières du Québec. Le plaidoyer en faveur du B.Sc. conclut finalement à la nécessité d'élargir les objectifs de formation initiaux (dans la discipline de base) en incluant dans le programme des cours destinés à former aussi des gestionnaires, ainsi que des futures enseignantes.

L'autre recommandation importante formulée par le comité concernait les études supérieures: on recommandait l'instauration d'un programme de maîtrise, mais on prenait soin de rappeler qu'un tel programme devait éviter de dédoubler ceux qui figuraient déjà dans les programmes des autres départements de la faculté de médecine. D'où la proposition de le limiter plutôt à la recherche appliquée: «... it is hoped the School in its research planning will not compete with existing departments but will concentrate on clinically applied and operational research in the field of rehabilitation care delivery». Une telle recommandation visait manifestement à délimiter les champs de compétence et à éviter peut-être à l'avenir une concurrence indésirable... Endossée par le recteur de l'université, cette recommandation fera, cependant, l'objet de critiques très vives de la part non seulement des physiothérapeutes, mais aussi des infirmières et même du doyen de la faculté de médecine qui y voyait un dangereux recul: «a backward step for the Schools, rather than a forward step[30]».

Tout en évitant apparemment de poursuivre le débat sur la place publique (les archives disponibles n'en portent pas en tous cas la trace), il semble que les autorités universitaires ont tenu compte des restrictions proposées puisqu'on voit apparaître, dès 1973, un «Master of science (applied) in Physical Therapy». Toutefois, en 1977 l'horizon couvert s'élargit et le diplôme de maîtrise porte désormais le titre de «Master of science (applied) in Health sciences».

Par ailleurs, en ce qui concerne les programmes du premier cycle, la décennie 1970-1980 ne présente aucun changement, contrastant ainsi avec les fréquents remous des décennies précédentes.

Quant à la structure et au personnel administratif de l'école de physiothérapie, ils se caractérisent par une stabilité qui contraste étrangement avec les mini-séismes qui secouèrent si souvent ses programmes. À la tête de l'école, depuis sa fondation, un seul personnage occupe presque tout l'espace: le docteur Fisk. Il a suscité la création de l'institution et en a également assumé la direction pendant plus de trente ans! Il est vrai qu'à ses côtés, trois femmes se sont succédé au poste d'assistante. Le rapport (évoqué plus haut) du comité nommé par la faculté de médecine laisse toutefois entendre que le Dr Fisk cumule plusieurs fonctions, pendant que le travail administratif quotidien pèse sur les épaules (*«falls upon the shoulders»*) de ses deux assistantes: Professor Helen Gault (physiothérapeute) et Professor Joyce Field (ergothérapeute). Sans aller jusqu'à proposer ouvertement un changement radical dans la structure du pouvoir administratif, le rapport de 1972 affirmait cependant qu'il serait souhaitable (*«desirable»*) d'envisager une administration séparée pour chacune des deux disciplines. Un souhait qui ne sera pas réalisé avant 1976.

Dès le milieu des années 1970, toutefois, le changement est manifeste à tous les niveaux puisque, non seulement les nouveaux postes de coordination en physiothérapie et en ergothérapie sont désormais attribués à des professeurs issus de ces disciplines, mais on les confie, de surcroît, à des femmes. Quant à la direction de l'École, elle passera en 1974, et pour la première fois, à *une* physiothérapeute.

* *
*

Mais à qui s'adressait en fait la formation en physiothérapie? Pouvait-on penser, comme l'annonçait au départ le Dr Fisk, que la clientèle étudiante allait être nombreuse? On sait tout d'abord que l'école a recruté, dès sa création et jusqu'à la fin des années 1960, une clientèle exclusivement féminine. Les chiffres les plus fiables dont on dispose au sujet de cette clientèle demeurent encore ceux que cite le rapport de 1972 de la faculté de médecine. Ce rapport montre une population étudiante en progression constante. Tout en laissant entendre que cette population se répartit à égalité entre la physiothérapie et l'ergothérapie, le rapport se contente de présenter des chiffres additionnés, sans départager les clientèles de chacune des options, pas plus d'ailleurs que celle de chacun des diplômes offerts.

On apprend ainsi que cette clientèle, dans sa totalité, est passée progressivement d'une cinquantaine d'étudiantes en 1945, à 150 en 1955 (année qui suit la création d'un programme de B.Sc.). Alors que le rythme de croissance reste plutôt stagnant jusqu'en 1964, il s'accélère à partir de cette date: entre 1964 et 1968, la clientèle passe de 160 à 300 étudiantes. Mais cette poussée de croissance s'avère de courte durée puisque, à partir de 1968, s'amorce une chute rapide qui ramènera ce chiffre à 200 en 1970. Incertitude sur l'avenir de l'institution ou aléas d'un autre ordre? Le fait est que la reprise ne s'amorce graduellement qu'à partir de 1971. De plus, il faut préciser que les chiffres disponibles concernent les deux clientèles d'ergothérapie et de physiothérapie. Tout en n'étant pas connu de façon précise, le nombre d'étudiantes inscrites au seul programme de physiothérapie représente donc une réalité plus modeste.

Après ce tour d'horizon à l'Université McGill, il reste à voir comment a évolué la formation en physiothérapie à l'Université de Montréal, la première institution francophone au Québec à offrir une spécialisation dans ce domaine.

* *
*

Il est difficile de s'expliquer pourquoi l'Université de Montréal a mis plus de dix ans avant de se décider à emboîter le pas à son homologue anglophone et à fonder sa propre école de physiothérapie. Manque de volonté politique ou manque de moyens matériels? On ne le sait pas, mais il reste que c'est seulement en 1954 qu'une école de physiothérapie y verra le jour.

Appelée au départ «École de Réhabilitation», la nouvelle institution répondait à des visées qui n'étaient plus tout à fait celles des années 1940. L'urgence ici n'était plus liée à la guerre, mais à des objectifs très fonctionnels de guérison rapide et de coûts diminués dans le secteur de la santé. Dans un document non daté (mais qu'on peut estimer rédigé en 1952 ou en 1953), la Faculté de médecine s'explique: «La réadaptation est un facteur économique important puisqu'elle contribue à libérer des lits dans les services de médecine et de chirurgie, hâte la convalescence et rend le malade apte à reprendre ses occupations en un temps minimum[31].» À côté de ces préoccupations de type utilitaire et productiviste, il y avait aussi la volonté d'offrir aux francophones un service dans leur langue. En effet, nous dit-on, «la Faculté de médecine a cru rendre service à la population de langue française... À l'heure actuelle, en effet, seulement deux [physiothérapeutes] sont d'expression française sur les six cent cinquante physiothérapistes [*sic*] et "occupational therapists" qui pratiquent au pays.»

On explique aussi, dans le même document, que la nouvelle école «administrée par la Faculté de médecine de l'Université de Montréal, sera dirigée par un médecin-physiâtre, professeur à la faculté». À l'intention de ceux qui risqueraient de contester cet encadrement, on rappelle que c'est le modèle adopté aux États-Unis par trente-deux écoles sur les cinquante approuvées par l'American Medical Association (AMA).

De 1954 à 1961, le programme est d'une durée de trois ans après l'obtention d'une 12e année (ou d'une 11e année, suivie d'une année préparatoire à la Faculté des sciences de l'Université de Montréal) et il conduit à l'obtention d'un «Diplôme». Jusqu'en 1961, celui-ci jumelle les deux programmes de physiothérapie et d'*occupational thérapy* (ergothérapie).

Sans aller jusqu'à suivre le même parcours sinueux que celui de l'école de McGill, ce profil connaîtra cependant quelques ajustements au cours des années 1960. Ainsi, entre 1962 et 1968, le programme conjoint sera scindé et chacune des deux spécialisations fera l'objet d'un diplôme séparé. Cependant, il s'agit d'une scolarité réduite puisqu'elle ne comprend désormais que deux années d'études.

Mais la modification la plus importante intervient en 1969, lorsqu'on opte pour la création de deux baccalauréats en physiothérapie et en ergothérapie d'une durée de trois ans chacun. À ce stade, le profil des études en physiothérapie devient celui des études universitaires classiques. Il faut noter, cependant, qu'à l'Université McGill cet ajustement était intervenu depuis 1966.

Était-ce, là encore, la création des cégeps qui fut l'accélérateur principal de cette hausse des exigences académiques? Ou bien cet ajustement était-il l'aboutissement d'une réflexion qui avait commencé dès le début de la décennie, alors que le vice-président de la Commission royale d'enquête sur l'enseignement (la Commission Parent) critiquait durement le porte-à-faux pratiqué par les universités qui offraient, en physiothérapie comme en diététique, un enseignement de niveau non pas universitaire, mais purement technique[32].

Comment, se défendent alors les autorités universitaires, hausser les exigences quand on fait face à une clientèle si peu préparée? Dès 1961, le directeur de l'École de réadaptation avait soulevé le problème devant le sous-comité de l'enseignement paramédical de son institution: ce sont les lacunes de la formation pré-universitaire des candidates, précise-t-il, qui constituent le principal obstacle sur la voie de l'instauration d'un baccalauréat — et donc d'un diplôme de niveau véritablement universitaire[33].

En 1963, le problème sera de nouveau discuté et l'on se butera aux mêmes obstacles[34]. À l'Université de Montréal, comme à McGill, cette question ne semble pas avoir trouvé une véritable réponse avant la création des cégeps. Est-ce parce qu'elles anticipent désormais une solution au problème de la préparation des étudiantes, mais dès 1969, les autorités universitaires donneront le feu vert à l'instauration d'un baccalauréat de trois ans en physiothérapie. C'était, pour cette discipline, l'entrée de plain-pied dans un profil universitaire classique.

D'ici là, de fait depuis le milieu des années 1960, l'incertitude de l'avenir paraît miner l'essor de l'École de réadaptation. Relogée, depuis 1964, en dehors du campus universitaire, cette dernière occupe désormais des locaux plus petits, ce qui la force à réduire le nombre des admissions. L'Université de Montréal est-elle alors en train de tourner le dos à sa propre création? Le doyen de la faculté de médecine semble le croire lorsque, évoquant l'inadéquation du cadre physique assigné à l'École, il demande au vice-recteur de trouver une solution au problème de la localisation de l'institution. Il déclare avec amertume à ce sujet: «il est grand temps que l'Université se penche sur cette question et décide vraiment de supporter l'École et d'aider à son essor où de la laisser tomber pour qu'elle s'éparpille entre les cégeps et l'Université du Québec[35]». Il est manifeste que le problème débordait de loin la relocalisation de l'école et concernait sa survie même. Là aussi, les cégeps semblent avoir été la cause de tergiversations liées à ce qu'on croyait être un avenir incertain.

À partir de 1973, l'avenir de l'École n'est plus remis en cause, mais le niveau des études est une question qui reste sur la sellette puisqu'il faut continuer à se démarquer du programme collégial. Dès le début de la décennie, l'instauration d'un programme de maîtrise en physiothérapie représentera un élément majeur de distanciation. Il reste à savoir jusqu'à quel point incertitudes et remous ont affecté le nombre de candidates qui sont venues frapper à la porte de l'institution.

Précisons tout d'abord qu'à l'Université de Montréal, le programme de physiothérapie est explicitement réservé aux femmes jusqu'en 1962 (à l'Université McGill, ce sera le cas jusqu'en 1966). On n'imaginait pas alors que la manipulation des corps malades — et le domaine des soins en général — pouvait intéresser les hommes (pourtant en Europe, il y avait belle lurette que les femmes et les hommes se côtoyaient dans cette profession et à l'Université de Montréal, lorsqu'on leur ouvrira les portes, les effectifs masculins grimperont jusqu'à 14% en 1970 et représenteront près du quart des effectifs à la fin de la décennie).

* *
*

Combien furent-elles au juste à se présenter aux portes de l'École de réadaptation? Les chiffres les plus fiables s'arrêtent au début des années 1970 et — comme à McGill — ne se différencient guère entre la physiothérapie et l'ergothérapie. Les données disponibles nous indiquent donc, encore une fois, un ordre de grandeur plutôt qu'un tableau vraiment précis. On apprend ainsi, d'après les statistiques du registraire, que l'École commence modestement avec à peine vingt-cinq étudiantes et que le chiffre total des effectifs ne dépasse pas les soixante-quinze entre 1956 et 1960 — ils oscillent entre 120 et 150 à l'Université McGill à la même époque. C'est seulement après cette date que s'amorcera une croissance — dans les deux universités d'ailleurs. C'est ainsi qu'on voit le nombre des étudiantes grimper à 130 en 1965, puis atteindre les 250 en 1968. Il est intéressant de noter que durant ces deux années, la clientèle étudiante à McGill connaît, elle aussi, une forte poussée de croissance. C'était juste avant l'incertitude créée par la concurrence appréhendée des cégeps… Il reste qu'au total, l'enseignement de la physiothérapie, tant dans la communauté francophone que dans la communauté anglophone, n'attire manifestement qu'une clientèle restreinte.

Quant à la direction de l'École de réadaptation, sa composition reflète, comme à McGill d'ailleurs, l'étendue du contrôle exercé sur elle par la faculté de médecine. Ainsi, si l'on se rapporte aux annuaires de l'École, les physiothérapeutes et les ergothérapeutes — toutes des femmes jusqu'au début des années 1970 — sont absentes de la direction administrative de l'institution. Même dans le comité pédagogique, leur nombre ne dépasse pas un modeste 14% du corps professoral. À ce niveau, le rapport de pouvoir entre les professions se double d'un rapport équivalent entre les sexes. Il faudra attendre le milieu des années 1970 pour voir, comme d'ailleurs à McGill à la même époque, s'amorcer graduellement un meilleur partage du pouvoir aussi bien entre professionnels qu'entre hommes et femmes.

Le savoir dans le domaine de la physiothérapie

Les programmes qui se sont succédé à l'École de physiothérapie de l'Université McGill n'offrent pas la même transparence au cours des ans. Là aussi, comme pour la diététique, les responsables des annuaires (*calendars*) ont suivi des normes très variables selon les années, ce qui rend impossible une analyse suivie sur de longues périodes. Il faut préciser également qu'après 1970 — et parfois même une ou deux années avant — la présence d'un grand nombre de cours optionnels dans la majorité des programmes universitaires introduit trop d'inconnues pour ne pas inviter à une grande prudence dans l'analyse et surtout dans les conclusions. Ainsi à McGill, après 1968, les descriptifs des cours indiquent un nombre total d'heures, mais sans différencier désormais entre la théorie et la pratique (les laboratoires). Quant aux cours optionnels, nous saurons seulement qu'ils seront choisis dans l'annuaire des «*arts and science*». Toutefois, on apprend qu'en 1971 et en 1972 le programme de physiothérapie comprend deux cours de sciences parmi ces cours optionnels et que de 1973 à 1979, il en compte six. Il s'agit là, cependant, d'informations parcellaires qui débouchent sur une vision d'ensemble assez floue.

En nous limitant, dans un premier temps, à la période comprise entre 1954 et 1968, nous parvenons toutefois à dresser un tableau plus significatif de l'importance des différentes catégories de savoir dans le programme du diplôme en physiothérapie. Ainsi, le rapport entre *le savoir théorique* et les *connaissances pratiques* s'avère assez constant au fil de ces années. On constate que la partie du programme liée à *l'apprentissage pratique* occupe toujours un nombre d'heures plus important que celui consacré à la théorie.

TABLEAU 9

Importance de la formation pratique en physiothérapie à l'Université McGill dans les différentes catégories de savoir, 1954-1968[1]

ANNÉE	SAVOIR MÉDICAL ET SCIENTIFIQUE		SAVOIR SPÉCIALISÉ		STAGES	
	Total des heures de cours[2]	Formation pratique[3] %	Total des heures de cours[2]	Formation pratique[3] %	Total des heures de cours[2]	Formation pratique[3] %
1954	660	41	1064	58	458	100
1955	660	41	974	63	458	100
1956	510	41	1076	57	458	100
1957	540	39	1046	62	458	100
1958	540	39	1046	62	458	100
1959	540	39	1046	62	572	100
1960	540	39	1046	62	572	100
1961	540	39	1046	62	572	100
1962	510	41	990	63	676	100
1963	510	41	1100	52	676	100
1964	510	41	1100	52	676	100
1965	510	41	1100	52	676	100
1966	480	47	955	53	1028	100
1967	480	47	985	55	1028	100
1968	480	47	985	55	1028	100

1 Les données concernant le rapport théorie/pratique ne sont pas disponibles pour la période antérieure à 1954, de même que de 1968 à 1970.

2 Ce chiffre représente le nombre d'heures de cours que totalise l'ensemble du programme dans chaque catégorie de savoir.

3 Ce chiffre correspond au pourcentage du nombre d'heures de cours pratiques sur le total des heures de cours.

Source: *McGill Calendars*, 1945-1970.

Elle représente généralement entre 55 et 63% de la totalité des heures de cours. L'importance de la pratique est particulièrement signifiante à l'intérieur des cours spécialisés dont elle illustre l'orientation pragmatique (Tableau 9).

Quant aux *stages*, partie intégrante de *l'apprentissage pratique*, ils constituent une catégorie dont le nombre d'heures connaît une progression constante depuis 1954. Ce phénomène est plus frappant encore à partir de 1966 lorsque le nombre d'heures allouées aux stages passe de 676 à 1028, doublant presque en l'espace d'un an. Prolonger ainsi la durée des programmes devient une opération relativement aisée… Cette malléabilité remarquable du savoir pratique, et des stages en particulier, semble en avoir fait un instrument privilégié au service d'une volonté (politique) manifeste d'allonger la durée des études. C'était une opération indispensable pour faire accéder, en 1966, le programme du diplôme à la dignité académique d'un baccalauréat. De 1970 à 1979, la durée des stages reviendra néanmoins à ce qu'elle fut au milieu des années 1960, soit une moyenne de 600 heures par année.

En ce qui a trait au *savoir scientifique et médical*, il diminue progressivement au cours des années 1960, passant de 30% à 17% du programme, pendant que le *savoir spécialisé* oscille entre 35% et 50% (Tableau 10). Au cours de cette période se dessine ainsi le profil d'une formation très spécialisée et axée avant tout sur l'apprentissage pratique (les stages). À partir de la fin des années 1960, les sciences occuperont une place importante dans le programme de physiothérapie de McGill: un peu plus de 90% de la totalité des heures de cours. Il est à noter toutefois que les descriptifs ne permettent plus, après 1968, de dissocier comme auparavant les connaissances scientifiques générales des connaissances spécialisées (ces dernières constituées, rappelons-le, d'un corpus scientifique appliqué au savoir physiothérapeutique). C'est ce qui explique, après 1970, le pourcentage très élevé attribué au savoir scientifique dans l'analyse des programmes.

Enfin, la dernière caractéristique du programme de physiothérapie à McGill est la quasi-inexistence de *la culture générale*. Celle-ci disparaît du cursus dès 1946 et n'y reparaît, de façon bien modeste d'ailleurs, que dix ans plus tard. Ainsi, entre 1956 et 1966, ce type de connaissance n'accaparera jamais plus de 4% de la totalité des heures de cours (Tableau 10), un pourcentage qui variera très peu jusqu'à la fin des années 1970.

La mesure du rapport entre la théorie et la pratique dans le programme de physiothérapie de l'Université de Montréal n'est malheureusement possible qu'entre 1971 et 1974, seule période au cours de laquelle cette information est disponible. Au cours de ces quatre ans, le programme du baccalauréat comporte encore un pourcentage élevé d'*enseignement pratique*, soit de 62% à 68% de la formation, alors que les *cours théoriques* ne représentent qu'entre 38% et 32% du programme.

En ce qui concerne les *stages*, qui occupaient entre 200 et 260 heures par année avant 1970, ils feront plus que doubler après cette date, oscillant entre 450 et 680 heures par année de 1970 à 1978. À l'École de physiothérapie de l'Université McGill, ces derniers chiffres sont ceux qui prévalaient déjà depuis le milieu des années 1950 jusqu'au milieu des années 1960 (Tableau 9); et de façon assez étrange, on les a vu doubler à McGill également entre 1966 et 1968[36]. Dans les deux universités, on fait donc face à un enseignement où le savoir pratique occupe une proportion croissante dans

TABLEAU 10

Poids relatif des différentes catégories de savoir dans la formation en physiothérapie à l'Université McGill, 1945-1968

Année	Savoir médical et scientifique (%)	Savoir spécialisé (%)	Culture générale (%)	Stages (%)
1945	28	45	3	24
1946	30	46	0	24
1947	27	32	0	41
1948	27	32	0	41
1949	31	35	0	34
1950	31	35	0	34
1951	23	44	0	33
1952	22	42	0	36
1953	21	46	0	33
1954	30	49	0	21
1955	31	47	0	22
1956	24	50	4	22
1957	25	49	4	22
1958	25	49	4	22
1959	24	47	4	25
1960	24	47	4	25
1961	24	47	4	25
1962	23	44	4	29
1963	21	47	4	28
1964	21	47	4	28
1965	21	47	4	28
1966	17	34	13	36
1967	17	34	13	36
1968	17	34	13	36

Source: *McGill Calendars*, 1940-1970.

l'apprentissage, sans que l'on puisse vraiment affirmer à quels types de directives cette orientation obéissait.

Quant au *savoir scientifique* dans le programme du diplôme en physiothérapie de l'Université de Montréal, il ira également en s'accroissant jusqu'en 1969, passant ainsi de 53 à 70% du nombre total d'heures de cours (Tableau 11). Mais cette croissance stagne ensuite jusqu'en 1974. Sans nous renseigner, après cette date, sur le nombre d'heures correspondant à chaque cours, les annuaires de l'École indiquent toutefois une augmentation notoire du chiffre total des cours de sciences, qui passe de 19 à 25 cours entre 1974 et 1979. Il y a donc là une volonté manifeste des responsables du cursus d'intensifier le contenu scientifique du programme (qui, après tout, avait accédé au rang de baccalauréat depuis 1969).

TABLEAU 11

Rapport entre les types de cours en réadaptation de l'Université de Montréal, 1957 à 1969[1]

Année	Cours de culture générale	Cours de sciences	Cours techniques	Stages	Nbre d'heures total de cours par année
1957	3%[2]	53%	16%	28%	
	(32)[3]	(500)	(150)	(260)	(941)
1958	3%	56%	17%	24%	
	(32)	(510)	(152)	(216)	(910)
1959	3%	56%	17%	24%	
	(32)	(510)	(152)	(216)	(910)
1960	3%	56%	17%	24%	
	(32)	(510)	(152)	(216)	(910)
1961	3%	59%	14%	23%	
	(32)	(527)	(130)	(208)	(893)
1962	6%	44%	2%	26%	
	(62)	(437)	(22)	(261)	(1001)
1963	6%	44%	2%	26%	
	(62)	(437)	(22)	(261)	(1001)
1964	6%	44%	2%	26%	
	(62)	(437)	(22)	(261)	(1001)
1965	6%	44%	2%	26%	
	(62)	(437)	(22)	(261)	(1001)
1966	7%	57%	0,6%	35%	
	(60)	(474)	(5)	(293)	(832)
1967	6%	57%	0,6%	35%	
	(50)	(474)	(5)	(285)	(814)
1968	7%	57%	0,6%	35%	
	(60)	(484)	(5)	(300)	(849)
1969	7%	70%	—	23%	
	(75)	(700)		(226)	(100[1])

1 Les Annuaires de l'École de Réadaptation ne sont pas disponibles entre 1954 (date de la fondation) et 1956.

2 Pourcentage du nombre d'heures total par année.

3 Nombre d'heures moyen par année.

Source: *Annuaires de l'École de Réadaptation de l'Université de Montréal.*

Au cours des années 1970, l'École de McGill consacre également, ou l'a vu, près de 90% de son programme à des cours de sciences, mais ce pourcentage représente seulement 1300 heures en moyenne d'enseignement par an, alors qu'à l'Université de Montréal, ce chiffre atteint une moyenne de 2000 heures par an. Il semble donc y avoir, à cet égard, une volonté de rattrapage plus grande encore dans l'institution francophone que chez son homologue anglophone.

Quant à la *culture générale*, du côté francophone on s'en soucie manifestement un peu plus à partir du début des années 1960 (Tableau 11). Il s'agit surtout de cours en sciences humaines (psychologie et sociologie) qui occupent en moyenne 7% des heures du programme. Un pourcentage qui ne varie pas tellement entre 1970 et 1974 mais qui, en termes d'heures de cours, représente une hausse notoire par rapport à la décennie précédente puisqu'on passe d'une moyenne de 65 heures à une moyenne de 200 heures par an. Il faut noter que les cours d'administration jouent un rôle important dans cette hausse.

À l'Université McGill, on ne semble pas aussi soucieux d'ouvrir le programme de physiothérapie à une culture diversifiée et, même si le pourcentage occupé par cette catégorie de cours s'apparente à celui de l'Université de Montréal, le nombre d'heures qu'on lui réserve ne dépasse pas en moyenne une centaine par an. Encore une fois, on est face à des approches philosophiques (culturelles?) différentes. Regardons maintenant si cette différence entre les orientations des programmes se retrouve également dans la composition du corps enseignant des deux institutions francophone et anglophone.

Le corps enseignant en physiothérapie

Tout d'abord combien dénombre-t-on de physiothérapeutes et de professeures féminins (les deux catégories se rejoignent en grande partie jusqu'en 1968) à enseigner à l'École de physiothérapie de McGill? Et surtout quel statut leur réserve l'institution? Entre 1945 et 1970, on constate que la proportion de femmes professeures atteint en moyenne 47% de l'ensemble des effectifs enseignants (Tableau 12).

Alors que jusqu'au début des années 1950, seulement le tiers du personnel enseignant féminin possédait une formation en physiothérapie, cette proportion oscillera, à partir de 1954, entre 83 et 100%. Cette transformation coïncide par ailleurs avec le moment où le programme acquiert une certaine stabilité et prend une forme plus définitive. Celles qui, parmi les professeures féminins, n'ont pas été formées en physiothérapie proviennent

TABLEAU 12

Répartition du corps enseignant féminin et masculin selon l'appartenance disciplinaire et le statut. École de physiothérapie de l'Université McGill, 1945-1970

Sexe	DISCIPLINE Diététique (%)	Médecine (%)	Autre (%)	STATUT Ext.[1] (%)	Prof.[2] (%)	Associ.[3] (%)	Assist.[4] (%)	Lect.[5] (%)	Démons.[6] %	?[7] (%)
F (100%)	70	0	30	24	0	0	13	41	11	11
H (100%)	0	61	39	80	0	6	0	9	4	1

1 EXT.: désigne les professeurs extérieurs à l'École, c'est-à-dire ceux qui ne font pas partie du personnel régulier et qui sont, le plus souvent, attachés à d'autres facultés ou écoles de l'Université. Les sources ne nous permettent cependant pas de connaître leur statut à l'intérieur de la faculté ou de l'école à laquelle ils sont rattachés, lorsque c'est le cas.
2 PROF.: désigne les professeurs réguliers de l'École ayant le statut de professeur titulaire (*full professor*).
3 ASSOCIA.: désigne les professeurs réguliers ayant le statut de professeur agrégé (*associate professor*).
4 ASSIST.: désigne les professeurs réguliers ayant le statut de professeur adjoint (*assistant professor*).
5 LECT.: *lecturer* correspond au statut de chargé de cours.
6 DÉMONS.: *demonstrator* correspond au statut de démonstrateur.
7 ?: informations manquantes.

Source: *McGill Calendars*, 1940-1970.

d'horizons disciplinaires variés tels que le nursing, les sciences ou encore l'éducation physique. Aucune, cependant, n'est médecin.

Le *corps professoral masculin* ne compte, quant à lui, aucun physiothérapeute (cela n'est pas une anomalie dans la mesure où jusqu'au milieu des années 1960, cette formation n'est offerte qu'aux femmes). C'est dire que la transmission des connaissances directement liées à la profession n'est pas de son ressort. Par contre, les médecins constituent la majorité des effectifs enseignants masculins, le reste du corps professoral masculin originant des sciences pures ou d'autres secteurs des sciences de la santé. La transmission du savoir médical et scientifique en physiothérapie se présente donc comme un fief masculin, contrôlé en particulier par un groupe d'hommes médecins.

En ce qui concerne le *statut* comparé des professeurs masculins et féminins, on se rend compte que la majorité des femmes fait partie du personnel régulier de l'institution, alors que la plupart du corps professoral masculin est rattaché à d'autres facultés ou institutions. Ainsi, l'encadrement des étudiantes et le suivi de l'apprentissage incombent plutôt aux femmes. Elles n'en tirent pas au départ un bénéfice particulier au plan du statut puisque, de 1945 à 1970, entre 50 et 80% d'entre elles se situent au bas de l'échelle hiérarchique et donc salariale[37]. Quant aux professeurs masculins, leur affiliation à des institutions extérieures à l'école de physiothérapie ne permet pas de retracer avec assez de précision leur situation dans l'échelle hiérarchique. Il est permis toutefois de supposer qu'en tant que professeurs prêtés par les autres facultés, leur situation est mieux assise et dépasse celle de simples chargés de cours (*lecturers*).

À partir de 1970, les annuaires ne rapportent plus que des informations relatives au personnel régulier de l'École enseignant au programme du baccalauréat en sciences, option «physiothérapie» (B.Sc. P.T.). Dans ce programme, et tout au long des années 1970, le contraste est frappant avec la situation qui prévalait au cours de la décennie précédente. Entre 1970 et 1973, on ne retrouve qu'un seul professeur masculin au sein du corps enseignant régulier (il s'agit d'un médecin); après cette date, les professeures occupent tout l'espace. Ce sont, dans l'ensemble, des physiothérapeutes et des ergothérapeutes. La moitié d'entre elles (51%) sont des *assistant professor*; il s'agit là d'une amélioration manifeste du statut antérieur des enseignantes. Et même si on retrouve encore parmi elles une minorité importante de *lecturers* (33%), on commence à dénombrer 8% de *associate professors*.

* *
*

Les choses semblent évoluer moins vite à cet égard à l'Université de Montréal. Entre 1958 et 1970, les enseignantes ne représentent en moyenne que 29% des effectifs professoraux (Tableau 13). Il s'agit d'une situation plus défavorable qu'à McGill où elles sont 47% en moyenne jusqu'en 1970. Cette situation est d'autant plus étrange que la clientèle étudiante de l'école est, à cette période, presque entièrement féminine. Les trois quarts de ces femmes professeures enseignent la physiothérapie, et même si on ne possède aucune indication précise sur leur rang dans la hiérarchie, on retrouve la grande majorité d'entre elles (88%) dans la catégorie des professeurs réguliers, soit la catégorie sur laquelle reposent l'encadrement des étudiantes et la bonne marche académique de l'institution.

À partir de 1970 s'amorce toutefois à l'École de réadaptation de l'Université de Montréal ce qu'on pourrait identifier comme une mini-révolution dans la composition du corps professoral. Les femmes constitueront désormais 72% en moyenne de ce corps enseignant, et même 80% à la fin de la décennie, un pourcentage qui se compare alors à celui qui prévaut à l'Université McGill à la même période. Si, jusqu'en 1973, la majorité de ces professeures sont des chargées d'enseignement, en 1979 on les retrouve plutôt majoritaires dans la catégorie des «professeurs-collaborateurs» (*assistant*

TABLEAU 13
Composition du corps enseignant à l'École de réadaptation de l'Université de Montréal, 1961-1970

RAPPORT FEMMES/HOMMES	EN RÉADAPTATION	
	F	H
Dans l'ensemble du corps enseignant	29%	71%
Dans la catégorie des professeurs réguliers	88%	12%
Dans la catégorie des professeurs collaborateurs (affiliés à d'autres facultés)	18%	82%

Source: *Annuaires de l'École de réadaptation.*

professor). Quant aux médecins, alors qu'ils représentaient presque trois quarts du corps enseignant jusqu'en 1970, leur pourcentage est ramené à 20% après cette date et on ne retrouve plus aucun d'entre eux dans le personnel enseignant de l'école entre 1976 et 1980. Là aussi les changements s'avèrent étonnamment rapides.

Parties d'aussi loin que leurs collègues de McGill, les professeures de l'école de Montréal atteignent donc d'un seul coup, et dépassent même, le statut académique de leurs homologues anglophones. Un phénomène auquel il semble difficile d'attribuer une cause certaine. Cela traduisait-il une volonté soudaine des autorités de l'Université de Montréal de réajuster le tir et de rectifier des inégalités flagrantes? Était-ce un élargissement soudainement très rapide du besoin de professeures diplômées? Même en l'absence actuelle de réponses sûres, la question mérite du moins d'être posée.

UNE PERSPECTIVE COMPARÉE DE LA DIÉTÉTIQUE ET DE LA PHYSIOTHÉRAPIE

Au fil de leurs existences relativement récentes, on a pu voir évoluer deux formations professionnelles dans deux milieux universitaires et culturels différents. Plus d'un trait commun transcende pourtant les différences qui les séparent.

Tout d'abord, que ce soit en diététique ou en physiothérapie, les programmes universitaires, du moins jusqu'en 1970, se sont adressés presque exclusivement à des filles. Ces dernières entraient alors à l'université à une époque où les femmes n'y étaient pas vraiment encore les bienvenues. Rien d'étonnant donc de les voir y pénétrer par la petite porte. D'ailleurs, pour réussir à franchir ce seuil, la diététique autant que la physiothérapie devront recourir aux parrainages de facultés influentes (agriculture ou médecine). Il s'agissait, dans les deux cas, de parrainages indispensables mais aussi, à certains égards, redoutables. On a vu que le pouvoir administratif dans les quatre écoles concernées s'est longtemps ressenti de cette sorte de tutelle et qu'il en fut de même de la composition et du statut du corps enseignant.

Pour les programmes de diététique, comme pour ceux de physiothérapie, le cheminement qui les conduisit d'un modeste diplôme à un baccalauréat et même, bien plus tard, à une maîtrise, a été long et sinueux. Parfois aussi, surtout pour la physiothérapie à l'Université de Montréal, le chemin était semé d'embûches. Et chaque fois, les principales intéressées, absentes des rouages universitaires — c'est-à-dire des lieux de pouvoir — ne pouvaient participer pleinement à plusieurs débats qui les concernaient pourtant en premier lieu. Représentées auprès des hautes instances universitaires tantôt par une faculté d'agriculture, tantôt par une faculté de médecine, elles devaient attendre sagement dans les antichambres du pouvoir le résultat de délibérations qui décideraient cependant de leur sort.

Les autres traits communs qui caractérisent l'évolution de la diététique et de la physiothérapie sont l'augmentation constante du contenu scientifique de leurs programmes, ainsi que la hausse graduelle du niveau de diplômes offerts. Rappelons-nous que l'on partait le plus souvent d'un «diplôme maison», pour aboutir assez vite à l'instauration d'un baccalauréat, puis même d'une maîtrise (aujourd'hui il existe un doctorat en physiothérapie à l'Université McGill et un autre en diététique-nutrition à l'Université de Montréal). Dans cette progression constante, il ne faut pas voir uniquement une option délibérée des institutions académiques concernées en faveur du progrès et de la modernité. Il s'agissait également de ce que l'on pourrait identifier comme de véritables stratégies de survie, stratégies dans lesquelles les associations professionnelles de diététique et de physiothérapie ont eu un rôle crucial à jouer. En fait, pour la diététique, comme pour la physiothérapie, le défi était le même: il fallait rectifier constamment le tir pour répondre aux exigences d'un véritable profil universitaire, ceci pendant que, à l'amont, la préparation des filles en sciences était faible avant les années 1970 et que les programmes de sciences qui leur étaient accessibles au niveau secondaire étaient encore peu nombreux. Même le fameux cours lettres-sciences offert par certains couvents, ou encore le cours primaire supérieur mis sur pied par le secteur public dans les années 1940, présentaient un contenu scientifique que plusieurs facultés de sciences estimaient insuffisant. Sans compter que très peu de filles étaient encouragées à s'aventurer jusque-là. Comment dans ces conditions aller chercher un bassin de candidates adéquat en quantité et en qualité? Comment également recruter des professeures suffisamment préparées dans la discipline qu'elles devaient enseigner? Pour les écoles de diététique aussi bien que pour celles de physiothérapie, cela dut être, à cette époque, la quadrature du cercle.

Mais, cependant, les difficultés de parcours à ce niveau paraissent avoir été moins grandes pour la diététique que pour la physiothérapie. Surtout dans le milieu anglophone où la diététique n'était pas encombrée, comme son homologue francophone, d'un cousinage suspect avec les écoles ménagères et les instituts familiaux. Très tôt orientées vers le marché du travail, les «home economics» arboraient, en effet, une aura professionnelle à laquelle ne pouvaient prétendre les «sciences domestiques», longtemps associées, quant à elles, à un discours orienté vers la famille.

Ainsi, on voit que, du moins jusqu'au début des années 1970, le statut de la diététique à l'université reste plus enviable que celui de la physiothérapie. On lui reconnait d'emblée un peu plus d'autonomie que sa voisine au niveau de la gestion et de la composition de son corps enseignant. Son corpus de savoir présente aussi un contenu de cours théoriques et de savoir médical plus diversifié et elle accède plus tôt — dès sa création en fait — au niveau du baccalauréat; même si elle constitue pour commencer, une spécialisation ou un appendice au baccalauréat en sciences (B.Sc.).

À quoi attribuer cette bonne fortune? On serait tenté de l'expliquer, du moins en partie, par la plus grande distance qui sépare la diététique de l'institution médicale. Voilà un domaine de connaissances qui s'inscrivait traditionnellement dans un univers de savoir féminin — celui de la nutrition — mais qui, surtout, s'est traditionnellement développé à côté de la médecine officielle et non pas nécessairement sous sa protection tutélaire. Après tout, ce n'est que vers la fin du siècle dernier que les mères nourricières ont commencé à être un objet de sollicitude — et de surveillance aussi — de la part de la médecine.

L'assimilation de la diététique à une pratique — on pourrait même dire à une culture — féminine lui aurait-elle donc valu une certaine autonomie, et partant, une légitimité plus vite assurée dans le monde universitaire? On serait tenté de le croire. Pendant ce temps, la physiothérapie ne pénétrait dans cette vénérable enceinte que sous la tutelle (obligée) du savoir médical, qui était, de surcroît, un savoir masculin. Cependant, qu'il s'agisse du rapport entre savoirs et pouvoirs, ou de rapports sociaux de sexe, autant les diététistes que les physiothérapeutes se retrouvaient sur un échiquier socio-professionnel où elles ne contrôlaient pas toujours les pions. Il faut souligner toutefois que, grâce aux efforts considérables déployés par leurs associations professionnelles respectives, elles sont parvenues (comme nous le verrons plus loin) à éviter d'être perdantes dans des parties où se jouait non seulement l'avenir de leur formation universitaire, mais la légitimité même de leur savoir[38]. Et à cet égard, leur conscientisation à l'endroit de leur droit d'accès à la science constitue une autre forme de ces multiples traits communs qui lient les deux professions.

5

La formation professionnelle des diététistes et des physiothérapeutes en Ontario

Après avoir étudié l'émergence et l'évolution de la formation professionnelle en diététique et en physiothérapie au Québec, nous retracerons maintenant le développement de cette formation en ce qui concerne l'Ontario. À la lumière des sources consultées, nous examinerons principalement l'évolution des programmes en diététique et en physiothérapie, tout en considérant les politiques qui les orientent et les institutions qui les dispensent.

La formation en diététique

En Ontario, la formation en diététique trouve son origine dans l'introduction des sciences domestiques (*Household Science*) à l'Université de Toronto au début du XXe siècle. Une figure centrale, Mme Lillian Massey Treble, est associée étroitement à ces débuts. Membre de l'influente famille Massey de Toronto, Lillian Massey Treble poursuit plusieurs activités à caractère philanthropique et s'implique dans différentes associations de charité et de réforme sociale. Préoccupée par les conditions de vie prévalant dans les quartiers défavorisés de la ville, elle souhaite améliorer l'alimentation des familles à faibles revenus. En 1896, elle organise à cette fin des cours de cuisine à la Mission Fred Victor de Toronto. Le manque d'enseignantes compétentes dans le domaine l'amène à établir en 1901 un cours de formation de deux ans en sciences domestiques, avec l'appui financier du

Département d'Éducation qui décerne également un certificat en enseignement. Fait significatif, un cours spécifique en diététique y figurait déjà[1]. L'Université de Toronto manifeste rapidement un intérêt pour ce qui devient alors la «Lillian Massey School of Household Science»; en 1902, elle crée un précédent au Canada en introduisant un programme de quatre ans qui débouche sur l'obtention d'un baccalauréat en sciences domestiques. L'année 1906 représente un autre moment clef dans l'histoire des sciences domestiques au Canada: appuyé par le Département d'Éducation, le «Sénat» de l'Université de Toronto décide d'établir une Faculté des Sciences domestiques. La «Lillian Massey School» est alors rattachée à la nouvelle Faculté et son corps enseignant est transféré à l'Université de Toronto. La même année, Lillian Massey offre de financer la construction d'un édifice qui abritera la Faculté des Sciences domestiques. En 1913, le «Lillian Massey Household Science Building» ouvre officiellement ses portes; des milliers d'étudiantes le fréquenteront au cours des six décennies suivantes, avant que la Faculté ne soit démembrée au début des années 1970 et que ses fonctions et son personnel ne soient répartis entre la Faculté de Médecine et la Faculté des arts et sciences.

Il n'y a pas lieu de retracer ici pas à pas les nombreux changements, souvent aussi éphémères que complexes, apportés au programme de sciences domestiques de l'Université de Toronto avant le démembrement de la Faculté des sciences domestiques. Des tendances générales se dégagent toutefois, qui permettent de mieux saisir les origines et le développement de la diététique en Ontario. Dans un premier temps, les fondateurs et fondatrices du programme ont le souci de dispenser un enseignement de calibre universitaire et non un simple cours de formation professionnelle. À leurs yeux, cela signifiait associer la formation en sciences domestiques à une formation générale en arts et sciences et élever le programme au niveau d'*Honours* de la Faculté des arts. Cette politique est défendue avec force par Annie Lewisa Laird, ancienne directrice de la «Lillian Massey School», responsable du programme des sciences domestiques de l'Université de Toronto et «directrice» de la Faculté jusqu'à 1936[2]. Il n'est pas question pour les universités, déclare-t-elle peu de temps après son entrée en fonction, de se transformer en «écoles de cuisine[3]». L'année de son départ, Laird soutient toujours: «a course planned for young women should be broad and give a so-called liberal education, and not be too specialized if it is to prepare young women to take their place in the world[4]».

Cette orientation imprimée aux sciences domestiques explique la relation étroite et continue qui existe entre la Faculté des Sciences domestiques et la Faculté des arts et sciences jusque dans les années 1960. En fait, dès 1906, l'Université de Toronto décide d'élargir le programme en y incluant le latin et les mathématiques, puis de suspendre le baccalauréat en sciences domestiques afin de le remplacer par un baccalauréat ès arts (sciences domestiques). Le programme devient alors, à toutes fins pratiques, un programme *honours* (spécialisé) de la Faculté des Arts. Le baccalauréat ès arts en sciences domestiques sera le seul type de diplôme offert par l'Université jusqu'au milieu des années vingt. En 1915-1916, on établit aussi un programme général qui intègre à celui du baccalauréat ès art une formation étendue en sciences et en sciences domestiques[5]. Enfin, l'ancien baccalauréat en sciences domestiques est rétabli en 1924; comme par le passé, son administration est assurée par la Faculté des sciences domestiques.

Une autre caractéristique importante du programme instauré à l'Université de Toronto est qu'il a initialement pour objectif non seulement de former de bonnes maîtresses de maison, mais aussi de préparer des enseignantes compétentes pour le système scolaire public. Ce qui explique les rapports étroits qu'entretient le Département provincial d'Éducation avec la Faculté des sciences domestiques. L'un des objectifs du baccalauréat ès arts en sciences domestiques introduit en 1906 était ainsi d'ouvrir aux diplômées les portes de la Faculté d'Éducation de l'Université de Toronto. Au cours des décennies suivantes, la Faculté des sciences domestiques s'efforcera à son tour d'adapter son programme aux exigences du Département provincial d'Éducation. En 1911, ce dernier inaugurera pour sa part un cours d'un an pour celles voulant se spécialiser dans l'enseignement des sciences domestiques.

Pendant ce temps, la diététique demeure une composante essentielle des programmes en sciences domestiques offerts par l'Université de Toronto; elle s'y taille une place de plus en plus importante alors que la profession s'organise au début du siècle. Comme le souligne Annie Laird, la Première Guerre mondiale a eu, à cet égard, un effet catalyseur[6]. En effet, le gouvernement fédéral et l'Armée canadienne reconnaissent alors l'importance des services alimentaires dans l'organisation des soins aux soldats blessés ou malades. L'Université de Toronto est désormais appelée à participer à la mise en place de ces services. En 1917, elle accepte de «prêter» au Gouvernement canadien la diététiste Violet M. Ryley, une diplômée de l'École Lillian Massey qui occupe le poste de surintendante de la salle à dîner de l'Université. Mademoiselle Ryley se voit confier la tâche de mettre sur pied les départements de diététique dans les hôpitaux militaires canadiens. Elle s'adjoint des assistantes, dont un grand nombre sont recrutées auprès des finissantes en sciences domestiques. C'est ainsi que plus de 25 hôpitaux militaires ont des diététistes à leur emploi en mars 1918[7]. La demande pour des diététistes est telle que l'Université de Toronto organise en plus un cours spécial d'un an en diététique, auquel sont admises des étudiantes de niveau universitaire ayant suivi au moins une année de cours en sciences domestiques.

La période de l'après-guerre, nous l'avons vu dans un chapitre antérieur, est témoin de l'organisation et de l'expansion de la profession de diététiste au Canada. Elle favorise également le développement des programmes à l'Université de Toronto. La Faculté des sciences domestiques de l'Université de Toronto admet des étudiantes à la maîtrise dès 1920. D'autre part, une proportion croissante de la clientèle de 1er cycle inscrite à la Faculté provient d'autres institutions post-secondaires; ces étudiantes viennent en effet y compléter leur formation dans l'espoir de décrocher un baccalauréat. Le groupe le plus important sont les finissantes du cours de deux ans offert par le Macdonald Institute de Guelph, affilié à l'Université de Toronto[8]. Admises à partir de 1928, les étudiantes de Guelph vont en fait fournir bientôt à la Faculté la majorité de sa clientèle; la plupart des jeunes filles en provenance des écoles secondaires préfèrent en effet s'inscrire aux cours offerts par la Faculté des Arts, où les critères d'admission sont les mêmes et où elles peuvent bénéficier, en plus, du programme de résidence et des nombreux autres services et activités offerts par la Faculté[9].

Enfin, la Faculté des sciences domestiques connaît un changement structurel important au début des années 1920. Elle se scinde alors en deux départements: sciences domestiques et chimie alimentaire. Il s'agit d'un début de spécialisation visant à imprimer un caractère plus scientifique à la formation dispensée aux étudiantes. Cette nouvelle orientation s'accentue lorsque l'Université de Toronto approuve, dix ans plus tard, la création d'un cours *honours* en chimie alimentaire à la Faculté des Arts. L'établissement d'un doctorat en chimie alimentaire à la Faculté des sciences domestiques en 1950 viendra couronner ce cheminement. Il témoigne également de la popularité croissante de la chimie alimentaire auprès de la clientèle étudiante, en particulier auprès des hommes qui s'inscrivent de plus en plus nombreux aux différents programmes offerts à l'Université de Toronto. C'est surtout le cas après la Deuxième Guerre mondiale, alors que de rapides progrès technologiques entraînent le développement du secteur de l'industrie alimentaire[10].

De plus, après la guerre, les changements technologiques et scientifiques, combinés à l'industrialisation, à l'urbanisation et à une forte croissance démographique, contribuent à maintenir une demande élevée pour des diététistes diplômées. Ce contexte favorable mène à l'établissement de nouveaux programmes universitaires en Ontario. À Guelph, un programme de baccalauréat de quatre ans est introduit en 1948 au Macdonald Institute qui, jusque-là, devait envoyer ses étudiantes terminer leurs études à l'Université de Toronto. Au début des années 1960, l'Université d'Ottawa et la «University of Western Ontario» (London) introduisent un programme similaire. Par ailleurs, l'ensemble des programmes universitaires s'enrichissent de nouveaux cours qui visent à une meilleure compréhension de la société «moderne»: textiles, design, consommation, habitation et relations familiales[11].

Or la nature et les objectifs de ces programmes font l'objet d'une sérieuse remise en question à la fin des années 1960. La profession elle-même participe à ce mouvement. Les discussions qui se déroulent dans le cadre du Congrès sur l'Éducation organisé par l'ACD en 1966 à Winnipeg pour discuter de la formation des diététistes sont révélatrices des attentes du milieu professionnel à l'endroit des programmes universitaires. On y rappelle qu'à l'exception du programme à l'Université de Montréal, la formation en diététique est dispensée partout au Canada au sein des Facultés des sciences domestiques. Un véritable consensus existe sur l'importance fondamentale de la nutrition et de l'alimentation («*foods and nutrition*») dans la formation des diététistes; on s'entend aussi pour reconnaître que l'administration et la diététique thérapeutique constituent les deux principaux secteurs de la profession. Quant au rôle des sciences domestiques dans la formation des diététistes, il fait l'objet de nombreuses discussions. Une directrice de programme, qui n'est pas identifiée, presse l'Association canadienne de diététique (ACD) de déclarer officiellement que: «Home economics as the basic university course is holding back dietetics.» Une autre participante demande que l'on se penche sur l'impact que peut avoir le nom des facultés existantes et du diplôme qu'elles décernent sur le recrutement, la formation et l'«image» de la profession. Une conférence prononcée par Helen R. Neilson, directrice de l'École des sciences domestiques du MacDonald College à Montréal, résume bien les principaux points de vue exprimés durant la rencontre. Neilson déclare que les universités doivent réviser leurs programmes en sciences domestiques dans le sens d'une plus grande spécialisation, en raison de la prolifération rapide des savoirs. Elle invoque la nécessité de former des hommes autant que des femmes dans le domaine de l'administration. Or, cela signifie peut-être changer le nom des programmes, surtout dans le but de recruter des étudiants. En réponse à ces différents propos, le Comité d'éducation de l'ACD décide de recommander aux universités de nouveaux standards permettant aux étudiantes du 1er cycle de faire une spécialisation en administration des services alimentaires et en diététique thérapeutique[12].

Des discussions sur la pertinence d'une formation en sciences domestiques se déroulent également à cette époque dans le milieu universitaire. À l'Université de Toronto, l'existence même de programmes en sciences domestiques est sérieusement remise en question. En 1960, le président met sur pied un comité chargé d'étudier le statut des sciences domestiques à l'université. Dans le rapport qu'il soumet l'année suivante, le comité constate la faiblesse des inscriptions à la Faculté des sciences domestiques; de fait, les étudiantes préfèrent de loin suivre les cours généraux et de spécialisation en «Household Economics» et en chimie alimentaire dispensés par la Faculté des arts, lesquels débouchent sur un baccalauréat ès arts, que le cours de spécialisation en «Household Economics» offert par la Faculté des sciences domestiques, qui mène à un baccalauréat en sciences domestiques.

Par ailleurs, il est clair que la majorité de celles qui s'inscrivent en sciences domestiques se dirigent vers le marché du travail. C'est le cas de 80% de celles ayant obtenu leur diplôme de l'une des deux Facultés entre 1956 et 1960. De ce pourcentage, 50% sont dans l'enseignement, 19% en diététique, 6% en recherche, et 5% dans l'industrie. De plus, 84% de ces mêmes diplômées ont poursuivi des études avancées, dont la moitié au «Ontario College of Education» et un tiers dans des internats en diététique[13].

Tenant compte de ce contexte, le comité propose finalement d'améliorer le programme de la Faculté des sciences domestiques en l'adaptant aux besoins du temps présent. Il avance à cette fin les solutions suivantes: changer le nom de la Faculté afin de rendre compte des progrès dans le domaine des sciences de l'alimentation et d'y attirer un plus grand nombre d'hommes; remplacer le baccalauréat en sciences domestiques par un baccalauréat ès sciences; enfin, éliminer les cours offerts par la Faculté des Arts afin de concentrer toute la formation au sein de la nouvelle Faculté[14].

En 1962, le Sénat de l'Université de Toronto adopte ce plan d'action. La Faculté des sciences domestiques prend le nom de Faculté des sciences de l'alimentation. Les anciens cours de la Faculté des Arts disparaissent; de son côté, la nouvelle Faculté institue un programme *honours* de quatre ans qui comporte trois domaines de spécialisation — nutrition, textiles et chimie alimentaire — et qui débouche sur un baccalauréat ès sciences. Les étudiantes ayant complété avec succès l'option nutrition ainsi qu'un internat au niveau du 2ᵉ cycle seront éligibles à devenir membres de l'ACD[15]. Toujours dans le but d'élever le niveau des programmes de la Faculté, on institue un diplôme de deuxième cycle (maîtrise ès arts) à l'intention des diplômées. Enfin, plus d'un demi-siècle après la fondation de la Faculté des sciences domestiques, la «directrice» se voit finalement conférée le titre de doyenne[16]. Même si cette restructuration assure la survie de l'œuvre de

Lillian Massey Treble — provisoirement du moins — elle implique malgré tout la marginalisation graduelle des sciences domestiques comme champ de formation «féminine» à l'Université de Toronto. Cette tendance s'accentue encore lorsque la Faculté des sciences de l'alimentation est rattachée en 1966 à la nouvelle Division des sciences de la santé, dirigée par la Faculté de médecine. La doyenne en poste, une biochimiste, se réjouit de ce transfert. Elle y voit un net avantage en ce qui concerne la formation des diététistes. Grâce à cette affiliation, insiste-t-elle en effet, les futures praticiennes seront en mesure d'être acceptées comme membres à part entière de l'équipe médicale[17].

La doyenne affirme clairement son intention d'imprimer un caractère plus scientifique aux programmes dispensés dans sa Faculté; elle met fortement l'accent sur la nutrition et les sciences alimentaires, ainsi que sur le développement des études supérieures et de la recherche dans ce domaine. Ce point de vue ne fait toutefois pas l'unanimité au sein du corps professoral. Les éléments plus traditionnels, qui demeurent fidèles à la vision des sciences domestiques véhiculée par Annie Laird, s'inquiètent en effet de la spécialisation poussée des programmes et de l'inféodation de leur Faculté au secteur des sciences de la santé. Ils souhaitent plutôt un retour à l'ancien partenariat avec la Faculté des Arts grâce auquel les étudiantes recevaient une formation générale axée sur les humanités, leur permettant de se tourner autant vers le monde de l'éducation que vers celui de la diététique[18].

Les tensions provoquées par ces deux positions adverses vont s'intensifier au cours des années 1960. Elles expliquent probablement la démission de la doyenne en 1969, geste qui provoque une crise de succession au sein de la Faculté. L'Université finit par nommer une doyenne intérimaire en 1970. Or, cette décision rend compte de l'incertitude qui règne alors quant à l'avenir de la Faculté. La haute administration envisage en effet sa fermeture définitive. L'un des promoteurs les plus fervents de cette politique est le Dr J. D. Hamilton, ancien doyen de la Faculté de médecine, alors vice-président de l'Université et responsable du secteur des sciences de la santé. Selon le Dr Hamilton, la faiblesse des inscriptions, la baisse de la demande pour les diplômées, l'existence de programmes similaires dans d'autres universités et dans les collèges communautaires et, surtout, le coût élevé qu'entraîne le maintien d'une Faculté où le ratio professeurs/étudiants est très élevé, et dont les programmes reposent fortement sur des cours hors faculté, justifient amplement sa position[19].

Au cours des années suivantes, l'Université établit différents comités chargés d'étudier l'ensemble de ces questions. La Faculté des sciences de l'alimentation mène alors une dure bataille pour sa survie, ceci avec l'appui des diplômées, de l'ACD et de différentes associations féminines. Le vent souffle toutefois en faveur du Dr Hamilton, qui semble bien avoir l'appui de la haute administration et du Président, le Dr J.R. Evans, ancien doyen de la Faculté de médecine à l'Université McMaster. De fait, l'Université annonce que la Faculté accueillera ses dernières étudiantes de première année en 1974-1975 et qu'elle fermera définitivement ses portes en juillet 1978. L'institution, explique-t-on, a établi au fil des années une série de programmes spécialisés faisant largement appel aux ressources d'autres unités académiques et créant, par le fait même, de fortes pressions sur l'Université. De son côté, l'Université a entrepris depuis le début des années 1970 un processus de rationalisation de ses programmes et de ses ressources; d'où la décision de fermer la Faculté des sciences de l'alimentation et de procéder à un réaménagement des anciens programmes[20].

Que va-t-on mettre à la place? À partir de 1975-1976, l'Université offre deux nouveaux programmes de premier cycle, auxquels peuvent s'inscrire les étudiants et étudiantes admis à la Faculté des arts et sciences. Le premier, consacré au «Community Living», vise à perpétuer la tradition des «Household Economics» en mettant l'accent sur les rapports entre la famille, la communauté, le consommateur et la société. Le second est un programme en nutrition et en sciences alimentaires, auquel on incorpore résolument une base scientifique. Fait significatif, on le confie à un nouveau département du même nom qui relève de la Faculté de médecine. Ce dernier recupère en plus les programmes de 2e cycle offerts par l'ancienne Faculté des sciences de l'alimentation[21].

Avec le démantèlement de la Faculté des sciences de l'alimentation de l'Université de Toronto, le plus ancien programme de formation en diététique au Canada vient de disparaître. Du même coup s'achève la prise en charge par la Faculté de médecine des programmes en nutrition et en sciences alimentaires. À l'Université de Toronto, on assiste donc au triomphe du modèle médical sur l'ancien modèle «féminin» basée sur une formation en sciences domestiques. La situation est fort différente dans les autres institutions ontariennes qui offrent des programmes de baccalauréat reconnus par l'ACD, soit les universités de Guelph, de Western Ontario et d'Ottawa, ainsi que l'Institut Polytechnique Ryerson. Ces programmes sont en effet localisés dans des écoles ou des départements de «Home Economics» ou de «Family Studies», et conservent ainsi leur lien traditionnel avec les sciences domestiques. Ils sont d'une durée de quatre ans, à l'exception de celui de Western Ontario qui est de trois ans. Enfin, des programmes de maîtrise et de doctorat en nutrition, en diététique et en sciences alimentaires sont désormais offerts à Guelph[22].

Par ailleurs, à la fin des années 1970, la ODA se prononce en faveur de l'introduction de trois concentrations au niveau des programmes du 1er cycle en diététique. Il s'agit de: nutrition clinique, diététique générale et administration. Ceci fait suite à une décision prise au début de la décennie par l'ACD après une longue période de discussion et de réflexion. Le but visé est de permettre aux étudiantes d'acquérir une expertise plus grande et plus rapide dans le domaine de leur choix au sein de la profession. Ce mouvement témoigne, une fois encore, de la volonté de l'association nationale d'élever la diététique au-delà du statut de simple «spécialisation» au sein des programmes de sciences domestiques. La ODA en vient à partager ce point de vue, ce qui ne sera pas le cas, toutefois, de l'ensemble des diététistes à travers le pays[23].

La formation universitaire en physiothérapie

À l'instar de la diététique, les débuts de la formation en physiothérapie remontent au commencement du XXe siècle. Dans ce dernier cas, toutefois, c'est la Première Guerre mondiale qui constitue le facteur déclencheur. En effet, le gouvernement canadien assume, dans ce contexte, l'organisation de services nationaux de réhabilitation. L'un des premiers gestes posés par l'État canadien dans ce domaine est la création de cours intensifs qui formeront rapidement les premières «masseuses» destinées aux hôpitaux militaires. Les universités participent dès le départ à ce début de formation. L'Université McGill organise en 1916 un cours d'un an en massage et en gymnastique thérapeutique. L'année suivante, l'Université de Toronto accepte de loger à Hart House une École Militaire de Chirurgie Orthopédique et de Physiothérapie. Cette dernière offre des cours de six mois qui prendront fin en juillet 1919. En tout, près de 250 diplômés de Hart House, des femmes pour la plupart, reçoivent des postes à travers le pays. Elles travaillent aux côtés des diplômés de McGill et des masseurs et masseuses venus d'Angleterre[24].

Dès sa création en 1920, l'Association canadienne de physiothérapie se soucie d'assurer une meilleure formation à ses membres (majoritairement féminins). Les dirigeantes torontoises de l'association s'emploient à obtenir la création d'un cours de niveau universitaire qu'elles considèrent comme un facteur essentiel de professionnalisation. De son côté, l'Université de Toronto, qui au cours des années 1920 inaugure tour à tour un programme de formation des infirmières en santé publique et un programme d'ergothérapie (*occupational therapy*), répond finalement à leur requête en 1929. Le premier cours universitaire de physiothérapie au Canada est alors institué. D'une durée de deux ans, il exige à l'admission le certificat de treizième année de l'Ontario et débouche sur un diplôme (*diploma*) plutôt que sur un baccalauréat (*degree*). Par ailleurs, le cours n'est pas rattaché à une faculté quelconque, mais au «Department of University Extension and Publicity», qui est responsable de l'éducation des adultes à l'Université de Toronto. Bien qu'inscrites à l'université, les étudiantes en physiothérapie reçoivent donc une formation plus courte qui débouche sur un diplôme de statut moindre que celui du baccalauréat. Le programme de physiothérapie de l'Université de Toronto demeure cependant le seul du genre au Canada jusqu'en 1943, alors que la demande accrue pour des praticiennes dans le contexte de la Deuxième Guerre mondiale entraînera la création d'un second programme à l'Université McGill. Le programme de l'Université de Toronto accueille une clientèle exclusivement féminine, ce qui contribue à établir rapidement la physiothérapie comme une profession «féminine». Le cours d'études s'inspire alors directement des programmes en vigueur en Grande-Bretagne; il a pour but premier de former des praticiennes qualifiées dans le domaine de l'intervention thérapeutique. La majorité des heures de cours (plus de 50% en 1940) est donc consacrée à l'acquisition de connaissances théoriques et pratiques reliées aux différentes formes de traitement utilisées en physiothérapie: massage, gymnastique, hydrothérapie, électrothérapie, thermothérapie, etc. À cette forme d'apprentissage vient se greffer un savoir scientifique et médical qui occupe le second rang dans la hiérarchie des matières qui figurent au programme, du moins si l'on considère le nombre d'heures de cours qui lui est alloué (le tiers du total des heures de cours en 1940). Cette partie du programme comporte alors des cours d'anatomie, de physiologie et de physique qui, il faut bien le préciser, sont surtout appliqués au savoir physiothérapeutique. Par ailleurs, les sciences humaines et sociales occupent une place minime dans le programme de l'Université de Toronto (8% en 1940). Bref, celui-ci dispense un savoir hautement spécialisé qui correspond aux limites imposées à la physiothérapie à cette époque. Cette dernière ne se préoccupait pas alors de prévention, ni de promotion de meilleures habitudes sanitaires. Plus important encore, en tant que travailleuse subordonnée au médecin dans l'exercice de ses fonctions, la physiothérapeute ne s'estimait pas habilitée à poser un diagnostic et à prescrire un traitement. Les frontières du savoir dispensé aux étudiantes reflétaient au fond celles du champ de pratique lui-même[25].

Si la Deuxième Guerre mondiale entraîne la création d'un nouveau programme de physiothérapie au Canada (celui de l'Université McGill), elle favorise également un remaniement de celui déjà offert à l'Université de

Toronto. En 1945, les enseignantes rattachées au programme proposent à l'Université un nouveau cours de trois ans. Allongé d'un an, ce cours offrirait une formation qui tiendrait compte de l'expansion rapide des techniques durant la guerre. De plus, il permettrait aux étudiantes d'acquérir à la fois plus d'expérience clinique en physiothérapie et plus de culture générale. Enfin, les enseignantes proposent que le cours mène à un baccalauréat ès sciences (physiothérapie). L'objectif: élever le niveau du diplôme, ce qui hausserait le statut professionnel des physiothérapeutes[26]. L'Université de Toronto acceptera de prolonger le cours d'un an, tout en résistant à l'idée d'octroyer un baccalauréat aux diplômées. Conformément aux recommandations soumises par les enseignantes en physiothérapie, le nouveau programme accorde une part plus large aux sciences humaines et sociales en intégrant des cours d'anglais, de sociologie et de psychologie. En ce qui concerne l'expérience clinique, on lui allouera également une part généreuse dans le nouveau programme: plus de 430 heures durant la troisième année sur un total de 928 heures. Il reste que l'ensemble du programme continue de dispenser un savoir très spécialisé axé sur les différentes formes de traitement thérapeutique et sur les connaissances scientifiques nécessaires à leur utilisation[27].

En 1950, deux autres réformes majeures seront apportées au programme de l'Université de Toronto. Dans un premier temps, l'Université décide de fusionner les programmes en physiothérapie et en ergothérapie en un programme conjoint. L'ACP exprime d'abord de sérieuses réserves, craignant qu'une telle fusion n'alourdisse le programme envisagé et n'éloigne par conséquent les étudiantes, d'autant plus qu'il n'est toujours pas question de baccalauréat. L'association endosse toutefois le projet final qui prévoit un programme conjoint de trois ans menant toujours à un diplôme. Elle invoque alors le fait que la physiothérapie et l'ergothérapie poursuivent des objectifs quasi identiques et que les méthodes de traitement des deux professions sont largement comparables[28].

Réticente au départ face au projet de fusion proposé, l'ACP se réjouit par contre de l'affiliation du nouveau programme conjoint à la Faculté de médecine; un évènement qui prend prend place après un séjour de vingt ans au «Department of University Extension». L'association qui, depuis ses débuts, sollicite et cultive avec ferveur le patronage de la profession médicale, est satisfaite de voir enfin l'Université de Toronto suivre l'exemple de l'Université McGill qui, dès 1943, a rattaché son programme de physiothérapie à la Faculté de médecine[29].

En acceptant d'administrer le nouveau programme conjoint, la Faculté de médecine se réserve de son côté le droit de réviser les cours d'études en physiothérapie et en ergothérapie. Il s'agit là de l'aboutissement d'un mouvement favorisant un contrôle croissant du pouvoir médical sur la formation des physiothérapeutes à l'Université de Toronto. Il est à noter que la Faculté de médecine avait déjà joué un rôle clef dans l'établissement du premier programme de physiothérapie en 1929. Plusieurs membres de la Faculté ont ensuite siégé dans les divers comités responsables de la révision du programme et des politiques d'admission. En 1937, le pouvoir médical accentue encore son contrôle lorsque le poste de superviseur du programme est confié pour la première fois à un médecin. Jusque-là, le poste avait été occupé par une enseignante chevronnée en physiothérapie; en guise de consolation, on créera à l'intention de cette dernière le poste d'instructeur en chef, qui est subordonné à celui de superviseur[30].

Ce réaménagement administratif, qui écarte les femmes de la direction du programme de physiothérapie, illustre par ailleurs la situation qui prévaut au sein du corps professoral dans son ensemble. On observe en effet une division assez tranchée entre le statut des hommes et celui des femmes tant au point de vue de la charge d'enseignement que du rang au sein de la hiérarchie enseignante. Ainsi, les professeurs masculins enseignent les matières liées au savoir médical et scientifique, alors que leurs homologues féminines sont chargées pour leur part des cours directement reliés à la physiothérapie. De plus, suite au transfert du programme conjoint de physiothérapie et d'ergothérapie à la Faculté de médecine en 1950, le corps professoral inclut un nombre croissant d'hommes médecins, à qui l'on confie la transmission du savoir médical. Quant aux professeurs féminins, elles assument le plus souvent les postes de chargées de cours (*lecturer* ou *instructor*), pendant que leurs collègues masculins occupent un rang de professeur adjoint ou de professeur titulaire. D'autre part, la création, en 1944, d'un programme de 2e cycle de formation des enseignantes à l'Université de Toronto aura pour but de permettre à des diplômées ayant acquis deux ans d'expérience pratique de se qualifier pour des postes d'enseignement dans les universités ou les hôpitaux canadiens. Toutefois, en raison des coûts d'admission à ce programme d'études avancées, ainsi que des salaires peu élevés offerts aux enseignantes dans les universités, peu de physiothérapeutes se dirigeront vers l'enseignement[31].

Le programme conjoint de physiothérapie et d'ergothérapie de l'Université de Toronto demeurera en vigueur pendant plus de vingt ans. Un examen du cours d'études révèle le poids considérable que l'on continuera au fil des années à attribuer au savoir spécialisé. L'apprentissage pratique, acquis au moyen de stages durant les deuxième et troisième années, reste prépondérant. Ainsi, de 1958 jusqu'à la fin des années soixante, 30% des heures d'enseignement est alloué aux stages durant la deuxième année, et cette proportion grimpe à 43%, durant la troisième année[32]. Par ailleurs, on accorde une importance croissante aux matières reliées au savoir médical — anatomie, médecine et chirurgie, pathologie, physiologie et psychiatrie — une tendance qui s'explique en partie par le rattachement du programme à la Faculté de médecine.

C'est d'ailleurs ce modèle qui s'implante graduellement à travers les universités canadiennes. À partir de 1958, l'ACP et l'AMC collaborent à l'établissement et à la révision de standards nationaux en matière d'éducation, ainsi qu'à l'accréditation des programmes de formation. L'implantation de ces derniers se multiplie au cours des années 1960 en réponse à la demande croissante pour des services de physiothérapie. Ainsi, en 1962, le «Continuing Committee of the Canadian Conference on Physiotherapy», après avoir établi l'existence d'une sérieuse pénurie de physiothérapeutes, propose à la Commission royale d'enquête sur les services de santé l'établissement de sept écoles de physiothérapie, chacune devant être rattachée à une faculté de médecine. Trois ans plus tard, la Commission manifeste les mêmes préoccupations et recommande à son tour l'établissement de programmes de formation dans les facultés de médecine qui n'en ont pas encore[33]. La pénurie en termes de formation est particulièrement aiguë en Ontario où il n'existe qu'une seule école de physiothérapie (l'Université de Toronto), alors que la province emploie à elle seule environ le tiers des physiothérapeutes œuvrant au Canada. À cela s'ajoute le fait que les quelque 80 diplômées qui émergent chaque année du programme conjoint de l'Université de Toronto se partagent entre la physiothérapie et l'ergothérapie[34].

Deux nouveaux programmes universitaires verront finalement le jour en Ontario au milieu des années 1960. En 1966, l'Université de Western Ontario établit un programme de quatre ans menant à un baccalauréat en sciences et en réhabilitation médicale (physiothérapie). Un an plus tard, Queen's ouvre un programme qui, à l'instar du programme de l'Université de Toronto, dure trois ans et décerne un diplôme. Il s'agit toutefois d'un programme qui fonctionne séparément de celui d'ergothérapie. Par ailleurs, Queen's ne tarde pas à suivre le modèle de Western et à offrir à son tour, en 1972, un programme de quatre ans débouchant sur un baccalauréat ès sciences (physiothérapie).

L'établissement de ces nouveaux programmes de baccalauréat s'inscrit dans un important mouvement qui traverse l'ensemble du pays et qu'un observateur a surnommé «*the decade of the degree*». En effet, à partir du milieu des années 1960, un grand nombre d'universités décident d'améliorer la formation des physiothérapeutes en optant pour un programme de quatre ans conférant un baccalauréat ès sciences. En 1973, sept universités sur onze offrent exclusivement un tel programme, dont Queen's, Western Ontario et, depuis 1971, l'Université de Toronto, qui a institué cette année-là deux programmes distincts de baccalauréat en physiothérapie et en ergothérapie, chacun étant rattaché à la Faculté de médecine[35].

Un examen du nouveau programme de l'Université de Toronto éclaire sur le type de formation dispensée désormais aux futures physiothérapeutes. Les étudiantes y accéderont après avoir complété une première année dans la Faculté des arts et sciences. Ceci permet l'acquisition de connaissances en sciences humaines et sociales, ainsi qu'en sciences pures. À partir de la deuxième année, l'accent est mis sur l'acquisition d'un savoir théorique, médical et spécialisé, alors que les stages sont complétés durant les troisième et quatrième années. On note enfin la présence de cours optionnels au cours des trois dernières années du programme[36]. Bref, comme l'explique l'ACP, les nouveaux programmes de baccalauréat rendent compte de l'expansion considérable du champ de pratique des physiothérapeutes, et aussi du développement rapide des sciences biologiques, médicales et sociales depuis la fin de la Deuxième Guerre mondiale. Contrairement aux anciens programmes qui visaient surtout à former les physiothérapeutes pour un nombre restreint de tâches particulières, les programmes actuels ont pour but de permettre à ces dernières d'effectuer des recherches et des évaluations scientifiques à partir des diagnostics posés et des traitements utilisés, ainsi que d'analyser les facteurs sociaux et psychologiques qui déterminent la santé et la maladie. Grâce à cette formation élargie, les physiothérapeutes sont désormais en mesure d'agir comme membre à part entière de l'équipe médicale moderne et de s'adonner à des activités de recherche et d'éducation communautaire[37].

À l'Université de Toronto, le nouveau programme de baccalauréat sera rattaché en 1971 à la «Division de la médecine de réhabilitation» de la Faculté de medecine, qui obtient l'année suivante le statut de département. Sa gestion est confiée à un médecin qui fait partie également du corps professoral. Comme cela fut le cas jusqu'aujourd'hui, les médecins et les physiothérapeutes demeurent responsables respectivement de la transmission du savoir médical et du savoir spécialisé en physiothérapie. L'établissement d'un baccalauréat n'entraîne donc pas la création d'un département de physiothérapie autonome; le programme est placé plutôt sous la direction immédiate d'une professeure de physiothérapie (*Head of Physical Therapy*). Celle-ci s'entoure d'une équipe d'enseignantes dont la majorité possède un diplôme en physiothérapie, pendant que quelques-unes seulement détiennent un baccalauréat. Tel que l'exige l'ACP à l'époque, ce premier diplôme est alors assorti d'un certificat dans l'enseignement de la discipline concernée. À l'exception de la physiothérapeute en chef qui occupe le rang de professeur adjoint, le groupe est composé uniquement de chargées de cours. Bref, au début des années 1970, l'ensemble des professeurs de physiothérapie à l'Université de Toronto ne détenaient pas encore le baccalauréat vers lequel se dirigeaient leurs étudiantes, et elles étaient toujours cantonnées dans l'échelon inférieur de la hiérarchie enseignante au sein de la Faculté de médecine.

L'établissement de programmes avancés en physiothérapie constituait évidemment une condition essentielle à l'amélioration des qualifications et du statut des enseignantes, comme de ceux de l'ensemble des praticiennes d'ailleurs. L'ACP adoptait une résolution dans ce sens dès 1967[38]. Cependant, au cours des années 1970, seules l'Université McGill, l'Université de la Saskatchewan et l'Université de l'Alberta offraient un programme de maîtrise. Or, comme le souligne l'ACP, il faut d'abord s'assurer que le baccalauréat soit exigé de toutes les futures physiothérapeutes au Canada avant de songer à développer les études supérieures. C'est ainsi qu'en 1974, l'association adopte une motion spécifiant qu'à partir de septembre 1982, seules les détentrices d'un baccalauréat décerné par un programme de physiothérapie accrédité par l'ACP pourront joindre les rangs de cette dernière. Cette motion, qui est endossée par l'OPA, donne donc le coup de grâce aux anciens programmes offrant uniquement un diplôme après deux ou trois ans d'études. Un seul niveau de diplômation, le baccalauréat, sera en effet désormais reconnu et accepté par les associations professionnelles[39]. Comme nous le verrons dans un chapitre subséquent, cette décision de l'ACP aura des répercussions importantes en Ontario, où un nouveau programme de formation de niveau collégial a été mis sur pied au début des années 1970 avec l'appui du gouvernement provincial.

LA FORMATION PROFESSIONNELLE AU QUÉBEC ET EN ONTARIO: UNE PERSPECTIVE COMPARÉE

Au terme de cette analyse de la formation universitaire des diététistes et des physiothérapeutes au Québec et en Ontario, il est possible de dégager certaines grandes tendances qui ont marqué l'évolution des programmes se rattachant à chacune de ces professions.

On constate tout d'abord qu'en matière d'évolution des programmes l'Université de Toronto fait figure de pionnière, que ce soit en diététique ou en physiothérapie. Au Québec, ce rôle est dévolu à l'Université McGill qui se trouve à précéder les universités francophones dans la mise sur pied des premiers programmes universitaires dans ces deux domaines. Ce phénomène illustre en fait l'intérêt des réseaux de communication qu'établissent, au départ, les communautés anglophones de Toronto et de Montréal avec la métropole anglaise, puis avec les États-Unis. Ces deux derniers pays fourniront au Canada ses premières professionnelles dans le domaine de la physiothérapie, mais surtout ses premiers modèles de formation et de fonctionnement institutionnels.

Significatif aussi est l'impact des deux guerres mondiales sur l'évolution de la formation universitaire, que ce soit en diététique ou en physiothérapie. Les deux conflits créent en effet un besoin urgent de praticiennes, ce qui favorise l'établissement de nouveaux programmes et l'expansion de ceux déjà en place.

Au-delà de ces grands traits évolutifs, les programmes de diététique en Ontario affichent une différence importante avec ceux de physiothérapie (ce qui est vrai également pour le Québec). On constate, en effet, que les étudiantes en diététique peuvent décrocher dès le début un baccalauréat, tandis que celles inscrites en physiothérapie devront se contenter pendant longtemps d'un simple diplôme au terme de deux ou de trois années d'études. Peut-on attribuer le niveau plus élevé de diplômation concédé aux premières au fait qu'elles soient inscrites dans des programmes de sciences domestiques, dispensant une formation exclusivement «féminine» et se situant à l'origine en dehors de l'orbite médicale? On serait porté à le croire. Les médecins, nous l'avons vu, exercent dès le début un contrôle étroit sur la formation des physiothérapeutes, qui sont subordonnées à leur autorité dans l'exercice de leurs fonctions pendant que les diététistes ne font pas face aux mêmes contraintes. Par contre, au Québec comme en Ontario, les premiers programmes de sciences domestiques anglophones développent d'autres liens: avec la Faculté des arts et le Département provincial d'Éducation dans le cas de la Faculté des sciences domestiques de l'Université de Toronto, avec la Faculté d'agriculture dans le cas de de l'École des sciences domestiques de l'Université McGill.

Si l'on considère l'évolution de l'ensemble des programmes universitaires en diététique et en physiothérapie dans les deux provinces, il faut conclure toutefois à une victoire globale du modèle médical. Dans le cas de la diététique, la distance que prend de plus en plus cette dernière par rapport aux sciences domestiques favorise évidemment ce mouvement.

L'intervention des associations nationales dans la formation professionnelle

On ne saurait dissocier l'évolution de la formation des diététistes et des physiothérapeutes des stratégies déployées par leurs associations nationales dans le but d'obtenir un meilleur statut professionnel pour leurs membres. Les archives de ces organismes témoignent ainsi de la mise au point de politiques multiples élaborées dans cette perspective depuis le début du xxe siècle, lesquelles touchent autant le Québec que l'Ontario[40].

Ainsi, l'ACP a utilisé l'accréditation comme un moyen privilégié pour imposer ses propres normes en matière de formation académique. À partir de 1940, pour devenir membre de l'association, il faut avoir suivi un cours de deux ans dans une institution universitaire reconnue et effectué un stage de six mois dans un établissement de santé approuvé par l'ACP[41]. L'amélioration de ces stages constitue un élément important de ses objectifs promotionnels. S'inspirant du modèle de formation britannique, l'ACP privilégie fortement, en effet, l'expérience en milieu de travail. Ainsi, à partir de 1951, l'Association exigera qu'en plus du stage de fin d'études, un autre stage de six semaines soit effectué par les étudiant-e-s après leur deuxième année d'études[42]. Huit années plus tard, le nombre d'heures de pratique prévu pour être membre de l'ACP est augmenté, passant à 1360 heures. C'est l'association qui, de plus, choisit les lieux de stage et négocie — dans la mesure des moyens de pression dont elle dispose — les salaires des stagiaires.

Malgré ces interventions, la qualité de l'internat et des stages semble avoir constitué, au Québec comme en Ontario, tout long de la période étudiée, un problème difficile à résoudre. Les pages du journal officiel de l'association en font état à maintes reprises. Les témoignages qu'on y trouve traduisent en tous cas une réelle frustration, liée en particulier à la qualité de l'encadrement fourni aux stagiaires et à l'absence d'objectifs didactiques que manifeste le choix des travaux qu'on leur confie.

Le désir d'accroître les connaissances théoriques et scientifiques de la formation des physiothérapeutes, mais surtout une volonté de mieux intégrer ces connaissances à la pratique, sont les deux axes majeurs des revendications exprimées. S'y ajoute aussi le regret de constater que la formation des physiothérapeutes les amène à accepter avec trop de soumission les diagnostics (médicaux) qu'elles sont appelées à exécuter; ce qui nuit à leur esprit d'initiative, affirme-t-on.

De son côté, l'Association canadienne de diététique s'assure, dès sa fondation en 1935, le pouvoir de réglementer les conditions de la formation professionnelle de ses membres. Tout comme ce fut le cas pour l'ACP, elle le fera par le moyen privilégié de la reconnaissance officielle accordée aux individus et aux institutions qui se conforment aux normes édictées. Ainsi, les diététistes qui postulent une admission à l'ACD doivent, à partir de 1939, avoir suivi un cours de quatre ans en «Home Economics» avec une majeure en «Food and Nutrition» et ce, dans une université reconnue par l'association. Or, pour obtenir cette reconnaissance, l'établissement universitaire devra offrir un cursus conforme aux exigences de l'association. Quant à son personnel enseignant, il devra être composé, aux deux tiers, de personnes possédant un «*advanced degree*». Un «Comité de l'éducation universitaire» sera chargé de veiller à l'uniformisation des programmes et au respect des normes définies par l'association. Les institutions universitaires, aussi bien au Québec qu'en Ontario, semblent accepter ces règles du jeu puisqu'on les voit, au fil des années, soumettre tour à tour leur programme à l'approbation de l'ACD. En 1972, seize universités canadiennes ont obtenu ainsi une accréditation, dont quatre en Ontario et trois au Québec[43].

Pendant ce temps, l'ACD a apporté un certain nombre de modifications aux programmes de «Home Economics» qui affichent une majeure en «Food and Nutrition». Dès 1944, on note une insistance particulière sur les cours de sciences. L'association spécifie la nécessité d'inclure dans chaque cursus entre 16 et 25 heures par semestre de cours de chimie. Elle souligne que la physique ainsi que la zoologie devraient être considérées comme des matières obligatoires et non optionnelles. En 1947, dans le cadre d'un «Guide for Acceptance of Home Economics Courses», l'ACD précisera ses exigences en termes de crédits[44]. Là encore, on fait la part belle à la chimie (17 crédits) et on alloue une place importante à la biologie (11 crédits). Le guide précise surtout que la dimension scientifique des connaissances transmises doit primer sur l'aspect technique: «The texts used for Home Economics should be of college grade and the subject taught mainly from a scientific rather than a technical standpoint[45].» Cette insistance sur l'enseignement des sciences apparaît comme une constante qui, loin de s'atténuer, s'affirme avec plus d'insistance encore au fil des ans.

À côté de ce souci d'une formation scientifique plus poussée on retrouve également une volonté d'intégrer dans les programmes des cours à caractère plus utilitaire. C'est le cas en particulier des cours d'administration et de «*food management*» dont la nécessité est soulignée dès le début des années 1950, presque chaque fois qu'il est question d'une réflexion sur la formation professionnelle des diététistes. À la suite de la croissance des coûts et des services liée à une plus grande accessibilité des soins de santé, une bonne gestion des services alimentaires devient en effet un élément important de la rationalisation qui semble s'imposer. Face à la menace de se voir écartées des postes administratifs aux profits de spécialistes en gestion, les diététistes s'insurgent, refusant de délaisser le domaine de la gestion pour se contenter d'une expertise en nutrition. Elles optent plutôt pour une préparation adéquate dans les deux champs[46]. Aussi, en 1968, l'ACD promulguera de nouveaux critères de formation, exigeant des universités qu'elles révisent leurs programmes pour tenir compte des exigences de ses membres[47].

Cette volonté d'articuler la formation académique aux besoins de la pratique et du marché du travail se retrouve également dans l'importance accordée par l'ACD à la qualité de l'internat — qui constitue, en diététique comme en physiothérapie, une partie intégrante de la formation[48]. Au moment de la fondation de l'ACD, seulement quelques hôpitaux canadiens offrent ce type de formation à l'intention des futures diététistes. En 1937, l'ACD émet ses premiers standards pour les internats en milieu hospitalier. L'hôpital devra ainsi fournir aux internes en diététique l'encadrement nécessaire et s'engager à fournir un rapport final à l'université d'origine. Dès 1944, on fixait déjà la durée des internats à 9 mois, puis deux ans plus tard, à 12 mois[49].

Cette formule pour le moins exigeante ne connaît pas pourtant le succès escompté. L'internat obligatoire d'un an détourne en effet plusieurs diplômées d'une carrière en diététique. Aussi l'ACD propose-t-elle en 1957 une nouvelle formule d'internat intégré visant à en raccourcir la durée après la fin des études: l'étudiante pourra combiner trois stages d'été avec ses cours universitaires, puis en compléter un quatrième après sa diplômation[50]. Cette formule s'implantera graduellement en milieu hospitalier et, en 1962, l'ACD lui accorde son approbation définitive[51].

* *
*

En conclusion, on constate qu'en matière de formation, les politiques promotionnelles et les stratégies élaborées par les associations de physiothérapie et de diététique canadiennes ne sont pas identiques en tous points. Chaque profession a mené la lutte à partir de ses besoins propres ou du moins, de ce qui était identifié comme tel à un moment précis de son histoire. Ainsi l'ACP a davantage mis l'accent sur la qualité des stages de formation. Pour sa part, l'ACD a maintenu des exigences élevées relativement au savoir biomédical auquel devaient accéder ses membres et a visé en même temps à ouvrir les programmes sur les sciences administratives, ces dernières étant destinées à mieux articuler la profession aux exigences nouvelles du marché du travail.

Cependant, si des différences existent dans les politiques des deux professions, elles se traduisent beaucoup plus en termes de *degré* que de *nature* en ce qui concerne les pricipaux objectifs visés. Ainsi, on l'a vu, autant la physiothérapie que la diététique cherchent à maintenir des standards élevés de formation professionnelle, qu'il s'agisse de formation théorique ou bien pratique (stages, internat). Les deux professions veulent aussi adapter cette formation aux besoins exprimés par le marché du travail, leur moyen de pression majeur demeurant avant tout la reconnaissance institutionnelle qu'elles accordent ou non aux universités et aux hôpitaux qui se conforment aux normes qu'elles édictent.

Ce qui reste particulièrement signifiant cependant, c'est la volonté commune des deux professions d'accéder à *un savoir scientifique à la fois plus élargi et plus approfondi*; surtout dans le secteur biomédical. Leur détermination à ce sujet demeure frappante. Elle traduit bien entendu l'évolution d'un contexte social marqué, entre les années 1940 et 1970, par un progrès considérable dans les connaissances et les technologies biomédicales, d'où l'obligation ressentie par les professions du paramédical de se conformer à un modèle de formation et de pratique qui intègre cette nouvelle réalité. La détermination évoquée plus haut peut s'expliquer aussi, selon nous, par le fait que les professions paramédicales gravitent dans l'orbite d'une autre profession, la médecine, et d'un corps social, les médecins, dont le pouvoir est fondé, en grande partie, sur un accès presque exclusif à un corpus étendu — et supposément complet — de connaissances scientifiques dans le champ biomédical.

D'où l'importance pour les professions paramédicales d'accéder à leur tour à un savoir qui leur permet d'être considérées comme des interlocutrices valables par le corps médical, et de défendre, ce faisant, leur statut professionnel. Il s'agit, de plus, pour la période qui nous concerne, d'un corps médical très majoritairement masculin — faisant face à des professions paramédicales presque exclusivement féminines. Rapports de sexe et rapports de pouvoir traversent ainsi l'univers des sciences médicales et constituent des éléments indispensables à l'interprétation de cette «volonté de savoir» scientifique, qu'on retrouve au cœur des stratégies élaborées par les associations de technologie médicale, de physiothérapie et de diététique.

6
L'État: un interlocuteur obligé

L'évolution des structures et des programmes de formation, dont nous venons de faire état, est liée à un enjeu majeur pour les diététistes tout autant que pour les physiothérapeutes: celui d'acquérir une reconnaissance juridique qui soit en mesure de leur assurer une certaine latitude dans la définition de la formation, de la pratique et des conditions d'accession à la profession. Les années 1960 et 1970 sont cruciales à cet égard parce qu'elles sont porteuses de transformations profondes dans l'attitude de l'État vis-à-vis des groupes professionnels en général, et en particulier, vis-à-vis de ceux qui œuvrent dans le champ de la santé et des services sociaux. Ce chapitre a pour but de reconstituer la trame de cette transformation du rôle de l'État. Après un bref retour sur l'histoire de l'émergence de la structure professionnelle au Québec, nous nous attarderons à montrer comment et pourquoi les années 1960 et 1970 marquent une véritable rupture à ce niveau, quels sont les paramètres de ce repositionnement de l'État et enfin quelles en ont été les conséquences pour de jeunes professions comme la diététique et la physiothérapie.

L'ÉDIFICATION DE LA STRUCTURE DES PROFESSIONS AU QUÉBEC

Le XIXe siècle des professions libérales

Au XIXe siècle, la constitution des premières corporations professionnelles est indéniablement liée à l'influence dans la sphère politique des professions libérales, médecine, droit et notariat en tête[1]. La Conquête et les tensions qui s'en suivirent avaient déjà poussé un nombre important d'avocats, de notaires et de médecins à investir la scène politique pour y défendre les intérêts des francophones. En même temps, cependant, leur présence à ce niveau allait leur conférer l'influence et le pouvoir nécessaires pour servir leurs allégeances professionnelles[2]. Il faut voir que la mise en place d'un gouvernement britannique entraînait alors, notamment dans tout le champ de la santé, un réel changement de régime.

C'est en 1788 que commence véritablement le XIXe siècle médical. Par force d'une Ordonnance royale, le gouvernement de la colonie interdit désormais à quiconque d'exercer la médecine, la chirurgie ou la pharmacie sans avoir obtenu au préalable une licence auprès du Gouverneur sur recommandation des bureaux d'examinateurs médicaux. La profession d'accoucheur dans les villes de Québec et de Montréal est également concernée par cette ordonnance. Les praticiens qui, jusque-là, se lançaient en médecine après un apprentissage plus ou moins long, ou encore, après avoir étudié à l'étranger, devront désormais se soumettre à cet examen de passage. D'ailleurs, l'Ordonnance n'épargne personne (ou presque) et vise à réévaluer les qualifications de l'ensemble du corps médical d'alors. Autrement dit, même les médecins et chirurgiens œuvrant depuis longtemps dans la colonie devront se plier à cette obligation. Par là, on vise en fait à imposer un nouvel ordre à l'intérieur du champ de la santé. Il s'agit, dans les faits, d'un ordre de type hiérarchique conférant aux médecins et chirurgiens britanniques les postes de commande[3].

Stimulées par ce «changement de régime», les dynamiques professionnelles à l'intérieur du groupe des médecins seront l'occasion d'unir dans un même credo les deux causes: celle de la nation et celle de la profession. En l'espace de quelques décennie, le corps médical parvient à se faire reconnaître par l'État comme profession libérale autonome, détentrice d'un monopole d'exercice et digne de fixer elle-même les paramètres de sa pratique. Au même moment que les notaires, ou peu s'en faut, les médecins et chirurgiens se forment donc en corporation (1847), établissant par là les bases d'une structure professionnelle qui s'avérera par la suite de plus en plus imposante; celle-là même que le gouvernement québécois cherchera à repenser un siècle plus tard.

C'est indéniablement sur une toile de fond d'importation anglo-saxonne qu'émergent dès lors ces premières corporations professionnelles au Québec. Or, dans le modèle de professionnalisation propre aux sociétés anglo-saxonnes, le rôle joué par l'État dans la structuration des groupes professionnels est minime. L'État soutient ces derniers en légitimant par des lois leurs activités, mais ce n'est pas de lui que vient l'instauration et la structuration de leurs activités. Ces dynamiques contrastent avec celles qui prévalent en France, à la même époque, où un tout autre processus de professionnalisation est en marche. En effet, dans la foulée de la Révolution française, les corporations de métiers et les associations professionnelles y seront abolies. Le libéralisme ambiant proscrit alors l'existence de tout corps intermédiaire entre «le peuple» et l'État qui, d'office, sera le principal artisan de l'édification d'une nouvelle structure professionnelle. Omniprésent, le gouvernement encadre les activités des divers praticiens de la santé et crée un cadre légal définissant à la fois les modalités de la pratique (surveillance, cadre disciplinaire, éthique, etc.) et celles du recrutement (création d'écoles et de facultés). De plus, l'État définit le cursus nécessaire pour l'obtention d'un titre professionnel dans l'un ou l'autre des domaines sur lesquels il aura légiféré.

Loin de suivre un tel modèle, le gouvernement québécois se moule plutôt dans le rôle que lui inspire l'exemple anglo-saxon. Tout au long du XIXe siècle, il continuera à distribuer des privilèges et des statuts professionnels aux groupes suffisamment influents pour réussir à le convaincre de leur capacité de réglementer leur propre champ d'expertise et à en assumer la gestion. Tel est le cas des homéopathes (1865), des dentistes (1869), des pharmaciens (1870), des vétérinaires (1902) et des optométristes (1906), de même que de plusieurs autres métiers émergés à la faveur de la révolution industrielle[4]. Toutefois, contrairement à leurs confrères britanniques sur lesquels pourtant plusieurs auront calqué leur démarche ou leurs revendications, les membres des professions nouvellement reconnues ne se contentent pas d'obtenir un titre réservé. Ils jouissent également d'un monopole d'exercice.

Le XXe siècle: du corporatisme au professionnalisme

Le début du XXe siècle est toutefois marqué par un ralentissement important de la reconnaissance des groupes professionnels. À compter des premières décennies du XXe siècle, l'État semble devenir plus réticent à l'idée d'octroyer de nouveaux monopoles d'exercice. Entre 1910 et 1940, cinq nouveaux groupes professionnels obtiennent une reconnaissance juridique. Parmi ceux-ci, un seul obtient le privilège de l'exercice exclusif: celui des ingénieurs-forestiers (1921). Toutefois, il ne faut pas voir là une tentative de rationalisation de la part de l'État. Le faible nombre de nouvelles professions reconnues apparaît plutôt comme le résultat des stratégies d'exclusion des groupes déjà en place, ces derniers percevant comme une menace la constitution de nouveaux monopoles.

Les trois décennies qui nous séparent de l'entrée en vigueur de la réforme de la santé et des services sociaux (1971) constituent en fait une période faste en matière d'attribution des privilèges professionnels. Le Québec, au cours de cette période, prend à cet égard une couleur bien particulière. Au total, une trentaine de groupes professionnels sont alors incorporés, bien que l'amplitude de leur reconnaissance se limite, le plus souvent, à l'octroi d'un titre réservé. La conjoncture de la Crise puis celle de la Deuxième Guerre mondiale constituent, il faut le dire, un terrain propice à la réactualisation du corporatisme comme mode d'organisation sociale et économique. Pour une certaine élite québécoise, celui-ci offre, entre autres, l'avantage de pouvoir contrer les effets pervers du libéralisme économique.

Les années 1930 et les difficultés de la crise ont en effet donné lieu à une critique morale du libéralisme et du capitalisme parmi les élites traditionnelles et dans les milieux cléricaux (dissolution des mœurs, désunion des familles et misère). Ralliant une majorité d'intellectuels et d'universitaires, cette dénonciation s'appuiera sur le réveil d'un nationalisme traditionaliste qui avait été quelque peu relégué à l'arrière-scène depuis le début des années 1920, alors même que l'urbanisation, la consommation et la culture de masse tendaient à rendre ses préceptes désuets. Entre les abus du libéralisme et la crainte du communisme et du socialisme, on rêve alors de l'instauration d'un ordre nouveau par la voie du corporatisme social. Par cette doctrine, on désigne «la concertation harmonieuse de tous les groupes sociaux, réunis dans autant de "corporations" ou de "corps intermédiaires" voués à la poursuite du bien commun[5]». Or un tel système de pensée n'est pas sans filiation avec le corporatisme comme principe d'organisation du marché du travail selon les groupements professionnels, bien au contraire. La notion de complémentarité fondée sur la différenciation des fonctions sociales est commune au corporatisme tant professionnel que social. Par ailleurs, la méfiance envers l'État et envers sa possible intrusion dans la régulation des fonctions sociales se trouve également présente dans les deux cas. En fait, le corporatisme prône la planification sociale et économique de façon organique, en s'appuyant non sur l'État mais sur les «corps» locaux, comme l'Église, ou sectoriels, comme les corporations professionnelles.

Lors de la Deuxième Guerre mondiale, plusieurs États européens montreront également une grande ouverture à cette doctrine. Ainsi en France, le régime de Vichy prétendant «abolir la lutte des classes au profit de systèmes de coopération sectoriels[6]» s'inspirera également de ce corporatisme social. Les quelques années où ce gouvernement est en place seront d'ailleurs l'occasion d'instaurer l'Ordre des médecins et celui des pharmaciens, alors même que depuis le début du siècle précédent, aucun groupe ne s'était vu attribuer pareils privilèges professionnels[7].

Du reste, c'est précisément cette fonction de corps intermédiaires entre l'État et les individus que jugeront anachronique les auteurs du rapport de la CESBES en 1970 en affirmant qu'on «a voulu soustraire au domaine de la "politique" des tâches d'intérêt général, pour les confier à des organismes fermés mandataires d'intérêts limités à des groupes professionnels[8]».

Les années de guerre et d'après-guerre sont marquées par l'incorporation de treize nouveaux groupes. Parmi ceux-ci, toutefois, on ne compte que deux nouvelles professions dans le champ de la santé: les opticiens d'ordonnance (1940) et les techniciens dentaires (1944)[9]. Frappante, la diversité des groupes qui accèdent à un statut professionnel est révélatrice, en fait, de l'engouement dont fait montre la société québécoise pour ce qui, sans doute à juste titre, est alors considéré comme une voie d'ascension sociale. Tour à tour, les comptables en administration industrielle (1941), les courtiers d'assurances (1946), les décorateurs ensembliers (1948), les entrepreneurs en plomberie et chauffage (1949), les mesureurs de bois licenciés (1950) se verront gratifiés d'un titre réservé, voire dans certains cas, d'un monopole d'exercice. Pour plusieurs, une formation théorique succincte, assortie d'une période d'apprentissage plus ou moins longue, constituent les principaux attributs. Leur démarche auprès de l'État relève alors autant, sinon plus, de la résurgence du principe des anciennes corporations de métier que du développement de compétences requérant une formation poussée.

Il faut voir qu'à cette époque, les corporations professionnelles sont généralement créées par le biais de lois privées ou particulières que parrainent certains députés. Chacune selon un modèle qui lui est propre voit les paramètres de sa pratique entérinés par une loi. Faisant la critique de ce système, les principaux artisans du Code des professions ne manqueront pas, d'ailleurs, quelques années plus tard, d'insister sur l'influence que peut avoir sur pareilles procédures le jeu des intérêts et des alliances politiques. Selon Me Claude-Armand Sheppard, «les corporations professionnelles récentes, tout au moins dans les domaines de la santé et du bien-être social au Québec, semblent avoir toutes connu une évolution identique: formation d'une association privée sans but lucratif et incorporée sous l'empire de la troisième partie de la Loi des compagnies, suivie à plus ou moins court terme d'une requête pour l'adoption d'une loi transformant la corporation privée en corporation professionnelle reconnue par l'État[10]».

C'est davantage à partir de la seconde moitié des années 1950 qu'apparaissent les requêtes des nouvelles professions formées dans la foulée des transformations majeures qui marquent le champ de la santé et des services sociaux. L'implication croissante de l'État dans le financement direct et indirect des hôpitaux et de la charité publique crée alors, comme on l'a vu, un marché pour de jeunes professions paramédicales, nées à la faveur du développement des technologies médicales et de la division croissante du travail hospitalier. En toile de fond, l'augmentation progressive de la fréquentation scolaire, le financement des universités[11], la spécialisation de la main-d'œuvre favorisent l'essor du professionnalisme comme forme de division du travail, mais également comme idéologie.

Outre les diététistes, plusieurs professions du champ de la santé et des services sociaux seront reconnues par l'État au cours des années 1960. C'est pendant cette décennie qu'entrent officiellement en scène les travailleurs sociaux et les psychologues, de même que les techniciens en radiologie et les orthophonistes et audiologistes. En tout, dix-sept nouvelles disciplines s'ajoutent ainsi à la structure déjà fort imposante des professions au Québec. Du reste, loin de s'apaiser par la suite, le mouvement se poursuivra, alimenté par le prestige que confère l'obtention d'une telle reconnaissance juridique. Quoique bien résolu à enrayer cette «course au statut professionnel», l'État devra encore se pencher sur plus d'une trentaine de demandes de la part de divers groupes occupationnels au cours des années 1970[12].

Peu de sociétés occidentales auront été aussi prolixes en matière d'attribution de titres et de monopoles professionnels, en cette seconde moitié du XXe siècle. C'est d'ailleurs le constat que fait Me Claude-Armand Sheppard à partir d'une vaste étude sur l'organisation professionnelle québécoise. La comparant à celle de l'Ontario, de divers États américains et de quelques pays européens, ce dernier considère qu'il est significatif qu'aucune de ces sociétés, «malgré leurs diverses analogies avec le Québec, n'a adopté le régime québécois généralisé de réglementation professionnelle par l'entremise de corporations autonomes [...], aucune autre juridiction n'utilise autant que le Québec la corporation professionnelle autonome comme moyen de contrôle d'une profession et qu'aucune autre juridiction qui connaît des corporations professionnelles ne leur délègue autant de pouvoir que le Québec[13]». De fait, alors qu'en 1970 on compte ici 41 professions reconnues, la France fait «piètre figure» à ce chapitre avec à peine 8 ordres professionnels. Que dire, en outre, de la Suède qui n'en compte aucun?

On comprend mieux, dès lors, les impératifs qui pousseront l'État québécois à effectuer une vaste réforme de ce système et à se doter d'un Code des professions pour le régir à compter de 1973. Toutefois, la volonté de réglementer d'une façon stricte l'attribution des privilèges professionnels ne découle pas uniquement de la lourdeur de cette imposante structure.

Dans la foulée de la Révolution tranquille, les importantes réformes entamées dans le champ de la santé et des services sociaux — et les coûts qu'ils engendrent — rendront en effet incontournable la formulation d'un nouvel ordre professionnel.

L'EXPLOSION DES COÛTS DE LA SANTÉ

La Deuxième Guerre mondiale, on l'a vu[14], marque une étape importante au chapitre du développement des politiques sociales au pays. L'État canadien commence alors à intervenir dans ce secteur de façon plus soutenue qu'auparavant. À la fin des années 1950, la mise sur pied d'un programme d'assurance-hospitalisation inaugure une nouvelle ère dans le champ des dynamique sociales et de santé. Après négociations, les diverses administrations provinciales sont invitées à signer une entente portant sur le financement du programme, Ottawa s'engageant à défrayer environ 50% des coûts.

L'adoption d'un régime d'assurance-hospitalisation entraîne toutefois une forte augmentation des coûts associés aux services hospitaliers. Quatre ans après la mise en vigueur de la loi, ceux-ci auront doublé, passant de 140 à 280 millions de dollars. Les principales raisons à cette hausse demeurent l'accroissement du nombre des hospitalisations et le rattrapage salarial offert aux employés. Par ailleurs, cette modernisation des structures de santé, en permettant à davantage d'individus de recevoir des soins, suscite assez rapidement une demande accrue en termes de personnel dans les divers secteurs de la santé[15].

À peine quelques années après l'entrée en vigueur de cette loi, la hausse impressionnante des coûts commandera que l'on se penche impérativement sur les façons de la ramener à des proportions plus acceptables. En 1961, le gouvernement fédéral décide donc de créer une Commission royale d'enquête sur les services de santé au Canada. Dans son rapport livré en 1964-65, la Commission pose en fait tout le problème du rôle dévolu à l'État dans ce secteur. Elle défend la thèse d'un État plus interventionniste. C'est à ce dernier qu'il incomberait d'agir à titre de pourvoyeur et de gestionnaire d'un programme de services de santé accessibles à tous. Il faut voir en outre que l'instauration d'un système d'assurance-maladie constituerait en partie la réponse à la hausse des coûts hospitaliers qu'avait entraîné l'implantation des programmes d'assurance-hospitalisation[16].

En 1966, le gouvernement canadien adopte donc une loi sur les soins médicaux. En raison du partage des compétences prévu par la Constitution, cette loi implique la participation des deux niveaux de gouvernement au financement d'un programme d'assurance médicale, chaque province restant libre de mettre sur pied son propre régime. Toutefois, pour être admissible au financement du fédéral, les provinces doivent obligatoirement confier l'administration de leur régime à un organisme gouvernemental et assurer l'ensemble des services médicalement requis. Les régimes mis sur pied doivent en outre être accessibles à tous les résidents de la province[17]. Pour répondre à ces exigences, le gouvernement québécois nomme une Commission d'enquête sur la santé et le bien-être social (CESBES) en 1966. Présidée par C. Castonguay et G. Nepveu, elle donnera lieu à une vaste réflexion sur le système québécois de santé et de services sociaux. Fruit du travail de cette Commission, le Québec se dotera en 1971 d'un régime d'assurance-maladie. Le mouvement de réforme alors entrepris conduira en outre à la révision en profondeur du cadre législatif et des structures du système de santé québécois, de même qu'à l'extension du réseau des établissements de santé et de services sociaux.

LES PROFESSIONS ET LA SOCIÉTÉ

La question de la rationalisation des coûts, à partir notamment d'une meilleure utilisation de la main-d'œuvre professionnelle implique, entre autres, d'introduire des mécanismes et des structures de délégation des tâches d'une main-d'œuvre très spécialisée et coûteuse, comme celle des médecins, à une main-d'œuvre moins coûteuse comme celle des professions paramédicales. Elle implique également d'introduire des mécanismes de délégation des tâches d'une main-d'œuvre professionnelle médicale et paramédicale à une main-d'œuvre technique, celle précisément que permettront de former les cégeps issus de la récente réforme de l'éducation.

Ces diverses orientations qui deviennent explicites au début des années 1970 s'avèrent être le fruit de la réflexion menée pendant plus de dix ans à la fois par le gouvernement fédéral et par celui du Québec. Au fédéral, en effet, si la Commission Hall donne le coup d'envoi, divers comités d'experts formés au sein de cette commission seront par la suite appelés à poursuivre l'analyse du phénomène et à se prononcer à partir d'autres instances, telles que les comités d'études sur les coûts des services sanitaires au Canada (Rapport Willard 1969). Ces travaux inspirent et renforcent également la réflexion que mène, à la même époque, l'État provincial. Ils constituent les balises à partir desquelles sera repensé le système des professions au Québec. C'est d'ailleurs ce qu'expriment les auteurs du rapport sur *Les professions et la société*[18] lorsqu'ils affirment que «la réforme proposée en matière de santé et de services sociaux serait compromise si le désordre de l'organisation professionnelle [...] se continuait».

La Commission Castonguay-Nepveu: une certaine conception du phénomène professionnel

La rationalité économique n'est toutefois pas le seul motif qui guide l'État dans sa façon de repenser la structure professionnelle. On aspire également à l'instauration d'un cadre légal uniforme et surtout égalitaire pour toutes les professions. La partie du rapport de la CESBES concernant les professions et la société exprime en effet la volonté d'instaurer un code des professions qui permette d'harmoniser les rapports des unes aux autres et de faire cesser les luttes de territorialité qui attisent les conflits entre les groupes et accentuent les rigidités du système.

Les auteurs du rapport sur les professions et la société incarnent, comme l'ont montré plusieurs sociologues, la pensée radicale, à la fois technocratique et visionnaire, des principaux artisans de la Commission Castonguay-Nepveu[19]. Aux yeux des auteurs du rapport, dont la plupart sont des universitaires formés à l'étranger aux préceptes de l'économie et de la gestion, l'État constitue le principal levier pour transformer les dynamiques sociales et instaurer l'égalité des chances jusque dans l'accès aux soins et aux services de santé. Idéaliste, le discours dont témoigne le volume sur *Les professions et la société* se veut également sévère par rapport au laxisme qui, affirme-t-on, a de tout temps caractérisé l'attribution des privilèges professionnels.

Les auteurs du rapport de la Commission Castonguay-Nepveu constatent l'éclatement de la notion de profession dans la société québécoise. À leurs yeux, l'octroi des privilèges professionnels s'est toujours fait de façon désordonnée sans qu'aucune réflexion sérieuse sur le sujet n'ait guidé les actes du gouvernement en ce sens. Le phénomène, selon eux, a pris une telle ampleur que l'on ne peut continuer à en ignorer les effets néfastes. S'il y a déjà eu dans le passé une quelconque rationalité à octroyer généreusement pareils privilèges à certains groupes, cette façon de fonctionner est désormais désuète et ne correspond plus aux besoins de la société, affirment les membres de la commission.

D'une part, donc, on décèle dans ce discours le credo d'un État[20] qui aspire à l'établissement d'une société égalitaire et qui se voit au-dessus de celle-ci avec comme principal mandat d'arbitrer les différends et de répartir équitablement les ressources et les concessions aux divers groupes. On trouve trace, également, d'une volonté étatique d'omniprésence dans la gestion de la santé et des services sociaux. S'ensuit une condamnation sévère de l'attitude de laisser-faire adoptée jusque-là par les différents gouvernements:

> C'est ainsi qu'on observe actuellement un certain mouvement de réintégration au sein du processus général des décisions collectives (processus politico-administratif) de certains pouvoirs qu'on avait jadis l'habitude de déléguer. La société est plus diversifiée: d'autres groupes (professionnels et autres) y apparaissent qui s'étonnent de l'emprise des précédents et réclament soit un traitement comparable, soit l'abolition des anciens privilèges[21].

Pour les auteurs de ce rapport, la notion de profession renvoie à un phénomène essentiellement économique. Il s'agit à leurs yeux d'une activité exercée contre rémunération dans le cadre d'une discipline apprise et maîtrisée. En regard d'une telle définition, un monde des professions ordonné selon des rapports profondément inégalitaires ne fait plus sens. C'est de la responsabilité sociale de l'État qu'il y va désormais:

> Si l'on ne peut blâmer les groupes de chercher à améliorer leur statut sans se préoccuper de sa justification sociale ou de son fonctionnement juridique, l'on peut par contre s'étonner de la facilité avec laquelle le législateur accepte une argumentation et une perspective aussi fragmentaire et concède des régimes aussi exorbitants du droit commun, sans se soucier davantage des effets sociaux de la «corporatisation» des professions et du désordre juridique que ce mouvement entraîne[22].

C'est en définitive l'inégalité de privilèges entre les groupes professionnels qui serait la première responsable de cette course au statut.

Enfin, rien ne saurait mieux exprimer la véhémence de ce jugement critique que l'extrait suivant:

> Il est étonnant que les lois relatives aux organismes professionnels ne constituent pas un régime mais une nomenclature disparate de documents législatifs sans correspondance, sans relation et sans complémentarité. Il est renversant de constater que ces lois sont traitées comme des «bills privés» c'est-à-dire comme des projets de loi à caractère particulier alors qu'elles concèdent souvent des attributions de puissance publique aux organismes qu'elles instituent. Il est intolérable que les lois adoptées en rapport avec les occupations par les niveaux provincial et fédéral de gouvernement ne soient pas complémentaires

et articulées les unes aux autres, comme si, une fois de plus, la dialectique constitutionnelle devait l'emporter sur les besoins sociaux et la rationalité professionnelle»[23].

Cette critique acerbe conduit la Commission à proposer un certain nombre de solutions pour édifier un système professionnel plus conforme à sa vision. Selon elle, il faut restreindre, autant que faire se peut, l'attribution de nouveaux statuts professionnels et contenir l'ampleur de la structure existante. Les corporations professionnelles devraient être régies par un cadre uniforme qui leur retirerait leur rôle de défense des intérêts de leurs membres pour le remplacer par celui «d'agent de la collectivité à l'égard du fonctionnement de cette discipline[24]». Dans l'optique de bien séparer ces fonctions génératrices de conflits d'intérêts, il devient nécessaire également de voir à la création de structures syndicales susceptibles d'assumer le rôle de défense des professionnels. Dès lors, aux côtés de l'«ordre professionnel», organisme fermé jouissant du monopole du titre et de pouvoirs délégués plus ou moins étendus[25], on trouverait dorénavant le syndicat, de même que l'association professionnelle, organisme ouvert assumant un rôle au niveau du perfectionnement de ses membres. Aucune profession ne saurait désormais être réglementée en vase clos, c'est-à-dire par ses propres membres et sans la participation du public à une activité qui le regarde. En outre, chaque cas d'attribution d'un statut professionnel devrait être jugé isolément en fonction des enjeux que pose sa candidature en regard de la protection du public, objectif suprême de l'instauration d'un tel système des professions.

Enfin, le principe d'égalité qui traverse toute la réflexion de la Commission par rapport aux professions est clairement exprimé par ces quelques phrases: «À ce rôle uniforme pour toutes les corporations doit correspondre un statut identique. La quasi-dépendance de quelques-unes d'entre elles à l'égard de certaines autres doit être réexaminée; à tout le moins ne saurait-elle être maintenue que dans l'évidence d'une coordination interprofessionnelle obligatoire et avec la certitude qu'elle en constitue le seul moyen efficace[26].»

Quelle sera, dès lors, la traduction légale de cette déclaration de principes que constitue le rapport de la CESBES sur les professions et la société? Dans quelle mesure le Code des professions adopté quelques années plus tard, soit en 1973, reflétera-il cet ambitieux programme? Quels seront, enfin, les effets de l'instauration de ce nouveau système des professions sur les jeunes professions du paramédical qui aspirent à une reconnaissance professionnelle?

Le Code des professions (1973)

Comme suite logique à ces réflexions et recommandations, l'État dépose, dès l'automne 1971, un projet de loi de portée générale, le Code des professions, ainsi que vingt-trois autres projets visant à redéfinir le cadre de pratique des professions reconnues par des lois. Dès leur dépôt, ces projets donnent lieu à l'instauration d'une Commission parlementaire ad hoc destinée à faire entendre la position des divers groupes interpellés. Pas moins de 150 mémoires sont alors présentés, témoignant de l'ampleur du processus de consultation et de négociation auquel donne lieu la commission. Les médecins, il va sans dire, se révéleront partie prenante de cette interaction, non pas simplement pour ce qui concerne la redéfinition de leur propre loi professionnelle, mais également dans le balisage et le quadrillage de tout le champ du paramédical. Il n'est pas de loi de pratique ni de demande de reconnaissance juridique dans ce champ qui aura échappé à leur vigilance. Protégeant jalousement leurs privilèges face à l'exercice de la plupart des professions connexes, ils sont réfractaires à toute vélléité d'autonomie de la part de ces dernières et l'expriment à travers la rédaction de multiples mémoires. De ce fait, les médecins s'imposent comme l'un des principaux interlocuteurs de l'État lors de cette période cruciale de façonnement d'une nouvelle structure professionnelle.

À l'automne 1972, soit un an après le début de la Commission, le gouvernement dépose la version finale du Code des professions et des lois particulières régissant les divers groupes professionnels, version qui sera adoptée en juillet 1973 et mise en vigueur en février de l'année suivante.

Le Code des professions est accompagné d'une instance chargée de voir au respect de son application: il s'agit de l'Office des professions. Conçu comme un organisme tampon entre l'État et les associations professionnelles cherchant à être reconnues légalement, l'Office doit permettre de «dépolitiser le système professionnel[27]» en évitant que des lobbies professionnels continuent, comme par le passé, à faire directement pression auprès de certains députés. L'Office a pour mandat de surveiller et de contrôler les activités des corporations et de faire en sorte que ces dernières s'acquittent de leur mission première qui consiste à protéger le public. À cela s'ajoutent l'élaboration de règlements de même que les fonctions de gestion et d'administration du Code des professions.

La réforme, telle que transcrite dans le Code des professions et dans les mécanismes de son application, se fonde sur le principe même de la corporation et de l'autogestion des groupes professionnels. Loin de faire table rase de cet ancien mode d'organisation, elle le reprend avec l'intention d'en éviter les principaux écueils, dont notamment la lourdeur et la rigidité.

Pour justifier ce choix, les représentants de l'Office soutiennent que la formule des corporations professionnelles, en permettant aux professions de s'autogérer, «est apparue préférable dans des domaines où les non-initiés peuvent difficilement apprécier la qualité des services reçus et, partant, la compétence de ceux qui les dispensent[28]».

Les critères habilitant un groupe de personnes à se constituer en corporation professionnelle sont désormais clairement définis. Le niveau des connaissances exigé, le degré d'autonomie dans le travail, la gravité des préjudices ou des dommages que peut subir la clientèle en cas de mauvaise pratique, de même que la difficulté pour les profanes à juger de la qualité du travail professionnel, sont parmi les principaux éléments à prendre en compte pour déterminer si un groupe doit être reconnu légalement comme profession. Il est à noter cependant qu'en identifiant pareils critères, l'État se fait l'écho des arguments classiques utilisés par les professions pour justifier leurs privilèges et se place d'emblée dans une situation de vulnérabilité par rapport aux revendications des groupes engagés dans le processus de reconnaissance professionnelle.

Il n'est guère étonnant, dans ce contexte, que malgré la volonté très clairement exprimée de gommer les différences de statuts et de privilèges entre les groupes professionnels, l'État ait finalement recréé une structure de type hiérarchique. Le nouveau Code génère en effet deux «classes» de professions: celles qui bénéficient d'une pratique exclusive et celles qui n'ont droit qu'à un titre réservé. Dans le premier cas, la fermeture sociale est totale. Le groupe professionnel jouit du monopole et du contrôle de son champ d'exercice. Quiconque veut exercer la profession doit avoir souscrit aux conditions définies par la corporation professionnelle. Dans le second cas, seul le titre est réservé aux membres de la corporation, le champ de pratique est quant à lui ouvert. Dès lors, nul besoin de faire partie de l'ordre professionnel pour poser les mêmes actes, pourvu qu'on le fasse sous un titre différent de celui qu'il protège.

L'État exprime donc clairement son intention de limiter le plus possible l'octroi d'autres monopoles d'exercice lors de l'attribution de nouveaux privilèges professionnels. Le titre réservé, avance-t-on, permet de maintenir la garantie de protection du public qu'offre la corporation fermée sans pour autant comporter la même rigidité. Ainsi, «...tout en gardant ouvert à tous le champ d'activité professionnelle auquel il réfère, (le titre réservé) constitue pour le public, individu ou personne morale, une présomption que les détenteurs du titre possèdent une formation satisfaisante, sont soumis à l'observation d'un code de déontologie et font l'objet d'une inspection professionnelle régulière[29]».

Comment toutefois tracer la frontière entre ces deux catégories de privilèges professionnels et en fonction de quels critères? L'État se défend bien de vouloir hiérarchiser les groupes professionnels en fonction de leur prestige social ou encore de leur ancienneté. Il met plutôt de l'avant la nécessité d'assurer en tout temps la protection du public. Aussi, explique-t-on, lorsqu'une profession s'exerce principalement dans un milieu organisé, utilisant des procédures de recrutement transparentes et des mécanismes d'évaluation et de surveillance de la pratique professionnelle, il n'est guère nécessaire de lui conférer un monopole d'exercice.

> Par contre, lorsque, pour une activité professionnelle donnée, les relations avec le public sont de type strictement personnel et qu'aucun tiers n'est appelé à être témoin de la qualité des services dispensés, lorsque, en résumé, le professionnel bénéficie d'une très large autonomie d'exercice, il peut devenir important de fermer ce champ d'activité professionnel [...] pour le réserver aux seuls membres d'une corporation et confier à la corporation elle-même le contrôle de la qualité des services distribués[30].

Des 38 groupes professionnels reconnus par le Code des professions en 1973, 21 bénéficieront d'un monopole d'exercice et 17, d'un titre réservé. Or, malgré la recommandation de la Commission Castonguay-Nepveu d'éviter autant que possible tout rapport de sujétion entre les professions, tout se passe comme si la réforme avait plutôt reconduit le partage inégal des privilèges entre les anciennes (et prestigieuses) professions libérales, majoritairement masculines, et les jeunes professions, largement féminines et salariées. Ce faisant, plutôt que de s'en tenir aux principes d'égalité énoncés plus haut, l'État ancre dans un rapport forcément inégalitaire son nouveau cadre de régulation du monde des professions.

Ce n'est qu'au chapitre de l'organisation professionnelle que l'égalité s'établit entre les différents groupes reconnus, puisque chacun d'eux est autorisé à avoir sa propre corporation, investie des mêmes fonctions par rapport aux membres et au public. Toutefois, même à cet égard, les clivages existent. Les moyens dévolus à chaque type de corporation pour s'acquitter de son rôle sont, en effet, loin d'être semblables.

Grandeurs et misères du titre réservé

Bien que l'État s'en tienne à sa résolution d'être très parcimonieux dans l'octroi de nouveaux privilèges, la course au statut professionnel se poursuit tout au long des années 1970 et bien au-delà. La demande de création de monopoles et de protection accrue des champs de pratique émane du nombre grandissant de travailleurs œuvrant dans des champs requérant un savoir poussé. Toutefois, en même temps que s'exprime auprès du gouvernement pareille requête pour intensifier les pratiques restrictives sur le marché du travail, la voix des consommateurs s'élève de façon discordante. Les groupes de pression accentuent, au cours de la période, leurs actions auprès de l'État pour faire en sorte qu'il s'oriente plutôt vers la déréglementation du champ des services professionnels. Laisser libre cours aux lois du marché permettra, affirme-t-on, de stimuler la concurrence et de conférer plus de poids à la demande sociale.

Le titre réservé, en tant que mode de réglementation au carrefour de ces deux tendances, est alors considéré par l'État comme la solution mitoyenne, seule capable de rapprocher ces courants divergents. Pourtant, celui-ci se révélera, à l'usage, difficile à gérer pour les groupes professionnels. C'est ce dont font état les témoignages recueillis lors d'un colloque tenu par l'Office des professions sur le thème spécifique du titre réservé en 1980. Si les avantages de ce système y sont assez promptement passés en revue, les problèmes qu'il pose font couler beaucoup plus d'encre. La grande question demeure celle qui concerne l'efficacité réelle de ce système. Les corporations à titre réservé sont-elles en mesure de remplir le mandat de protection du public qui leur est dévolu par l'Office des professions? Ne s'agit-il pas plutôt d'une sorte de coquille vide, de dispositif factice ne visant qu'à combler partiellement les aspirations des divers groupes en mal de reconnaissance?

En fait, le problème est réel. Le rôle de la corporation à titre réservé est double. L'organisme doit pouvoir assurer la surveillance de la pratique de ses membres, mais il doit également pouvoir offrir aux professionnels un certain nombre de services (formation, recyclage, etc.) de façon à encourager leur adhésion. Si le fait d'être détenteur d'un titre réservé ne se traduit pas, sur le marché de l'emploi, par des possibilités d'embauche plus grandes et de meilleures conditions de travail que celles des concurrents, il subsiste peu d'avantages à devenir membre de la corporation. Or, il n'est pas rare que les employeurs privilégient, pour une même fonction, l'embauche de professionnels non membres des corporations sous prétexte qu'ils coûtent moins cher. De privilège, la possession d'un titre réservé se transforme alors en un handicap majeur.

Le financement des corporations qui s'opère, en outre, à partir des cotisations annuelles varie donc beaucoup d'une corporation à une autre. Plus les adhérents sont nombreux et plus la marge de manœuvre de l'organisme est grande. Les corporations à titre réservé sont forcément les parentes pauvres de ce système. Tenues de répartir leur enveloppe budgétaire entre les services offerts aux membres et les activités de surveillance de la pratique, elles sont condamnées à faire des choix. Ces corporations doivent nécessairement réduire les services aux membres pour être en mesure d'assumer financièrement leur rôle de surveillance; ce qui, d'emblée, entraîne la désaffection de leurs membres. Par ailleurs, cette situation rend très difficile l'exercice d'un réel contrôle sur la pratique professionnelle, comme le souligne un participant lors du colloque tenu sous l'égide de l'Office des professions: «Les organismes responsables de la gestion des professions à titre réservé [...] sont-ils en mesure d'empêcher certaines personnes qui n'en sont pas membres de se présenter faussement comme possédant une compétence et une intégrité garanties par eux? Par ailleurs, si un membre, pour éviter d'avoir à se soumettre à une recommandation ou à une sanction que pourrait prendre contre lui le comité d'inspection professionnelle ou le comité de discipline, décide de se retirer de la corporation, qu'en est-il de la protection du public[31]?»

Ainsi, la réforme du système des professions n'est finalement pas si profonde que ce qu'annonçait le rapport de la CESBES en 1970. L'établissement d'un système «à deux vitesses», où certaines professions ont un monopole d'exercice et d'autres un titre réservé, ressemble d'autant plus à l'ancienne hiérarchie que ce sont les plus vieilles professions qui conservent le haut du pavé alors que les plus récentes se trouvent dans la situation moins enviable que leur procure le titre réservé. Cette hiérarchie tangible sera en outre renforcée par l'introduction du principe de délégation des tâches à une main-d'œuvre technique moins coûteuse, comme nous auront l'occasion de le voir dans les prochains chapitres.

Disposant d'assises institutionnelles et juridiques moins assurées que leurs prédécesseures et jouissant d'un prestige social moindre, les nouvelles professions paramédicales, majoritairement féminines, doivent également porter le fardeau de frontières moins étanches et donc moins protégées que celles de la médecine. La multiplication de ces professions s'accompagnera dès lors forcément d'une augmentation concurrente des conflits interprofessionnels.

L'ONTARIO: UNE ÉVOLUTION TRANQUILLE

Au cours des années 1960 et 1970, l'Ontario ne traverse pas, à l'instar du Québec, une «Révolution tranquille» au terme de laquelle l'État provincial s'affirmerait comme une force omniprésente dans différents secteurs de la société. La province ontarienne est plutôt le théatre d'une «évolution tranquille» dans le domaine de la santé; évolution qui, par plusieurs aspects, rejoint cependant les changements qui se produisent au Québec. Devenu plus interventionniste, l'État ontarien procède, lui aussi, à une réévaluation de son attitude passée face aux groupes professionnels dans le champ de la santé et affirme sa volonté d'exercer un contrôle plus étroit sur leur régulation. Une loi cadre, le «Health Disciplines Act» (HDA) est adoptée à cette fin en 1974. Par la suite, cependant, le gouvernement provincial s'engagera dans un processus de consultation et de négociation assez lourd, mais surtout générateur de frustration. Alors qu'il proclame son intention ferme de limiter dans l'avenir l'octroi de privilèges professionnels, le gouvernement ontarien doit, en fait, répondre aux pressions d'une multitude de groupes qui aspirent, soit à la seule reconnaissance juridique — c'est le cas des diététistes — soit à l'autonomie complète — comme le voudraient les physiothérapeutes. Il semble toutefois que l'État ontarien ait eu de la difficulté à jouer le rôle d'un arbitre neutre, capable de trancher entre des groupes que leurs aspirations professionnelles dressent souvent les uns contre les autres. En gardant à l'esprit l'évolution des politiques québécoises dans ce domaine, il serait intéressant de rappeler comment l'Ontario se démarquera de la province voisine dans sa gestion du phénomène professionnel.

La réglementation des professions de la santé en Ontario avant 1970

Comme le soulignait Claude-Armand Sheppard dans son étude sur les professions de la santé au Québec, l'Ontario n'a pas fait preuve d'autant de générosité que la province voisine en ce qui a trait à l'attribution de titres et de monopoles professionnels[32]. Moins prolixe que le gouvernement du Québec, l'État ontarien n'en partage pas moins avec ces derniers quelques traits communs. Ainsi, jusque dans les années 1970, il se contente, lui aussi, d'un rôle passif dans le champ de la réglementation des professions de la santé, se limitant à répondre à la demande de groupes occupationnels qui sollicitent une reconnaissance légale et l'octroi de privilèges professionnels. Ces groupes réclament un monopole d'exercice, essentiel soutiennent-ils, pour protéger le public contre l'intervention de praticiens incompétents. Ils convoitent aussi le statut de corporation fermée ou «College», grâce auquel la profession pourra établir les critères d'admission de ses membres, déterminer le contenu et le niveau de leur formation et juger de leur conduite[33]. Cet idéal-type pourtant n'est le privilège que d'un petit groupe de professions en Ontario, celles qu'on a désignées d'emblée comme les «*seniors professions*» ou encore les «professions primaires».

De fait, c'est au cours du dernier tiers du XIXe siècle que les médecins et les chirurgiens, les dentistes et les pharmaciens obtiennent de l'État ontarien qu'il leur reconnaisse un statut de corporation fermée, ainsi qu'un monopole d'exercice. Au début du XXe siècle, les optométristes reçoivent à leur tour ce privilège. Puis en 1962, après plusieurs décennies d'efforts, les infirmières obtiennent, elles aussi, la création d'un Collège. Dans leur cas, un tel privilège n'est toutefois pas accompagné d'un monopole d'exercice, et pas davantage d'un droit de contrôle complet sur leur formation professionnelle[34].

Outre ces professions dites primaires, d'autres groupes occupationnels œuvrant dans le champ de la santé seront reconnus juridiquement par l'État ontarien au cours du XXe siècle. Certains, tels les techniciens en radiologie, les psychologues et les chiropodistes, obtiennent une reconnaissance partielle, en ce qu'ils n'ont droit qu'à la protection de leur titre. Un troisième groupe de professions, enfin, fait l'objet d'une réglementation commune. Le gouvernement adopte en effet, dès 1925, une loi unique régissant plusieurs professions à la fois: le «Drugless Practitioners Act» (DPA). Cette loi représente, en fait, une mesure de compromis. Bien qu'interpellé par la profession médicale afin de surveiller la conduite et de restreindre le champ de pratique de certains groupes qui, au dire des médecins, menacent la santé du public, l'État n'en est pas moins sensible aux pressions qu'exercent ces mêmes groupes en vue d'obtenir à leur tour le statut de corporation fermée. Aussi accepte-t-il d'accorder une reconnaissance juridique à cinq d'entre eux, mais en les regroupant sous le vocable de «*drugless practitioners*». Il s'agit des chiropraticiens, des chiropodistes, des ostéopathes, des masseurs (le nom assigné à l'époque aux physiothérapeutes) et des «*drugless therapists*[35]».

Le DPA prévoit l'établissement d'un Bureau des Régents (*Board of Regents*), dont les membres sont nommés par l'État. Cet organisme a pour responsabilité de définir le champ de pratique de chacun des groupes concernés, de déterminer le niveau de formation qu'ils requièrent pour pratiquer et d'exercer des sanctions contre les praticiens coupables d'incompétence ou de mauvaise conduite. Seuls les professionnels dûment enregistrés sous le DPA ont le droit de pratiquer en Ontario, dans les limites établies par la loi. Les autres sont passibles d'une amende, voire d'une peine d'emprisonnement.

Le DPA bénéficiera d'une certaine pérennité en Ontario puisqu'il est toujours en vigueur dans les années 1970. Il subit toutefois au fil des années certaines modifications importantes. Ainsi en 1944, les disciplines régies par le DPA sont regroupées en deux catégories: les occupations majeures et mineures. Parmi les premières, on retrouve les chiropraticiens, les ostéopathes et les *drugless therapists*, alors que les masseurs et les physiothérapeutes (il s'agit maintenant de deux groupes distincts) se voient intégrés à la seconde catégorie. Les membres des occupations mineures ne peuvent traiter un patient que sur ordonnance d'un médecin ou de l'un des praticiens appartenant aux professions «majeures»[36].

Un tel système de classification s'avère cependant générateur de conflits d'autant que la formation et les qualifications requises par les disciplines d'une même catégorie peuvent différer grandement. Ainsi, pendant que l'on exige des physiothérapeutes une formation universitaire, les masseurs peuvent se contenter de simples cours par correspondance. De même, si l'on attend des physiothérapeutes qu'elles travaillent sous la supervision des médecins, tel n'est pas le cas des chiropraticiens, pourtant fort suspects aux yeux de la profession médicale.

Afin de désamorcer ce climat de tension et de rivalités, le gouvernement révise le DPA en 1952 pour permettre à chaque groupe professionnel d'être géré par son propre conseil de direction (*Board of Directors*). L'ancien Bureau des Régents est alors dissous, et les nouveaux conseils reçoivent la responsabilité d'édicter eux-mêmes les règlements concernant l'enregistrement, la formation et la conduite de ceux qu'ils représentent. Les membres de ces conseils de direction sont toujours nommés par le gouvernement, mais ils sont issus de la discipline dont ils assument la gestion[37].

Le «Committee on the Healing Arts»: un appel à l'intervention de l'État

Jusque dans les années 1970, la réglementation des professions de la santé en Ontario ne relève donc pas d'une politique globale garantissant à l'État des mécanismes de contrôle et de coordination dans ce domaine. Au contraire, le gouvernement préfère accorder aux groupes qu'il accepte de reconnaître juridiquement leur propre législation et leurs propres instruments de gestion, ce qui alimente leur indépendance et leur volonté de défendre jalousement «leur territoire». Les professions qui obtiennent le statut de «Collège» sont les plus privilégiées à cet égard. Toutefois, même les disciplines relevant du DPA obtiennent une relative autonomie à compter de 1952, puisqu'elles disposent dorénavant de leur propre conseil de direction.

Or, avec l'expansion et la diversification des services de santé et du personnel qui les dispensent, l'introduction de l'assurance-hospitalisation et la hausse vertigineuse des coûts reliés aux services hospitaliers au milieu des années 1960, l'État ontarien devra entreprendre, à l'instar des autres gouvernements provinciaux, une vaste réflexion sur son système de santé. En 1966, il établit le «Ontario Council of Health» (OCH), organisme permanent chargé de conseiller le ministre sur toutes les questions relatives à la santé. La même année, alors que le gouvernement québécois met sur pied la Commission Castonguay-Nepveu, son homologue ontarien établit pour sa part le «Committee on the Healing Arts», présidé par Horace Krever. Le Comité doit agir comme un corps indépendant et neutre, aucun de ses membres ne pratiquant dans le champ de la santé. Le «Committee on the Healing Arts» reçoit comme mandat explicite d'examiner tout ce qui concerne la formation et la réglementation des professions de la santé, dont la multiplication rapide requiert, estime-t-on, une intervention de l'État. Ce faisant, le Comité réfléchira inévitablement sur les structures du système de santé ontarien, ainsi que sur l'efficacité et la coordination des services qu'il offre à la population[38].

Dans son rapport final, déposé en 1970, le «Committee on the Healing Arts» recommande une révision en profondeur du système de réglementation des professions de la santé. À l'instar de la Commission Castonguay-Nepveu, il porte un jugement très sévère sur le régime passé en le taxant de laxiste quant à l'attribution des privilèges professionnels. Dans ce système, les professions reconnues auront été par trop portées à défendre et à promouvoir leurs propres intérêts au détriment de ceux du public. Or, d'insister le Comité: «It cannot be overemphasized that primacy of the public interest must be the cornerstone of any regulatory structure[39].» L'octroi de monopoles d'exercice, enfin, est perçu comme un obstacle au développement des services de santé, puisqu'il empêche l'émergence de nouvelles professions dans le champ sanitaire[40]. En somme, l'ancien régime de réglementation ne permet pas le bon fonctionnement d'un système de santé où l'on veut promouvoir les objectifs de qualité, d'accessibilité, de coordination des services, de flexibilité, d'économie et d'efficacité et enfin, de liberté, c'est-à-dire le droit des patients de choisir le praticien de son choix[41].

Le Comité propose donc une série de recommandations dont la portée est considérable. En effet, il se prononce en premier lieu pour une intervention poussée de l'État dans le champ de la réglementation des professions de la santé[42]. Plus précisément, le Comité élabore les paramètres d'un nouveau système de réglementation qui a pour objectif principal d'établir l'harmonie entre des professions que l'on veut complémentaires plutôt qu'antagonistes. À cette fin, le Comité recommande que le gouvernement résiste aux pressions exercées par les professions sollicitant le statut de corporation fermée ainsi que le monopole d'exercice. Tenant compte, par ailleurs, de l'histoire passée des professions de la santé en Ontario, le Comité propose que les plus anciennes (les «*seniors*») conservent leurs privilèges, à l'exception du nursing auquel on désire n'accorder que le titre réservé. Par ailleurs, plusieurs groupes, tels les diététistes et les travailleurs sociaux, se voient refuser toute forme de reconnaissance juridique, l'État ne jugeant pas celle-ci indispendable pour servir l'intérêt et la protection du public. Plus d'une quinzaine de professions, dont celles réglementées par le DPA, seront désormais régies par une nouvelle loi parapluie destinée à remplacer ce dernier: il s'agit du «Health Disciplines Act» (HDA). De plus, un organisme administratif responsable devant le ministre de la santé, le «Health Discipline Regulation Board» (HDRB), sera mis sur pied afin d'édicter les règlements relatifs à l'enregistrement et à la conduite des praticiens concernés. Les membres du HDRB doivent être nommés par l'État et représenter, de façon équitable, les diverses disciplines considérées dans la loi. Chacune de ces dernières devra présenter ses propres projets de règlements au HDRB qui les soumettra à son tour à l'approbation du gouvernement[43].

Si le «Committee on the Healing Arts» voit dans le HDA un moyen efficace de contrer la multiplication des lois ne s'appliquant qu'à un seul champ disciplinaire, il ne se préoccupe guère d'uniformiser les statuts des professions couvertes par la nouvelle loi. Le Comité recommande en effet l'octroi de la pratique exclusive pour les unes — c'est le cas de la physiothérapie et de la chiropractie — mais seulement le titre réservé pour les autres (assistantes infirmières, ergothérapeutes, orthophonistes, etc.)[44]. Ainsi, à l'instar de ce qui se passe au Québec, la nouvelle structure professionnelle proposée par le «Committee on the Healing Arts» se trouve à établir une hiérarchie dominée par les professions les plus anciennes et les plus prestigieuses qui conservent leurs anciens privilèges, et les jeunes champs disciplinaires, le plus souvent investis par des femmes.

Les années 1970: une période de consultation sans fin

Le Rapport du «Committee on the Healing Arts» répond manifestement aux attentes de l'État. Le gouvernement ontarien endosse ses principales recommandations en 1971[45] et le HDA est adopté quelques années plus tard, soit en 1974. Il s'agit toutefois d'une législation partielle: le HDA ne statue alors que sur le sort des cinq professions «*seniors*» ou «primaires», soit les médecins, les dentistes, les pharmaciens, les optométristes et les infirmières. Chacune de ces professions conserve le privilège d'être réglementée par un «College» ou corporation fermée. On prévoit ajouter d'autres sections au HDA une fois que le gouvernement aura complété un processus de consultation auprès du public et de nombreux groupes qui doivent faire l'objet d'une réglementation. Toutefois ce processus s'étirera sur près de dix ans, sans qu'il en ressorte aucune mesure concrète.

Comment expliquer cette inertie de l'État à cette étape du processus? Tout laisse croire que le gouvernement provincial s'estime incapable d'articuler une politique globale par rapport à la régulation des professions de la santé et ce, en dépit des nombreuses études dont il dispose et desquelles il peut s'inspirer. La grande priorité de l'État demeure, au cours des années 1970, celle de freiner les dépenses dans le champ de la santé. Pour le reste, «all seems to have been planning for planning[46]» dira un analyste du système de santé ontarien. Par ailleurs, il semble que le gouvernement hésite à se positionner clairement par rapport aux nombreuses requêtes que lui soumettent les divers groupes impliqués dans le processus de négociation. Non seulement plusieurs d'entre eux réclament-ils la pratique exclusive et le statut de corporation fermée, mais plusieurs autres profitent de cette consultation pour chercher à étendre leur champ de pratique.

Pour sortir de l'impasse, l'État décidera d'entreprendre, en 1982, une nouvelle révision globale de la structure professionnelle dans le champ de la santé. Le «Health Professions Regulation Review» reçoit en effet le mandat de revoir toute la question de la réglementation dans le but de compléter et d'améliorer le HDA. Un nouveau processus de consultation est entamé auprès des groupes concernés, qui ne prendra fin qu'au seuil des années 1990. Plus de soixante-dix professions demanderont alors à être reconnues. De ce nombre, une vingtaine seulement obtiendra gain de cause[47]. Pendant toutes ces années, comme nous le verrons, les diététistes et les physiothérapeutes participent à fond au processus de consultation entrepris par le gouvernement, résolues qu'elles sont à améliorer leur statut professionnel.

* *
*

En définitive, force est de constater que l'État ontarien adopte au cours de ces années de changements une attitude hésitante qui, assurément, ne lui permet pas de traduire par des mesures concrètes les orientations qu'il se sera données. Dans cette indécision, il faut peut-être voir en filigrane l'attachement de la société ontarienne à un libéralisme qui cohabite mal avec l'idée d'un État interventionniste. Tout porte à croire qu'il en aura été de la réforme des professions comme de la réforme de la santé en Ontario. Comme le souligne, à juste titre, une analyse récente du système de santé ontarien, ce dernier «s'est développé étape par étape, d'une façon évolutionniste et sectorielle plutôt qu'abrupte et intégrale. [...] Les approches planificatrices visaient donc le court terme au lieu du long terme. Elles comprenaient des ajustements du système plutôt que des innovations et des virages radicaux. Elles étaient prudemment réformistes plutôt que fondamentales et visionnaires[48]». Sans vision globale, sans tentative d'uniformiser et de standardiser l'attribution des privilèges professionnels, le gouvernement ontarien était d'emblée dans une position qui l'empêchait d'imposer aux groupes professionnels ses règles du jeu.

En Ontario comme au Québec, toutefois, force est de constater que le rôle de l'État s'est considérablement modifié au cours de ce dernier demi-siècle. Quoiqu'à des degrés divers d'une province à l'autre, le gouvernement s'est progressivement investi d'un rôle central dans la régulation des groupes professionnels, notamment dans le champ de la santé. L'État libéral demeure, cependant, une institution dont l'unité et la cohésion ne sont pas sans faille. On devrait plutôt l'assimiler à un vaste forum où s'affrontent plusieurs groupes sociaux. Dans cette optique, la légitimité de l'État reposerait sur un discours qui fait appel à l'intérêt général et à des principes d'égalité et de progrès. C'est, de fait, dans un tel esprit que furent annoncées les vastes réformes des dernières décennies. Pourtant, leur mise en œuvre s'est butée à un système de négociation où s'affrontaient forcément des logiques différentes. Il fallait d'abord compter avec celle des groupes professionnels, qui visaient à l'atteinte d'une autonomie et d'un monopole sur leur champ de compétence reconnu. Il fallait aussi compter avec la logique, moins évidente quoique bien réelle, des consommateurs de services cherchant à laisser jouer librement les forces du marché; et enfin, avec celle de l'État qui est double et par moments contradictoire. En effet, la logique de l'État gestionnaire et employeur visait à rationaliser l'utilisation de la main-d'œuvre professionnelle, alors que celle de l'État législateur l'obligeait à faire preuve d'une certaine neutralité dans l'arbitrage des conflits sociaux. En définitive, dans leurs tentatives d'atteindre un monopole d'exercice, les divers groupes professionnels, dont la diététique et la physiothérapie, allaient en quelque sorte faire les frais de ces logiques contradictoires.

7

Des champs de pratique à constituer et à protéger: le cas du Québec

Au fil du temps, la diététique et la physiothérapie ont subi de profondes transformations. Les professeures d'art culinaire et les masseuses du début du siècle n'ont rien en commun avec ces spécialistes qui établissent des plans de traitement et qui gèrent des services hospitaliers à la fin des années 1970. Une telle évolution est largement tributaire d'un processus de professionnalisation qui passe notamment, on l'a vu, par la constitution d'associations professionnelles et par le développement d'une formation de niveau universitaire.

À partir du milieu du xxe siècle, les diététistes et les physiothérapeutes du Québec vont tenter de consolider encore davantage leurs assises professionnelles. Et elles vont le faire avec un modèle bien précis en tête: celui des professions libérales. Sans prétendre égaler en tous points ces dernières, les spécialistes de la nutrition et de la réadaptation convoitent cependant pour elles-mêmes les privilèges réservés jusqu'ici à ces groupes prestigieux et majoritairement masculins. À l'instar des médecins surtout, mais aussi des pharmaciens, des avocats ou des notaires, elles vont donc réclamer un champ d'exercice exclusif, une pratique privée ainsi qu'une place au sein des structures de l'État. Ces trois attributs des professions libérales constituent à leurs yeux la meilleure garantie d'autonomie, le meilleur moyen de contrôler leur propre avenir. Ce faisant, c'est un choix stratégique qu'elles effectuent puisque d'autres voies de professionnalisation existent, celles qu'empruntent par exemple les institutrices, les bibliothécaires ou les archivistes.

Un tel choix a, bien sûr, des incidences multiples. On verra qu'il a longtemps détourné les diététistes et les physiothérapeutes du syndicalisme. On verra aussi qu'il les amènera à adopter une attitude plus revendicative face à l'État, un interlocuteur qu'elles affrontent également au sujet de leur formation et de leurs conditions de travail. Impossible en effet d'ignorer ce dernier quand il s'agit d'obtenir un statut juridique, un rôle dans l'élaboration des politiques gouvernementales, ou encore les moyens nécessaires pour développer une pratique en cabinet privé. Sur l'ensemble de ces points, les négociations seront longues et difficiles. Et elles le seront d'autant plus que l'État s'attribue au même moment un double rôle. À la suite des réformes simultanées qu'il opère dans le monde professionnel et dans le secteur de la santé, il se voudra à la fois un législateur soucieux du bien public et un employeur préoccupé par les coûts qu'entraîne une multiplication des privilèges professionnels.

Par ailleurs, la volonté d'affirmation professionnelle des diététistes et des physiothérapeutes interpelle les professions connexes. Revendiquer le monopole d'un champ d'exercice signifie tout autant s'affranchir de certaines tutelles qu'exclure de ce champ les groupes qui ne répondent pas aux critères établis. Quitter le cadre hospitalier pour ouvrir des cabinets privés et établir une ligne directe, sans intermédiaires, avec les instances étatiques décisionnelles signifie aussi échapper à des hiérarchies jugées trop pesantes. Dans ce contexte, les luttes de «territorialité» entre les groupes professionnels impliqués ne peuvent que s'exacerber.

Le choix des diététistes et des physiothérapeutes les entraîne donc insensiblement dans une logique à laquelle elles peuvent difficilement échapper. Leur rêve de monopole, d'autonomie professionnelle et de participation aux politiques gouvernementales met en branle des dynamiques essentiellement antagoniques. La leur d'abord. Celle de l'État ensuite, qui tente de concilier les objectifs parfois contradictoires que lui impose son double rôle de législateur et d'employeur. Celle des professions connexes enfin, qui veulent défendre ou étendre les frontières de leur champ de pratique. Une longue saga s'amorce, saga qui mobilisera une somme d'énergies impressionnante. Mais, pour ces professionnelles du paramédical, le jeu en vaut la chandelle: l'amélioration de leur statut professionnel est à ce prix.

La course aux monopoles professionnels: semi-échec ou semi-victoire?

Lorsque les diététistes entament dans les années 1950 leurs démarches pour obtenir leur incorporation, très peu de professions féminines font partie du club très sélect et très fermé des corporations professionnelles. Seules les infirmières et les techniciennes dentaires y sont admises à cette époque, les unes munies d'un monopole de pratique (1946) et les autres d'un titre réservé (1944). Prudentes, les diététistes se contentent de demander la protection de leur titre dans un premier temps. La directrice de l'Institut de diététique et de nutrition de l'Université de Montréal explique que: «[...] une association aussi peu connue et comptant aussi peu de membres que la nôtre qui tenterait de s'ériger dès sa première demande de législation en profession fermée se verrait refuser la loi proposée. [...] Tout comme dans le cas des infirmières, seuls des amendements futurs pourront nous obtenir le statut légal auquel nous aspirons[1]».

Sans coup férir, ce qui l'étonne d'ailleurs un peu, l'Association des diététistes du Québec peut s'enorgueillir en 1956 d'avoir décroché un statut de corporation à titre réservé, une première au Canada. Elle s'empresse d'ailleurs l'année suivante d'aviser une cinquantaine de personnes que les titres de «diététiste» ou «diététiste professionnelle» sont maintenant réglementés et qu'il faut répondre à des critères bien précis pour pouvoir les porter en toute légalité.

Les physiothérapeutes tentent leur chance en 1965, cinq ans après la création de leur association. Allant droit au but, elles demandent un statut de professionnelles assorti d'une pratique exclusive et légitiment en ces termes leur requête à l'État:

> N'importe qui peut décider n'importe quand de s'affubler du titre de physiothérapeute et s'annoncer comme pratiquant la physiothérapie. Rien n'empêche un quidam d'ouvrir un studio de santé, de solliciter par tous les moyens la clientèle à grand renfort de publicité en prétendant offrir les services de la physiothérapie. [...] Point n'est besoin d'insister sur les dangers, les conséquences graves et parfois irréparables qui découlent de l'absence totale de toute loi réglementant la pratique de la physiothérapie en notre province. C'est le public qui en souffre. Il ne peut pas connaître les qualifications de la personne qu'il consulte pour traitement et qui se désigne comme étant physiothérapeute. Les contrecoups de tels traitements factices ou inappropriés affectent non seulement l'intégrité corporelle de celui qui en est l'innocente victime, mais soulagent aussi son portefeuille d'une somme rondelette. Le contribuable s'en trouve aussi affecté parce que, tôt ou tard, le malade nécessite des soins prolongés et élaborés pour tenter de corriger les méfaits d'une situation qui aurait pu facilement être évitée si le titre de physiothérapeute était réservé à ceux qui le méritent[2].

Leur projet de loi franchit presque toutes les étapes, aucune opposition sérieuse ne se profile à l'horizon et les «trois cents membres poussent déjà un soupir de soulagement[3]». À la dernière minute cependant, leur projet de loi meurt au feuilleton de l'Assemblée législative. Le gouvernement vient de décréter qu'aucune loi de ce type ne sera adoptée avant le dépôt du rapport de la Commission Castonguay dont le mandat consiste notamment à étudier le rôle des professions dans le secteur de la santé. Ce rapport, on l'a vu, critiquera sévèrement le système professionnel québécois. Il conclura que l'État a délégué à la légère des pans entiers de sa juridiction sur des secteurs «vitaux» de l'activité humaine et qu'une réforme en profondeur s'impose.

L'annonce en 1971 d'un tel projet de réforme des professions crée une onde de choc qui se répercute dans l'ensemble du monde professionnel. Tous les groupes se mobilisent pour réclamer des privilèges, donner leur avis sur les aspirations des occupations concurrentes, et se prononcer sur les orientations de la réforme. Devant la commission parlementaire chargée de cette question, les mémoires déposés et les intervenants entendus se succèdent à un rythme accéléré. Ni les diététistes, ni les physiothérapeutes ne manquent ce rendez-vous où se joue leur avenir. Bien que le contexte ne soit pas très favorable à la constitution de nouveaux monopoles, elles plongent résolument dans la mêlée, les unes parce qu'elles ont déjà franchi la première étape (le titre réservé), les autres parce que la pratique exclusive ne leur a échappé que de justesse.

L'énergie qu'elles investissent dans cette lutte est considérable. Les deux associations professionnelles créent des comités chargés d'étudier les meilleures stratégies et de défendre leurs revendications devant les instances concernées. Elles sollicitent l'appui de leurs membres[4], engagent des conseillers juridiques, courtisent les médias, rencontrent à plusieurs reprises ministre et sous-ministre, rédigent projets de loi après projets de loi et se présentent finalement en commission parlementaire.

La clef de voûte de l'argumentation des diététistes et des physiothérapeutes est la même: la protection du public. Elles n'ont d'ailleurs pas le choix, l'État ayant décidé qu'il s'agit désormais de la seule justification possible des privilèges professionnels. Chacune de son côté, elles démontrent d'abord le niveau élevé de leur formation et insistent sur le fait que cette dernière se donne à l'université, partout au Canada. La corporation des diététistes souligne en outre que la nutrition constitue un processus vital et complexe que ses membres sont seules à maîtriser puisque «le diététiste est le professionnel le mieux formé dans le domaine de la nutrition», davantage même que le médecin[5].

Suite logique de cette démonstration: si la pratique de la physiothérapie ou de la diététique requiert une formation aussi poussée, il est alors évident que ceux qui en sont dépourvus représentent un danger potentiel pour le public et ne devraient pas être autorisés à exercer. Sont ainsi visés les «charlatans», les «pseudo-physiothérapeutes», les «conseillers en nutrition», ceux «qui édifient leur réputation avec des données fondées sur de simples opinions et liées le plus souvent à des intérêts commerciaux», ou encore les personnes «animées de bonnes intentions mais dont les connaissances sont nulles[6]». Les physiothérapeutes indiquent que leurs soins ont des effets directs sur le patient. Les diététistes signalent qu'elles traitent des cas pathologiques graves comme le diabète, les problèmes cardiaques et l'arthrite; elles s'avouent perplexes devant la position du législateur qui refuse l'exclusivité aux spécialistes de l'alimentation humaine mais juge indispensable de l'accorder aux spécialistes de l'alimentation du bétail! Les deux groupes soulignent ainsi qu'ils interviennent dans un domaine — la santé — où l'incompétence ne pardonne pas.

Jusqu'ici, ces professionnelles avancent leurs pions de la même manière dans cette difficile partie d'échecs. Leur argumentation ne les distingue guère d'ailleurs des autres groupes qui revendiquent une pratique exclusive. Infirmières auxiliaires, technologistes médicales, inhalothérapeutes, ergothérapeutes, podiâtres, audioprothésistes et chiropraticiens, tous et toutes invoquent en premier lieu leur savoir et la protection du public. Dans cette course aux privilèges, tous ne partent cependant pas avec le même bagage. La nature de leur travail, leurs rapports avec des professions connexes notamment, sont différents et les obligent à choisir des stratégies distinctes, adaptées à leur situation spécifique. C'est ici que les voies des physiothérapeutes et des diététistes se séparent.

Si les premières vont réclamer sans désarmer la pratique exclusive, les secondes vont se voir obligées de diminuer leurs exigences. Contrairement à la physiothérapie, le champ d'exercice de la diététique comprend non seulement des actes thérapeutiques, mais englobe en outre l'éducation du public et la prévention en matière d'alimentation. Or, après avoir tâté le terrain, la Corporation professionnelle des diététistes du Québec (CPDQ) s'aperçoit que cette caractéristique rend sa cause désespérée. Le ministre Castonguay ne voit aucune raison de fermer un champ aussi vaste alors que, selon lui, d'autres groupes peuvent œuvrer dans le domaine de la nutrition sans danger pour la population. En 1972, la corporation rajuste donc le tir. Puisque «on ne peut quand même pas, en démocratie, empêcher qui que ce soit de diffuser ses idées, sa philosophie sur la façon de poser un acte aussi simple que celui de s'alimenter quotidiennement[7]», elle propose de se contenter d'un monopole portant uniquement sur les actes diététiques spéciaux (les cas pathologiques, les femmes enceintes et les enfants en croissance). Les physiothérapeutes, pour leur part, n'envisageront à aucun moment l'alternative d'un monopole partiel.

Les stratégies des deux groupes divergent aussi sur la manière dont ils se situent face à la profession phare du secteur de la santé qu'est la médecine. Évoluant le plus souvent dans des zones périphériques du monde médical, les diététistes affirment leur autonomie en rappelant que les médecins eux-mêmes les reconnaissent comme les seules spécialistes de la nutrition: ils ne peuvent donc pas refuser la collaboration des diététistes sous peine de prescrire des diètes que, en leur âme et conscience, celles-ci se verraient obligées d'ignorer. La pratique des physiothérapeutes se situe par contre exclusivement dans l'univers des soins thérapeutiques et, qui plus est, ces professionnelles partagent leur champ d'activité avec des médecins spécialistes, les physiâtres. Conscientes de graviter dans l'orbite du pouvoir médical, elles choisissent de se présenter comme des collaboratrices à la fois proches et respectueuses des médecins, n'agissant au grand jamais sans ordonnance. Elles prennent cependant soin de préciser que leur statut de professionnelles dotées de compétences complexes et diversifiées devrait leur valoir une pratique exclusive.

Malgré ces précautions, lorsqu'une première mouture du Code des professions accorde en 1972 le monopole d'exercice aux physiothérapeutes, la réaction des physiâtres est immédiate et cinglante[8]. L'idée d'une enclave dans leur champ les choque profondément, même s'ils conservent comme médecins le droit de poser les actes réservés aux physiothérapeutes. Ils rappellent d'abord que celles-ci doivent être munies de deux viatiques pour approcher un patient: une prescription médicale (rédigée par un médecin généraliste ou spécialiste) et un plan de traitement détaillé (élaboré par un physiâtre). Ils ajoutent que c'est justement parce qu'elles travaillent sous supervision médicale qu'il serait inutile, voire dangereux, de leur octroyer le privilège d'un monopole d'exercice. La stratégie des physiothérapeutes qui misait sur le parrainage prestigieux des médecins s'est donc retournée contre elles.

Le 6 juillet 1973, le verdict tombe. Le Code des professions reconnaît 21 corporations à pratique exclusive parmi lesquelles ne figurent ni les diététistes ni les physiothérapeutes, rangées parmi les 17 professions à titre réservé. Officiellement, la raison est simple: ces professionnelles ne rencontrent pas le critère de la pratique autonome. La majorité d'entre elles travaillent dans les hôpitaux qui sont en mesure de contrôler la qualité de leurs services et rendent ainsi superflue la création d'une corporation fermée.

Officieusement, d'autres facteurs ont certainement joué puisque des professions avec la même caractéristique — les infirmières, les techniciennes en radiologie — voient leur monopole confirmé. Hésitant à abolir des privilèges acquis par le passé, voulant par ailleurs limiter au maximum la création de nouveaux monopoles, l'État employeur et législateur a néanmoins tenu compte des revendications des professions jeunes et sans «droits acquis». Le titre réservé des physiothérapeutes et des diététistes semble donc correspondre à un compromis entre leurs revendications et les objectifs multiples de l'État. S'ajoute à ceci, dans le cas des physiothérapeutes, l'opposition des physiâtres qui paraît avoir pesé lourd dans la balance du législateur.

Chez les diététistes et les physiothérapeutes, la déception est grande, à la mesure des énergies investies depuis plusieurs années. Leur désappointement est cependant tempéré par le fait que l'État leur a octroyé un statut légal de professionnelles, ce qui procure tout de même certains avantages. Il est aussi atténué par l'idée que tout n'est peut-être pas encore perdu: les lois peuvent être modifiées, après tout. Le Code des professions à peine publié, loin de rendre les armes, elles reprennent leur quête d'une pratique exclusive. C'est un sentiment d'insécurité qui les pousse à persévérer et leurs archives parlent même de «survie». Sans monopole pour se défendre, elles craignent de voir leur champ d'exercice rétrécir — si ce n'est disparaître — sous la pression conjuguée des médecins, des techniciennes, d'autres professionnels-les ou des «amateurs». Après 1973, les deux corporations persistent donc. Année après année, elles saisissent toutes les occasions, montent à toutes les tribunes pour tenter d'obtenir un monopole de pratique.

La CPDQ emprunte d'abord des voies détournées. En 1973, tel que prescrit par la loi, elle rédige son code de déontologie... pour le voir rejeté sans ambages. L'Office des professions du Québec (OPQ) estime que le code présenté s'apparente étrangement à celui d'une corporation fermée en interdisant aux membres de s'associer ou de travailler sous la supervision d'une personne non-membre. Trois fois, la CPDQ soumettra son code, trois fois celui-ci sera refusé, jusqu'à ce que, de guerre lasse, il soit réécrit selon les règles en 1978. Parallèlement, la corporation adopte une stratégie plus directe et présente à nouveau sa demande de monopole partiel à l'État. Si, en 1972, elle proposait déjà de réserver uniquement les régimes alimentaires spéciaux à ses membres, en 1975, elle affirme qu'un monopole portant sur les cas pathologiques serait suffisant. En vain. L'OPQ lui refusera toute exclusivité, qu'elle soit totale ou restreinte.

Le temps permet par ailleurs de tester l'efficacité du titre réservé dans le nouveau cadre législatif imposé par l'État. Or, chaque groupe de son côté, diététistes et physiothérapeutes affirment que le résultat de ce test est, comme prévu, très décevant. À quoi sert le contrôle du titre, demandent les diététistes, s'il suffit de s'appeler «conseiller», «expert en alimentation» pour échapper à tout contrôle de compétence[9]? Quelle est son utilité, interrogent les physiothérapeutes, si «la population est de plus en plus confuse avec la multiplicité des titres que se donnent des imposteurs dans l'exercice de la physiothérapie (massothérapeutes, kinésithérapeutes, orthothérapeutes, etc.)». Et n'est-il pas absurde de payer une cotisation «pour se faire réglementer, inspecter et même se faire radier. Tout cela pour la protection du public; il faut une conscience sociale bien développée [...][10]». À toutes ces objections, l'OPQ et le Ministère des Affaires sociales (MAS) n'ont qu'une réponse à offrir: le public est protégé parce qu'il sait que les détenteurs d'un titre réservé lui offrent des services d'une qualité garantie.

Tout au long des années 1970, les spécialistes de l'alimentation et de la réadaptation ne se privent pas non plus de souligner les incohérences de l'État à leur égard. Dans les hôpitaux, les CLSC et les DSC[11], le gouvernement emploie des «nutritionnistes» et des «thérapeutes en réadaptation physique» en lieu et place des membres des corporations. Comment l'État peut-il prétendre protéger la population en ignorant dans ses propres institutions l'expertise de professionnelles dont le titre est un gage de qualité? Est-ce à dire qu'il favorise, sous prétexte de rentabilité économique, une main-d'œuvre moins qualifiée au détriment de praticiennes dont la compétence est confirmée par des organismes qu'il a pourtant lui-même créés à grands frais? En 1974, le problème a déjà pris une telle ampleur que le ministre responsable du Code des professions, pourtant peu favorable à l'idée de nouveaux monopoles, demande au MAS de revoir sa politique:

> Je me dois de souligner que l'absence d'une telle exigence [embauche par le MAS de membres des corporations à titre réservé] incite les professionnels à ne pas adhérer à la corporation qui a reçu le mandat de contrôler leurs activités pour la protection du public. Si une telle situation se généralise, au niveau de l'ensemble des ministères et du secteur parapublic, nous devrons certainement nous interroger sur la validité du mécanisme de la corporation à titre réservé comme outil de protection du public[12].

Le MAS réplique qu'il ne peut traiter les professions à titre réservé comme si elles détenaient une pratique exclusive et que les administrateurs d'hôpitaux sont suffisamment compétents pour évaluer les qualifications des professionnels-les qu'ils engagent. En d'autres termes, l'État ne va pas s'imposer à titre d'employeur des obligations qu'il n'a pas jugé bon de dicter à l'ensemble de la société en tant que législateur. Ici encore, cet échange entre les deux instances gouvernementales illustre on ne peut mieux la dualité des rôles d'un État partagé entre des impératifs de législateur soucieux d'équité sociale (accorder des privilèges en fonction du bien général) et d'employeur préoccupé des coûts que représente une multiplication des monopoles professionnels[13]. Le malaise est encore si présent en 1980 que le président de l'OPQ organise un colloque portant précisément sur «les grandeurs et les misères du titre réservé» et reconnaît que cet «être hybride n'a pas une existence facile[14]».

Les physiothérapeutes et les diététistes avaient un rêve, celui d'un champ de pratique sur lequel elles auraient les pleins pouvoirs, à l'égal des professions masculines traditionnelles. Quinze années de luttes pied à pied ne leur ont pas permis de concrétiser complètement ce rêve. Et au moment du bilan, on peut dire que leur insatisfaction est profonde. Non seulement le monopole d'exercice leur a échappé, mais le titre réservé s'est révélé à l'usage un privilège un peu creux, un miroir aux alouettes, diront même certaines.

L'amertume transparaît surtout à la Corporation professionnelle des physiothérapeutes du Québec (CPPQ). Celle-ci parle de «quadrature du cercle» et se plaint que «le labyrinthe poursuivi ces dernières années par les professions à titre réservé ressemble étrangement à une expérience de laboratoire sur des souris[15]». Selon elle, il y a eu collusion entre les deux «grands», l'État et les corporations traditionnelles (les médecins), au détriment des nouvelles professions[16]. Elle constate aussi que le titre réservé a surtout été accordé à des professions féminines, la pratique exclusive demeurant ainsi une prérogative essentiellement masculine. De là à parler de sexisme dans la manière dont les privilèges ont été octroyés, le pas est vite franchi:

> C'était la révolution, l'infiltration de la gent féminine; son accès en grand nombre aux professions jusqu'alors occupées et réservées majoritairement aux hommes. Allait-on renforcer le mouvement en accordant l'exercice exclusif à des professions presqu'exclusivement féminines? Le titre réservé suffirait[17].

La liste des 39 corporations professionnelles telle qu'elle apparaît en 1980 soulève effectivement certaines interrogations. Les corporations féminines représentent 9% de celles qui détiennent une pratique exclusive mais 44% de celles qui ont obtenu un titre réservé. Les corporations créées après 1960 constituent 80% de celles qui contrôlent un titre, mais seulement 24% de celles qui jouissent d'un monopole d'exercice. L'équation est simple: elle associe la pratique exclusive aux professions anciennes et masculines, le titre réservé aux professions jeunes et féminines. La période 1960-1970 n'en constitue pas moins un véritable tournant. C'est à ce moment que les femmes réussissent à forcer la porte d'un monde professionnel qu'elles se contentaient jusque-là d'observer par le trou de la serrure et à bénéficier d'assises juridiques non négligeables. Entre 1950 où 2 corporations sur un total de 25 (8%) sont majoritairement féminines, et 1973 où cette proportion s'élève à 11 sur 39 (28%), la progression est en effet indéniable (sans compter la féminisation de certaines professions).

Les diététistes et les physiothérapeutes ont donc tout de même réalisé une part de leur rêve en obtenant le contrôle de leur titre. Certaines le reconnaissent et les pages du Bulletin des diététistes renvoient quelques échos positifs à ce sujet. L'une d'entre elles rappelle en 1975: «Nous avons le titre, ne l'oubliez pas!» Une autre écrit en 1977 que, même imparfait, leur statut juridique leur permet de gérer elles-mêmes leur profession grâce aux comités d'inspection, d'admission, de discipline et qu'elles sont ainsi «dignes de relever le défi du professionnalisme[18]». Les physiothérapeutes, moins optimistes, sont prêtes à admettre l'utilité du titre réservé... dans l'éventualité où la pratique exclusive disparaîtrait.

En quête d'une pratique privée

Les diététistes et les physiothérapeutes ne se contentent pas de vouloir fermer leur champ de pratique pour se rapprocher du modèle des professions libérales. Elles veulent aussi développer une pratique privée. Pouvoir travailler dans l'intimité d'un cabinet constitue un gage d'autonomie et de liberté que le cadre hospitalier avec ses structures et ses hiérarchies rigides ne favorise pas toujours. Sans renier ce milieu qui les a fait naître et dont elles dépendent à maints égards, elles ressentent néanmoins le besoin d'une enclave où certaines d'entre elles pourraient exercer en toute indépendance. Elles tentent ainsi un mouvement inverse de celui qui, sans complètement vider cabinets et officines, entraîne des professions libérales comme la médecine ou la pharmacie vers une pratique davantage hospitalière et salariée. Physiothérapeutes et diététistes savent aussi que leur lenteur à investir le secteur privé leur a coûté, au moins en partie, le monopole d'exercice.

Les deux corporations s'avisent donc, au début des années 1970, qu'il est temps pour leurs membres de quitter le giron hospitalier et d'ouvrir des cabinets de consultation à travers la province. Elles créent alors des comités chargés d'étudier cette question et d'évaluer le bassin potentiel de professionnelles intéressées. Elles sollicitent aussi l'appui des associations médicales et des institutions hospitalières, contactent des compagnies d'assurances, organisent des discussions collectives. Tout en encourageant activement leurs membres à se «lancer en affaires», elles examinent la possibilité d'établir certains critères de sélection.

La corporation des diététistes décrète ainsi en 1971 que n'ouvrira pas un cabinet qui veut. Seules les membres ayant fait leur internat et disposant de deux années d'expérience en diétothérapie récente obtiendront un permis; les autres devront accepter cours de recyclage et stages pratiques. La sévérité de ces critères suscite immédiatement un débat dont on peut suivre la trace en feuilletant le bulletin de la CPDQ. Dans une lettre ouverte, plusieurs diététistes soutiennent qu'un baccalauréat en nutrition devrait suffire, ce à quoi la corporation rétorque que «l'obtention d'un permis de conduire n'est pas un gage d'excellence chez un chauffeur» et qu'elle n'entend parrainer que «les chauffeurs avec un minimum d'expérience». D'autres membres prennent la plume pour soutenir leur exécutif et le féliciter pour sa «vigilance» et sa conscience professionnelle[19]. Pour plusieurs diététistes, la pratique privée ne constitue donc pas seulement un nouveau débouché, mais bien une zone d'autonomie professionnelle qui exige des qualifications optimales pour demeurer viable.

En quête d'un cadre d'exercice autonome, les diététistes et les physiothérapeutes doivent évidemment traiter avec l'État. Dans une société où les soins de base sont gratuits, il leur faut «vendre» à l'État l'idée que leurs services sont indispensables et devraient à ce titre être couverts par l'assurance-maladie. Or, si ce dernier prend en charge les consultations privées données par les médecins, il n'a inclus dans son régime d'assurance publique que les soins diététiques et physiothérapeutiques fournis par les hôpitaux. Développer une pratique privée devient très aléatoire dans ces conditions. Pourquoi un patient voudrait-il payer les frais d'une consultation en cabinet si le même service est gratuit à l'hôpital? C'est avec ce problème en tête que la CPDQ et la CPPQ demandent dès 1972 que la Régie d'assurance-maladie du Québec (RAMQ) assume le coût de leurs consultations privées.

La corporation des diététistes soutient que les hôpitaux, débordés, ne répondent pas à la demande. Elle en appelle aussi aux responsabilités de l'État-gestionnaire en affirmant que les mauvaises habitudes alimentaires de la population occasionnent des déboursés qui se chiffrent en millions alors qu'un peu de prévention permettrait d'éviter de coûteuses hospitalisations. Les assistés sociaux, en particulier, bénéficieraient du cadre personnalisé des cabinets privés qui favorise un meilleur suivi, un contact plus étroit. Au fil de leurs multiples démarches, elles sonnent à toutes les portes: le MAS, la RAMQ, l'OPQ. Peine perdue. En 1976, le MAS signifie à la corporation que sa demande «n'est pas opportune» et que les nutritionnistes des DSC suffisent amplement à combler les besoins[20]. Cette réponse sans appel sonne le glas des démarches pour inclure les services diététiques dans le régime d'assurance-maladie.

La situation des physiothérapeutes est à la fois similaire et plus complexe. Ici, le jeu se joue non pas à deux, mais à trois avec l'ajout d'un personnage peu présent dans le cas des diététistes, le médecin. Depuis 1970, le MAS défraie les traitements qu'effectuent les physiâtres dans leurs cliniques privées, mais refuse cet avantage aux physiothérapeutes. Selon la CPPQ, la situation dans les cliniques des physiâtres est d'autant plus intolérable que les soins sont en fait dispensés par des physiothérapeutes, sous la supervision très lointaine des médecins spécialistes qui les emploient. En d'autres termes, ces derniers perçoivent des honoraires totalement injustifiés. Et dans ces conditions, les physiothérapeutes se jugent deux fois perdantes. Celles qui travaillent pour des physiâtres demeurent des salariées sous tutelle médicale; où est dans ce cas l'autonomie dont la pratique privée devait être le fer de lance[21]? Celles qui se lancent à leur compte doivent facturer des honoraires à leurs patients et donc, affronter la double concurrence des hôpitaux et des cliniques physiâtriques qui offrent des soins gratuits.

Entre 1972 et 1980, la CPPQ multiplie les démarches pour que les services de ses membres soient couverts par la RAMQ. Demandes de rencontres, télégrammes, lettres et mémoires s'entassent sur les bureaux des ministres, des hauts fonctionnaires et des députés. Journalistes, médecins et organismes les plus divers sont aussi courtisés. Elle demande à l'État-législateur de corriger ce qu'elle considère être une injustice criante. Elle s'adresse enfin à l'État-employeur en faisant remarquer qu'un système qui exige qu'un patient consulte tour à tour un médecin généraliste, un physiâtre, une physiothérapeute, n'a rien de très économique. Curieusement, la CPPQ reçoit d'ailleurs sur ce point l'appui d'un médecin (probablement généraliste) qui écrit ceci au ministre Castonguay en 1973:

> Quinze physiâtres environ au Québec possèdent dix services de physiothérapie [...]. Ils reçoivent 4,25$ la modalité (massage, ultrason, exercice, etc.) jusqu'à un maximum de 12,75$ le traitement. Une brève analyse de la situation me permet de dire que les physiâtres reçoivent environ 2 000 000$ (peut-être plus) pour les traitements dispensés dans leurs services. Pour le même montant d'argent, si la régie [RAMQ] acceptait de payer directement le physiothérapeute, environ quatre-vingts cliniques par tout le Québec pourraient fonctionner[22].

Cette stratégie semble d'abord porter fruit. Pour obliger les physiâtres à facturer uniquement les actes qu'ils posent eux-mêmes, le MAS retient leurs honoraires et poursuit même certains d'entre eux. Les médecins ripostent en 1977 en congédiant les physiothérapeutes à leur emploi pour les remplacer par des techniciennes[23]. Selon la CPPQ, le MAS fait alors machine arrière et se perd en subtiles distinctions entre la «présence» ou la «participation» qu'il faut exiger des physiâtres. Sur le terrain, la situation change en effet très peu et les honoraires des physiothérapeutes qui exercent dans le privé ne sont toujours pas couverts. La corporation conclut finalement en décembre 1980 que la voix des médecins s'est faite plus forte que la sienne, plus forte même que les obligations d'équité et de gestion rationnelle de l'État: la balance a penché en faveur de ceux qui détenaient «le pouvoir financier et le prestige social», frustrant ainsi les physiothérapeutes d'une réelle autonomie professionnelle.

Malgré ces embûches et même si l'État se montre peu disposé à les encourager, les deux groupes de professionnelles réussissent à développer une pratique privée. C'est surtout le cas des physiothérapeutes dont 10% en 1980 arrivent à se constituer une clientèle qui accepte de payer les honoraires. Avec une proportion qui frôle les 20% en 1986, la corporation parlera même d'une «réussite sur le marché privé, surtout depuis 1981, [ce qui] semble salutaire à notre profession[24]».

Investir les rouages de l'État

Dans la première moitié du XXe siècle, physiothérapeutes et diététistes s'intéressent relativement peu à l'appareil étatique. Leurs velléités de participation ou d'intervention demeurent épisodiques, modestes, et rares sont celles qui arpentent les couloirs du ministère de la Santé ou du Service de l'assistance publique.

Au cours des années 1960 cependant, leur attitude change. Elles prennent conscience que l'État devient un interlocuteur obligé et immédiat. Leurs programmes de formation, leurs échelles salariales, leurs définitions de tâches et leurs demandes de statut juridique aboutissent fatalement un jour ou l'autre entre les mains d'un fonctionnaire, d'un ministre. Elles s'aperçoivent en outre que l'État constitue un forum où se bousculent une multitude d'acteurs dont certains — les médecins et les administrateurs d'hôpitaux notamment — influencent les politiques gouvernementales sur des questions qui les touchent, elles, de près.

Il est donc temps d'investir les rouages d'un État dont elles sont à peu près absentes et qui occupe tous les terrains. En 1967-1968, les deux corporations saisissent l'occasion que leur offre la Commission Castonguay pour demander d'être représentées dans tous les comités consultatifs qui les concernent. Un peu plus exigeante, la CPDQ réclame pour ses membres des postes permanents au sein des différents ministères ainsi que l'élaboration d'une politique générale sur l'alimentation.

Ce qui n'était qu'une prise de conscience progressive devient tout à coup un sentiment d'urgence au début de la décennie 1970. Avec ou sans le concours des corporations concernées, l'État s'apprête à créer au Cégep des programmes de techniques en réadaptation et en nutrition. Or, si elles ne peuvent en empêcher la naissance, ni les physiothérapeutes ni les diététistes n'entendent laisser l'État déterminer à sa seule convenance la formation et les tâches de ce nouveau groupe avec qui elles partageront le même champ de pratique: les techniciennes. Elles réclament donc, et obtiennent, des sièges attitrés, tant à la Direction générale de l'enseignement collégial qu'à la coordination provinciale des techniques ainsi que dans les comités qui élaborent les fonctions types des techniciennes.

Les physiothérapeutes appliquent la même stratégie en s'assurant de figurer en bonne place sur la liste des groupes que doit consulter la Commission des accidents du travail (CAT). Les recommandations que leur corporation soumet à celle-ci en 1977 indiquent d'ailleurs bien les enjeux qui sous-tendent toute demande de participation aux politiques gouvernementales. La CPPQ conseille entre autres choses de réduire les listes d'attente, d'offrir tous les services de base et d'élaborer un projet-pilote de prévention des accidents du travail. Du même souffle, elle rappelle que ses membres offrent des services garantis et que la CAT devra «assumer la responsabilité» des risques que courent les patients traités par des personnes qui ne répondent pas à ses exigences de qualification[25].

Diététistes et physiothérapeutes insistent aussi de plus en plus pour occuper des postes permanents au sein des ministères et des organismes gouvernementaux où, disent-elles, leur expertise est indispensable. Le ministère des Affaires sociales constitue évidemment leur cible privilégiée. C'est là, dans le secret des bureaux de fonctionnaires, que se prennent les décisions qui les intéressent. Une diététiste signale ainsi en 1976 par la voix des journaux que ses deux collègues qui travaillent au ministère ne peuvent, à elles seules, «prendre en main l'avenir nutritionnel de 6 millions de Québécois». Et la corporation des physiothérapeutes réclame en 1977 des postes de «chargés de programme [au MAS] pour malades chroniques, [et de] consultants prêtés à différentes équipes de travail[26]».

Les diététistes veulent plus encore. Si l'État a établi une politique d'ensemble en matière de santé, avec ses structures (le MAS) et ses experts (les médecins), pourquoi ne ferait-il pas de même, à une échelle réduite, pour la nutrition? Dès 1973, la corporation milite en faveur d'une politique globale de l'alimentation, placée sous la juridiction du MAS. Des coups de sonde donnés ici et là indiquent que ce dernier est très réceptif à l'idée: l'étendue du champ des diététistes, handicap pour obtenir un monopole d'exercice, devient ici un atout majeur pour contribuer à l'élaboration des programmes de sensibilisation et de prévention[27]. La corporation propose d'abord modestement un bureau d'information où des diététistes répondraient aux questions du public et de leurs collègues. Elle s'enhardit et suggère quelques mois plus tard un «Bureau de la direction générale de la nutrition» qui, solidement encadré par ses membres, coordonnerait les services d'alimentation dans plusieurs secteurs à travers la province: hôpitaux, services de santé communautaires, écoles, garderies.

Les choses bougent lentement cependant. En 1976, une diététiste s'impatiente contre la «politique de pilules» du gouvernement, plus coûteuse et moins efficace que la promotion d'une alimentation équilibrée[28]. Mais en 1977 et 1978, coup sur coup, le MAS lance sa «Politique québécoise en matière de nutrition» et crée un Comité spécial de la nutrition. Même si, seule ombre au tableau, certaines diététistes estiment qu'on aurait pu leur faire davantage de place au sein du nouveau comité, la plupart d'entre elles applaudissent ces initiatives. Elles disposent maintenant d'un accès privilégié aux structures étatiques. De là, elles sont sûres d'avoir leur mot à dire sur les politiques qui touchent de près ou de loin la nutrition. Les programmes gouvernementaux élaborés dans le domaine de l'alimentation scolaire à la fin des années 1970 en constituent un bon exemple. L'organisation des cafétérias, les distributions de lait gratuit, le matériel pédagogique utilisé de même que la coordination entre le ministère de l'Éducation, les commissions scolaires et les écoles... chacune de ces étapes portera désormais la griffe des diététistes.

Toute cette énergie mise à investir les structures étatiques ne vise au fond qu'un seul but. Se rendre indispensables, se poser en professionnelles incontournables dès qu'il est question de réadaptation physique ou d'alimentation. Les physiothérapeutes et les diététistes le disent de mille et une façons. Derrière chaque demande de participation aux politiques gouvernementales se profile en fait une demande de reconnaissance comme spécialistes de leur champ. Si leur pouvoir d'influence sur les rouages de l'État ne peut se comparer à celui des médecins, leurs efforts leur valent néanmoins un certain succès.

Le jeu complexe de la démarcation et de l'appropriation

En réclamant le monopole de leur champ d'exercice, le droit à une pratique privée et l'attention des différentes instances étatiques, les spécialistes de l'alimentation et de la réadaptation vont inévitablement s'opposer à d'autres groupes professionnels. Ce sont ces derniers, beaucoup plus que les «amateurs» et les «charlatans», qui constituent leurs principaux adversaires dans la deuxième moitié du XXe siècle. Médecins, physiâtres, infirmières, chiropraticiens, physiothérapeutes et diététistes sont animés par un modèle professionnel qui secrète la confrontation de par sa nature même. Tous désirent clôturer leur champ de pratique pour s'en réserver l'exclusivité et lui tracer le périmètre le plus large possible. Comme ces professionnels-les ont tous pour objet la maladie et la santé, leurs domaines de compétence se recoupent inévitablement en un point ou un autre. Chacun tente alors soit de se démarquer d'une profession, soit de s'approprier des actes jusque-là réservés à une autre.

Ces conflits varient cependant d'intensité, selon les groupes en présence, la proximité de leurs champs respectifs et la nature de leur travail. Mais au Québec, ce sont surtout les professions soudées par un rapport hiérarchique qui vivent les relations les plus houleuses. Comme on le verra, les affrontements répétés des physiothérapeutes et des diététistes avec les médecins ne peuvent se comparer aux simples tensions qui les opposent aux infirmières ou aux chiropraticiens avec lesquels elles n'entretiennent aucun lien de dépendance. La Commission Castonguay recommandait en 1970 que la refonte du système professionnel élimine dans la mesure du possible tout rapport de sujétion entre professions. Les pages qui suivent (ainsi que le chapitre sur les techniciennes) montrent amplement comment cette recommandation fut «oubliée» en cours de route, avec pour conséquence la perpétuation, si ce n'est l'aggravation, des luttes interprofessionnelles.

Les médecins

Le champ de pratique des médecins se déploie à perte de vue et ne s'arrête que là où commencent ceux d'une poignée de professions connexes: dentistes, pharmaciens, opticiens, optométristes... Les médecins étendent partout leur juridiction plus ou moins directe, y compris sur les territoires des professions paramédicales. Ils en ont les moyens. Le législateur leur a reconnu en quasi-exclusivité le droit de diagnostiquer et de prescrire. On pourrait ajouter que la multiplication des spécialités médicales qui accompagne le bourgeonnement du secteur paramédical depuis les années 1950 maintient, et parfois resserre, le filet tendu par les médecins sur le monde de la santé. Le projet professionnel des diététistes et des physiothérapeutes s'accommodera évidemment de plus en plus difficilement de tuteurs aussi omniprésents et omnipotents.

Jusqu'aux années 1960 pourtant, le corps médical et ces praticiennes du paramédical respectent un modus vivendi exempt de tensions majeures. Les médecins semblent bien disposés à l'égard de ces dernières. Certains favorisent la création de départements hospitaliers comme le service de diététique au Montreal General Hospital en 1919. D'autres, on l'a vu, contribuent à leur ouvrir les portes des universités montréalaises dans les années 1940 et 1950. Enfin, sur le plan juridique, ils appuient sans sourciller le principe d'un titre réservé pour les diététistes en 1956 et celui d'un monopole d'exercice pour les physiothérapeutes en 1963[29]. Mais la bienveillance du corps médical a un prix: elle est conditionnelle à l'acceptation d'un statut d'auxiliaires[30]. Or ce prix ne semble pas jugé exorbitant par les intéressées à l'époque de la Commission Castonguay. En 1968, la corporation des diététistes présente en effet ses membres comme «les auxiliaires du médecin dans l'application de traitements diététiques» tandis que celle des physiothérapeutes met son point d'honneur à dire qu'un «physiothérapeute digne de ce nom travaille toujours sur référence ou prescription d'un médecin[31]».

Malgré les apparences, le point de bascule des rapports avec le corps médical se situe pourtant bien à la fin des années 1960. Rétrospectivement, on peut d'ailleurs se demander si la double réforme qui s'amorce dans le monde professionnel et dans l'univers de la santé sous la houlette de l'État n'a pas contribué à détériorer en partie ces rapports. Ce vaste forum où tous les groupes se pressent pour défendre ou acquérir des privilèges aurait-il incité les médecins à réaffirmer leur tutelle sur le secteur de la santé? Aurait-il en même temps cristallisé la volonté d'autonomie de certaines professions qui saisissent l'occasion de faire valoir l'expertise qu'elles ont affinée au fil du temps? Quoi qu'il en soit, voyons d'abord les stratégies de démarcation que les médecins mettent au point à l'égard des physiothérapeutes et des diététistes.

Les relations qui se dégradent le plus rapidement, le plus irrémédiablement aussi, sont celles des physiothérapeutes avec, non pas l'ensemble du corps médical, mais avec les physiâtres. Les affrontements entre les deux groupes deviennent à cette époque fréquents, directs et violents. Et ils le deviennent sans doute d'autant plus que la physiâtrie est une discipline jeune encore. Sa reconnaissance en tant que spécialité médicale remonte aux années 1940 seulement et l'association québécoise des physiâtres n'est fondée qu'en 1958 alors qu'elle compte à peine une dizaine de membres, puis 28 en 1968, environ 40 en 1973, 58 en 1975; par contraste, les effectifs des physiothérapeutes pèsent presque dix fois plus lourd[32]. Devant consolider leurs assises et se sentant déjà très menacés par les chiropraticiens qui obtiendront la pratique exclusive, les physiâtres mettent tout en œuvre pour se démarquer des physiothérapeutes.

Dès la fin des années 1960, leur première stratégie consiste à nier aux physiothérapeutes un statut de professionnelles en les définissant comme des techniciennes, de simples exécutantes travaillant sous leur surveillance rapprochée. En 1972, leur deuxième tactique vise à empêcher celles-ci d'obtenir un monopole d'exercice en démontrant au gouvernement les multiples problèmes qui en découleraient: l'équipe de réadaptation se disloquerait car «une équipe ne peut subsister que s'il existe une [seule] direction», les physiothérapeutes ne sont pas autonomes puisqu'elles n'exercent que sur ordonnance médicale, les groupes qui permettent une meilleure accessibilité des soins seraient exclus de la pratique (techniciennes en réadaptation, kinésithérapeutes, *remedial gymnasts*[33]). Au seuil des années 1980, leur troisième stratégie consiste à placer les physiothérapeutes en concurrence directe avec d'autres groupes. Devant leurs efforts pour développer une pratique privée, les physiâtres engagent à leur place des thérapeutes en réadaptation physique formées dans les cégeps. Devant leur volonté de se constituer un champ bien à elles, ils proposent à l'OPQ de déléguer certains actes aux inhalothérapeutes en 1977 (rééducation respiratoire), puis aux thérapeutes en réadaptation en 1984 (massages, bains...)[34]. Ces tentatives de démarcation ont évidemment pour témoin et arbitre l'État-employeur-législateur qui, sans toujours donner raison aux physiâtres, tranche plusieurs litiges en leur faveur: le monopole d'exercice et la pratique privée demeureront ainsi les privilèges exclusifs de ces derniers.

L'attitude des médecins à l'égard des diététistes semble par contre sensiblement différente. Ces dernières se disent en butte à des stratégies de démarcation plus subtiles, plus proches d'une indifférence ou d'une résistance passive que d'une opposition active. Serait-ce parce que des praticiennes qui s'intéressent aux bien portants et dont le champ d'exercice évoque encore vaguement les arts ménagers féminins apparaissent peu menaçantes? Toujours est-il que les diététistes protestent. Dans les pages de leur bulletin et de la revue *L'Hôpital d'aujourd'hui*, elles se plaignent d'être ignorées ou soumises à une tutelle injustifiée. En 1969, l'une estime que les équipes médicales où l'on croit à la diététique sont «exceptionnelles». Une autre questionne: «Demandez-lui [au médecin] le rôle de la diététicienne à l'hôpital, et il vous répondra qu'elle est là pour enseigner des régimes. Mais est-ce là tout ce qu'elle peut apporter? On oublie qu'elle est une spécialiste (j'ai bien dit une spécialiste) en ce qui concerne l'alimentation des personnes en santé ou malades[35].» D'autres encore réclament le droit d'inscrire leurs commentaires au dossier du patient et refusent de se voir plus longtemps exclues des réunions d'équipe ou des tournées quotidiennes des médecins auprès des malades. Encore en 1975, plusieurs disent qu'elles souhaiteraient ardemment «vivre l'expérience de travailler *avec* les médecins et non pas *pour* les médecins[36]».

Le jeu des rapports interprofessionnels ne fonctionne cependant pas à sens unique. À la démarcation, physiothérapeutes et diététistes répondront par l'appropriation. Elles aspirent à une certaine liberté de mouvement et à desserrer le carcan où elles se jugent enfermées par les médecins. Nées sous la tutelle plus ou moins légère du corps médical, elles estiment que leur savoir et leur projet professionnel sont maintenant suffisamment mûrs pour justifier leur affranchissement. Les unes et les autres viseront pour ce faire les deux points névralgiques du monopole médical: la prescription et le diagnostic.

Malgré les positions officielles que les corporations exposent devant la Commission Castonguay, la prescription médicale est en fait déjà remise en question sur le terrain, et parfois carrément contournée. Bien retranchées dans leur champ où peu de médecins s'aventurent, les diététistes sont les premières à sauter le pas. Articles et lettres ouvertes en témoignent éloquemment: les médecins devraient prescrire les diètes en «termes généraux, laissant le soin des détails à la diététiste» (1960); ils devraient juger celle-ci «apte à réfuter certaines diètes erronées, basées sur des conceptions subjectives et arbitraires» (1969)[37]. En 1975, certaines dénoncent «les prescriptions aberrantes, et le mot est choisi, si nombreuses qu'elles pourraient remplir les pages de cette revue» et s'impatientent devant un pouvoir qu'elles considèrent indu: «la prescription est là, il faut la remplir. Médecins, vos désirs sont des ordres[38]». Loin des tribunes médiatiques, la corporation suit le mouvement. Son code déontologique de 1973 n'oblige pas les membres à se munir d'une prescription et son comité d'inspection professionnelle décrète en 1979 que la diététiste-clinicienne «prescrit des régimes thérapeutiques». L'évolution de la CPDQ sur ce point depuis 1967 est donc très nette.

La situation des physiothérapeutes, confrontées à des médecins spécialistes, est un peu plus délicate. Mais elles aussi parlent dans les années 1970 de prescriptions médicales erronées pour revendiquer le droit d'établir un plan de traitement à partir d'une prescription générale. À la différence des diététistes toutefois, leur face-à-face avec les physiatres est plus visible, plus véhément. C'est sur la place publique, devant le législateur, que la

CPPQ dénonce la double prescription qui oblige un patient à passer d'abord dans le cabinet d'un généraliste, puis dans celui d'un physiâtre avant d'être traité par... une physiothérapeute; en soutenant que les physiâtres invalident les diagnostics de leurs confrères généralistes, la corporation espère bien diviser le corps médical[39]. Et c'est toujours de manière officielle qu'elle rencontre à plusieurs reprises la corporation des médecins en 1977, pour finalement conclure que le dialogue est impossible.

Un congrès «multiprofessionnel» tenu en 1979 ne réconcilie pas davantage les parties. Les représentants des médecins invoquent la loi qui leur confère le privilège exclusif de prescrire et ne reconnaît aucun droit aux physiothérapeutes, pas même celui d'établir un plan de traitement[40]. De son côté, le président de la CPPQ rétorque que le corps médical devra bien un jour accepter l'interdépendance professionnelle. L'époque des «permissions à demander» est révolue, celle du respect des qualifications des physiothérapeutes commence: si «par définition légale, le médecin a le pouvoir de tout, le fait est qu'il ne connaît pas tout justement». En 1981 finalement, le litige aboutit devant les cours de justice. Des physiothérapeutes de l'Institut de réadaptation de Montréal sont accusées d'avoir modifié une prescription qu'elles jugeaient inadéquate sans consulter le physiâtre traitant. Malgré le soutien de leur corporation et de celle des ergothérapeutes, le jugement leur donne tort et confirme le droit exclusif des médecins en la matière[41].

Outre la prescription, diététistes et physiothérapeutes tentent aussi de s'approprier une petite part du monopole des médecins sur le diagnostic. Prudemment, cependant, et avec des mots soigneusement choisis. Très conscientes d'opérer à l'intérieur d'un champ beaucoup plus restreint que la médecine, elles n'espèrent pas «diagnostiquer» comme tel. Mais elles affirment pouvoir d'abord «collaborer» au diagnostic, puis «évaluer» les cas qui relèvent de leur compétence. Les termes utilisés par les deux groupes sont d'ailleurs étrangement similaires. Quand la corporation des diététistes affirme en 1979 que la clinicienne «évalue, maintient et améliore l'état nutritionnel», celle des physiothérapeutes juge que rien n'empêche ses membres de faire «une évaluation physique» avant chaque traitement[42].

Au seuil des années 1980, les diététistes et les physiothérapeutes n'ont obtenu juridiquement et officiellement ni le droit de prescrire, ni celui de diagnostiquer. Dans la pratique, néanmoins, on sait que la situation est plus floue. La frontière entre «prescription» et «plan de traitement», entre «évaluation» et diagnostic», bouge en fonction des milieux de travail, des relations personnelles et des climats de confiance qui, malgré tout, s'instaurent parfois. D'autre part, le temps joue en faveur des diététistes et des physiothérapeutes. La décennie 1980 s'annonce en effet très critique à l'égard des privilèges médicaux, au point qu'une étude menée pour la Commission Rochon en 1987 conclura ceci:

> Ces occupations comme la physiothérapie, l'ergothérapie, l'audiologie, la diététique, la psychologie disposent d'un savoir et d'un arsenal thérapeutique distincts et sont pourtant subordonnées à la profession médicale à qui la loi reconnaît le monopole du diagnostic et du traitement des maladies. [...] Dans la mesure où la formation des médecins ne prépare pas et ne peut préparer le médecin à être compétent dans l'ensemble des champs de la médecine, il apparaît anachronique de maintenir, en sa faveur, le privilège exclusif de diagnostiquer et de prescrire les traitements appropriés. Ce privilège était acceptable et justifié aussi longtemps que le médecin était le seul expert en soins[43].

Sans aucun doute, c'est dans ce contexte qu'il faut replacer le nouveau tournant dans la politique de l'État qui accordera aux deux groupes de professionnelles vers la fin de la décennie 1980 «l'accès direct», c'est-à-dire le droit de traiter des patients sans que ces derniers leur soient obligatoirement référés par un médecin. Un grand pas en avant qui leur donnera la possibilité de se passer d'un diagnostic et d'une prescription préalables et qui leur permettra d'élargir la brèche patiemment creusée tout au long des années 1970.

Les autres professions

Les frontières avec le champ d'exercice des médecins constituent la principale ligne de front des diététistes et des physiothérapeutes. Exception faite des techniciennes, aucun autre groupe ne mobilise à ce point leurs énergies. Au chevet du malade s'affairent pourtant d'autres professionnels-les qui entendent faire valoir leurs compétences et agissent parfois sur les mêmes symptômes, les mêmes pathologies, les mêmes affections. Les problèmes causés par des domaines de juridiction partagés dégénèrent néanmoins rarement en conflits ouverts et n'excluent pas certaines alliances ponctuelles.

Les rapports entre les diététistes et les infirmières représentent l'exemple type de relations interprofessionnelles tendues, mais sans réels affrontements. Si les archives se montrent peu loquaces sur cette question avant la Révolution tranquille, on sait que les deux groupes doivent par la suite s'apprivoiser et apprendre à travailler ensemble. La chose ne semble pas toujours aller de soi. Comme l'explique une diététiste en 1969: «Le nursing ayant eu la haute main avant l'arrivée de la diététicienne dans l'hôpital, il y a eu et il y a encore quelques frictions[44].» Ses consœurs se disent souvent obligées de réclamer une meilleure collaboration et de rappeler qu'elles aussi font partie de l'équipe médicale. Elles déplorent d'autant plus cette situation que les infirmières tissent au fil de leurs soins quotidiens un rapport privilégié avec le malade: ce sont les mieux placées pour connaître les habitudes alimentaires de ce dernier et surveiller ses réactions à une diète. Encore en 1980, des diététistes cadres insistent sur la nécessaire complémentarité des services diététique et infirmier... signe que celle-ci ne se vit toujours pas complètement.

D'autres pommes de discorde surgissent de temps à autre. L'une survient dans les années 1970 au sujet de l'enseignement de la nutrition aux élèves-infirmières, que les diététistes assument depuis le début du siècle et que leur contestent de plus en plus les diplômées en soins infirmiers. L'autre concerne la délimitation des deux champs de pratique. En 1974, l'Ordre des infirmières réclame le pouvoir de modifier une diète en l'absence du médecin et de la diététiste. Il s'oppose de plus à l'octroi d'un monopole, même partiel, aux diététistes: puisque les infirmières prennent la relève de tous les paramédicaux durant les quarts de soir et de nuit dans les hôpitaux, elles devraient pouvoir prendre les mesures qui s'imposent. Devant ce qu'elle perçoit comme une tentative d'appropriation indue, la CPDQ répliquera, acerbe, que la distribution des goûters aux patients n'a rien d'un acte diététique.

Le milieu hospitalier concentre cependant l'essentiel des tensions. Dans les DSC, les CLSC, les écoles, la collaboration entre infirmières et diététistes semble au contraire réelle, facile et efficace. La première campagne de nutrition dans les écoles en 1973, par exemple, frôlait le fiasco à cause de multiples tracasseries administratives et des subventions retardées. Elle se transforme finalement en succès grâce au soutien des infirmières.

Les physiothérapeutes, très prises par leurs conflits avec les physiâtres, ne peuvent se permettre d'ouvrir des lignes de front avec d'autres groupes professionnels. Certaines tensions affleurent vers 1979 avec les chiropraticiens et les «orthothérapeutes» mais elles demeurent relativement marginales[45]. Plus intéressants sont les rapports très particuliers des physiothérapeutes avec les ergothérapeutes, rapports qui se resserrent et se distendent périodiquement au gré des circonstances[46]. On sait déjà que leur formation universitaire a été tour à tour fusionnée et dissociée. La même dynamique semble animer leurs associations puisqu'un projet de fusion des deux corporations est sérieusement discuté, puis délaissé, à plusieurs reprises entre 1972 et 1978. Il s'agit de l'un des rares cas où la proximité des champs de pratique de deux groupes professionnels crée des relations harmonieuses au lieu de déboucher sur des luttes de territorialité.

Trop souvent marquées au sceau du conflit, les relations interprofessionnelles évoluent ainsi parfois sous le signe de l'entente. On verra même se former, en 1977, un front interprofessionnel, événement rare et inusité. Cette année-là, 17 corporations s'associent sur la base de leur plus petit commun dénominateur, le titre réservé, pour demander aux tribunaux le pouvoir de poursuivre les personnes qui exercent dans leurs champs respectifs sans carte de membre. L'enjeu consiste bien sûr à obtenir l'équivalent d'une pratique exclusive. Mais pour la Cour supérieure, les textes de loi sont sans ambiguïté: le seul monopole que le législateur ait jamais eu l'intention de leur accorder est celui du titre. Elle rejette en conséquence la requête collective qu'elle suggère de présenter au gouvernement; lui seul peut en disposer puisqu'il s'agit d'un choix politique de sa part. Or, on l'a vu, ce dernier n'a nullement l'intention de revenir sur la question.

* *
*

Depuis le milieu du xxe siècle, physiothérapeutes et diététistes avancent sur la voie de la professionnalisation avec les yeux fixés sur l'idéal qu'incarnent les professions libérales masculines. Le hasard n'y est évidemment pour rien. Ce modèle prestigieux promet l'autonomie la plus étendue, le champ de pratique le mieux protégé. Pour réaliser leur rêve, les spécialistes de la réadaptation et de l'alimentation s'attachent à se doter des outils nécessaires: un monopole d'exercice, une pratique privée, un pouvoir d'influence au sein de l'appareil d'État. Quitte à se retrouver entraînées dans le cycle sans fin des luttes interprofessionnelles.

De ce jeu complexe et parfois brutal, les deux groupes tirent finalement assez bien leur épingle. Le monde des professions compose un ordre souvent renégocié où il est parfois possible de creuser une brèche à cause de la multitude d'intervenants aux intérêts contradictoires. Entre les obligations d'un État législateur-employeur et les objectifs des professions connexes, les diététistes et physiothérapeutes repartent avec un titre réservé, un embryon de pratique privée et une petite place au sein des structures étatiques.

Selon le degré d'optimisme choisi, on dira qu'elles ont moitié réussi, ou moitié échoué, à concrétiser leur rêve. Mais à quoi rêvent-elles exactement? La salarisation et l'interventionnisme croissant de l'État — pour ne citer que cela — modifient profondément le visage des professions libérales au Québec, celui de la médecine en particulier. N'est-il pas alors un peu paradoxal de voir ces deux groupes déployer tant d'efforts pour se conformer à un modèle au moment même où celui-ci se métamorphose sous leurs yeux?

Les métamorphoses ne sont pas toujours complètes... C'est là peut-être un premier élément de réponse à la question. Malgré tous les bouleversements auxquels elle est confrontée, la médecine demeure un pôle de référence obligé et conserve la haute main sur l'univers de la santé. Par ailleurs, on peut se demander si le modèle des professions libérales n'imprègne pas tout particulièrement ce monde de la santé, plus que les autres domaines de l'activité humaine. Avant et après 1973 par exemple, la proportion des corporations de la santé munies d'une pratique exclusive se maintient autour de 60%; le Code des professions n'a ainsi renversé aucune tendance à ce niveau. Dans cette perspective, on pourrait avancer que les diététistes et les physiothérapeutes convoitaient les attributs d'un modèle professionnel dont le prestige et l'efficacité perduraient en dépit des transformations qu'il subissait.

Occupées pendant la plus grande partie de leur histoire à pénétrer le cénacle des professions, ces praticiennes s'interrogent d'ailleurs très peu sur les principes qui le sous-tendent. Elles se contentent de réclamer pour elles-mêmes des privilèges accordés à d'autres. Il faut attendre la décennie 1980 pour les voir commencer à remettre en question le modèle professionnel qui les guidait jusque-là. En 1986, les deux corporations admettront publiquement que: «Idéalement [...], il aurait fallu retirer [en 1973] la notion de champ d'exercice exclusif de notre droit professionnel[47].» Du même souffle, elles critiqueront la rémunération à l'acte, système qu'elles désiraient autrefois voir étendu à leur profit via la pratique privée. Leur revirement est indéniable et il annonce peut-être une métamorphose de leur rêve?

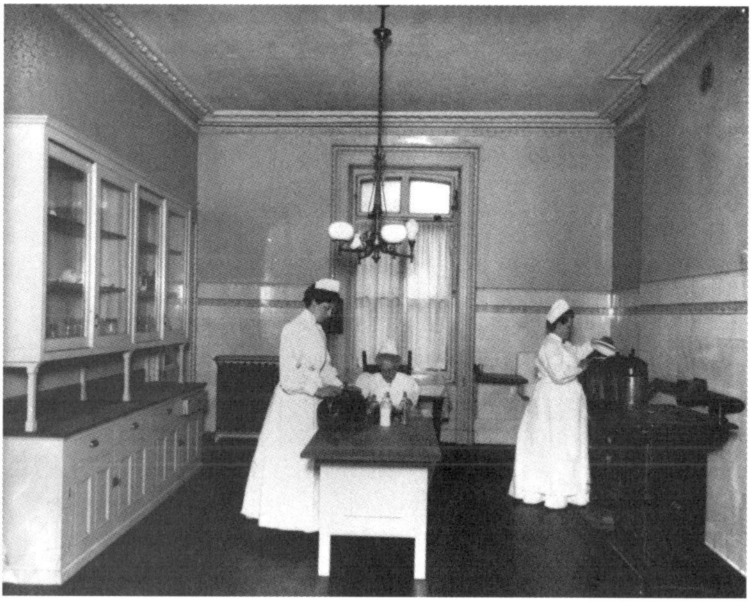

Femmes travaillant dans la cuisine des diètes du Montreal Diet Dispensary, 1907 (Archives du Montreal Diet Dispensary).

Stagiaires dans une cuisine d'hôpital, vers 1910 (Archives de l'Université McGill).

Au MacDonald College des étudiantes du programme «Household Science» travaillent sous le regard attentif d'une enseignante, 1913 (Archives de l'Université McGill).

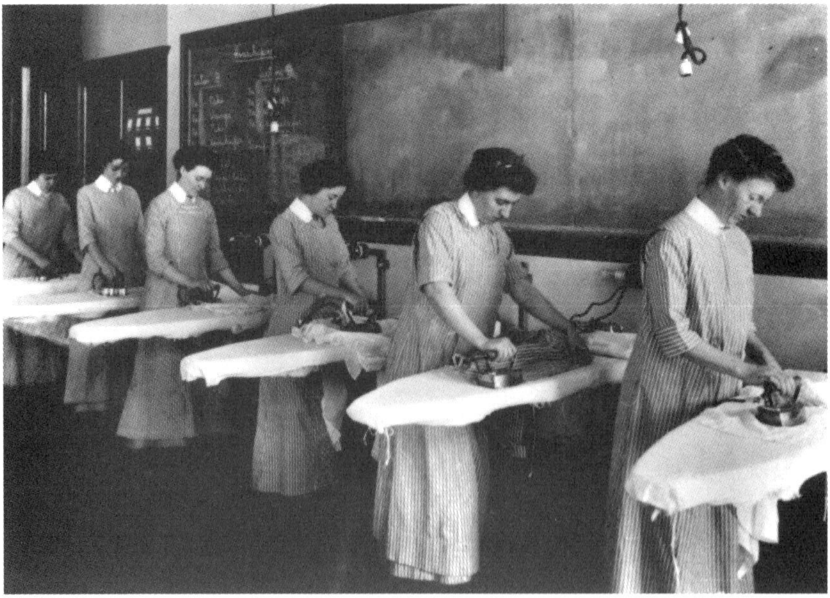

Un cours de repassage fait partie de la formation des élèves au MacDonald College en 1913 (Archives de l'Université McGill).

L'apprentissage de la pâtisserie dans le cadre du programme de diététique du College MacDonald en 1915 (Archives de l'Université McGill).

Le journal La Patrie *annonce en 1932 l'inauguration de cours de diététique dans les hôpitaux francophones de Montréal et souligne la présence de religieuses issues de diverses congrégations.*

Une diététiste dispense de l'information sur les bonnes habitudes alimentaires à des mères de jeunes enfants, vers 1940 (Archives du Montreal Diet Dispensary).

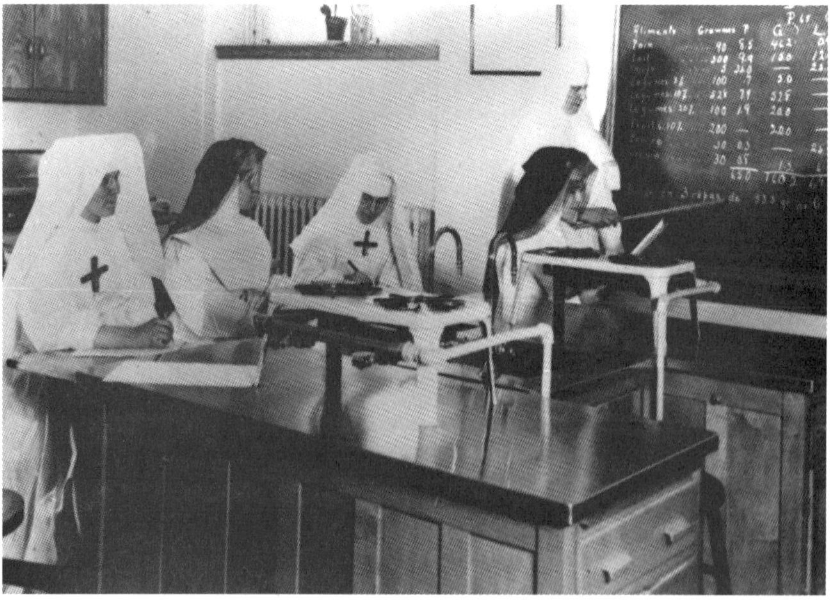

Cours de diététique suivi par des religieuses de l'Hôtel-Dieu de Montréal en 1945 (Archives des Religieuses Hospitalières de Saint-Joseph).

Séance de travail à la cuisine centrale de l'Hôtel-Dieu de Montréal en 1945 (Archives des Religieuses hospitalières de Saint-Joseph).

Classe de couture à l'Institut de diététique de l'Université de Montréal, vers 1946 (Archives de l'Institut).

Cours en alimentation à l'Institut de diététique de l'Université de Montréal en 1946 (Archives de l'Institut).

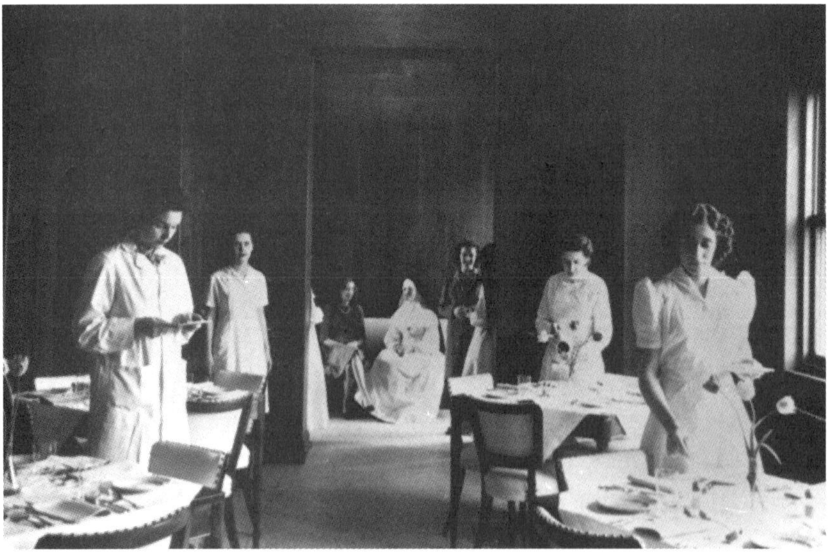

Salle à dîner de l'Institut de diététique de l'Université de Montréal en 1948 (Archives de l'Institut).

Cours sur le vêtement à l'Institut de diététique de l'Université de Montréal vers 1950 (Archives de l'Institut).

L'enseignement ménager à l'Institut de diététique de l'Université de Montréal vers 1968 (Archives de l'Institut).

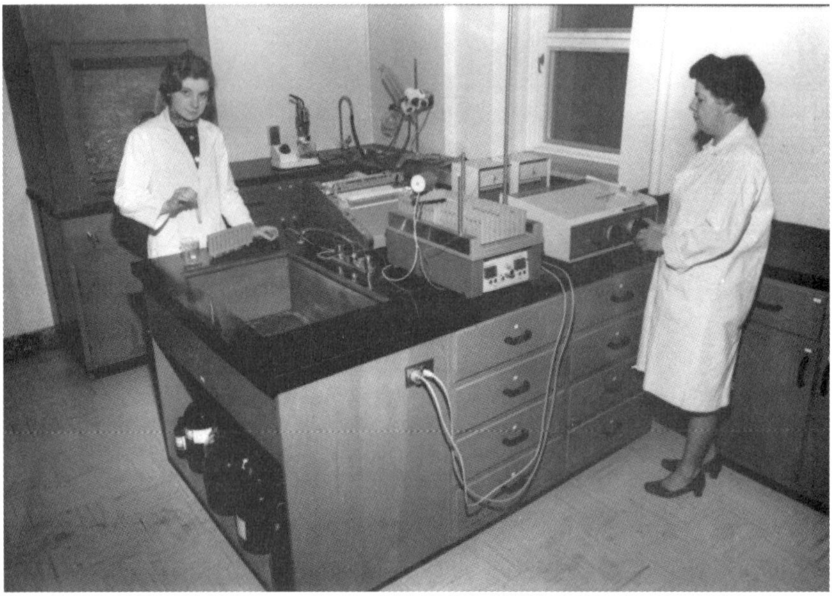

Diététistes œuvrant dans un laboratoire de recherche à l'Institut de diététique de l'Université de Montréal en 1968 (Archives de l'Institut).

Un laboratoire de l'Institut de diététique et de nutrition à l'Université de Montréal en 1969 (Archives de l'Institut).

Étudiantes de l'École de physiothérapie de Whitby, Ontario, circa 1917. L'École déménagera peu de temps après à Hart House, Université de Toronto. Elle fermera ses portes en 1919 (Archives de l'Association canadienne de physiothérapie).

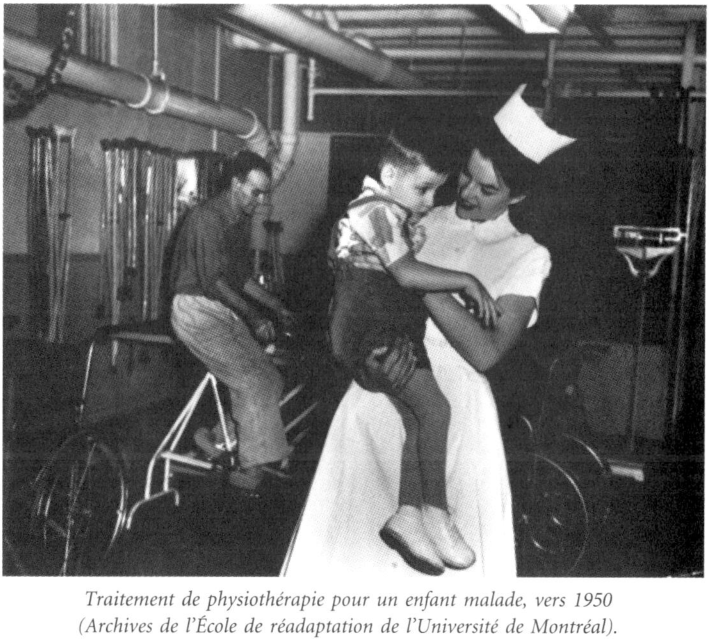

Traitement de physiothérapie pour un enfant malade, vers 1950 (Archives de l'École de réadaptation de l'Université de Montréal).

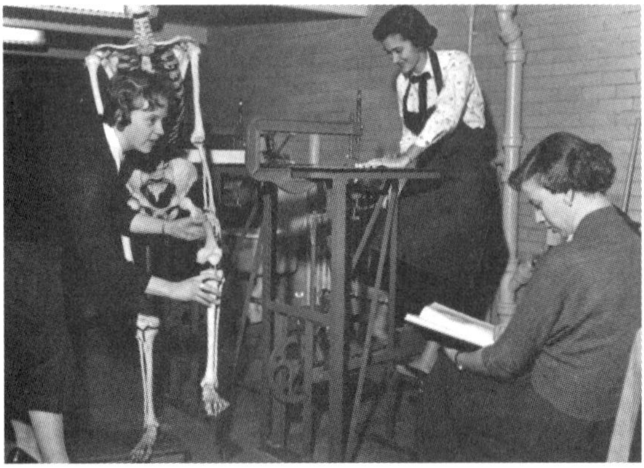

Démonstration d'un traitement du genou à partir d'un squelette, années 1950 (Archives de l'École de réadaptation de l'Université de Montréal).

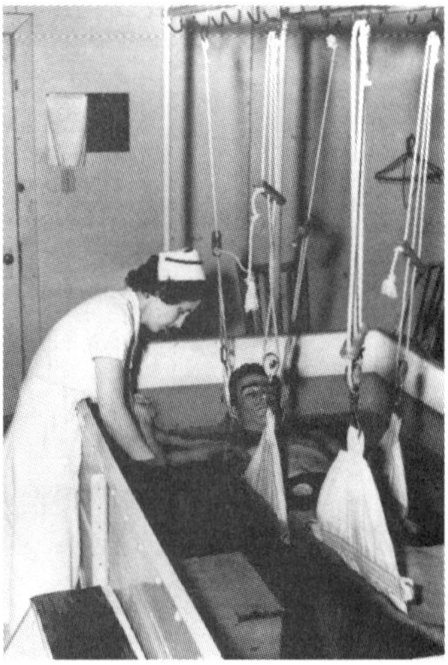

Traitement hydrothérapique dispensé au Workmen's Compensation Board Hospital and Rehabilitation Centre, Malton, Ontario, années 1950 (Archives de l'Association canadienne de physiothérapie).

Séance de gymnastique corrective destinée aux malades dans un hôpital de Toronto en 1954 (Archives de la Canadian Physiotherapy Association).

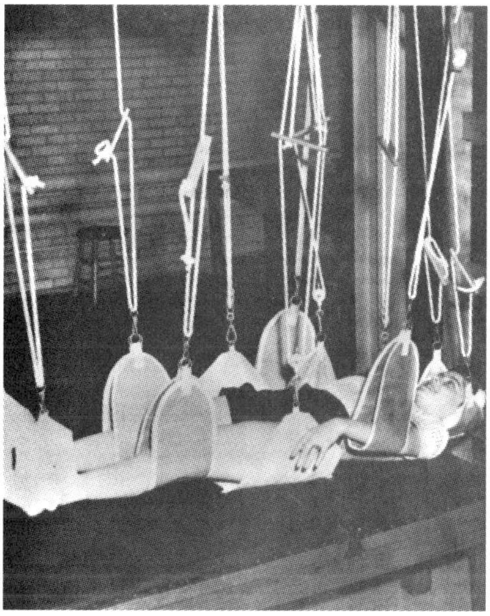

Démonstration d'un traitement de physiothérapie. Cordes et poulies permettent la suspension ou l'étirement de chaque partie du corps, 1959 (Archives de l'École de réadaptation de l'Université de Montréal).

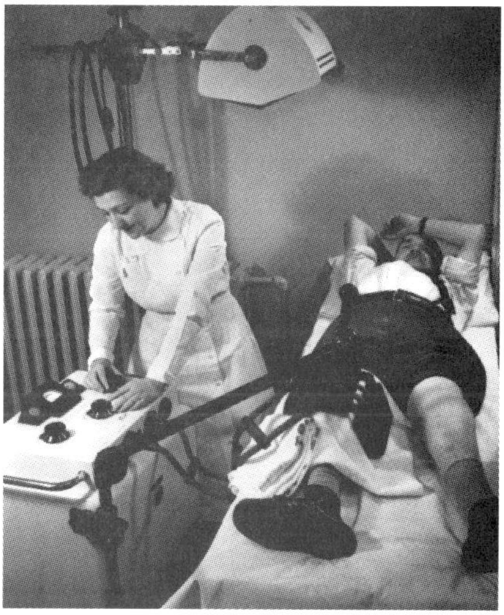

Séance de physiothérapie vers 1954. L'appareillage utilisé bénéficie d'une technologie qui évolue rapidement (Archives de l'École de réadaptation de l'Université de Montréal).

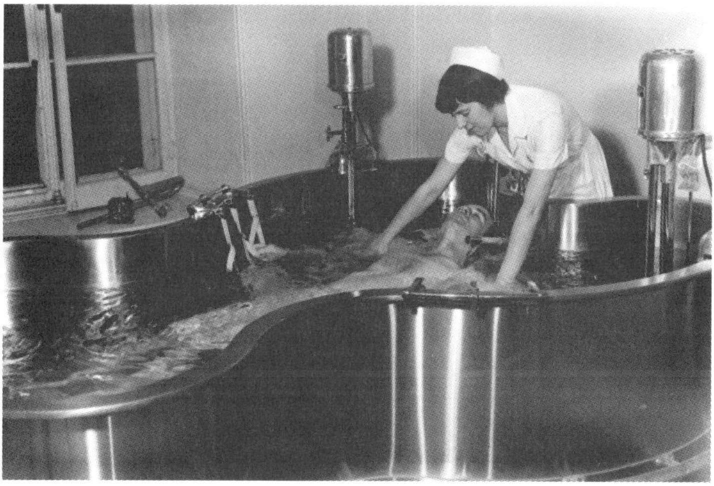

Séance d'hydrothérapie à l'Hôtel-Dieu de Montréal, fin des années 1950 (Archives des Religieuses Hospitalières de Saint-Joseph).

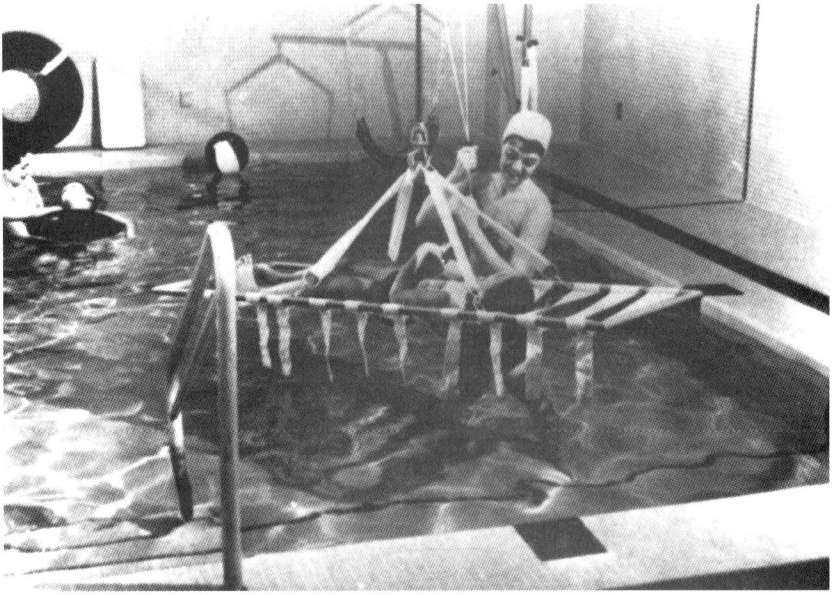

Traitement d'hydrothérapie dispensé à un jeune patient du Crippled Children's Centre, London, Ontario, circa 1960 (Archives de l'Association canadienne de Physiothérapie).

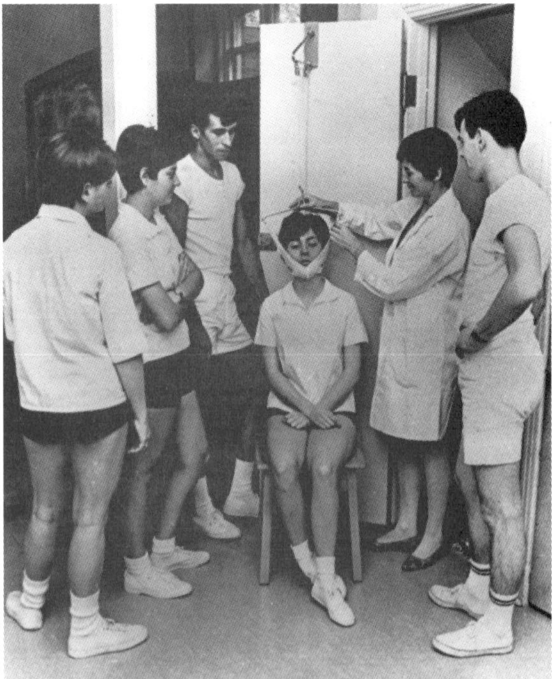

Apprentissage des techniques d'étirement du cou, 1960 (Archives de l'École de réadaptation de l'Université de Montréal).

Apprentissage du traitement des lésions du genou, années 1960 (Archives de l'École de réadaptation de l'Université de Montréal).

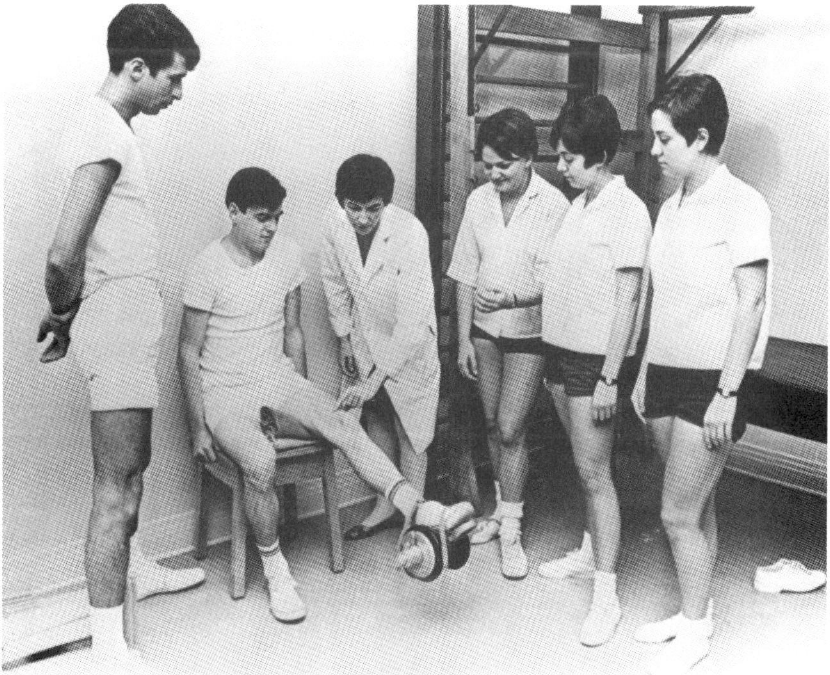

Classe de physiothérapie. Des élèves masculins figurent désormais parmi les effectifs étudiants de l'École de réadaptation de l'Université de Montréal, années 1960 (Archives de l'École).

Des élèves s'initient à l'apprentissage de postures thérapeutiques, années 1960 (Archives de l'École de réadaptation de l'Université de Montréal).

Aux physiothérapeutes, ergothérapeutes et diététistes de nos hôpitaux:

"Allez vous faire vivre par vos maris..."

Aussi calmes que décidées, plusieurs centaines de jeunes femmes des trois professions (physiothérapeutes, ergothérapeutes et diététistes) se réunissent en journées d'étude depuis trois semaines, au sous-sol de l'église Saint-Louis-de-France.

Journées d'études organisées par le mouvement syndical en 1972. Physiothérapeutes et diététistes exigent un réajustement de leurs échelles salariales (Photo-journal, *21 février 1972).*

Représentant leurs syndicats réunis en un front commun de négociation, Miles Thérèse Avon, physiothérapeute, Diane Chrétien, ergothérapeute, et Hélène Tremblay, diététiste, nous ont fait part de leurs principales revendications.

Ces professions sous-payées et sous-considérées parce que dites à tort "féminines"...

Des représentantes syndicales des physiothérapeutes et des diététistes expliquent le sens de leurs revendications salariales, 1972 (La Patrie, *24 février 1972).*

8

Des champs de pratique à constituer et à protéger. Le cas de l'Ontario

En Ontario comme au Québec, les associations professionnelles de diététistes et de physiothérapeutes entreprennent, surtout après la fin de la Deuxième Guerre mondiale, des démarches afin d'améliorer le statut professionnel de leurs membres. Ce qui les amène à négocier, elles aussi, avec l'État provincial. Or (nous l'avons vu au chapitre six), le gouvernement ontarien s'oriente, au début des années 1970, vers une politique beaucoup plus interventionniste dans le domaine de la réglementation des professions de la santé*. Cette politique établit au premier rang des priorités de l'État la protection du public consommateur et le contrôle des coûts des services de santé. Elle se prononce cependant contre l'octroi de nouveaux privilèges aux professions paramédicales en quête d'un meilleur statut professionnel. À l'instar de leurs homologues québécoises, les diététistes et les physiothérapeutes ontariennes doivent donc faire face à un État qui manifeste sa volonté de contrôler plus étroitement les professions.

Le cheminement des deux groupes en Ontario s'avère toutefois fort différent de celui qu'ils connaissent dans la province voisine. Ainsi, durant toute la période étudiée, la «Ontario Dietetic Association» (ODA) consacre l'essentiel de ses efforts à obtenir une reconnaissance juridique, si minime soit-elle, de la part du gouvernement provincial. La physiothérapie, quant à

* Le terme «profession» est utilisé ici dans le sens large. Ailleurs dans le texte, dans des contextes plus spécifiques les professions réfèrent aux corps d'emploi régis par une corporation ou un ordre professionnel.

elle, possède déjà un tel privilège depuis le début du XXe siècle. On verra donc l'Association canadienne de physiothérapie (ACP) et la «Ontario Physiotherapy Association» (OPA) chercher plutôt à obtenir un véritable monopole d'exercice pour leurs professions respectives. Au cours des démarches qu'elle entreprendra à cette fin, l'OPA se verra d'emblée confrontée au problème des rapports interprofessionnels. D'une part, il lui faut protéger le «territoire» de la physiothérapie contre les empiètements de la chiropractie, une occupation rivale en pleine expansion; d'autre part, la campagne que mène l'OPA en faveur d'un accès aux soins physiothérapeutiques sans prescription médicale exacerbe les tensions avec les médecins. Cette situation entraînera la remise en question d'un type de rapports avec le corps médical auquel les physiothérapeutes avaient souscrit jusqu'alors mais qu'elles perçoivent, de plus en plus, comme inégalitaire.

LA LONGUE QUÊTE DES DIÉTÉTISTES ONTARIENNES POUR UNE RECONNAISSANCE JURIDIQUE

Lors de sa fondation en 1936, l'Association canadienne de diététique (ACD), dont environ la moitié des membres proviennent de l'Ontario, n'a pas inscrit la reconnaissance juridique de la profession au rang de ses principaux objectifs. À cette époque, l'association se soucie surtout d'améliorer le statut des diététistes en définissant les exigences de la formation et en haussant celles qui sont reliées au travail de diététiste. De plus, on estime qu'il est nécessaire de bâtir une organisation solide au niveau national[1]. Comme le souligne Annie Laird en 1938, la diététique est encore une profession très jeune qui a besoin de se développer davantage avant de solliciter une reconnaissance légale de la part de l'État[2].

Après la Deuxième Guerre mondiale, la crainte de voir les diététistes s'intégrer, faute de mieux, aux syndicats de travailleurs créés à la faveur de la législation fédérale sur les relations de travail, poussera l'ACD à organiser celles-ci sur une base provinciale. Il en résulte, en 1955, la création de l'Ontario Dietetic Association (ODA) à laquelle toutes les diététistes devront s'inscrire désormais, afin, affirme-t-on, de protéger le public contre les travailleuses non qualifiées et de mieux promouvoir la reconnaissance de la profession. De son côté, l'ACD presse la nouvelle association provinciale d'effectuer les démarches nécessaires auprès du gouvernement provincial pour obtenir son incorporation; ce qui se concrétisera par l'adoption de la «Ontario Dietetic Association Act» en 1958[3].

En plus d'accorder un statut légal à l'ODA, la loi autorise cette dernière à inscrire dans ses registres toute diététiste qui fait déjà partie de l'Association canadienne de diététique ou qui remplit les conditions prescrites par l'ODA relativement à la formation académique et à l'expérience en milieu de travail. Chaque diététiste admise comme membre de l'association recevra un certificat d'adhésion. De plus, elle aura le droit d'utiliser le titre de «Registered Professional Dietician» et les initiales «R.P.Dt.». Celles qui auraient recours à ce titre réservé tout en ne faisant pas partie de l'ODA seraient passibles d'une amende.

Même si l'adoption de cette loi représente une étape importante pour la diététique dans sa quête d'une reconnaissance professionnelle, elle ne permet pas à l'ODA d'exercer un contrôle total sur la formation et la pratique des diététistes en Ontario. Ainsi, toute personne ne faisant pas partie de l'Association peut exercer la diététique en Ontario pourvu qu'elle n'utilise pas le titre réservé de «R.P.Dt.» De concert avac l'ACD, l'ODA convoitait au départ l'utilisation exclusive du titre «Professional Dietician» («P.Dt.»). Toutefois, le gouvernement s'oppose fermement à l'octroi de ce privilège. En fait, le ministre de la santé, lui-même médecin, résiste à l'idée même d'une réglementation de la diététique par l'État provincial. Il insiste donc pour que l'«Ontario Dietetic Association Act» soit présenté à la Législature sous forme de projet de loi privée plutôt que comme loi publique. Lors d'une réunion spéciale tenue en 1958, l'ODA invoque les deux facteurs principaux qui, à son avis, risquent de faire obstacle à l'obtention d'une loi publique: *(1)* l'association a peu de membres, soit environ 400, et *(2)* elle n'entretient aucun contact informel avec des membres influents du gouvernement provincial. On dit continuer cependant à vouloir soumettre (plus tard) un projet de loi publique, lorsque la profession sera dans une meilleure position pour le défendre auprès du public et de l'État[4]. Enfin, l'ODA va jusqu'à affirmer craindre des représailles de la part de l'État si elle affiche trop d'intransigeance face aux diététistes qui ne rencontrent pas ses critères d'admission[5].

Au cours des vingt années qui suivent l'adoption de la «Ontario Dietetic Association Act», la profession ne fait l'objet d'aucune autre loi provinciale. Pourtant, dès les années 1960, l'ODA se fixe pour objectif premier la réglementation de la profession par l'État provincial; elle désire en effet abolir le système d'enregistrement volontaire prévu par la loi de 1958 et imposer ses propres critères d'admission à l'ensemble des diététistes de la province. L'association accumulera cependant les déceptions au cours des années 1960 et 1970. Il est clair que durant cette période, l'État et ses conseillers en matière de santé affichent peu d'intérêt pour la diététique. Le rapport de la Commission Hall sur les services de santé est fort révélateur à cet égard. Il ne formule aucune recommandation visant à promouvoir la profession. Tout au plus discute-t-il brièvement des problèmes qui affligent cette dernière et qui expliquent la pénurie de diététistes à cette époque (faibles salaires, conditions de travail difficiles, départs massifs, etc.)[6]. Mais, c'est surtout le rapport du «Committee on the Healings Arts» qui va susciter à la fois le mécontentement et le désarroi de l'ODA. À peine deux pages sur un total de 1000 sont consacrées aux diététistes. De plus, celles-ci sont associées dans le rapport, non pas avec d'autres travailleuses du paramédical telles que les infirmières, les physiothérapeutes et les ergothérapeutes, mais bien avec les archivistes médicaux, à qui les commissaires consacrent six pages, malgré le fait que ce groupe compte alors à peine 300 membres (déclarés) à travers tout le Canada[7]. Mais, plus grave encore en ce qui concerne l'avenir de la profession, les commissaires affirment, sans autres explications, que la nécessité de soumettre la diététique à une réglementation provinciale ne se fait pas sentir pour le moment[8].

Le rapport du «Committee on the Healing Arts» constitue un point tournant dans la campagne menée par l'ODA pour l'obtention d'un meilleur statut professionnel. Ce rapport expose, en effet, au grand jour le double problème auquel fait alors face la profession en Ontario: d'abord celui de la méconnaissance profonde qu'ont de ce champ de pratique les experts concernés, ensuite la tendance de ces derniers à exclure la diététique des disciplines qui devraient faire nécessairement partie d'un système de soins de santé. Déjà, une série de conférences consacrées depuis 1969 au système de santé ontarien, auxquelles ont pris part le «Committee on the Healing Arts», la «Ontario Medical Association» (OMA), l'ODA et d'autres associations professionnelles, a révélé aux représentantes des diététistes l'ampleur de ce problème[9]. L'ODA en a d'ailleurs fait état dans le mémoire qu'elle soumet au «Committee on the Healing Arts[10]». Aussi la présidente de l'ODA exprime-t-elle au ministre de la santé sa déception de voir le Comité miner considérablement les efforts que l'association mène depuis sa fondation pour faire reconnaître par le public, les employeurs et les autres professions de la santé des standards de pratique adéquats pour les diététistes ontariennes[11].

Par ailleurs, même si l'ODA participe peu de temps après aux discussions qui ont lieu à Queen's Park sur une politique globale de réglementation des professions de la santé, elle n'obtient aucune garantie au sujet de l'inclusion de la diététique dans une loi éventuelle. Tout au plus l'informe-t-on que cette dernière sera basée sur les recommandations du «Committee on the Healing Arts» qui, on le sait, s'est prononcé contre la réglementation de la diététique[12]. L'ODA entreprend alors de faire valoir au gouvernement ontarien l'importance de la profession dans la prestation des soins de santé au public. En 1972, dans une lettre au ministre de la santé, la présidente de l'ODA rappelle que la diététique n'est pas une jeune profession: il existe près de 1800 diététistes à travers le Canada, dont près de 700 ou 800 travaillent en Ontario. Elle explique ensuite comment ces dernières font nécessairement partie du système de santé: 75% des diététistes de la province travaillent en effet dans des hôpitaux, dans des institutions de santé ou dans des agences ou des départements gouvernementaux qui dispensent des services de santé. Par ailleurs, les internats que doivent compléter les étudiantes en diététique se déroulent largement en milieu hospitalier. Enfin, insiste-t-elle, les autres professionnels de la santé, y compris les médecins et les infirmières, considèrent les diététistes comme des collègues à part entière. Et la présidente de conclure: «It has come as a distressing surprise therefore to find that we may not in fact be regarded as a health discipline by our government[13].»

La même année, le gouvernement ontarien dépose son projet de loi sur la réglementation des professions de la santé, le «Health Disciplines Act» (HDA). Ainsi que l'a recommandé le «Committee on the Healing Arts», la diététique ne figure pas dans la longue liste des professions de la santé que le gouvernement propose d'inclure dans la loi. L'ODA amorce aussitôt une campagne de *lobbying* auprès du gouvernement dans l'espoir de le faire revenir sur sa décision. Elle s'emploie d'abord à sensibiliser ses membres aux conséquences sérieuses de leur exclusion de l'HDA. Répondant à son appel, celles-ci inondent de lettres le bureau du ministre de la santé, souvent avec l'appui de leurs députés[14]. L'ODA sollicite également l'appui de la OMA, ainsi que celui de la «Ontario Hospital Association» (OHA) qui, pour sa part, a déjà reproché au gouvernement d'avoir omis les diététistes dans son projet de loi[15]. La réplique du ministère de la santé apparaît aux diététistes bien décevante: le législateur entend prendre d'abord en considération les professions qui sont déjà réglementées; il attendra ensuite le temps opportun pour évaluer la pertinence d'inclure dans la loi toutes celles qui ne le sont pas[16].

De fait, la diététique est exclue de la première section du HDA qui est finalement adoptée en 1974 et qui, rappelons-le, ne couvre alors que les cinq professions «majeures» (*primary*) jouissant déjà du statut de «College» soit: la médecine, le nursing, la dentisterie, la pharmacie et l'optométrie. À l'instar de plusieurs autres professions de la santé, les diététistes intensifient alors leur campagne de *lobbying* auprès du gouvernement, du milieu de la santé et de l'opinion publique. Un des gestes les plus importants posés dans ce sens par l'ODA est la création, en juin 1974, d'un «Comité ad hoc sur le statut de la profession de diététique en Ontario». Ce comité se fixe plusieurs objectifs: définir ce qu'est une diététiste et déterminer son champ de pratique, mieux informer le public sur ses fonctions, protéger les «droits territoriaux» de la diététique, instituer des mécanismes de lobbying tant au niveau provincial que régional et, enfin, s'assurer que la profession présente un front uni. Le Comité ad hoc reçoit aussi comme mandat pressant de préparer et de soumettre au ministre de la santé un mémoire comportant une perspective globale sur les différentes composantes de la profession de diététiste (formation, apprentissage, champ de pratique, rôle, etc.), exercice qui, comme le rapporte avec stupéfaction la présidente de l'ODA, n'a jamais été effectué jusqu'à présent[17].

Enfin, deux autres revendications de l'ODA témoignent de sa détermination croissante, au milieu des années 1970, d'améliorer son statut professionnel. S'inspirant de l'exemple des infirmières, l'association revendique l'établissement d'un Collège des diététistes chargé de réglementer la pratique de la diététique et de fixer les critères d'éligibilité à la profession. En second lieu, dans le but de faire reconnaître la nutrition comme un élément indispensable du système de santé, l'ODA demande au ministère de la santé d'inscrire les services de diététique parmi les services financés par l'«Ontario Health Insurance Plan» (OHIP)[18]. Bref, l'association ne revendique plus seulement une existence juridique; elle convoite désormais des privilèges qui sont déjà reconnus aux professions majeurs (*primary*) du champ de la santé.

Pendant ce temps, une prise de conscience croissante de l'importance de l'alimentation dans la santé des Canadiens, au cours des années 1970, vient renforcer la cause de la diététique auprès du gouvernement ontarien. Au niveau fédéral, deux études majeures publiées respectivement par Nutrition Canada et par Santé et Bien-Être Canada établissent comme une priorité nationale l'expansion et l'amélioration des services de nutrition et de diététique[19]. Dans un discours prononcé en juin 1974 à l'occasion du congrès de la CDA, le ministre de la santé de l'Ontario se prononce dans le même sens. De tels services, déclare-t-il, sont essentiels alors que la prévention et la réhabilitation deviennent elles-mêmes prioritaires dans le champ de la santé. De plus, le ministre considère que les diététistes qualifiées doivent nécessairement faire partie des équipes chargées de dispenser les services de santé au niveau communautaire, dans le cadre de la politique de décentralisation adoptée par le gouvernement provincial[20].

Suite à l'allocution du ministre, le «Ontario Council of Health» (OCH) met sur pied, en novembre 1974, un Groupe de travail sur les services de nutrition et de diététique. Le groupe a pour mandat d'évaluer les besoins de la province pour de tels services, ainsi que pour un personnel suffisamment qualifié. Formé d'une majorité de femmes expertes en nutrition, ce dernier soumet un an plus tard au OCH un rapport nettement favorable à la profession. Il invite en effet le gouvernement provincial à reconnaître la nutrition comme un élément essentiel du système de santé en l'incorporant dans toute législation, politique ou programme axés sur la promotion et le maintien de la santé de la population ontarienne. De plus, il propose l'adoption d'une politique provinciale sur les services de nutrition et de diététique afin de permettre à l'ensemble de la population de bénéficier d'une saine alimentation. Le groupe de travail soumet ensuite des recommandations plus précises, dont les plus importantes sont: l'expansion des programmes de formation universitaire, des standards de pratique uniformes pour les praticiennes et, surtout, leur inclusion dans le HDA[21].

En 1975, l'OCH endosse l'ensemble de ces recommandations, y compris l'inclusion de la diététique dans le HDA en tant que discipline séparée. Deux arguments sont invoqués à cet égard: cette inclusion favorisera l'intégration des diététistes et de leurs activités dans l'ensemble des services de santé et elle luttera contre la dissémination de fausses informations sur la nutrition au sein de la population. Bref, la reconnaissance juridique de la diététique assurera la protection du public, ce qui, comme le souligne l'OCH, demeure l'objectif principal de la réglementation des professions de la santé[22].

Malgré ces recommandations favorables, le gouvernement ontarien n'aura, à la fin des années 1970, procédé à l'intégration ni de la diététique, ni d'aucune autre profession de la santé dans le HDA. Entre temps, l'ODA multipliera sans succès les pressions dans ce sens auprès du ministère de la santé. Bien plus, un rapport soumis en 1978 par le «Health Discipline Committee» — comité mis sur pied afin de proposer au ministère un plan d'urgence sur la réglementation des professions de la santé — estime que la diététique ne doit pas être intégrée, pour le moment, dans une législation. Selon le Comité, les diététistes ne rencontrent pas les cinq critères qui caractérisent le type de professions devant être soumises à une réglementation, soit: le contact direct avec le patient; l'éventualité de prises de décision pouvant affecter la santé de ce dernier; le travail en dehors d'une institution ou d'une équipe qui surveille de près les actes professionnels posés; l'absence de supervision immédiate d'une profession déjà réglementée par l'État telle que la médecine; enfin, l'accès direct du patient aux services du praticien[23].

Ainsi, au seuil des années 1980, les conseillers du ministère de la santé ne jugent toujours pas nécessaire de réglementer le statut des diététistes. On voit, en fait, à quel point l'extension du champ de pratique de ces dernières — qui déborde les frontières du médical pour englober les secteurs de l'éducation, de la consommation et des services sociaux — joue comme au

Québec en défaveur d'une reconnaissance légale de la profession; ceci malgré les efforts soutenus menés dans ce sens par l'ODA.

LES PHYSIOTHÉRAPEUTES. LA QUÊTE DE L'AUTONOMIE PROFESSIONNELLE

Si le «Health Discipline Committee» ne juge pas opportun de réglementer la diététique, il se prononce par contre en faveur de l'inclusion de la physiothérapie dans le «Health Disciplines Act», étant donné que cette profession répond, à son avis, aux critères d'éligibilité définis plus haut[24]. La position du Comité traduit l'avantage dont jouit la physiothérapie par rapport à la diététique au plan du statut légal. En effet, les normes d'éthique, la formation et le champ de pratique des physiothérapeutes sont réglementés depuis 1925 par le «Drugless Practitioners Act» (DPA). En plus des physiothérapeutes, définis à l'époque comme des «masseurs», le DPA inclut alors les chiropraticiens, les ostéopathes et d'autres groupes de praticiens dont une pratique déficiente pourrait, selon les médecins, mettre en péril la santé du public[25].

Cependant le DPA établit clairement le statut des physiothérapeutes comme étant celui d'auxiliaires des médecins; aussi leur interdit-il de poser des diagnostics et de prescrire des traitements[26]. En 1944, une version amendée de la loi qualifie même la physiothérapie de «discipline mineure», précisant que les physiothérapeutes ne peuvent traiter un patient qu'à partir de la prescription d'un médecin, d'un chiropraticien, d'un ostéopathe ou de tout autre thérapeute légalement qualifié[27].

Par ailleurs, si le DPA accorde tout de même une reconnaissance légale à la physiothérapie, les dirigeantes de la «Canadian Association of Massage and Remedial Gymnastics» (CAMRG) s'opposent dès le début avec force à l'inclusion de leur discipline dans cette législation. Celle-ci, soutiennent-elles, regroupe dans un même cadre légal les physiothérapeutes, qui sont obligées de pratiquer sous supervision médicale, et toutes sortes de «charlatans» qui, de leur côté, n'hésitent pas à afficher leur hostilité envers la médecine orthodoxe. La CAMRG souhaite au contraire établir une frontière étanche entre le champ de pratique «légitime» des physiothérapeutes et les pratiques souvent dangereuses des individus ou des groupes dits marginaux. À cette fin, elle demande que la physiothérapie fasse l'objet d'une réglementation séparée et d'une loi distincte[28].

En 1952, une étape importante dans ce sens est franchie lorsque, suivant la révision du DPA, la physiothérapie obtient son propre Conseil de direction («Board of Directors of Physiotherapy»), désormais responsable d'édicter les règlements concernant l'enregistrement, la formation et la conduite de toutes les physiothérapeutes ontariennes. Même si les membres du Conseil sont nommés par le gouvernement provincial, il s'agit de physiothérapeutes choisies sur la recommandation de l'ACP et de l'OPA. Or, dès son entrée en fonction en 1955, le Conseil de direction établit un monopole d'exercice pour la profession en décrétant que seules les physiothérapeutes dûment enregistrées sous le DPA auront le droit de pratiquer légalement leur profession en Ontario. Dans les faits, cette révision du DPA achemine la physiothérapie vers le statut de corporation fermée[29].

Tel est, en effet, l'objectif ultime que poursuivent, au cours des années 1960 et 1970, le Conseil de direction en Physiothérapie et la branche ontarienne de l'ACP, établie en 1964. L'un et l'autre soumettent sans tarder des mémoires au «Committee on the Healing Arts». Les représentantes ontariennes de l'ACP poursuivent la lutte, déjà ancienne, pour l'exclusion de la physiothérapie de la DPA et pour l'adoption d'une loi distincte et exclusive pour la discipline («Physiotherapy Act»). Plus audacieux, le Conseil de direction réclame l'établissement d'un «Collège des physiothérapeutes» à l'image du Collège des médecins et des chirurgiens de l'Ontario. Celui-ci jouirait d'une grande autonomie dans le contrôle de la profession puisqu'il serait gouverné par un Conseil dont les membres seraient élus par les physiothérapeutes. Afin de convaincre le Comité du bien-fondé de sa requête, le Conseil de direction invoque, comme argument suprême, la protection du public. Il soutient qu'un Collège des physiothérapeutes assurera un meilleur contrôle sur la profession, dont les membres ont augmenté considérablement depuis les années 1950, et dont le champ de pratique s'est beaucoup élargi et diversifié[30].

Le Rapport final du «Committee on the Healing Arts» étouffera les espoirs des physiothérapeutes. On se rappellera que celui-ci se prononce contre l'octroi du statut de corporation fermée à la physiothérapie, ainsi d'ailleurs qu'aux nombreuses autres professions de la santé qui le réclament, recommandant plutôt leur regroupement sous une législation unique, le HDA. À la suite de l'adoption de la première section du HDA en 1974, la physiothérapie devra, à l'instar de la diététique, entreprendre une campagne de *lobbying* intense dans le but de persuader l'État de lui donner gain de cause. C'est le Conseil de direction en Physiothérapie qui est le plus actif à cet égard. À coups de mémoires, de soumissions, de correspondance, et de réunions, le Conseil réitère au ministre de la santé la demande des physiothérapeutes ontariennes pour l'établissement d'un Collège des physiothérapeutes et pour l'adoption d'une loi distincte pour régir la discipline. Il rejette ainsi le projet d'intégrer la physiothérapie comme une simple section de cette loi parapluie qu'est le HDA. Le Conseil dénonce aussi avec force une proposition du OCH, visant à regrouper les physiothérapeutes, les ergothérapeutes et d'autres professions paramédicales au sein d'un Collège unique («College of Allied Health Therapists»). Aux yeux du Conseil, regrouper des occupations différentes à la fois en termes de taille et d'ancienneté, dont les standards de formation et de pratique sont également fort variés, signifie retourner à la situation néfaste qui régnait avant la révision du DPA en 1952[31].

Plus encore que les diététistes, les physiothérapeutes expriment une frustration croissante face à la lenteur du gouvernement à se prononcer sur l'avenir législatif de leur discipline. En 1975, le Conseil de direction en Physiothérapie se plaint amèrement au ministre de la santé:

> to leave the various disciplines in what is virtually a state of limbo, completely uncertain as to their regulatory structure and future for this length of time surely questions the sincerity of the Governement in its expressed concern for the protection and well being of either the public or the professions alike[32].

À la grande déception des physiothérapeutes comme des diététistes, l'État provincial maintiendra le statu quo législatif à leur endroit jusqu'à la fin des années 1980. Or, pendant ce temps, les physiothérapeutes ontariennes se sont engagées dans une lutte interprofessionnelle ardue avec les chiropraticiens qu'elles accusent d'usurper le champ de pratique qu'elles estiment être légitimement le leur.

À la défense d'un champ de pratique: les physiothérapeutes face aux chiropraticiens

Le dur combat que mènent les physiothérapeutes pour défendre leurs frontières contre les empiètements de la chiropractie s'explique par la croissance très rapide de cette occupation (à grande majorité masculine) au cours des années 1970. Depuis le début du siècle, c'est l'Ontario qui abrite le plus grand nombre de chiropraticiens au Canada. Le premier praticien est venu s'installer au pays en 1902. La «Ontario Chiropractic Association» (OCA) est formée en 1929 et deviendra une branche de la «Canadian Chiropractic Association» (CCA) lorsque cette dernière sera fondée en 1953. Pendant ce temps, le «Canadian Memorial Chiropractic College», seule institution du genre au pays, est établi à Toronto en 1945[33].

Toutefois, l'expansion véritable de la chiropractie ontarienne reste liée à la décision du gouvernement provincial, en 1970, d'étendre la couverture de son nouveau régime d'assurance-maladie (OHIP) aux services chiropratiques. Le nombre de praticiens double, en effet, au cours de la décennie. En 1980, on compte un peu plus de 1000 chiropraticiens en titre, contre 2300 physiothérapeutes[34]. Leur statut socio-économique s'améliore aussi considérablement: au début des années 1980, les chiropraticiens perçoivent un revenu égal, sinon supérieur, à celui des médecins de famille[35].

Cet important privilège accordé par l'État aux chiropraticiens explique, en grande partie, leur popularité croissante auprès de la population, une popularité que les attaques de la profession médicale ne réussissent pas à amoindrir. Cette dernière, depuis longtemps, dénonce publiquement les fondements scientifiques d'une pratique axée principalement sur la manipulation de la colonne vertébrale. Les médecins ontariens n'ont d'ailleurs pas hésité à taxer dans le passé les chiropraticiens de «charlatans», au même titre que les naturopathes et les ostéopathes.

À défaut de pouvoir éliminer complètement les chiropraticiens du paysage des soins de santé, les médecins avaient sollicité au début du siècle l'intervention du gouvernement dans le but de contrôler et de limiter leur champ de pratique. À la même époque, les chiropraticiens réclamaient de leur côté le statut de corporation fermée. Le compromis adopté par l'État fut l'inclusion des chiropraticiens dans le DPA de 1925. Ceux-ci enregistrent dès lors des gains importants sur le plan légal. En 1944, le DPA les classe parmi les disciplines «majeures», ce qui leur permet d'être en lien direct avec les patients et les exempte de l'obligation d'intervenir à partir d'une prescription médicale. Puis, en 1952, la même loi permet aux chiropraticiens d'établir leur propre Conseil de direction[36].

Selon le «Committee on the Healing Arts», ces succès témoignent d'une reconnaissance certaine de cette discipline par l'État, une reconnaissance qui entraîne, en 1970, le rejet d'une requête du Collège des médecins et des chirurgiens de l'Ontario, visant à empêcher les chiropraticiens d'offrir leurs services sans obtenir au préalable un diagnostic médical. Le comité souligne que, dans les faits, très peu de médecins enverront leurs patients consulter un chiropraticien; une telle mesure reviendrait dès lors à ôter aux individus le droit de consulter le praticien de leur choix. Dans ce cas, l'intérêt du public signifie donc la possibilité de recourir à des formes alternatives de soins et de traitements. Aussi le Comité recommande-t-il le maintien de l'accès direct des patients aux services chiropratiques et, fait tout aussi significatif, inclut la chiropractie dans le HDA en tant qu'occupation jouissant d'un monopole de pratique[37].

Cependant, les chiropraticiens espèrent obtenir davantage de l'État provincial; au début des années 1970, ils amorcent en effet une campagne bien orchestrée dans le but d'accéder à un champ de pratique exclusif élargi. Celui-ci comprendrait le droit de poser un diagnostic — privilège que l'ancien DPA ne leur reconnaissait pas spécifiquement —, le droit de traiter un vaste ensemble de problèmes de nature organique et neuromusculaire et, enfin, celui de se livrer à la manipulation des os et surtout de la colonne vertébrale. Or, les revendications des chiropraticiens impliquent un empiètement sérieux sur le champ d'action des physiothérapeutes, qui pratiquent déjà de telles manipulations. De plus, le fait que les deux disciplines aient recours aux exercices et aux propriétés physiques de l'eau, de la lumière et de l'électricité comme modes de traitement constitue une source de tension supplémentaire. Enfin, les physiothérapeutes conservent un très mauvais souvenir du DPA de 1944 qui, nous l'avons vu plus haut, les a assujetties aux chiropraticiens en les classant comme une discipline «mineure». Bien plus, le DPA leur avait alors interdit toute manipulation de la structure osseuse des patients. Rien d'étonnant à ce que dès 1955, le nouveau Conseil de direction en Physiothérapie se soit empressé d'éliminer ces dispositions de ses propres règlements afin de rétablir ce qu'il estimait être le champ de pratique légitime des physiothérapeutes[38].

Or voici que, presque vingt ans plus tard, les chiropraticiens reviennent à la charge et demandent à l'État de rétablir les anciennes dispositions du DPA de 1944 dans le HDA. Dans un mémoire soumis au ministre de la santé, l'OCA soutient que la manipulation de la colonne vertébrale est une opération très délicate et compliquée qui ne peut être exécutée par des individus «non qualifiés», en l'occurrence les physiothérapeutes. L'OCA invoque alors le manque de formation et le taux d'attrition très élevé de ces dernières, pour justifier sa requête. Elle insiste en particulier sur la nécessité de protéger le public en restreignant les physiothérapeutes à un rôle d'auxiliaires des médecins, et aussi des chiropraticiens. Ces derniers récupéreraient alors leur ancien droit de référer des patients aux membres de cette discipline «mineure[39]».

Ce mémoire de l'OCA marque le point de départ du conflit intense qui opposera les deux disciplines tout au cours des années 1970. Si, au début, l'ACP et l'OPA sont plutôt favorables à la négocation d'un compromis (ceci à la demande pressante du ministère de la santé), l'offensive déclenchée contre leur discipline par l'OCA poussera rapidement les physiothérapeutes vers une plus grande combativité. Les arguments utilisés alors pour protéger leur champ de pratique correspondent aux priorités que s'est fixées l'État en ce qui concerne la réglementation des professions de la santé, à savoir, la protection du public et la réduction des coûts des services de santé. Les physiothérapeutes dépeignent alors la chiropractie comme une discipline peu sûre, qui regroupe des individus n'ayant pas de formation universitaire et qui, par conséquent, ne peuvent prétendre au droit de poser des diagnostics. Elles dénoncent, en outre, le coût élevé des services chiropratiques, en particulier celui des rayons-X auxquels les chiropraticiens recourraient, selon elles, de façon abusive. Les physiothérapeutes insistent d'ailleurs sur le fait qu'une utilisation excessive des rayons-X peut présenter des dangers pour la santé des patients. Enfin, elles réclament pour elles seules le droit de pratiquer les manipulations de la colonne. Entre leurs mains, affirment-elles, ce traitement est parfaitement sécuritaire puisqu'il ne vise à corriger que des problèmes de mobilité mécanique et non pas à soigner des troubles de nature organique[40].

Enfin, le conflit entre les chiropraticiens et les physiothérapeutes s'envenime au cours des années 1970 alors que le gouvernement provincial refuse d'inclure dans la couverture du nouveau régime d'assurance-maladie les services physiothérapeutiques offerts en pratique privée; et cela, malgré la recommandation du «Committee on the Healing Arts». Pourtant, selon l'OPA, le fait d'étendre la couverture du régime à ces services découragerait la prolifération rapide de groupes de praticiens de formation douteuse, tels les chiropraticiens, exerçant, quant à eux, en dehors du cadre hospitalier. La mise sur pied d'associations réunissant des physiothérapeutes en pratique privée vient alimenter la campagne menée par l'OPA. Bien que peu important numériquement[41], ce groupe fait preuve d'un militantisme vigoureux, allant jusqu'à solliciter l'appui des membres du parlement ontarien. Toutefois, le gouvernement provincial demeure ferme sur sa position. Officiellement, il invoque les coûts élevés qu'entraînerait une couverture illimitée des services physiothérapeutiques; cependant, tout semble indiquer que l'État souhaite surtout que de tels services demeurent concentrés dans les hôpitaux. On craint, en effet, que le fait d'étendre la couverture du régime au-delà du milieu hospitalier n'entraîne un exode de physiothérapeutes vers la pratique privée, où les salaires sont plus élevés et les conditions de travail meilleures[42].

À la fin des années 1970, l'OPA s'inquiète de plus en plus de l'impact de cet échec sur l'issue de la lutte qu'elle mène toujours contre les chiropraticiens. Dans un document de travail rédigé en 1979, elle déclare, sur un ton alarmiste, que l'avenir de la physiothérapie est incertain en Ontario puisque les chiropraticiens sont déterminés à éliminer la seule «alternative médicale légitime» à leur pratique «pseudo-scientifique[43]». Comme principale stratégie d'attaque, l'OPA privilégie désormais l'accès direct, c'est-à-dire la possibilité de traiter des patients sans qu'ils soient référés par un médecin. À l'instar de la pratique privée, l'accès direct permettra aux physiothérapeutes de lutter contre les chiropraticiens sur leur propre terrain. En effet, elles pourront alors accueillir une clientèle portée jusqu'alors à recourir aux services chiropratiques plus facilement accessibles.

Or l'accès direct renvoie immédiatement aussi aux rapports qu'entretiennent les physiothérapeutes avec les médecins depuis l'émergence de la profession au Canada au début du XXe siècle, rapports que celles-ci commencent à contester, comme nous le verrons, au cours des années 1970.

Vers une plus grande autonomie face aux médecins

Dans leur lutte contre les chiropraticiens, les physiothérapeutes ont toujours insisté sur les relations étroites qu'elles entretiennent avec les médecins, ainsi que sur leur adhésion inconditionnelle au modèle médical. Au début du XXe siècle surtout, cette stratégie avait permis à la physiothérapie de se distinguer de la chiropractie et des autres pratiques se situant en marge de la médecine orthodoxe. Les médecins ont généralement soutenu les efforts de cette profession féminine qui leur était traditionnellement subordonnée (tant et si bien d'ailleurs que le Collège des médecins et chirurgiens de l'Ontario soutiendra les physiothérapeutes lorsque ces dernières demanderont au «Committee on the Healing Arts» l'exclusion de la physiothérapie du DPA et sa réglementation par une loi séparée)[44].

Toutefois, parce qu'elles aspirent à une plus grande autonomie professionnelle, les physiothérapeutes en viennent à contester leurs rapports avec la profession médicale au cours des années 1970. Il s'agit avant tout de se libérer de l'ancien statut d'auxiliaires des médecins et de se tailler une place plus autonome au sein de l'équipe médicale. Le processus de consultation entrepris par le gouvernement provincial auprès des professions de la santé à la suite de l'adoption de la première section du HDA en 1974 fournit aux physiothérapeutes l'occasion de réclamer un élargissement de leur champ de pratique. En 1975, le Conseil de direction en Physiothérapie de l'Ontario soumet au ministre de la santé un mémoire qui propose d'amender la loi de façon à éliminer l'obligation pour les physiothérapeutes de ne soigner que les patients référés sur prescription médicale. Le Conseil estime qu'une référence médicale n'est pas nécessaire pour des services de consultation et d'évaluation physiothérapeutiques, ou encore pour le traitement de maladies chroniques ou de blessures sportives. Déjà, l'accès direct est établi dans les secteurs de la pédiatrie et des soins chroniques[45].

Les physiothérapeutes fondent leur requête sur la nature du travail qu'elles effectuent. Elles insistent sur l'autonomie considérable qui leur est dévolue en milieu hospitalier. Règle générale, les médecins ne les supervisent que de façon informelle. Seuls les physiâtres qui dirigent des départements de réadaptation dans les grands centres exercent sur elles un réel contrôle. De plus, les physiothérapeutes sont activement impliquées dans les domaines de la prévention, de la réadaptation et de l'éducation, tant dans les institutions sanitaires que dans les services communautaires. Enfin, les physiothérapeutes participent directement à la formulation du diagnostic et à l'établissement du plan de traitement; dans la pratique, ce dernier est en effet rarement prescrit, le médecin s'en remettant plutôt à la discrétion de la physiothérapeute[46].

Les aspirations des physiothérapeutes vont toutefois se heurter à un État réfractaire à l'idée d'octroyer aux professions de la santé une plus grande autonomie. En 1976, l'OCH informe ainsi le Conseil de direction en Physiothérapie que le ministère de la santé envisage de n'accorder que le titre réservé aux physiothérapeutes. L'OCH soutient que ce modèle de règlementation leur convient mieux que le monopole de pratique, puisqu'elles ne pratiquent pas de façon autonome. En fait, le Conseil est d'avis que le titre réservé, en obligeant les médecins à ne référer leurs patients qu'à des physiothérapeutes dûment certifiées, améliorera les contacts et les relations de travail entre ces deux groupes. Bref, on songe à resserrer les liens entre les physiothérapeutes et le corps médical plutôt que d'accorder plus d'autonomie aux premières[47].

Malgré l'attitude peu encourageante du gouvernement, les physiothérapeutes ontariennes intensifient leurs efforts pour obtenir l'accès direct. Elles peuvent d'ailleurs compter sur l'appui de l'association nationale, qui intervient directement dans le débat. En juin 1978, l'ACP décide en effet de modifier son code d'éthique afin de permettre aux physiothérapeutes d'offrir des soins directement aux patients, une fois obtenue l'information nécessaire et appropriée sur ces derniers[48]. Il s'ensuit une protestation véhémente de la part de l'Association médicale du Canada (AMC) et de la «Ontario Medical Association» (OMA); les deux associations considérant l'accès direct comme une usurpation du champ de pratique des médecins. En 1978, le président sortant de l'AMC observe qu'à l'instar des infirmières, des optométristes et des podiatres, les physiothérapeutes exercent depuis plusieurs années des pressions sur l'État dans l'espoir d'élargir leur champ de pratique en empiétant sur celui des médecins. Il prévient ses collègues que le gouvernement provincial peut être tenté de réagir favorablement à ces pressions, soit pour des fins d'économie, soit pour des fins politiques[49].

Les physiothérapeutes ne craignent pas de prendre à partie les médecins sur la question de l'accès direct. En 1979, l'ACP adresse une lettre au

Canadian Medical Association Journal dans laquelle elle soutient que les médecins fournissent souvent aux physiothérapeutes des informations incomplètes, discutables et parfois même erronées sur les patients. Étant donné l'expansion rapide des connaissances dans le champ de la santé, elles soutiennent qu'aucun individu, pas même le médecin, ne peut prétendre posséder toute l'information sur un cas. L'ACP insiste enfin sur le fait que la physiothérapie ne peut désormais fermer les yeux sur l'importance croissante que l'État et les experts du secteur de la santé accordent à la prévention plutôt qu'à la médicalisation excessive. Or, la mise en œuvre de cette nouvelle orientation, conclut l'association, requiert justement l'accès direct du public aux services physiothérapeutiques[50].

Pendant ce temps, l'OPA affiche un militantisme croissant, alimenté par une décennie de luttes menées contre les chiropraticiens et, de plus en plus, contre la profession médicale. Selon les dirigeantes de l'Association, la question de l'accès direct est étroitement liée à celle de la pratique privée et de l'empiètement de la chiropractie sur le champ de pratique des physiothérapeutes. D'ailleurs, les médecins représentent, tout comme les chiropraticiens, une menace pour les physiothérapeutes désireuses de se lancer en pratique privée. Ils peuvent en effet ouvrir à leur guise des cliniques privées qui offrent des services physiothérapeutiques remboursables par OHIP, et où les physiothérapeutes ne sont embauchées que comme employées salariées. Une telle pratique, craint-on, risque fort d'étendre la domination de la profession médicale sur les soins physiothérapeutiques dispensés dans la pratique privée[51].

En 1979, l'OPA publie un «Issues Kit» volumineux qui fait appel à un plus grand engagement politique de ses membres: «political activism is not a comfortable role for a physiotherapist... but we feel the issues to be so important as to leave us no choice[52]». Le document invite les membres à participer à une «campagne politique» visant à convaincre les députés, le public et les médias du bien-fondé des différentes luttes menées par la profession. L'OPA affirme sa volonté de se distancer du modèle médical traditionnel du *cure* et d'embrasser la «nouvelle philosophie en matière de soins de santé», qui met l'accent sur la prévention, sur la participation active des patients au traitement et sur les services de santé communautaires[53].

Le ton et le contenu de ce document illustrent bien les sentiments de frustration et d'amertume qui habitent les dirigeantes de l'OPA au seuil des années 1980. Celles-ci dépeignent la physiothérapeute comme «a hopelessly dependent and inferior member of the medical team», longtemps victime de discrimination tant de la part de l'État que de la profession médicale. Fait significatif, on soutient maintenant que cette discrimination est largement fondée sur le sexe. À l'instar des infirmières, soutient l'OPA, les physiothérapeutes doivent se départir coûte que coûte de leur rôle traditionnel de servantes des médecins («*doctor's handmaiden*»). Le peu d'appui que ces derniers leur ont accordé dans la lutte contre les chiropraticiens — attitude que l'OPA attribue principalement à sa campagne pour l'accès direct — montre bien, d'ailleurs, que les médecins ont toujours tendance à les cantonner dans ce rôle[54].

Or, il semble bien que le point de vue de l'association professionnelle soit partagé à l'époque par un grand nombre de praticiennes. En 1980, une vaste étude publiée par l'OPA sur les services physiothérapeutiques en Ontario, qui s'appuie sur les résultats tirés de quelques 1400 questionnaires, indique que la base soutient largement les efforts menés par l'association dans le but d'obtenir l'accès direct et une plus grande autonomie dans l'exercice de la profession. De plus, un grand nombre de répondantes déplorent le manque d'expérience des physiothérapeutes en ce qui concerne les négociations avec l'État et avec les autres professions dans le champ de la santé[55]. Bref, les aspirations professionnelles croissantes des physiothérapeutes leur ont fait prendre conscience de l'importance stratégique de leurs rapports avec un État à la fois employeur et législateur, de même que la nature souvent conflictuelle des relations interprofessionnelles dans le champ de la santé.

* *
*

En Ontario comme au Québec, les diététistes et les physiothérapeutes aspirent donc à un meilleur statut professionnel au moyen d'une réglementation de leur champ de pratique par l'État. Les physiothérapeutes ontariennes, qui bénéficient cependant d'une reconnaissance légale depuis le début du siècle, convoitent assez tôt les privilèges que le gouvernement a accordés au XIXe siècle à la profession médicale, soit une législation séparée («Physiotherapy Act»), un monopole de pratique et le statut de «College». Plus modestes, les diététistes se contentent pendant longtemps de revendiquer la seule reconnaissance juridique, qui leur échappe toujours à la fin de la période étudiée. À la fin des années 1970, on les verra cependant réclamer, elles aussi, le droit à l'autogestion grâce à l'obtention du statut de «College».

Ce cheminement différent reflète, dans une large mesure, la position qu'occupe chacun des deux groupes dans l'univers de la santé en Ontario. Les physiothérapeutes possèdent des compétences spécifiques directement reliées aux soins thérapeutiques; de plus, le DPA les a subordonnées dès

1925 aux médecins dont elles sont considérées comme les auxiliaires naturelles. Les diététistes, par contre, ont un champ de pratique qui déborde le champ strictement médical; leurs rapports avec les médecins sont en conséquence beaucoup plus flous et ambigus. Aussi la profession fait-elle souvent état du double problème de la non-reconnaissance et de la méconnaissance, par les médecins, de son champ de savoir et de pratique. Le résultat, nous l'avons vu, est que ces derniers ont tendance à exclure les diététistes de l'équipe de soins. Or cette attitude est également celle du gouvernement et de ses conseillers qui, règle générale, ne considèrent pas la diététique comme une discipline essentielle au bon fonctionnement du système de santé ontarien. Ils n'estiment pas non plus qu'une pratique déficiente dans ce domaine comporte un risque sérieux pour la santé du public.

En Ontario, la diététique et la physiothérapie vivent également une situation différente en ce qui concerne le problème des frontières interprofessionnelles. La diététique cherche surtout à préciser les contours et le contenu de son champ de pratique dans l'espoir de développer des rapports plus formels et plus fréquents avec les médecins et de se tailler une place au sein de l'équipe de soins. De son côté, la physiothérapie mène une lutte intense sur un double front: contre une profession connexe, la chiropractie, dont les ambitions menacent dangereusement son champ de pratique; et contre la profession médicale dont elle conteste la tutelle.

D'autre part, autant les physiothérapeutes que les diététistes ontariennes se heurtent, au cours des années 1970, à la volonté de l'État de freiner la course aux privilèges professionnels et de resserrer son contrôle sur les professions de la santé. Les pressions croissantes qu'elles exerceront auprès du gouvernement ontarien pour obtenir gain de cause ne déboucheront que sur des résultats modestes. Une autre décennie s'écoulera avant que l'État ontarien ne considère enfin une législation d'ensemble visant à réglementer une majorité de professions de la santé, dont la physiothérapie et la diététique[56].

9

Syndicalisme et professionnalisme: un nécessaire compromis

Les bouleversements qui ont cours dans le champ de la santé à la suite de l'intervention de l'État ne se situent pas seulement au niveau de la formation ou de la délimitation des frontières interprofessionnelles. Dans le sillage des réformes qu'il entreprend, l'État transforme également la dynamique des relations de travail du secteur public et parapublic québécois. Devenu le principal bailleur de fonds du système de santé, le gouvernement entend désormais assumer pleinement son nouveau rôle d'employeur en imposant des politiques qui lui sont propres. Au fil des années 1960, il se substitue progressivement aux corporations hospitalières lors de la négociation des contrats de travail des diverses catégories d'employés-es et impose de nouvelles règles en matière de relations de travail. Ces nouvelles politiques inciteront les divers groupes professionnels à suivre l'exemple du personnel de soutien et à s'engager dans la voie syndicale.

Longtemps réfractaires à la syndicalisation, les diététistes et les physiothérapeutes n'auront alors d'autre choix que de s'engager dans cette voie. À l'instar de plusieurs groupes du paramédical, ces praticiennes de la santé chercheront cependant à construire une pratique syndicale qui soit à leur image et où prime, notamment, leur appartenance professionnelle. En retraçant, dans ses grandes lignes, l'évolution de cette démarche, on sera à même de constater tout le chemin parcouru en moins de dix ans. D'abord perçu comme une antithèse au professionnalisme dont se réclament les diététistes et les physiothérapeutes, le syndicalisme deviendra rapidement pour elles un levier important des stratégies qu'elles mettent en œuvre afin d'améliorer leurs conditions de travail. L'examen des conventions collectives permettra de prendre la mesure exacte des gains obtenus lors des divers rondes de négociation. Plus globalement, on verra comment les diététistes et les physiothérapeutes ont joué à fond la carte syndicale, redéfinissant par le fait même leur place au sein d'un univers où elles sont, dorénavant, des salariées à l'emploi d'un État-patron qui a aussi le pouvoir de réglementer, par voie législative, leurs conditions de travail. Un bref examen de la situation qui prévaut en Ontario permettra par ailleurs de constater que les diététistes et les physiothérapeutes de cette province s'engageront, elles aussi, dans la voie syndicale, et ce, même si l'État joue un rôle plus effacé dans la dynamique des relations de travail. Mais examinons d'abord la situation québécoise.

Une option désormais incontournable: le syndicalisme

Jusqu'aux années 1960, la fixation des conditions de travail s'effectuait soit sur une base individuelle (négociée ou non), soit au niveau de l'établissement hospitalier pour le personnel syndiqué. Avec la promulgation de la Loi de l'assurance-hospitalisation, en 1961, et de la Loi des hôpitaux, l'année suivante, l'État s'immisce progressivement dans les relations de travail. Cette première prise en charge étatique des services de santé et de bien-être se double, en effet, d'un droit de regard sur la gestion des hôpitaux. Le gouvernement doit désormais coordonner l'ensemble du réseau hospitalier, et l'augmentation vertigineuse des coûts l'incite à se préoccuper des politiques salariales. D'abord présent aux côtés des administrations hospitalières, il se substitue carrément à elles au milieu des années 1960, au grand mécontentement, d'ailleurs, des associations patronales, telle l'Association des hôpitaux du Québec qui, dès 1964, accuse le gouvernement et les syndicats de négocier entre eux avant de rencontrer les administrations hospitalières[1].

L'intervention de l'État dans le processus de négociation oblige les associations regroupant les professionnels-les de la santé — dont les diététistes et les physiothérapeutes — à modifier leurs stratégies en ce qui a trait à l'amélioration des conditions de travail de leurs membres. Ayant constaté que les salaires étaient particulièrement bas dans le secteur hospitalier, les associations canadiennes et québécoises de diététique et de physiothérapie s'étaient ainsi engagées, depuis les années 1950 surtout, à faire plus activement la promotion des intérêts économiques de leurs membres œuvrant dans ce secteur. Leur pouvoir de persuasion demeurait cependant fort mince puisque, n'étant pas investies d'un mandat syndical, ces associations ne disposaient que d'un pouvoir de représentation auprès des employeurs.

La négociation reposait conséquemment sur le bon vouloir de la partie patronale, et les ententes signées par les parties n'avaient ni le statut, ni la portée d'une véritable convention collective.

L'intervention de l'État brouille cependant le jeu des négociations puisque les interlocuteurs se multiplient. Poursuivant, depuis un certain temps, des négociations avec le Comité mixte des relations du personnel professionnel de l'Association des hôpitaux du Québec, le Comité salaire de la Corporation des diététistes du Québec (CDQ) essuie ainsi un dur revers en 1965. Les discussions tournent court à la suite de la publication, par le Service de l'assurance-hospitalisation, d'une échelle salariale s'appliquant notamment aux diététistes. Le Comité salaire recommande alors «fortement que dans l'avenir, la corporation rencontre directement les autorités compétentes du Service de l'assurance-hospitalisation pour discuter toute question relative à nos professions et aux salaires des diététistes[2]». Les résultats des négociations ultérieures seront cependant plus ou moins satisfaisants.

La corporation des physiothérapeutes négocie pour sa part directement avec le Service de l'assurance-hospitalisation à partir de 1963 et diverses ententes sont conclues au fil de la décennie. Si la corporation obtient des augmentations salariales pour les physiothérapeutes œuvrant en milieu hospitalier, plusieurs problèmes persistent. Les augmentations négociées ne s'appliquent pas, en premier lieu, à tous les hôpitaux et des disparités importantes subsistent à ce chapitre. L'expérience acquise et le degré de responsabilité assumé au sein des départements de physiothérapie ne sont généralement pas pris en compte dans la fixation des salaires. Plus globalement, la corporation ne réussit pas à obtenir l'uniformisation du régime de travail auquel sont soumises les physiothérapeutes œuvrant dans le réseau hospitalier[3].

Le faible pouvoir dont disposent les corporations pour négocier les conditions de travail de leurs membres œuvrant en milieu hospitalier s'amenuise encore plus avec la promulgation, en 1969, d'un amendement au Code du travail de 1964. Cette modification entraîne l'exclusion des «associations reconnues» du processus de négociation des conventions collectives, n'accordant désormais ce droit qu'aux «associations accréditées» par le Tribunal du travail[4]. Pour obtenir une accréditation, une association devait représenter, selon le code de 1964, la majorité des salariés-es d'un employeur, ou encore, la majorité d'un groupe distinct de salariés-es. Si les «associations reconnues» devaient tout autant se conformer à cette première exigence, elles n'étaient toutefois pas tenues de respecter, comme les «associations accréditées», une autre disposition du code, soit de ne regrouper que des salariés-es, c'est-à-dire des personnes travaillant contre rémunération pour un employeur et n'occupant pas un poste qui, d'une façon ou d'une autre, en faisant des représentantes de l'employeur (contremaître, surintendant, etc.). En excluant les «associations reconnues» du processus de négociation, l'amendement de 1969 disqualifie d'office les corporations dont plusieurs des membres assument des fonctions de cadres au sein des institutions hospitalières.

La conclusion d'ententes salariales demeure certes toujours possible. Cette alternative est cependant battue en brèche par le fait que les deux centrales syndicales — la FTQ et surtout la CSN — déposent systématiquement des requêtes en accréditation pour l'ensemble des salariés-es des hôpitaux et que sont déjà amorcées les négociations en vue de la signature de leur deuxième convention collective. Plusieurs diététistes et physiothérapeutes se voient alors incluses dans le processus d'accréditation, puisqu'elles sont salariées, au même titre que les employés-es généraux et le personnel de bureau. Cette perspective n'est pas sans déplaire vivement aux principales intéressées qui ne sont guère attirées par l'option syndicale et, encore moins, par une éventuelle adhésion à un syndicat «d'ouvriers généraux».

Il faut voir, en effet, que le syndicalisme a longtemps été perçu par ces praticiennes de la santé, comme par plusieurs groupes du secteur paramédical, comme étant contraire au modèle professionnel qu'elles cherchent à développer depuis plusieurs décennies. L'Association canadienne de diététique avait ainsi entrepris des démarches auprès du ministère fédéral du Travail, au lendemain de la Deuxième Guerre mondiale, afin de contrer une première vague de syndicalisation qui s'amorçait au sein des hôpitaux canadiens. L'association affirmait alors que les diététistes ne devaient pas êtres considérées comme des salariées et, conséquemment, devaient être exclues du personnel syndicable[5]. L'Association canadienne de physiothérapie soutenait une position identique, appuyant notamment son argumentation sur le fait que les physiothérapeutes dispensent des soins essentiels à la population et ne peuvent, à ce titre, devenir membres d'un regroupement dont les pratiques conduisent, éventuellement, au déclenchement d'une grève[6].

La vague de syndicalisation sans prédédent que connaissent les hôpitaux québécois au cours des années 1960 pose cependant avec plus d'acuité la question syndicale. La Fédération des services, l'ancêtre de la Fédération des affaires sociales (CSN), fait notamment une importante percée dans le secteur des hôpitaux et des services sociaux, quintuplant ses effectifs entre 1960 et 1970[7]. La première ronde de négociation (1964-1968) s'avère d'ailleurs très profitable pour ces groupes syndiqués. Les employés généraux font des gains importants, notamment en ce qui concerne leurs salaires qui accusaient alors un retard substantiel avec le secteur privé. La voie syndicale est tout aussi positive pour les infirmières dont le régime de travail est considérablement bonifié[8].

Le succès de ces négociations, de même que les modifications apportées au Code du travail en 1969, contribuent à renforcer l'idée que les groupes non syndiqués risquent d'être nettement désavantagés lors de la deuxième ronde de négociation (amorcée en 1968) et que seul le syndicalisme peut désormais permettre aux employés-es de l'État de faire valoir leurs revendications. L'évolution des relations de travail oblige donc diététistes et physiothérapeutes à envisager avec réalisme leur éventuelle syndicalisation[9]. Une diététiste décrit ainsi la situation qui prévaut à la fin des années 1960:

> [...] les groupes des milieux hospitaliers sont dans des situations d'inégalité les uns vis-à-vis les autres: dualité symbolique qui permet, au sein d'un même ministère gouvernemental, des traitements plus favorables à certaines privilégiées. Celles-ci ont eu un jour le malheur d'avoir à se syndiquer. Le geste s'est avéré par la suite heureux et largement récompensé. Voilà qui donne du matériel à réflexion. N'y aurait-il pas pour nous avantage à former un syndicat professionnel plutôt que de continuer vaillamment une lutte inégale avec le fonctionnarisme têtu que l'on connaît[10]?

Les physiothérapeutes feront le même constat. Rappelant que le gouvernement refuse désormais de négocier tout ce qui concerne les conditions de travail avec les corporations, le premier président du syndicat souligne «[...] que pour ne pas nous retrouver encore une fois sous-représentés et passer inaperçus dans les prochaines négociations [...] il a fallu recourir au moyen qui, de toute évidence, nous donnerait des chances égales au départ: le syndicalisme[11]».

Les deux corporations incitent alors leurs membres à s'engager dans la voie syndicale. Les physiothérapeutes se prononcent officiellement en faveur d'un regroupement syndical en mars 1970. La résolution qu'elles adoptent à cet égard est significative en ce qui a trait au type de syndicalisme qu'elles entendent privilégier:

> Les physiothérapeutes de la P.Q. Inc se rallient «en principe» aux buts du syndicalisme tendant à appuyer les droits de physiothérapeutes à négocier leurs conditions d'emploi avec leurs employeurs, pourvu que la structure d'un tel syndicat professionnel respecte l'unité de la profession et son autonomie d'action et que, de plus, le Conseil d'administration [de la corporation] soit autorisé à prendre les mesures nécessaires pour rendre cette politique effective dans la formation d'un tel syndicat[12].

Les physiothérapeutes consentent donc à se syndiquer, mais uniquement sur la base de leur appartenance professionnelle rejetant, du coup, toute éventuelle affiliation à une centrale dite ouvrière. L'Association professionnelle des physiothérapeutes du Québec (APPQ) sera officiellement fondée le 15 avril 1970, malgré les hésitations formulées par quelques physiothérapeutes qui craignaient notamment que leurs conditions de travail ne se détériorent ou qui se refusaient à envisager l'éventualité d'une grève[13].

Les diététistes s'engageront elles aussi dans la voie syndicale. En mars 1970 également, la corporation des diététistes constitue un comité d'information syndicale. Deux mois plus tard, les diététistes se prononcent en faveur de leur syndicalisation, même si un certain nombre d'entre elles expriment des réticences face à cette option. Afin de contrer cette résistance, le comité chargé de constituer le syndicat multipliera ses interventions auprès des diététistes afin de les convaincre de la pertinence du projet. Dans une lettre circulaire adressée aux membres, le comité souligne que les médecins, les pharmaciens, les ingénieurs et les avocats se sont déjà engagés dans cette voie et demande: «la profession de diététiste serait-elle au-dessus de toutes les autres[14]?» Dans une autre lettre, le comité revient sur la question, exhortant les membres à reléguer aux oubliettes leur ancienne conception du syndicalisme: «Avons-nous encore le droit de penser que le syndicalisme nous ferait perdre ce "statut professionnel" que nous cherchons tant à sauvegarder[15]?»

Plusieurs options syndicales sont offertes aux diététistes et l'adhésion à la CSN est notamment envisagée. Dans ce dernier cas, cependant, on ne songe nullement à joindre les rangs de la Fédération des services, mais plutôt ceux de la Fédération des ingénieurs et cadres du Québec[16]. Ce choix témoigne bien des réticences des diététistes à joindre les rangs d'un syndicat regroupant essentiellement des employés-es généraux. De plus, un sentiment de méfiance existe envers la CSN dont la radicalisation, tant au niveau de l'idéologie que des pratiques syndicales, semble en inquiéter plusieurs[17]. Les diététistes choisiront donc elles aussi de se constituer en syndicat autonome et voteront en faveur de la création du Syndicat professionnel des diététistes du Québec (SPDQ) qui sera officiellement fondé en octobre 1970.

La création d'un syndicat autonome présente l'avantage, affirme-t-on, de faire valoir, dans le jeu de la négociation, le professionnalisme des syndiquées: la campagne de publicité qu'entreprend le SPDQ afin de rallier toutes les diététistes repose en grande partie sur cet argument. La vice-présidente du syndicat affirme ainsi que l'affiliation à d'autres regroupements, tel le Syndicat professionnel des cadres intermédiaires, ne constitue pas une option intéressante pour les diététistes. L'hétérogénéité de ce regroupement sera telle qu'une «diététiste [...y] trouverait difficilement des points communs, son statut de professionnel étant alors inutile et [elle] verrait ses chances de négociation disparaître[18]». En ne regroupant que des diététistes, poursuit la vice-présidente, le SPDQ «protège leur statut et à cause de la scolarité, a une solide base de négociation».

Ces propos reflètent bien le type de syndicalisme que les diététistes et les physiothérapeutes entendent développer face aux nouvelles politiques qu'instaure l'État en matière de relations de travail. N'ayant d'autre choix que de s'engager dans la voie syndicale, elles optent, en effet, pour la création de syndicats autonomes dont le mode de recrutement s'opère sur la base de l'appartenance à la profession. Cette solution leur permet ainsi de concilier le syndicalisme au statut de professionnelles de la santé qu'elles cherchent à acquérir, puisqu'elles refusent de se syndiquer avec des salariés-es qui ne partagent ni leur éthique, ni leurs aspirations, ni leurs intérêts professionnels.

Le regroupement au sein du Cartel des organismes professionnels de la santé

Les diététistes et les physiothérapeutes auront cependant d'autres choix à effectuer. Dans sa volonté de rationaliser la gestion des relations de travail, le gouvernement modifie à nouveau, par voie législative, les règles du jeu en vue de la ronde de négociation qui s'amorce en 1971 dans le secteur hospitalier et dans celui de l'enseignement. La loi 46 stipule, en effet, que la négociation des conventions collectives des salariés de ces deux secteurs s'effectuera désormais à l'échelle provinciale. À la centralisation des négociations se juxtapose l'imposition d'un nombre prédéfini d'agents négociateurs[19]. Trois regroupements syndicaux sont ainsi désignés pour le secteur hospitalier: la CSN et la FTQ, qui disposent chacune d'une table de négociation et un troisième, qui n'est pas expressément nommé mais qui agira «[...] pour le compte des autres associations qui sont affiliées ou appartiennent à un groupement d'associations de salariés [...][20]». La loi stipule également que les associations de salariés-es qui ne sont pas affiliées à l'un ou l'autre des agents négociateurs verront leurs conventions négociées automatiquement par l'un des agents désignés. C'est donc dire que l'APPQ, le SPDQ et les autres syndicats non affiliés à une centrale syndicale verront leurs conventions collectives négociées par un tiers qu'ils n'auront pas mandaté. La CSN, qui dispose d'une assise très solide dans le secteur hospitalier, semble être toute désignée pour remplir ce rôle. Cette éventualité, on l'a mentionné déjà, va à l'encontre des désirs de ces deux syndicats. Le président de l'APPQ affirme ainsi que «Pour ne pas nous voir rattachés malgré nous à ces grandes centrales syndicales, il faut de toute urgence constituer des groupes majeurs de para-médicaux [*sic*] qui représenteront des interlocuteurs valables pour l'État, notre employeur à tous[21].» Plusieurs autres syndicats indépendants de paramédicaux semblent entretenir les mêmes réticences. Les nouvelles règles du jeu qu'impose l'État inciteront bientôt les professionnels-les de la santé à se regrouper au sein du Cartel des organismes professionnels de la santé (COPS).

Dès la fin de l'année 1970, les représentantes du SPDQ et de la corporation des physiothérapeutes sont convoquées à une réunion où doit être discutée la mise sur pied d'un cartel qui permettrait au personnel paramédical d'obtenir une table de négociation séparée[22]. L'imminence du projet de loi 46 était donc connue puisque l'un des instigateurs de cette réunion, le président de l'Association des technologistes médicaux du Québec, souligne alors l'urgence de procéder à la mise en place d'un tel regroupement afin «[...] d'assurer une porte d'entrée pour avoir une table aux prochaines négociations de 1971[23]». Il presse les personnes présentes d'adhérer immédiatement au cartel, puisqu'il ne reste que quelques jours pour déposer une demande officielle auprès du ministère de la Santé.

Des dix groupes qui assistent à la réunion, seules les représentantes des physiothérapeutes, des diététistes et des Infirmières Unies de Montréal refusent de signer leur adhésion. Le mode de fonctionnement du cartel figure au nombre des raisons qui les incitent à la réserve[24]. Un autre motif important réside dans le fait qu'un deuxième projet de regroupement est dans l'air. Il s'agit de la Fédération des professionnels de la santé que pilotent notamment les Infirmières Unies de Montréal et par laquelle semblent être attirées la direction du SPDQ et celle de l'APPQ. L'Association des cadres infirmières, de même que des regroupements de biochimistes et de pharmaciens œuvrant en milieu hospitalier, participent également aux rencontres préliminaires[25]. Ce projet restera cependant lettre morte en raison, affirme-t-on, des politiques de négociation du gouvernement qui, on l'a vu, ne prévoit que trois tables de négociation[26]. Les groupes intéressés à ce projet parallèle étaient de plus composés de salariés-es et de cadres, ce qui constituait également un problème puisque seules les associations dûment accréditées et ne comprenant donc que des salariés-es, pouvaient dorénavant négocier des conventions collectives avec le gouvernement. À la suite de l'échec de ce projet, le SPDQ et l'APPQ se rallieront au COPS en juillet 1970, soit moins d'un mois après la promulgation de la loi 46.

La fondation du COPS ne signifie pas pour autant que les professionnels-les de la santé étaient en accord avec l'imposition d'un agent négociateur commun à tous les syndicats non affiliés à la CSN ou à la FTQ. Dès l'annonce du projet de loi, certains syndicats affiliés au COPS émettent un communiqué de presse dans lequel ils affirment:

> [...] leurs doutes sérieux sur la viabilité d'une structure nouvelle de négociation. [...Une] telle structure rend dès le départ impossible la confection d'une convention collective unique, amenant à une même table les différents groupes professionnels [...]. Ce faisant, le gouvernement ignore le rôle professionnel propre à chaque regroupement et leur idéologie syndicale particulière[27].

Cet extrait illustre bien les fondements des réticences des divers groupes professionnels face aux politiques de négociation imposées par l'État. Habitués à fonctionner sur la base du modèle corporatif, ces professionnels-les voient d'un mauvais œil leur regroupement obligatoire, préférant le mode de fonctionnement antérieur. Les médecins, d'ailleurs, ont pu préserver leur autonomie à cet égard et on peut présumer que les professions paramédicales espéraient en faire autant. La promulgation de la loi 46 met cependant un terme à ces espoirs. Cette loi les incite d'autant plus à faire front commun, que «[...] la CSN ne se cache pas pour laisser savoir à qui veut entendre: la partie C des tables de négociation disparaîtra par elle-même, à moins que les paramédicaux forment un bloc solide[28]». Or, les divers groupes paramédicaux désirent «éviter que toutes les associations indépendantes du secteur hospitalier soient englouties par les centrales syndicales ouvrières [...] et que le secteur professionnel [ne] soit [pas] noyauté à l'intérieur des centrales syndicales représentant les employés généraux d'hôpitaux[29]». Si les professionnels-les de la santé se plient aux nouvelles règles du jeu en matière de relations de travail, elles entendent néanmoins le faire selon un mode qui leur soit propre en développant un syndicalisme différent de celui que pratiquent les deux centrales. En 1980, le COPS défend toujours la spécificité du syndicalisme professionnel affirmant, devant le Tribunal du travail, que «les intérêts économiques, sociaux et éducatifs des salariés spécialisés [...] sont par définition différents de ceux du personnel de soutien ou de bureau d'un établissement hospitalier[30]». Les grandes centrales syndicales ne peuvent, à ce titre, représenter adéquatement les intérêts des groupes paramédicaux.

Le mode de fonctionnement du COPS reflète bien le type de syndicalisme qu'entendent développer les groupes affiliés, puisque la structure mise en place vise à respecter l'autonomie de chacun des syndicats membres. Le COPS, en premier lieu, n'est ni une centrale syndicale, ni une fédération. Il n'est qu'un agent négociateur et sa fonction première consiste donc à négocier avec l'État les conventions collectives et à offrir, à ce titre, des services techniques aux syndicats membres. De plus, le COPS ne négocie que les clauses communes aux différentes conventions. Ces clauses sont préparées par un comité où siègent des représentants de chacun des syndicats membres. Ces derniers négocient directement avec l'État les clauses particulières s'appliquant à leur champ respectif, assurant ainsi la pérennité de leur présence dans le processus de négociation.

Ce mode de fonctionnement permet donc aux syndicats de conserver leur autonomie tout en les dotant d'un organisme qui leur donne accès aux tables de négociation. Cette solution n'est toutefois pas sans poser problème. Le cartel est en effet traversé par des forces centrifuges en raison, notamment, de «l'importance que ressentent les membres de conserver l'identité propre à chacun des syndicats membres du COPS[31]». L'examen des archives du COPS permet de constater que cette réalité soulèvera maintes tensions et que ces forces centrifuges altéreront à l'occasion l'unité du cartel. Il demeure néanmoins que la création du COPS aura permis aux diététistes, aux physiothérapeutes et à plusieurs autres groupes professionnels de se tailler une place particulière sur le nouvel échiquier des relations de travail. L'examen des conventions collectives permet de plus de constater qu'elles feront des gains plus qu'appréciables, même si un certain nombre de leurs revendications resteront lettre morte.

Les gains syndicaux des années 1970

Dès leur création, en 1970, le SPDQ et l'APPQ sont rapidement plongés dans l'action syndicale. Diététistes et physiothérapeutes sont toujours sans convention collective, puisque les deux syndicats ont été fondés trop tardivement pour participer à l'entente générale survenue précédemment dans le secteur hospitalier. Des ergothérapeutes affiliées à la CSN se trouvent dans la même situation et les trois groupes travailleront de concert en vue de signer une première convention collective. Les négociations achoppent rapidement puisque l'État refuse de concéder davantage que ce qu'il a déjà offert pour ces mêmes catégories de travailleuses syndiquées à la Fédération nationale des services (CSN). Du côté syndical on revendique, cependant, la parité salariale avec les travailleurs sociaux. Ces demandes tirent leur source de la politique salariale mise en place par l'État en 1968. L'un des grands axes de cette politique consiste, en effet, à ajuster les salaires des employés-es du secteur public et parapublic en fonction du niveau de scolarité des diverses catégories d'employés-es. C'est donc sur la base de cette politique salariale élaborée par le gouvernement que les trois groupes revendiquent la parité avec les travailleurs sociaux, parité dont elles bénéficiaient, d'ailleurs, en 1966. Ce dernier groupe a cependant fait des gains importants lors de la dernière négociation. Le salaire de base des travailleurs sociaux s'élève, depuis septembre 1969, à 7475$, alors que l'État offre 6100$ aux diététistes et 5900$ aux physiothérapeutes et aux ergothérapeutes. La partie patronale soutient que ses offres correspondent aux salaires que paie le gouvernement fédéral pour des emplois similaires au Québec et que la parité exigée n'existe nulle part ailleurs. On peut présumer que la résistance patronale résulte également du fait que les négociations en vue de la signature de la convention collective des employés-es des hôpitaux pour les années 1971-1974 sont déjà entamées et que toute concession supplémentaire risque d'avoir un effet d'entraînement sur les demandes salariales.

L'impasse des négociations se soldera par une grève de six semaines qui affectera jusqu'au tiers des hôpitaux du Québec. Le déroulement de cette grève est intéressant à plus d'un titre. Le déclenchement même de la grève constitue, en soi, un objet d'étonnement si l'on considère les réticences antérieures des diététistes et des physiothérapeutes face à l'action syndicale. L'intransigeance patronale semble, en fait, entraîner la radicalisation des trois syndicats. De plus, ces trois groupes professionnels vont accuser le gouvernement de pratiquer à leur égard une discrimination sexuelle. Examinons tout cela de plus près.

Dès la fin de l'année 1971, les trois groupes de syndiquées procèdent à des ralentissements de travail et à une «grève de statistiques» afin de protester contre la lenteur des négociations. Cette dernière stratégie syndicale pénalisait durement les administrations hospitalières. En refusant de transmettre le décompte des actes posés quotidiennement, les syndiquées empêchaient en effet les administrations de boucler leur rapport annuel et de faire leurs demandes de fonds pour l'année à venir. La situation s'envenime au début de l'année 1972 lorsque l'hôpital Saint-Luc suspend dix physiothérapeutes et décide de retenir leurs salaires jusqu'à ce qu'elles aient remis leurs statistiques. La riposte syndicale s'organise rapidement. Les trois syndicats décident de faire front commun et de déclencher une «journée d'étude» — qui durera finalement six semaines — afin d'obtenir la réembauche des physiothérapeutes et la signature de leur convention collective. Si la grève ramène les parties à la table de négociation, les pourparlers n'en demeurent pas moins au point mort et le conflit perdure. Les grévistes sont cependant déterminées à obtenir gain de cause. Des déléguées syndicales affirment ainsi à une journaliste:

> Parce que nous sommes un groupe exclusivement féminin, on a cru longtemps que nous serions facilement influençables, qu'on pourrait nous faire attendre jusqu'à la prochaine ronde de négociation. Cette espèce de mépris, cette condescendance envers nous, parce que nous sommes des femmes facilement émues du sort de nos patients et que nous avons des maris pour nous faire vivre (ce qui n'est pas toujours le cas), nous ont mises en colère[32].

Cette référence au statut marital des grévistes renvoie à ce qui semble être une bourde d'un sous-ministre adjoint aux relations professionnelles qui aurait affirmé, dans le cadre des négociations: «Elles n'ont pas besoin d'argent, ce sont des femmes, leurs maris peuvent les faire vivre[33].» Les propos d'une gréviste résument bien la réponse syndicale: «Le gouvernement mise sur le fait que nous sommes des femmes et que nous abandonnerons la lutte, que nous plierons. C'est dépassé tout ça. À travail égal, salaire égal, voilà notre position[34].»

Pour les grévistes, les propos du sous-ministre confirment ce qu'elles dénoncent depuis le début des négociations, soit le sexisme sous-jacent des offres patronales. Les grévistes se disent excédées par le fait que le gouvernement les considère comme des «petites jeunes filles capricieuses qui boudent des revenus annuels d'environ 6000$ [...][35]» et s'entête à les payer comme des techniciennes. Il est injuste, disent-elles, d'être rémunérées comme les infirmières. Les années d'études universitaires, plaident-elles, ne doivent-elles pas être prises en compte dans l'élaboration des grilles salariales? Tablant sur leur niveau de formation et les responsabilités qu'elles ont à assumer au sein de l'équipe médicale, les grévistes poursuivent donc leur grève jusqu'au milieu du mois de mars et concluent finalement une entente qui se situe toutefois en-deçà de leurs revendications. De guerre lasse, peut-être, le front commun décide, en effet, d'accepter les dernières offres patronales, espérant obtenir davantage avec la prochaine convention. La parité salariale n'est pas obtenue et les augmentations salariales sont loin de répondre aux attentes, sauf en ce qui concerne les internes. Un montant forfaitaire est alloué à titre de rétroactivité et l'entente prévoit qu'au 30 juin 1971, les diététistes (avec internat) toucheront 6744$ et les physiothérapeutes, 6334$[36]. En raison de la disparité salariale qui régnait entre les divers hôpitaux, il est cependant difficile d'évaluer avec exactitude l'ampleur des gains obtenus. Les deux syndicats affirment que les échelles salariales n'ont été que «légèrement» augmentées. Par contre, l'expérience antérieure est dorénavant mieux reconnue et l'obtention d'une maîtrise ou de tout autre diplôme supplémentaire donne droit à un supplément salarial. La négociation de cette première convention collective permet surtout d'enchâsser les droits syndicaux en instaurant une politique générale qui définit les droits des deux parties (affichage des postes, procédures de griefs, d'arbitrage, etc.). Un congé de maternité, sans solde mais sans perte des droits acquis, est également inclus dans la convention. Soulignons que les employées du réseau hospitalier bénéficient de cette clause depuis 1966 et que ce n'est qu'en 1972 qu'un congé de maternité de 15 semaines sera mis en vigueur au niveau de la loi fédérale de l'assurance-chômage[37].

Les conventions collectives ultérieures permettront de faire des gains importants, notamment au chapitre de la rémunération. En 10 ans, les salaires accordés aux diététistes et aux physiothérapeutes vont presque tripler. La signature de la deuxième convention collective (1971-1974) leur accorde en effet, à partir du premier juillet 1971 un salaire initial annuel de 7175$, ce qui est supérieur à ce qui avait été prévu dans la convention précédente. La dernière augmentation prévue au terme de la quatrième convention collective prévoit que diététistes et physiothérapeutes gagneront 19 310$ à partir de juillet 1982 (salaire initial). Si ces gains sont plus qu'appréciables, il n'en demeure pas moins que la parité salariale avec les travailleurs sociaux n'est toujours pas atteinte et que subsiste toujours, en 1978 par exemple, un écart de 500$.

Les nouvelles politiques salariales de l'État ont été, jusqu'à un certain point, profitables pour les diététistes et les physiothérapeutes même si ces professionnelles n'auront toujours pas obtenu la parité salariale. Dans la mesure où l'État entend payer le personnel des services publics et parapublics selon des critères uniformes, les professions féminines vont effectuer, en effet, un certain rattrapage au chapitre salarial. Ces gains seront cependant limités puisque l'État détermine, en parallèle, une masse salariale maximale qu'il n'entend pas dépasser. En fait, le rattrapage est long à venir et des différences importantes subsistent toujours entre les divers groupes professionnels. Précisons à ce sujet qu'une plainte a été déposée auprès de la Commission des droits de la personne, au milieu des années 1980, par plusieurs syndicats du COPS, dont le SPDQ et l'APPQ, qui accusent l'État de discrimination salariale fondée sur le sexe (aucun règlement n'est d'ailleurs encore intervenu à ce jour relativement à ce problème).

Syndicalisme et réorganisation de la division du travail en milieu hospitalier

Avec la réorganisation du système d'éducation et des services sociaux, l'État introduit une nouvelle catégorie de travailleurs dans bon nombre de disciplines du paramédical. Les techniques font officiellement leur apparition avec la création des cégeps, en 1967, et les diplômés-es arrivent sur le marché du travail à partir de 1970. Ces nouveaux groupes devront se syndiquer afin de souscrire aux nouvelles règles du jeu qu'a imposées l'État en matière de relations de travail. Un certain nombre d'entre eux forment des syndicats autonomes et joignent les rangs du COPS. Ainsi, les techniciennes en diététique refusent finalement de s'affilier au SPDQ, préférant fonder l'Association des techniciennes en diététique du Québec (ATDtQ) qui sera membre du COPS à partir de 1976. Bien qu'elles ne remettent pas en question la division des tâches qui existe au sein des départements de diététique, ces techniciennes craignent, en effet, de ne pas se retrouver sur un pied d'égalité avec les diététistes, au sein du SPDQ[38].

Les thérapeutes en réadaptation physique vont, pour leur part, adhérer à l'APPQ, bien qu'un autre regroupement syndical, l'Association professionnelle des techniciennes en réadaptation physique du Québec se soit également constitué en 1976. Ce dernier regroupement assumera finalement un rôle plus «corporatif», modifiera sa charte en ce sens en 1980, de même que son appellation, agissant désormais sous le nom de Société québécoise des thérapeutes en réadaptation physique du Québec (SQTRPQ). Les relations entre physiothérapeutes et thérapeutes en réadaptation physique semblent assez harmonieuses, au sein de l'APPQ, bien que des problèmes de frontières interprofessionnelles enveniment à l'occasion les relations de la CPPQ et de la SQTRP.

Les conventions collectives des techniciennes en diététique et des thérapeutes en réadaptation physique seront négociées par le COPS à partir du milieu des années 1970. La première convention collective, rétroactive au 1er juillet 1975, prévoit un salaire initial hedomadaire de 187,25$, ce qui laisse les syndiquées insatisfaites puisqu'un écart de 4% subsiste avec les infirmières ayant une formation équivalente. L'État affirme pourtant, depuis la fin des années 1960, que le niveau de formation de ses employés-es constitue l'un des critères de base de sa politique salariale. Cet argument sera à nouveau utilisé par les syndiquées lors de la négociation ultérieure (1978-1982) et la parité salariale sera finalement obtenue. Le salaire initial prévu au 1er juillet 1982 est alors de 351,05$ ce qui constitue près du double de ce qui avait été négocié sept ans plus tôt.

Organisme parapluie, le COPS doit par ailleurs concilier les intérêts de tous ses membres avant d'entreprendre une négociation. L'examen des archives de l'ATDtQ permet de présumer que cet exercice de conciliation ne fut pas toujours sans embûche. L'intégration des techniciennes en diététique au sein des départements semble être, en effet, quelque peu difficile dans la mesure où il faut revoir les tâches de certains groupes déjà présents et que ces derniers se sentent conséquemment menacés par l'arrivée de cette nouvelle catégorie de travailleuses. Rappelons ici que l'introduction des techniques correspond notamment à une volonté de l'État de réduire les coûts de la main-d'œuvre hospitalière et que ce projet de rationalisation repose sur la réorganisation de la division du travail sanitaire.

Or, dans les départements de diététique, les techniciennes en alimentation, qui ont été formées dans les instituts familiaux, assument déjà un certain nombre de tâches auxquelles sont destinées les techniciennes en diététique. Il s'avère donc nécessaire de redéfinir les tâches de ce groupe et l'exercice suscite maintes tensions au sein des comités conjoints mis sur pied à cette fin, dès 1974, et auxquels participe l'ATDtQ[39].

Les diététistes, pour leur part, doivent déléguer une partie de leurs fonctions puisque les techniciennes en diététique ont été formées pour les seconder. Mais, là aussi, l'intégration se fait difficilement. Selon le ministère des Affaires sociales (MAS) en 1978, les tensions résultent du fait que les techniciennes doivent prendre en charge «une portion des fonctions des diététistes. Une réaction de résistance est normale, mais le chômage a aggravé celle-ci[40].» Les diététistes se sentent en effet elles aussi menacées par les visées étatiques. En fait, selon le nouvel organigramme prévu par le MAS, les professionnels-les qui ont une formation universitaire doivent dorénavant assumer les tâches plus complexes liées à leur champ de pratique, de même que des fonctions administratives. De plus, le MAS se propose, en ce qui a trait à la diététique hospitalière, de revoir les ratios et ce, au détriment des diététistes. Dans un rapport portant sur le programme de formation collégial, le ministère de l'Éducation du Québec (MEQ) affirme ainsi que le réseau hospitalier embauchera un nombre important de techniciennes en diététique dans la mesure où

> les hôpitaux décident de confier aux techniciens le maximum de tâches auxquelles ils sont formés. Une telle opération entraînera une diminution importante du nombre de postes de diététistes ou ces derniers seront utilisés plus dans les programmes d'éducation alimentaire ou autres [...] les tâches et les responsabilités des diététistes et des techniciens en diététique doivent être revisées par les C.H. [centres hospitaliers] en vue d'une utilisation efficace des ressources disponibles[41].

En conclusion, le MEQ reprend textuellement les propos du rapport *Opérations Sciences de la Santé*, de 1976, soulignant que la révision des tâches suppose «une certaine délégation des tâches au profit des techniciennes en diététique qui permettrait de diminuer les coûts des soins de santé et de l'alimentation collective[42]».

Mais le bât blesse notamment au niveau des définitions des tâches contenues dans les conventions collectives de travail. Le MAS affirme en effet que dans les départements de diététique, «le technicien est préparé pour accomplir plus de fonctions que celles décrites dans les conventions collectives [...] d'où un certain malaise[43]». Les techniciennes en diététique revendiquent un élargissement de leurs fonctions, mais se retrouvent toutefois prises entre l'arbre et l'écorce puisqu'elles doivent se tailler une place en rognant sur les fonctions des unes et des autres. On peut présumer que la négociation des conventions collectives constitue, à ce titre, un terrain de luttes important dans la mesure où les tâches et les fonctions de chaque groupe doivent y être définies et que le maintien des classifications contenues dans les conventions peut devenir, à ce titre, un moyen supplémentaire pour mieux se positionner sur l'échiquier des professions ou encore pour résister aux projets de rationalisation de l'État. Lorsque la Société des technologues en nutrition du Québec (STNQ) — un organisme à vocation davantage corporative — entame des démarches pour obtenir un titre réservé pour les techniciennes en diététique, elle souligne d'ailleurs que parmi les avantages indirects liés à une reconnaissance légale de la profession on retrouve «l'amélioration de la considération accordée à la profession dans les milieux de travail [et des] améliorations syndicales en termes de classification et de salaire [...][44]». La scène syndicale semble donc être un des lieux où se déroulent des enjeux importants de la réorganisation des champs de pratique. C'est, du moins, ce que laissent deviner certaines sources retrouvées aux archives de l'ATDtQ. On peut se demander, d'ailleurs, si la résistance des techniciennes en alimentation et celle des diététistes — résistance qui entraîne le sous-emploi des techniciennes en diététique en milieu hospitalier — n'est pas à la source du revirement du MEQ qui, à la fin des années 1970, réoriente le programme collégial afin que les futures diplômées puissent être mieux formées pour accéder au secteur privé[45].

L'évolution des descriptions des fonctions des thérapeutes en réadaptation physique contenues dans les conventions collectives semble indiquer que des dynamiques similaires ont prévalu dans les départements de physiothérapie. Bien que les archives des diverses associations soient muettes à ce sujet, on constate que les libellés des fonctions ont été modifiés entre 1975 et 1978. La convention de 1975 stipule en effet que les thérapeutes inscrivent les traitements qu'elles font au dossier de leurs patients alors qu'en 1978, elles n'inscrivent que les notes pertinentes au dossier. Or, un des litiges qui opposera thérapeutes et physiothérapeutes à la fin des années 1970 porte, justement, sur des restrictions que veulent imposer les physiothérapeutes aux thérapeutes en limitant leur accès au dossier des patients —

volonté que les thérapeutes perçoivent comme une tentative de restreindre leur autonomie professionnelle. Par contre, la convention de 1978 prévoit que la thérapeute participe désormais à la formation clinique et on a éliminé une disposition concernant l'obligation de travailler sous la surveillance d'une physiothérapeute. Ces modifications ne sont pas sans lien avec les tensions que vivent ces deux groupes de travailleuses en ce qui a trait à la délimitation de leur champ respectif, tensions que nous avons examinées dans les chapitres précédents. En ce sens, les définitions de tâches contenues dans les conventions collectives semblent être, dans le champ de la physiothérapie également, au centre d'enjeux importants en ce qui a trait aux frontières intraprofessionnelles.

À ce titre, on peut se demander si en imposant la syndicalisation de tous les groupes professionnels œuvrant dans le réseau des affaires sociales, l'État ne leur a pas donné des moyens pour résister aux réformes qu'il entreprend afin de rationaliser le système de santé. La carte syndicale, en effet, sera utilisée à fond par des groupes qui, au départ, semblaient n'en avoir que faire. Certains groupes de techniciennes, par contre, feront les frais du manque de concertation qui semble caractériser le projet de rationalisation de l'État, dans la mesure où la résistance, légitime en soi, des groupes déjà en place, rend quelque peu problématique l'intégration des nouvelles venues.

La syndicalisation des cadres

Le SPDQ et l'APPQ utiliseront également la carte syndicale dans d'autres dossiers. Ces deux syndicats chercheront notamment à améliorer les conditions de travail des membres qui n'exercent pas en milieu hospitalier. L'APPQ entame ainsi des négociations avec l'État afin que les physiothérapeutes du secteur privé puissent être rémunérées par le Régime de l'assurance-maladie du Québec. Ces négociations, qu'avaient aussi amorcées la corporation des physiothérapeutes, s'avéreront cependant sans lendemain.

Des démarches sont également entamées par les diététistes et les physiothérapeutes afin que les cadres intermédiaires et les cadres supérieurs du réseau hospitalier puissent, tout comme les autres salariés-es, bénéficier d'une convention collective. Rappelons qu'en vertu des nouvelles dispositions du Code du travail adoptées en 1969, cette catégorie de la main-d'œuvre hospitalière s'était vu retirer le droit de négocier une convention collective parce qu'elle n'était pas considérée comme salariée au sens du code et ne pouvait, à ce titre, faire partie des unités d'accréditation.

L'obtention du droit à la négociation devient d'autant plus importante que l'une des dispositions du projet de la Loi sur l'organisation des services sociaux et de santé (Loi 65) prévoit que le personnel dont le statut ne permet pas d'être couvert par une convention collective sera dorénavant régi par l'article 61 de la Loi de la fonction publique (1965). Cette disposition retire aux cadres le droit de négocier collectivement des contrats de travail, puisque leur rémunération sera désormais fixée par règlement.

Diététistes et physiothérapeutes feront à nouveau alliance. Pour des raisons que nous n'avons pu expliquer, ce dossier sera toutefois conduit, en ce qui concerne les physiothérapeutes, par la corporation des physiothérapeutes (CPPQ) et non pas par l'APPQ[46]. Avec d'autres regroupements de cadres, elles soumettront un mémoire à la Commission permanente des affaires sociales en novembre 1971, demandant expressément le droit de négocier collectivement des ententes de travail. Ces regroupements souligneront que c'est l'intervention de l'État dans le dossier des relations de travail qui les incite à revendiquer le droit à la négociation collective:

> Tant et aussi longtemps que l'entreprise elle-même était de dimension moyenne, ces employés n'ont pas senti le besoin d'une protection collective de leurs conditions de travail à cause des liens intimes qui les unissaient à la direction même de l'entreprise. Cependant, dans le secteur public et para-public où l'employeur véritable est devenu à toutes fins pratiques [sic] un État lointain, ces employés ont commencé à ressentir dans la décennie de 1960 le besoin d'une convention collective de travail pour protéger leurs emplois d'une part et leurs conditions de travail d'autre part[47].

Le plaidoyer des associations repose sur certaines dispositions contenues dans la Loi des syndicats professionnels, dispositions qui permettent de négocier des conventions collectives, même si ce type de syndicat compte dans ses rangs des salariés (accréditables en vertu du Code du travail) et des cadres. Il est vrai, reconnaît-on, que l'employeur n'est pas obligé de négocier avec un syndicat professionnel et que, lorsqu'il y consent, les dispositions de l'entente ne concernent que les membres du syndicat, alors qu'une convention collective s'applique à tout le personnel visé par l'unité d'accréditation. L'État a cependant déjà négocié des conventions collectives avec des syndicats incorporés en vertu de la Loi des syndicats professionnels (médecins spécialistes et omnipraticiens, principaux d'école, ingénieurs d'Hydro-Québec, etc.). Pourquoi, demandent les signataires du mémoire, vouloir aujourd'hui fermer la porte à de telles ententes? En conclusion, les associations pressent le gouvernement d'amender le projet de loi afin d'y inclure de nouvelles dispositions qui permettront à cette catégorie de la main-d'œuvre sanitaire de continuer de négocier des conventions collectives, ou encore de voter une loi spécifique qui balisera les prérogatives des syndicats regroupant des cadres.

Une victoire partielle sera obtenue puisqu'en décembre 1971 la Cour Supérieure maintient le jugement du Tribunal du travail et reconnaît que les cadres intermédiaires font partie du personnel accréditable au sens du Code du travail et peuvent, conséquemment, être partie prenante des conventions collectives. Cette reconnaissance intervient à la suite d'une lutte juridique menée en parallèle par le SPDQ afin d'obtenir un élargissement de la définition du terme «salarié», contenue dans le Code du travail, afin d'y inclure les cadres intermédiaires, soit les diététistes responsables des divers secteurs que comptent les départements de diététique. Le décision du tribunal sera favorable au SPDQ[48].

Si la victoire du SPDQ permet désormais d'inclure les cadres intermédiaires dans les conventions collectives, le cas des cadres supérieurs n'est pas réglé pour autant. Constatant que le gouvernement n'entend pas bouger, le SPDQ propose au sous-ministre adjoint aux relations professionnelles du MAS de négocier un contrat individuel type pour les diététistes non couvertes par une convention collective. La réponse du MAS sera catégorique. Non seulement refuse-t-il de négocier une telle entente, mais il informe le SPDQ qu'il n'entend aucunement entreprendre quelque négociation que ce soit pour cette catégorie d'employés-es, rejetant, du coup, le principe même d'un syndicalisme de cadres[49]. Des démarches ultérieures seront entreprises, mais la résistance de l'État incitera le SPDQ à proposer à ses cadres féminins de quitter le syndicat afin qu'elles fondent, tout comme les physiothérapeutes, leur propre association.

L'Ontario: une option tout aussi inévitable

Les diététistes et les physiothérapeutes du Québec ne sont pas les seules à s'engager sur la voie syndicale. Leurs consœurs ontariennes feront de même et opteront, elles aussi, pour un syndicalisme fondé sur l'appartenance à l'univers des professions. Leur adhésion à la cause syndicale est cependant motivée par un contexte quelque peu différent puisque le gouvernement ontarien ne cherchera pas, comme au Québec, à s'immiscer dans les relations de travail. Toutefois, la syndicalisation va progresser rapidement dans les services de santé ontarien à partir des années 1960; les diététistes et les physiothérapeutes vont alors refuser, tout comme leurs consœurs québécoises, d'être marginalisées dans des syndicats généraux, choisissant plutôt une voie parallèle. Examinons cela de plus près.

Il faut d'abord préciser qu'en Ontario, la dynamique des relations de travail diffère de celle qui se développe au Québec au cours des années 1960 et 1970; la question du syndicalisme se pose donc autrement pour les physiothérapeutes et les diététistes. Depuis 1950, le domaine des relations de travail est en effet régi, dans cette province, par le «Ontario Labour Relations Act» (OLRA), par l'entremise du «Ontario Labour Relations Board» (OLRB). L'OLRA accorde en principe à tout employé le droit de joindre le syndicat de son choix et de prendre part à la négociation de conventions collectives. Sont privés par contre de ce droit les membres de certains groupes professionnels, tels les médecins, les dentistes, les avocats, les architectes et les ingénieurs, de même que les membres du patronat et les personnes occupant des postes de gestion. C'est ainsi qu'en Ontario, les associations professionnelles de diététistes et de physiothérapeutes ne peuvent, dès cette époque, agir comme syndicats puisqu'elles ont dans leurs rangs des personnes assumant des fonctions de cadres[50]. Rappelons qu'au Québec, les corporations ont pu, comme on l'a vu plus haut, assumer ce rôle jusqu'en 1969 et ce, à titre d'associations reconnues. En fait, la «Ontario Dietetics Association» (ODA) et la branche ontarienne de l'Association canadienne de physiothérapie (ACP) n'ont nullement la prétention d'agir comme syndicats. À la suite des associations nationales et tout comme les associations québécoises des années 1950 et 1960, elles tiennent au contraire un discours affirmant qu'il existe une incompatibilité fondamentale entre le syndicalisme et le professionnalisme. En tant que professionnelles, les physiothérapeutes et les diététistes souscrivent, en fait, à un code d'éthique qui les engage à servir le patient d'abord et avant tout. Or, disent-elles, le syndicalisme risque de les détourner de cette obligation suprême, surtout s'il y a grève[51].

Ce discours des associations professionnelles s'accompagne, dans les faits, d'une lutte contre les tentatives qu'effectuent, à partir des années 1950, les syndicats généraux de la fonction publique et parapublique (*«public unions»*) pour regrouper l'ensemble des employés-es du secteur de la santé. Aux yeux des associations, une telle inclusion comporte plusieurs désavantages: l'adhésion à ce type de syndicat est obligatoire et non volontaire; de plus, les professionnels-les de la santé, qui constituent une minorité dans les hôpitaux, seront forcément marginalisés-es, en plus d'être représentés-es par des non-professionnels-les dans les négociations avec l'employeur; mais surtout, les diététistes et les physiothérapeutes regroupés-es au sein de gros syndicats aux côtés des employés-es de soutien et des techniciens-nes, subiront inévitablement, croit-on, une perte de prestige et de statut[52]. Ce point de vue est clairement exprimé en 1957 par l'ACP, qui intervient directement auprès du Comité sur les relations de travail du gouvernement ontarien afin d'obtenir l'exclusion de ses membres des unités de négociation établies dans les hôpitaux de la province:

> Parce que les physiothérapeutes, en tant qu'auxiliaires des médecins, offrent à la collectivité un service à caractère essentiellement humanitaire, elles ne devraient pas être forcées à prendre parti dans les conflits opposant les employés à leurs employeurs. Elles ne devraient pas afficher des choix et des allégeances qui finiraient par priver la population [...] de services essentiels [...]. Les physiothérapeutes ne devraient pas s'aligner sur les prises de position de syndicats non-professionnels qui ne peuvent comprendre vraiment la portée des services que revêt notre profession à la population[53]. *(Nous traduisons.)*

Le Comité sur les relations de travail semble alors favorable à ce point de vue. En 1958, il tranche en effet en faveur de l'ACP qui demande que soient exclues, du Syndicat national de la fonction publique, des physiothérapeutes travaillant dans un hôpital de Hamilton. Ces dernières, soutient alors le comité, appartiennent au groupe de professionnels-les qui assistent les médecins et elles font partie, de ce fait, du personnel médical[54].

L'ACP et sa branche ontarienne invoqueront à plusieurs reprises cette décision afin de mettre leurs membres à l'abri des «assauts» de plus en plus «menaçants» du syndicalisme. La fondation du Syndicat canadien de la fonction publique (SCFP), en 1963, marque en effet le début d'une intense vague de syndicalisation des travailleurs du secteur de la santé en Ontario. À la différence du Québec, ce processus ne s'accompagne cependant pas, en parallèle, d'une centralisation des négociations par l'État ontarien. Les conditions de travail dans le secteur hospitalier et des services sociaux continuent au cours des années 1960 et 1970, d'être négociées au niveau municipal et avec un employeur à la fois. Les associations professionnelles doivent donc redoubler de vigilance, le SCFP n'hésitant pas à inclure, souvent à la dernière minute et à leur insu, les physiothérapeutes et les diététistes dans les unités de négociation établies dans les hôpitaux et dans des institutions offrant des services de santé. Comme ces professionnelles du paramédical constituent la plupart du temps une minorité, elles sont facilement assimilées à la majorité et elles craignent, à ce titre, de voir leurs revendications marginalisées[55].

Tel que prévu par la loi de 1950 (OLRA), l'ODA et l'OPA essaient d'abord de contrer ces offensives en soumettant au bureau des relations de travail ontarien (OLRB) des pétitions réclamant l'exclusion de leurs membres. Ces démarches, de plus en plus fréquentes, nécessitent cependant la mise sur pied de comités sur les relations de travail, ainsi que l'embauche d'avocats-conseils[56]. Mais comme l'OLRB tarde à se prononcer d'une façon ferme sur les rapports entre le personnel paramédical et les syndicats non professionnels, les délibérations s'avèrent souvent longues et coûteuses. Par ailleurs, le groupe des paramédicaux enregistre des échecs importants. Particulièrement notoire à cet égard est le conflit intense qui oppose le SCFP aux travailleurs et travailleuses du paramédical à l'emploi du centre de réadaptation du «Workmen's Compensation Board» (WCB) de Toronto. En 1973, le SCFP soumet au Tribunal du travail de la fonction publique de l'Ontario une requête en accréditation pour l'ensemble des employés-es du WCB. Aussitôt, «l'équipe de traitement» œuvrant au centre de réadaptation, qui regroupe environ deux cent physiothérapeutes, ergothérapeutes, gymnastes, radiologistes, travailleurs sociaux et psychologues, lutte contre son inclusion dans l'unité de négociation projetée par le syndicat. En 1974, elle établit à cette fin l'Association des professionnels paramédicaux du WCB, («Association of Allied Health Professionnals -WCB»). L'association accepte de faire front commun avec les infirmières du centre qui se sont aussi organisées pour les mêmes raisons.

À titre d'employeur, le WCB décide toutefois de faire cause commune avec le SCFP en se prononçant en faveur d'une seule unité de négociation regroupant l'ensemble de ses employés-es. De plus, il classifie les paramédicaux dans le groupe des techniciens. Ce geste soulève la colère des paramédicaux puisqu'il est perçu comme une négation de leur statut de professionnels-les de la santé. Mais en 1975, le Tribunal du travail endosse la position du WCB; il rejette non seulement la requête d'exclusion de l'Association des professionnels paramédicaux, mais il refuse de plus à cette dernière le droit d'agir comme agent négociateur. Malgré cette défaite, l'Association des professionnels paramédicaux du WCB poursuit sa lutte contre l'inclusion de ses membres dans le SCFB. Elle porte en appel la décision du Tribunal du travail devant la Cour suprême de l'Ontario. Pendant ce temps, une campagne de sensibilisation est amorcée dans les principaux journaux de Toronto et auprès des membres du Parlement[57].

La lutte des professionels-les paramédicaux du WCB, de même que les succès remportés par le SCFP en ce qui a trait à la syndicalisation des employés-es de service et des techniciens-nes en milieu hospitalier, inciteront cependant les associations professionnelles de physiothérapie et de diététique à modifier, comme au Québec, leur attitude face à la question syndicale. De la base s'élèvent des voix qui mettent en cause l'opposition entre professionnalisme et syndicalisme et font valoir les avantages du regroupement du personnel paramédical au sein d'unités de négiociation collective. Dans les faits, la hausse des salaires et l'amélioration des conditions de travail comptent parmi les résultats les plus positifs de la syndicalisation. À titre de preuve, on souligne les succès remportés à cet égard par les infirmières ontariennes, dont la première négociation collective remonte à 1965. De plus, celles-ci ne semblent pas avoir subi en chemin une perte de prestige sur le plan professionnel, ainsi que le soutiennent les adversaires du syndicalisme[58].

Ce glissement vers le syndicalisme débouche sur le regroupement des professionnels-les du paramédical — dont les diététistes et les physiothérapeutes — au sein d'associations dont le mandat sera de négocier directement leurs salaires et leurs conditions de travail avec l'employeur. Les efforts se font d'abord au niveau municipal. Une première association est fondée en 1973 à Ottawa-Carleton, sous le nom de «Health Services Association of the Municipality of Ottawa-Carleton». L'année suivante, l'association est accréditée comme unité de négociation en vertu de l'OLRA et devient l'agent négociateur des paramédicaux employés dans les hôpitaux de la région Ottawa-Carleton[59]. D'autres associations semblables seront établies par la suite dans le Toronto métropolitain et dans la municipalité régionale de Niagara.

La syndicalisation des employés-es du secteur hospitalier avançant à grands pas, la nécessité d'une association provinciale des groupes paramédicaux se fait bientôt sentir. Les premières discussions, auxquelles prennent part des représentantes de l'OPA et de l'ODA, sont amorcées à l'été 1974. En janvier 1975, l'«Association of Allied Health Professionals of Ontario (AAHPO) voit le jour à Toronto. Celle-ci veut offrir aux professionnels-les de la santé une alternative viable aux syndicats généraux de la santé en se chargeant de protéger leurs droits et de promouvoir leurs besoins à la table de négociation. Elle rejette la grève, favorisant plutôt l'arbitrage obligatoire comme la solution la plus efficace pour en arriver à une entente entre employeurs et employés-es. L'AAHPO souhaite uniformiser les conditions de travail à travers l'Ontario en négociant les conventions collectives à l'échelle provinciale. Elle sera régie à cette fin par un Bureau des Gouverneurs structuré de façon à assurer l'égalité entre les régions et entre les différents groupes du paramédical qu'elle représente, dont les diététistes et les physiothérapeutes. L'AAHPO adhère à cet égard aux recommandations de la Commission d'enquête gouvernementale sur les salaires, les conditions de travail et les avantages sociaux des employés des hôpitaux, dont le rapport est publié en 1975 (Rapport Johnston). La commission propose alors l'établissement de trois catégories distinctes d'employés-es pour les fins de la négociation collective dans le secteur hospitalier, soit les services, le nursing et le paramédical. Elle endosse, de la sorte, la position de l'Association des hôpitaux de l'Ontario («Ontario Hospital Association»), telle que formulée dans son mémoire à la commission. Le point de vue de l'administration hospitalière compte donc toujours pour quelque chose dans cette province, contrairement à la situation qui prévaut au Québec où, on l'a vu, la centralisation des négociations évince en grande partie les administrations hospitalières[60].

D'abord réfractaires au syndicalisme, les diététistes et les physiothérapeutes ontariennes en sont donc venues au cours des années 1970 à reconnaître l'inévitabilité, voire la nécessité, d'une organisation syndicale des professionnels-les du paramédical, capable de défendre adéquatement leurs intérêts et de résister à l'offensive des grandes centrales syndicales. C'est surtout le cas de l'OPA, qui a soutenu de pied ferme la lutte de ses membres employées par le WCB[61]. À l'instar de leurs homologues du Québec, les associations professionnelles ontariennes finissent par se rallier au modèle du syndicalisme professionnel, le plus apte à défendre, leur semble-t-il, la position des groupes paramédicaux dans le domaine des relations de travail. Cependant, la crainte de voir leurs membres entraînés contre leur gré dans une grève générale les préoccupe tout particulièrement. Un éditorial publié par l'OPA dans la revue *In Touch* résume bien ce point de vue: «The tedious frequency of acrimonious «face-offs», excessive demands, protracted negociations, strike threats and strikes seriously question the validity of the traditional methods and tactics of yesteryear in bargaining today[62].»

La fondation de l'AAHPO indique, par ailleurs, que les associations professionnelles de la province ont cessé de cultiver l'espoir que l'acquisition éventuelle du statut de corporation autonome (sous l'égide du «Health Disciplines Act») exclura par le fait même leurs membres des syndicats généraux. On réalise en effet que l'un n'empêchera pas nécessairement l'autre[63]. Enfin, contrairement à ce qui se passe au Québec, les diététistes et les physiothérapeutes ontariennes, plutôt que de former leurs propres syndicats, choisissent de faire front commun avec d'autres groupes paramédicaux au sein d'associations plus larges. Éviter la fragmentation, pense-t-on, constitue la meilleure stratégie pour lutter contre les grandes centrales qui, dans l'univers des relations de travail en Ontario, sont toujours perçues à la fin des années 1970 comme la principale menace à l'autonomie des professionnels-les de la santé. Si les motivations qui sont à la source de la syndicalisation en Ontario diffèrent de celles qui ont prévalu au Québec, il n'en demeure pas moins que le résultat est sensiblement le même, soit l'éclosion d'un syndicalisme professionnel.

* *
*

Comme on peut le constater, les diététistes et les physiothérapeutes du Québec joueront à fond la carte syndicale lors de leurs négociations avec l'État. D'abord réfractaires à ce mode d'organisation, elles sauront par la suite utiliser le potentiel que confère le syndicalisme afin de se tailler une place bien à elles dans le nouvel univers des relations de travail qu'impose l'État au tournant des années 1970. Elles le feront, cependant, selon un modèle particulier, refusant de se rallier aux syndicats généraux d'hôpitaux. La mise sur pied de syndicats autonomes reflètent bien leur volonté de faire valoir, dans le cadre de leurs négociations avec l'État, le caractère professionnel des actes qu'elles posent dans le monde hospitalier. Bien qu'elles ne réussissent pas à enrayer totalement la discrimination salariale dont sont victimes les professions féminines, elles feront néanmoins des gains majeurs en tablant, notamment, sur leur niveau de scolarité et sur la nature des services qu'elles dispensent. Il est par ailleurs intéressant de constater que les diététistes et les physiothérapeutes de l'Ontario suivront un cheminement similaire avant de s'engager, elles aussi, dans la voie du syndicalisme professionnel.

En fait, le syndicalisme devient, plus globalement, un outil important de résistance face aux transformations profondes qui ont cours dans l'univers de la santé. À la suite des réformes qu'entreprend l'État dans le sillage de la Révolution tranquille, les diététistes et les physiothérapeutes se retrouveront face à un employeur qui a aussi le pouvoir de légiférer sur leurs conditions de travail. Elles utiliseront alors leurs droits syndicaux afin de protéger leurs acquis sur l'échiquier professionnel ou encore pour préserver leur droit de négocier leurs conditions de travail.

Le modèle traditionnel d'organisation des professions libérales s'étiole cependant un peu plus en cours de route, dans la mesure où l'intervention de l'État dans la gestion des services de santé induit une nouvelle dynamique qui soumet ce modèle à la pression de la rationalité économique et de la centralisation des pouvoirs bureaucratiques. Il reste cependant que diététistes et physiothérapeutes semblent finalement y gagner au change et que, chemin faisant, une nouvelle conception de ce qu'est une professionnelle de la santé aura émergé.

10

Le problème des frontières intraprofessionnelles*

Après avoir donné un aperçu des rapports qu'entretiennent la diététique et la physiothérapie avec les professions connexes, il apparaît tout aussi important de voir comment se développent leurs relations avec les occupations à caractère plus technique provenant d'une subdivision de leur propre champ. Il s'agit, d'une façon générale, de ce qu'il est convenu de désigner comme «les techniques» dans le vocabulaire usuel de la formation professionnelle (techniques en administration, en soins infirmiers, en radiologie etc.). On se réfère ainsi à des occupations issues en droite ligne d'une profession donnée, mais qui se caractérisent par un corpus de savoir à caractère autant, sinon plus, pratique que théorique.

Dans le domaine de la santé, l'émergence et la multiplication des techniques, vers la fin des années 1960, étaient censées régler plusieurs problèmes, dont en particulier ceux de la croissance accélérée de la demande dans ce secteur, de l'accessibilité des soins et aussi de leurs coûts. La création des techniques allait résoudre, en effet, un certain nombre de ces problèmes, mais... non sans en soulever d'autres.

En ce qui concerne la physiothérapie et la diététique, la présence des techniques exigera très tôt, en effet, des réajustements importants, tant au niveau des programmes de formation qu'à celui de la subdivision des tâches. De plus, les politiques et les stratégies élaborées à cet égard par les deux professions devront s'ajuster à celles du partenaire obligé qu'est désormais l'État. Elles devront également tenir compte des interventions (*lobbying*) du

---

* Collaboration de R. Caux

tout-puissant corps médical, et enfin des objectifs et des réactions des membres des nouvelles techniques elles-mêmes. Ces dernières auront en effet à délimiter graduellement leur espace propre au sein d'un univers professionnel marqué par un croisement complexe de pratiques et de discours parfois divergents.

On comprendra mieux la dynamique des rapports intraprofessionnels en physiothérapie et en diététique en examinant, dans un premier temps, les enjeux liés à l'élaboration des programmes des techniques et, dans un deuxième temps, le développement de leurs champs de pratique respectifs.

LE QUÉBEC

Vers une formation à deux niveaux

Lorsque au cours des années 1960, trois commissions d'enquête (les commissions Hall, en 1964, Parent, en 1964, et Castonguay-Nepveu en 1970), avaient scruté à tour de rôle les programmes de formation en physiothérapie et en diététique, chacune des trois avait, à sa manière, proposé des réaménagements importants. Au cours de la même période, les universités entreprennent de mettre à jour leurs cursus, d'en enrichir le contenu et aussi de hausser le niveau des diplômes (cf. chap. 4). Aussi, au moment où s'amorce la réforme menant à l'élaboration, au niveau collégial, de programmes en techniques de diététique et en techniques de réadaptation physique, les programmes (universitaires) de diététique et de physiothérapie sont eux-mêmes sujets à des modifications majeures.

La physiothérapie et le maintien d'un niveau universitaire

On a déjà évoqué comment, dès la fin des années 1960, l'Université de Montréal — autant que l'Université Laval d'ailleurs — abandonne l'ancien diplôme de physiothérapie et emboîte le pas à l'Université McGill en créant un nouveau programme de baccalauréat (B.Sc.). Toutefois, parce que les différentes autorités au sein des ministères de la Santé et de l'Éducation considèrent l'ancienne formation comme étant de niveau collégial, elles viseront son transfert intégral au cégep sans tenir compte, cependant, des nouveaux réajustements (à la hausse) que connaissent les programmes universitaires. Il apparaît évident que les responsables du ministère de l'Éducation (MEQ) veulent appliquer, à cet égard, les recommandations du Rapport Parent. Ce dernier suggère toutefois des solutions plus nuancées qui consistent à situer la formation en physiothérapie à deux niveaux, à l'instar d'ailleurs de ce que l'on s'apprête à effectuer en nursing. Une formation de base en physiothérapie serait confiée au palier collégial, alors que les universités assumeraient la tâche de former un personnel de recherche, d'encadrement ou d'enseignement. Dès 1967, le ministère entame des pourparlers en vue de transférer au collégial la formation des physiothérapeutes.

La mauvaise répartition géographique des professionnels de la santé, qui a souvent désavantagé les régions périphériques au bénéfice des grandes agglomérations urbaines, peut expliquer en partie pourquoi certains collèges en région ont exercé des pressions afin de récupérer les programmes universitaires qui menaient au diplôme. Ainsi, les cégeps de Chicoutimi (dès 1967) et de Sherbrooke (en 1968) seront les premiers à présenter au ministère de l'Éducation et à la Direction générale de l'enseignement collégial (DIGEC) des demandes pour implanter un programme de formation en physiothérapie[1]. Quelques mois plus tard, des représentants de la DIGEC décident de mettre sur pied un comité consultatif chargé d'étudier les modalités d'intégration de la physiothérapie dans les cégeps; comité auquel participe, entre autres, la Corporation professionnelle des physiothérapeutes du Québec (CPPQ).

Entre 1968 et 1971, la corporation des physiothérapeutes[2], les physiâtres, les universités, le MAS et le MEQ travaillent de concert à l'élaboration d'un projet pilote de programme collégial qui serait la réplique de l'ancien cursus offert dans les écoles affiliées aux universités[3]. Même si elle emboîte le pas avec circonspection, la CPPQ semble tenir, à cette époque, à ce que le niveau de formation du programme collégial soit suffisamment élevé. Cela devrait permettre, affirme-t-on, «que les diplômés de ce cours puissent devenir membres de l'Association [des physiothérapeutes] de la province de Québec[4]».

Or, c'est justement sur les critères touchant à la qualité de la formation qu'achoppent les pourparlers. Plus tard, la CPPQ refusera de reconnaître le cours dispensé au cégep de Chicoutimi parce que, selon la corporation, le programme offert dans ce collège ne satisfait pas aux normes requises pour une formation de base adéquate. De son côté, la DIGEC, considérant comme trop élevés les barèmes émis par la CPPQ[5], passera outre aux critiques formulées et donnera malgré tout son aval à Chicoutimi où les cours débuteront dès septembre 1970, en même temps d'ailleurs qu'au cégep de Sherbrooke. Il semble qu'à partir de ce moment, la CPPQ ait refusé toute nouvelle collaboration à ce projet.

Cependant, loin d'être isolée, la corporation trouvera des alliés de taille pour la seconder dans son refus d'entériner le programme de Chicoutimi.

L'Association canadienne de physiothérapie (ACP) viendra, en effet, appuyer la décision de la CPPQ en refusant de reconnaître les finissantes du cégep de Chicoutimi. Il semble que les physiâtres, à leur tour, principalement ceux à la tête des écoles universitaires de physiothérapie, aient également offert une résistance vigoureuse au projet du MEQ. Ces médecins, et en particulier le directeur de l'École de Réhabilitation de l'Université Laval[6], sont réticents au principe d'une formation scindée en deux niveaux. Ils préfèrent s'en tenir au statu quo, soit au maintien du statut universitaire de la physiothérapie. Ils interviendront dans le dossier en se prévalant du pouvoir (partiel) de décision attaché à leur fonction[7]. Parmi les arguments invoqués, certains renvoient aux conséquences, pour le public, de la création de deux catégories de physiothérapeutes. Cela, dira-t-on, entretiendrait: «dans l'esprit des gens l'impression malsaine qu'il existe deux (2) sortes de thérapeutes, les bons et les mauvais[...][8]». La véritable solution, affirme-t-on, est que «le cours actuel doit être revalorisé si on veut que nos physiothérapeutes des années 1970 ne prennent pas de décision outrepassant leurs capacités[9]».

Il va sans dire que cette défense du statut de la physiothérapeute n'est pas totalement désintéressée. Il faut préciser, en effet, que l'intégration de la formation des physiothérapeutes dans les cégeps menace la survie même des écoles universitaires. D'ailleurs, le ministre de l'Éducation de l'époque n'hésite pas à affirmer qu'advenant une expérience positive du projet-pilote au niveau collégial, il faudrait envisager la disparition des écoles universitaires, du moins du rôle qu'elles avaient assumé jusque-là[10].

La résistance des écoles universitaires de physiothérapie, jumelée à l'opposition de la CPPQ et de l'ACP, viendra cependant contrecarrer les projets initiaux de l'État. Le ministre de l'Éducation finira par reconnaître que l'intégration de la formation de base des physiothérapeutes dans les cégeps s'avère plus ardue que prévue et que «si les infirmières ont demandé l'intégration au cégep, ce n'est pas exactement le cas pour les physiothérapeutes[11]».

Cependant, au printemps 1971, les deux ministères des Affaires sociales et de l'Éducation se concertent et, faisant volte-face, optent pour le maintien du programme universitaire de base en physiothérapie (B.Sc.). Mais ils ne renonceront pas pour autant à leur projet de créer un programme collégial en réadaptation physique (Techniques en réadaptation). On verra, cependant, que cette décision, bien qu'elle semble à priori satisfaire toutes les parties, ne mettra pas pour autant un terme aux difficultés qui surgiront lors de l'élaboration du programme collégial. C'est que les deux instances de formation, collégiale et universitaire, auront du mal, en

TABLEAU 1
Programme 144.00
Techniques de réadaptation physique.
Implantation du cours et nombre de diplômées

Cégep et Année d'implantation	Nombre de diplômées					
	1972	1973	1974	1975	1976	1977
Chicoutimi (1969)	18	14	23	14	24	
Sherbrooke (1970)		23	18	18	18	
Montmorency (1973)						
FX-Garneau (1975)						15

Sources: ASQTRP, *Rapport annuel de l'APTRQ, 1975-1976*, octobre 1976, p. 4. SQTRP.

effet, à définir l'éventail et la complexité des connaissances appropriées pour chacun de leurs niveaux respectifs.

La formation collégiale en réadaptation physique

La difficulté d'établir un programme collégial en réadaptation physique apparaîtra d'autant plus grande qu'il n'y avait pas alors de précédent connu en la matière[12]. Cette situation peut expliquer les débuts difficiles du programme et, surtout, les fréquents réaménagements dont il a fait l'objet. Ces derniers ne manqueront pas d'entraîner des frictions multiples entre les principaux intéressés.

Dès 1971, une équipe de la DIGEC, à laquelle participent des physiothérapeutes, parvient à élaborer un programme de trois ans qui débouche sur un diplôme d'études collégiales (DEC) en «Techniques de réadaptation». Au cours des années 1970, seuls quatre (4) cégeps offrent cette formation (programme 144.00). Il s'agit des cégeps de Chicoutimi et de Sherbrooke, ainsi que des cégeps Montmorency à Laval et François-Xavier-Garneau à Québec (Tableau 1). Ces quatre institutions auront formé plus de 300 diplômées au cours des années 1970[13].

Entre 1971 et 1980, la formation des techniciennes en réadaptation physique (qu'on nomme aussi thérapeutes) subit quelques modifications. Ainsi, au milieu des années 1970, les stages seront intégrés à la formation, une mesure qui paraît satisfaire tous les intéressés. Cependant, les changements les plus controversés restent ceux touchant au contenu même des cours et à leur durée.

De façon globale, entre 1971 et 1979, le programme en réadaptation sera amputé de près du quart des heures qu'il comportait initialement[14]. En excluant les stages, dont la durée apparaît relativement stable pour l'ensemble de la décennie[15], on constate que ces coupures ont été principalement faites aux dépens de l'enseignement clinique et de la formation en sciences. Entre 1971 et 1979, le nombre d'heures consacrées à l'enseignement clinique passe, en effet, de 585 heures à 315 heures, soit une réduction de près de 46%. Quant à la formation en sciences, elle connaît, elle aussi, une diminution importante passant de 1425 à 1215 heures[16].

L'Association professionnelle des techniciennes en réadaptation physique du Québec (APTRPQ)[17], créée en 1976, réagira fortement à ces réductions du temps de formation des thérapeutes et dénoncera l'absence de consultation dont elle affirme faire les frais en la matière. Elle soupçonne même que ces coupures «visent surtout à amoindrir la tâche du technicien dans le milieu du travail[18]» et qu'il n'y aura donc plus moyen pour ses membres de mettre en application les connaissances acquises à grands frais sur les bancs du collège.

Niveaux de formation des thérapeutes et problèmes de frontières

En fait, un des problèmes majeurs liés à la formation dans le champ de la physiothérapie a semblé être la difficulté de départager les niveaux de savoir appropriés pour chacune des catégories professionnelles concernées. Où finit la formation universitaire idéale d'une physiothérapeute et où débute la préparation adéquate d'une technicienne en réadaptation physique? Il apparaît qu'au cours des années 1970, aucun consensus à ce sujet n'a vraiment pu s'établir entre les différents intervenants.

À commencer par l'État. Il semblerait que les instances responsables de l'élaboration des programmes universitaire et collégial (respectivement la Direction générale de l'enseignement supérieur [DIGES] et la DIGEC) n'aient pas osé trancher de façon nette l'épineux problème des frontières entre les champs de connaissances qu'elles voulaient instaurer. Ainsi, une étude portant sur le programme collégial en réadaptation physique conclut que les «objectifs[...], les perspectives professionnelles énoncées, le contenu[...] et les objectifs de chacun des cours [des "plans d'études cadres" établis par le MEQ au collégial] sont sensiblement les mêmes que ceux de la formation universitaire des physiothérapeutes bacheliers[19]». Dans les faits, s'il faut en croire les différents intervenants du milieu[20], ce dossier a souffert d'une absence manifeste de concertation entre les universités et les cégeps.

Le problème se complique encore plus du fait que la DIGES aussi bien que la DIGEC laisseront une marge de manœuvre relativement grande aux différentes institutions offrant le nouveau programme de formation en techniques de réadaptation physique. Respect de la liberté académique ou empressement à se désengager d'un dossier à caractère explosif? On ne sait trop; mais il reste que la marge de manœuvre octroyée aux institutions a débouché sur maintes difficultés, dont surtout le manque d'uniformité dans le contenu des programmes offerts. Certains cégeps, en particulier celui de Chicoutimi, ont été tentés d'élaborer des critères de formation à la hausse et d'offrir, en conséquence, un programme étonnamment proche des cursus universitaires existants.

L'insuffisance de la concertation et l'absence de leadership dans ce dossier conduiront inévitablement à un recoupement fréquent des deux niveaux de formation, principalement en ce qui a trait aux enseignements techniques de base. Ces chevauchements soulèvent alors beaucoup de critiques déclenchant des remises en question fréquentes concernant la justification de l'existence même de deux programmes distincts dans le domaine de la physiothérapie.

Si en ce qui a trait à la formation, le consensus entre les divers intervenants n'a pu être réalisé, pouvait-on espérer mieux en ce qui concernait le travail sur le terrain? Il aurait été illusoire de le croire. De façon rétrospective, on se rend compte, en fait, que les difficultés et les tensions surgies autour de la formation des thérapeutes reflétaient déjà celles qui, on le verra, apparaîtront à l'intérieur de leur champ de pratique.

Les choses se passeront-elles de façon plus harmonieuse en ce qui concerne la formation des techniciennes en diététique? Il est difficile d'apporter une réponse tranchée à cette question. On peut du moins affirmer, d'ores et déjà, que les problèmes d'ajustement revêtiront, en diététique, des formes différentes.

Savoir diététique et sciences ménagères: vers une démarcation croissante entre les deux champs

La prise de distance de la diététique par rapport à l'enseignement ménager se manifeste dès les années 1940, lors de la création de l'Institut de diététique de l'Université de Montréal. Évoquant les résultats d'une enquête menée en 1938 par des médecins de l'Université de Montréal sur l'état de la formation en diététique, une des premières responsables du nouvel institut affirme: «Cette enquête révéla vite que dans la Province de Québec l'enseignement de la nutrition, tel que donné dans les Écoles ménagères, ne pourrait jamais fournir à nos hôpitaux les diététistes compétents dont la

Faculté de médecine rêvait pour les hôpitaux de cette Province[21].» De plus, la création de l'Institut de diététique est présentée comme un événement qui s'inscrit dans une évolution normale, ce qui expliquerait le fait qu'il se développe à une échelle nationale: «Si, en terre québécoise, l'Institut de diététique et de nutrition a d'abord fait un peu figure d'intrus, il vient cependant s'ajouter à la longue liste d'instituts anglo-canadiens[22].»

On voit se profiler ici quelques-uns des principaux arguments auxquels recourront souvent les diététistes pour justifier l'existence et le développement de leur profession. Dans cette perspective, la pratique en milieu hospitalier constitue une caractéristique supplémentaire qui accentue leur démarcation par rapport à l'enseignement ménager. Toutefois la coupure avec ce type de formation ne se fait pas spontanément puisque l'auteure du même article (cité plus haut) précise que, outre la carrière de diététiste, «les divers postes d'enseignement, direction ou travail de publicité dans les sciences ménagères, tenue de maison, budget, couture, décoration intérieure» font partie des débouchés possibles pour les diplômées en diététique.

Une vingtaine d'années plus tard, les diététistes semblent encore ambivalentes face aux sciences domestiques. En 1960, leur association explique la pénurie de diététistes notamment par l'aspect beaucoup trop «ménager» du cursus universitaire, caractéristique qui éloigne, affirme-t-on, les hommes de la profession[23].

En 1962 pourtant, l'Association de diététique du Québec avait présenté un mémoire conjoint avec la *Montreal Home Economics Association* à la Commission royale d'enquête sur l'enseignement. Les deux groupes y déclarent que ni les sciences domestiques ni la diététique ne sont de simples techniques et que ces disciplines méritent une formation au niveau des trois cycles universitaires. On y affirme que «la formation universitaire en sciences domestiques assure à la femme non seulement une éducation supérieure conforme à sa personnalité et à son rôle futur au foyer, mais d'un point de vue plus largement social, elle la prépare à l'exercice de fonctions éminemment utiles à la collectivité[24]». Les deux associations déplorent, en outre, que les sciences ménagères ne bénéficient pas d'une véritable reconnaissance universitaire en milieu francophone. On souligne en particulier leur confinement à des écoles ou à des instituts qui n'ont pas le statut de départements universitaires. On critique également le niveau peu élevé des programmes offerts, le manque de qualification du corps enseignant et enfin l'impossibilité pour les diplômées d'entrer à l'université sans reprendre une partie de leurs études.

Dans ce mémoire, il est intéressant de noter que la diététique est présentée comme faisant partie du même champ académique que l'enseignement ménager et que deux visions du rôle des femmes coexistent: celle de futures mères-épouses, mais aussi celle de professionnelles. On peut voir là une certaine reconnaissance par les diététistes de leur filiation avec les sciences domestiques.

Une telle reconnaissance s'évanouira rapidement, cependant, au fur et à mesure que la formation académique des filles se verra assigner, au Québec, un objectif de rentabilité sur le marché du travail. Il apparaît dès lors évident que, pour relever un tel défi, la diététique est en meilleure posture que les sciences domestiques. Ce même objectif de rentabilité peut expliquer aussi le diagnostic très sévère que pose sur l'enseignement ménager universitaire le mémoire soumis par les diététistes à la Commission Parent. On y demande, notamment, que le diplôme «faussement universitaire» des instituts familiaux soit aboli pour mettre un terme à la «dévalorisation du baccalauréat», et que les diplômées des instituts familiaux ne soient autorisées à enseigner les arts ménagers qu'au niveau primaire; l'enseignement au secondaire devant être réservé aux détentrices d'un baccalauréat en sciences domestiques.

À la suite du rapport Parent qui conclut, sans équivoque, à l'intérêt d'une formation professionnelle pour les filles au lieu d'une formation axée sur la famille, les diététistes multiplieront les démarches pour exclure les diplômées en sciences ménagères du champ de pratique de la diététique. En 1965, le message est clair: la Corporation des diététistes refusera de reconnaître un cours créé à l'Hôtel-Dieu pour permettre aux diplômées des instituts familiaux de devenir des techniciennes en diététique. Il s'agissait là pourtant d'une stratégie ultime pour sauver ce qui restait de l'enseignement ménager et pour lui trouver des débouchés[25].

La distance que les diététistes ont tenu à maintenir avec les sciences ménagères ne semble pas avoir eu son équivalent en ce qui concerne les techniques de diététique. La création de ces dernières a lieu, en effet, dans un climat plus serein, entraînant moins de controverses que ce ne fut le cas pour les techniques en physiothérapie. Cette différence réside peut-être dans le fait que les grandes commissions (Hall, Parent, Castonguay-Nepveu) des années 1960 n'avaient pas recommandé que l'enseignement de la diététique soit ramené au niveau collégial (comme ce fut le cas pour la physiothérapie)[26]. De plus, la création des techniciennes en diététique (TD) s'inscrivait dans une certaine continuité dans la mesure où, depuis les années 1950, les diététistes disposaient déjà, à travers la catégorie des techniciennes en alimentation, d'un personnel d'assistantes formées en quelque sorte «sur le tas» et dont les tâches s'apparentaient à celles des futures techniciennes en diététique[27].

Dans ce contexte, l'introduction dans les services de diététique d'une technicienne formée dans les cégeps apparaît, au début, comme un prélude au perfectionnement (et plus tard, au renouvellement) d'un personnel d'appoint déjà existant, mais dont la formation était jugée de plus en plus désuète[28]. Enfin, aux yeux des diététistes, l'arrivée de cette nouvelle catégorie de techniciennes plus qualifiées ne pouvait que rehausser le prestige de la profession, tout en délestant la diététiste d'une série de tâches techniques fastidieuses[29].

Toutefois, il apparaîtra vite que l'État avait des visées plus ambitieuses. Plus ambitieuses, et aussi plus susceptibles de créer des remous dans les conditions de travail des diététistes. Nous verrons, cependant, que si le scénario lié à la création des techniques de diététique reste par certains aspects analogue à celui qui a prévalu pour la physiothérapie, il s'en démarque toutefois à différents égards.

La formation collégiale en technique de diététique

En 1967, au moment où les instituts familiaux sont intégrés aux cégeps, l'ancien programme en sciences familiales est reconduit et devient un diplôme d'études collégiales (DEC) en «Techniques domestiques». D'abord divisé en deux grandes spécialisations, soit «alimentation» et «habillement», le programme connaît des modifications en 1968 et en 1969 avec l'abandon du volet «habillement» puis la refonte de la section «alimentation» qui devient une technique à part entière, d'une durée de trois ans. Elle porte, à partir de ce moment, le titre de «Techniques de diététique» (programme 120.00).

Conçu presque essentiellement pour le milieu hospitalier, le programme collégial aura cependant du mal à s'y faire reconnaître et accepter. Tout au long de la décennie, il se développe sous le signe de fréquentes remises en question, comme en font mention les nombreuses études de la DIGEC à son sujet[30]. Les questionnements portent plus particulièrement sur le problème de l'orientation du programme. En fait, les réaménagements que connaîtra le cours collégial existent d'abord et avant tout en fonction, on le verra, des exigences formulées par un milieu de travail qui n'assimile pas les techniciennes en diététique aussi facilement que prévu.

Les collèges de Chicoutimi et de Limoilou à Québec seront les premiers à dispenser l'option «diététique». Très rapidement, le nombre de collèges offrant la formation augmente: d'un seul cégep en 1967, ils sont plus de dix à le faire en 1973-1974 (Tableau 2). Le nombre d'étudiantes admises et de diplômées suit d'ailleurs cette courbe ascendante. Ces dernières sont,

TABLEAU 2
Cégeps dispensant les techniques de diététique et évolution de la clientèle étudiante, 1967-1977

Année	Nombre de cégeps	Nombre d'étudiantes inscrites	Nombre de diplômées
1967-68	1	19	—
1968-69	2	13	—
1969-70	2	51	8
1970-71	2	75	8
1971-72	7	323	47
1972-73	9	420	52
1973-74	11	481	163
1974-75	11	409	283
1975-76	11	400	223
1976-77	10	320	n.d.

Source: F. Meloche *et al., Problématique du programme 120.00 Techniques de diététique*, Août 1977, p. 5, ASTNQ. N.d. pour non disponible.

cependant, étonnamment plus nombreuses, à partir des années 1970, à s'inscrire au programme qu'à en sortir avec un diplôme.

Toutefois, le programme deviendra rapidement victime de sa trop grande popularité; le surnombre de diplômées par rapport au nombre d'emplois disponibles semble avoir conduit à une saturation prématurée et inattendue du marché du travail. Dès lors, l'ombre du chômage vient continuellement hanter les responsables du programme qui chercheront alors à le réajuster en fonction de cette conjoncture. Ainsi, au cours de la deuxième moitié des années 1970, on se résout à contingenter les admissions, et aussi à diversifier le contenu du programme afin de permettre aux finissantes de s'intégrer aussi bien au milieu hospitalier qu'aux secteurs industriel et commercial[31].

Un bref examen du contenu du programme en techniques de diététique témoigne de ces nouvelles orientations, mais surtout de quelques hésitations en ce qui a trait à son degré de polyvalence. Bien que le nombre total d'heures de la formation demeure stable au cours des années 1970 — ce nombre varie entre 1710 et 1785 heures[32] — les modifications nombreuses dans la répartition des heures de cours allouées à chaque discipline attestent d'un certain flottement dans les objectifs poursuivis.

Ainsi, on constate qu'une importance accrue est accordée, à partir de 1977, à la formation en administration spécialisée, pendant qu'intervient une certaine diminution du nombre d'heures de cours alloué aux techniques culinaires. Quant aux sciences humaines, elles seront réduites à figurer dans le programme à titre de matières optionnelles. En somme, c'est elles qui feront les frais de l'orientation manifeste du programme vers les besoins croissants du marché du travail en administration alimentaire.

Niveaux de formation et problèmes de frontières intraprofessionnelles

Bien que le Diplôme d'étude collégiale (DEC) comporte un programme principal visant la formation des techniciennes en diététique, deux autres programmes viendront s'y greffer: il s'agit de ceux menant au Certificat en études collégiales (CEC) et à l'Attestation d'études collégiales (AEC) en Techniques de diététique[33]. Le premier, dispensé dès 1972-1973, est spécialement conçu, comme le souligne une représentante du MEQ, en vue de «permettre aux diplômées des instituts familiaux de se recycler(...)[34]». Quant au second programme, instauré à la toute fin des années 1970, il s'adresse, lui aussi, à un personnel hospitalier déjà en place et qui assume, à partir d'une formation «sur le tas», un emploi dans les services de diététique, sans détenir pour autant une qualification formelle dans le domaine.

C'est surtout ce dernier programme qui soulèvera l'indignation des diplômées du DEC en techniques de diététique. Elles dénonceront en particulier le fait que ce certificat, en plus de porter le même titre que le programme collégial de trois ans, «est offert à des gens d'hôpitaux [n']ayant [qu'] une 11e année[35]». Elles concluent que, ce faisant, on vient ajouter de nouveaux travailleurs moins qualifiés à un marché de l'emploi déjà saturé.

De fait, les techniciennes en diététique fraîchement diplômées des cégeps allaient devoir se tailler une place spécifique non seulement dans les secteurs industriels et commerciaux, mais aussi dans le milieu hospitalier lui-même. Coincées entre les diététistes d'un côté et les techniciennes en alimentation de l'autre, il leur faudra créer leur espace propre. L'arrivée dans ce décor d'une autre catégorie de diplômées (formées à meilleur compte) ne pouvait de toute évidence leur faciliter la tâche.

Les autorités gouvernementales étaient pourtant bien au fait des difficultés qu'éprouvaient les finissantes du DEC en techniques de diététique à se placer sur le marché du travail. Il semblerait toutefois que les deux diplômes moins exigeants que sont l'AEC et le CEC résultaient moins d'une politique incohérente du MEQ (qui aurait sabordé délibérément les perspectives d'emploi des techniciennes en diététique) que d'une volonté de l'État d'utiliser les compétences d'un personnel hospitalier déjà en place et dont le recyclage s'avérait indispensable. Rationnelle en soi, cette politique n'en viendra pas moins compliquer les problèmes de division des tâches auxquels seront confrontées les nouvelles détentrices du DEC.

* *
*

Issues de la réforme du système d'éducation et du souci de l'État de rationaliser les coûts de l'appareil sociosanitaire, la formation de techniciennes en réadaptation physique et en diététique avait manifestement comme objectif principal de soustraire de la tâche des physiothérapeutes et des diététistes les applications techniques simples liées à leurs fonctions. Toutefois, la création des techniques s'avère très vite à l'origine de multiples problèmes de frontières à l'intérieur des champs disciplinaires concernés. Problèmes que l'État a pu contribuer à créer mais qu'il ne sera pas réellement en mesure de résoudre.

Techniciennes en diététique et techniciennes en alimentation: une seconde démarcation

Même si les techniciennes en diététique semblent avoir vécu, du moins au départ, moins de conflits dans le milieu hospitalier que leurs consœurs en physiothérapie, il reste qu'elles devront assez rapidement régler un problème de frontières, en plus de celui auquel elles étaient confrontées avec les diététistes. Il faut bien voir que les nouvelles diplômées des cégeps viennent prendre place entre la diététiste et son assistante de plus longue date: la technicienne en alimentation. Moins scolarisée, restée tributaire de l'enseignement ménager, cette dernière semble relever d'un héritage quelque peu désuet. Mais il n'en demeure pas moins qu'elle occupe déjà la place.

Dans les services de diététique des centres hospitaliers, on ne tardera pas à faire face à un (délicat) problème de subdivision des tâches, une subdivision qui tienne compte à la fois de la diplômation des unes (les techniciennes en diététique), mais aussi de l'expérience et des droits acquis des autres (les techniciennes en alimentation). Ici, contrairement à ce qui avait prévalu dans le cas des techniciennes en réadaptation physique, les médecins ne sont pas des acteurs importants; ce qui n'empêchera pas l'émergence d'un autre rapport triangulaire qui reste, en fin de compte, un rapport de force concernant le départage des savoirs et des pouvoirs.

La Société des technologues en nutrition du Québec (STNQ), créée en 1972, s'était donné comme objectif de «faire ressortir les différences entre un technicien en diététique et un technicien en alimentation[36]». Elle avait espéré le faire dans le cadre d'un comité conjoint formé en 1974 et réunissant des diététistes, des techniciennes en diététique et des techniciennes en alimentation, mais l'objectif ne semble pas avoir été atteint et les représentants de la STNQ de conclure: «devant certains faits frustrants [non mentionnés dans le document] nous avons dû nous retirer[37]».

La répartition des tâches parut très vite aussi difficile à réaliser dans le vécu, qu'elle l'avait été sur le plan formel. On peut supposer aisément que les techniciennes en alimentation déjà en place dans les milieux de travail n'étaient pas portées à délaisser ou à déléguer spontanément aux techniciennes en diététique des responsabilités qu'elles avaient été seules à exercer jusque-là.

Un des litiges entre les deux groupes de techniciennes a porté en premier lieu sur l'utilisation du titre. Contrairement aux diététistes, les techniciennes en diététique ne jouissaient d'aucun titre réservé, ce qui contribuera à faciliter des emprunts indus dans ce domaine. Cela ira même jusqu'à créer parfois un imbroglio dont semblent avoir profité certains employeurs. Des techniciennes en diététique se plaignent en effet auprès de leur syndicat de s'être fait employer, malgré leurs protestations, à titre de techniciennes en alimentation par l'hôpital qui les a embauchées; et, bien sûr, leur salaire avait été fixé en conséquence. Il a fallu, disaient-elles, rappeler constamment aux employeurs la différence entre les deux catégories de techniciennes et donc la différence de salaire que commandait leur scolarité respective.

Face à un secteur hospitalier où les problèmes s'avéraient plus nombreux que les postes disponibles, les techniciennes en diététique se tourneront de plus en plus vers le secteur privé. Il s'agissait d'un marché du travail diversifié, faisant appel à des compétences variées, mais la réforme des programmes entreprise au milieu des années 1970 avait préparé les nouvelles techniciennes à affronter ces exigences. La course à l'emploi dans l'industrie alimentaire restera pourtant ardue du fait que les diplômés de l'Institut de technologie agricole et de l'Institut de tourisme et d'hôtellerie du Québec y occupaient déjà une place importante. À la fin des années soixante-dix, toutefois, les techniciennes en diététique avaient commencé à se tailler à leur tour une place importante dans les secteurs industriel et commercial de l'alimentation puisque, selon un sondage effectué par le ministère de l'Éducation en 1980, 40% d'entre elles y occupaient alors un poste.

Même si les techniciennes en diététique avaient été créées initialement dans le but d'aider l'État à rationaliser ses dépenses dans le domaine de la santé, elles réaliseront assez vite l'intérêt qu'elles avaient de diversifier les champs d'application de leurs compétences. Elles y réussiront et se trouveront à cet égard plus avantagées que leurs consœurs de réadaptation physique dont la dépendance à l'endroit de la santé restait beaucoup plus grande.

* *
*

Quel bilan peut-on dresser au terme de ce cheminement intra muros, de ce regard porté sur la dynamique des rapports de la physiothérapie et de la diététique avec leurs techniques affiliées? On peut conclure, en premier lieu, que chacun des deux champs professionnels est départagé en plusieurs niveaux de savoirs et de pouvoirs qui se développent à l'intérieur de frontières plus ou moins étanches. Il s'agit, cependant, de barrières solidement gardées et qui servent, de toute évidence, de lignes de démarcation entre les professions et leurs techniques, quand ce n'est pas entre les techniques elles-mêmes (comme ce fut le cas pour les techniciennes en diététique vis-à-vis des techniciennes en alimentation).

Mises au monde par la volonté de l'État-providence, les techniques évoquées ici pouvaient certes s'avérer utiles tant au niveau économique (coût moindre) qu'au niveau social (élargissement de l'accès aux soins de santé), mais leur naissance exigeait, pour ce faire, une planification soignée. Ce qui ne semble pas avoir été le cas. L'absence de prévision dans ce dossier aura cependant moins affecté la formation académique des techniciennes que leur insertion dans le milieu du travail hospitalier.

Il s'agit, rappelons-le, d'un milieu où physiothérapeutes et diététistes ne bénéficient que d'un titre réservé et où elles n'ont, contrairement aux médecins et aux infirmières qui les entourent, aucun monopole sur leur pratique. On peut comprendre que, dans ces circonstances, la division des tâches et des responsabilités ait pu s'avérer problématique. Munies de frontières qui restent somme toute assez fragiles, les deux professions concernées auront tendance à être sur la défensive face à des savoirs (techniques) et à des pratiques susceptibles d'empiéter sur les leurs.

En ce qui a trait à la création des techniques de physiothérapie et de diététique, l'État semble avoir agi à la manière d'un apprenti sorcier qui aurait mis en branle des mécanismes (de division des savoirs et des pratiques) dont il n'aurait pas su ou pu assurer le contrôle. Il s'agissait peut-être bien de mécanismes intéressants et souhaitables à bien des égards, mais il est évident que leurs effets sur le plan des rapports intraprofessionnels n'ont pas fait l'objet d'une planification suffisante.

L'ONTARIO

La dynamique des rapports intraprofessionnels en physiothérapie et en diététique en Ontario s'apparente à celle qui se développe au Québec mais s'en différencie également. En Ontario comme dans la province voisine, le désir que manifeste l'État d'offrir les services de santé nécessaires à la population tout en contenant les coûts entraîne, à la fin des années 1960 et au début des années 1970, une remise en question de la formation du personnel paramédical. Ainsi, le gouvernement ontarien songe sérieusement, lui aussi, à augmenter les effectifs en instaurant des programmes de niveau collégial. L'établissement, à partir de 1965, d'un réseau de Collèges des Arts et des Technologies Appliquées («Colleges of Applied Arts and Technology»: CAAT) lui fournit l'infrastructure nécessaire pour mettre cette politique à exécution, en même temps qu'il témoigne de la volonté du gouvernement de former, en plus grand nombre et à coût moindre, du personnel pour des secteurs en croissance comme celui de la santé.

La création d'un programme de physiothérapie au Collège Mohawk de Hamilton en 1968 relève de cette volonté de l'État. Des programmes destinés à former des assistantes-diététistes (*food supervisors*) sont aussi établis dans les CAAT. Cependant, les physiothérapeutes se sentent davantage menacées par les projets de l'État; contrairement aux diététistes, elles résistent fermement à la création d'une catégorie de travailleuses auxiliaires, y voyant une atteinte directe à leur statut de professionnelles. D'où l'offensive en règle qu'elles mènent contre toute tentative de ce genre au cours de la période étudiée.

Les physiothérapeutes ne sont pas des techniciennes: la lutte contre la création d'un niveau inférieur de formation

Depuis ses débuts, l'Association canadienne de physiothérapie (ACP) a maintenu ferme sa position concernant la formation des physiothérapeutes: celle-ci doit être de niveau universitaire et être dispensée dans les universités. D'où l'opposition à l'établissement de programmes de courte durée visant à former une catégorie moins prestigieuse de praticiennes, soit des assistantes en physiothérapie (*physiotherapy aides*) qui seraient classées comme des techniciennes plutôt que comme des professionnelles. C'est ce qui explique notamment le refus de l'ACP de considérer la formation des physiothérapeutes en milieu hospitalier. Elle repousse en effet plusieurs projets de cette nature qui lui sont soumis au cours des années 1950 et 1960, remettant en question, entre autres, l'hypothèse selon laquelle ce type de formation serait moins coûteux et qu'il bénéficierait plus facilement des fonds consacrés aux services destinés à la formation des techniciennes[38].

Or, les effectifs requis pour répondre aux besoins sans cesse grandissants du système de santé, viendra mettre la question de la formation à l'ordre du jour au cours des années 1960. Les fortes inquiétudes exprimées par la Commission Hall face à une pénurie potentielle de physiothérapeutes et sa recommandation d'ouvrir de nouvelles écoles de physiothérapie afin de contrecarrer une telle éventualité n'ont pas laissé le gouvernement ontarien indifférent. Dès 1965, le ministre de la santé de l'Ontario informe en effet la OPA qu'il a l'intention de procéder à la création de nouveaux centres de formation. Cinq villes seront privilégiées: Hamilton, London, Ottawa, Toronto et Kingston. Le ministre explique que ces centres entretiendront des liens très étroits avec le milieu hospitalier dans le but de favoriser l'apprentissage clinique des étudiantes. L'année suivante, la «Hamilton Health Association» (HHA) informe de son côté l'ACP d'un projet de création d'une école de physiothérapie dans cette ville. En tant que première responsable de l'accréditation des écoles de physiothérapie à travers le Canada, l'ACP exprime évidemment un vif intérêt pour un tel projet, tout comme l'OPA d'ailleurs; aussi s'empresse-t-elle de transmettre à la HHA les conditions d'accréditation qu'elle a adoptées conjointement avec l'Association médicale du Canada. Les plus importantes, on se le rappellera, sont l'affiliation des écoles aux Facultés universitaires de médecine et la possibilité pour les étudiantes munies d'un simple diplôme d'accéder sans peine à des programmes de baccalauréat[39].

Le projet de la HHA prend rapidement forme. Comme cela a été le cas pour le Québec durant la même période, il s'agit d'un projet-pilote qui vise à établir deux niveaux de formation: collégial et universitaire. Chaque niveau doit répondre à des besoins spécifiques. Le cours collégial vise à former une main-d'œuvre capable de répondre aux besoins locaux et régionaux en offrant une vaste gamme de services, alors que le cours universitaire serait axé sur la recherche, la formation des enseignants et les études de 1er et de 2e cycles. Hamilton a été désignée comme site de ce projet-pilote pour plusieurs raisons. Le ministre de la santé anticipe une forte hausse de population dans la région et, comme corollaire, une hausse de la demande pour les services de la santé. D'autre part, Hamilton s'est dotée de nouvelles institutions d'enseignement qui assureront l'exécution du projet. Le Collège des Sciences de la Santé de l'Université McMaster, qui ouvrira ses portes sous peu, abritera le programme de formation de niveau universitaire; le nouveau Collège Mohawk, qui fait partie du réseau des CAAT, offrira pour sa part le programme collégial, en collaboration avec la HHA. Enfin, Hamilton a développé une approche apparemment unique dans le domaine des services de santé en mettant l'accent sur les programmes communautaires et en faisant appel à la collaboration de différentes institutions dans les secteurs de l'éducation et de la santé[40].

Ce projet ambitieux reçoit, à l'époque, l'appui de plusieurs éléments influents au sein du gouvernement, des milieux éducatifs et de la profession médicale. C'est le cas de la très influente «Ontario Hospital Services Commission» (OHSC), une agence gouvernementale à laquelle l'État a confié l'administration du réseau hospitalier ontarien[41]. La OHSC envisage le projet comme le point de départ d'une politique de création de centres de santé régionaux impliquant les hôpitaux, les collèges et les universités ainsi que des organisations de santé communautaires. La OHSC préfère nettement l'affiliation des écoles de physiothérapie aux collèges ou aux hôpitaux plutôt qu'aux universités. À son avis, ces dernières découragent plusieurs étudiantes qui ne peuvent s'acquitter des frais de scolarité, ce qui nuit à l'expansion des effectifs. De plus, la OHSC serait en mesure de subventionner des écoles affiliées aux hôpitaux. Il serait possible, tout de même, de maintenir des standards de formation élevés en confiant aux universités le soin de déterminer le contenu des programmes[42].

Dans les milieux universitaires, on discute sérieusement, à l'époque, du rôle que doivent jouer les institutions d'enseignement supérieur dans la formation du personnel paramédical. En 1962, les présidents des universités ontariennes expriment clairement leur désir de voir le nouveau réseau des CAAT assumer la majeure partie de cette tâche. Ils affirment que la responsabilité première des universités est d'offrir des programmes de baccalauréat (*degree programmes*) et de développer les études supérieures, alors qu'on leur a demandé, dans le passé, d'établir des programmes n'offrant qu'un simple diplôme (*diploma programmes*) et dont le contenu était fortement «technique». Or, selon ces administrateurs, les programmes de physiothérapie font assurément partie de ce groupe[43].

Trois ans plus tard, le Dr J. D. Hamilton, doyen de la faculté de médecine de l'Université de Toronto, émettra un point de vue analogue devant ses confrères réunis en congrès pour discuter des programmes de formation dans le secteur de la santé. Invoquant l'exemple du nursing, Hamilton plaide pour deux niveaux de formation pour l'ensemble du personnel paramédical ontarien, dont les physiothérapeutes: un *degree programme*, relevant des universités et dont l'objectif serait de former des éducateurs, des administrateurs d'élite et des leaders dans le domaine, et un *diploma programme*, de plus courte durée, au contenu «technologique», qui serait offert dans des instituts de technologie ou dans de grands hôpitaux métropolitains et qui assumerait la formation du large réservoir de main-d'œuvre dont le secteur de la santé a grandement besoin. Le Dr Hamilton explique ensuite que l'Université de Toronto songe à abandonner son programme conjoint en physiothérapie et en ergothérapie, qui mène à un simple diplôme, et à le remplacer par un programme de baccalauréat dont le mandat rejoindrait celui explicité plus haut par le doyen de la Faculté de médecine[44].

Voulant tirer avantage de ce contexte favorable au changement, le Collège Mohawk, l'Université McMaster et la HHA soumettent, au printemps de 1967, leur projet à des représentantes de l'ACP. Des précisions importantes sur le fonctionnement des cours sont alors apportées. Le cours collégial, comme le cours universitaire, serait sous le contrôle du Collège des sciences de la santé de l'Université McMaster qui aurait droit de regard sur le programme; le premier déboucherait sur un diplôme et le second, sur un baccalauréat. De plus, les étudiantes ayant complété le cours collégial auraient accumulé suffisamment de crédits pour entrer à l'université avec un *advanced standing*. Le cours collégial, qui couvrirait trois sessions de onze mois chacune, offrirait aux étudiantes les mêmes connaissances techniques qu'à celles ayant complété un cours de niveau universitaire, ainsi qu'une compréhension de base des soins médicaux et de l'éthique médicale. On espérait pouvoir accueillir les premières étudiantes dès septembre 1969[45].

Les représentantes de l'ACP se montrent à l'origine réceptives au projet; elles offrent de collaborer à la mise en opération du cours collégial en siégeant dans un comité *ad hoc* réunissant également des représentants du Collège Mohawk, de l'Université McMaster et de l'HHA. Dès le départ, toutefois, elles insistent pour que le cours collégial soit affilié à la Faculté de médecine de l'Université McMaster, que celle-ci décerne le diplôme afin d'en assurer la validité, que la base d'admission soit celle exigée des universités, c'est-à-dire la treizième année et, enfin, que les étudiantes ayant complété ce cours puissent accéder sans problème à des études de baccalauréat[46]. Or il devient évident, au fil des réunions et de l'échange de correspondance, que les promoteurs du projet qui siègent au comité de planification — des médecins pour la plupart — conçoivent la formation des physiothérapeutes dans une perspective tout autre que celle de l'ACP et de l'OPA. Une treizième année ne leur apparaît pas essentielle, pas plus que ne l'est une affiliation à l'Université McMaster[47]. Bref, considérant la physiothérapie comme une technique plutôt qu'une profession, ils estiment que la formation dans ce domaine devrait relever des CCAT plutôt que des universités.

Ce point de vue se retrouve clairement exprimé dans la version remaniée du projet de cours collégial qui est déposée en juillet 1967 par le président du comité *ad hoc*, le Dr John C. Sibley, assistant du doyen du Collège des sciences de la santé de l'Université McMaster et professeur à la Faculté de médecine de cette même institution. Le cours, y indique-t-on alors, sera administré par le Collège Mohawk, qui sera aussi responsable de l'élaboration du programme et de l'octroi du diplôme. L'implication de la Faculté de médecine se limitera à prêter des professeurs pour l'enseignement de matières telles que l'anatomie, la physiologie et les «sciences médicales»[48]. En soumettant ce nouveau projet, le Dr Sibley invoque le Rapport de la Commission Hall qui a prédit une pénurie de physiothérapeutes ainsi que l'expansion rapide des institutions hospitalières dans la région de Hamilton et de la péninsule du Niagara. Mais il cite également le Rapport du *Presidents' Research Committee on the Health Sciences in Ontario Universities*, daté de juin 1966. Reprenant les propos tenus par les présidents d'université en 1962, le document affirme: «universities should share with technical colleges and hospitals the responsibilities of rectifying this serious shortage of professionally qualified physical therapists[49]».

On comprend donc mieux la position de l'Université McMaster au sujet de la formation des physiothérapeutes; elle rejoint celle de l'ensemble des autorités universitaires qui estiment comme n'étant pas de leur ressort d'assumer la formation de «techniciennes» de la santé telles que les physiothérapeutes. Par ailleurs, les centres en sciences de la santé évoqués par le gouvernement seront, à leur avis, un lieu où les universités pourront se livrer à la recherche et au développement des études supérieures.

Suite à la présentation du second projet de programme collégial, un comité consultatif regroupant à nouveau les parties intéressées est mis sur pied[50]. Le comité se réunit pendant presque un an, puis finit par approuver le projet à l'unanimité en juin 1968[51]. Durant tout ce temps, les représentantes de l'ACP n'ont pas cessé de réclamer une affiliation universitaire, ainsi que l'octroi du diplôme par McMaster[52]. Ce qui leur est refusé. On acccepte par contre d'exiger une treizième année et d'accorder aux finissantes un *advanced standing* qui leur permettra de poursuivre des études de baccalauréat en physiothérapie. De plus, le directeur du programme (une femme probablement) sera physiothérapeute et des représentantes de l'ACP continueront de siéger à un conseil consultatif, auprès des représentants ceux du Collège Mohawk et de la Faculté de médecine de McMaster.

Malgré ces quelques acquis, l'ACP a cédé sur la question essentielle des critères de base imposés aux écoles de physiothérapie sollicitant son accréditation. On peut penser qu'il lui aurait été difficile de s'opposer à un projet qui se présente comme novateur, et qui est conçu et soutenu de surcroît par des intervenants de taille, à commencer par le gouvernement provincial. De fait, les deux représentantes de l'ACP qui ont pris part à l'élaboration du programme estiment avoir vécu une expérience très stimulante et avoir engagé la physiothérapie dans la voie du progrès. C'est ce qui explique sans doute la réaction ambivalente du Comité d'Éducation de l'ACP au projet final. Tout en considérant le programme comme «excellent», le Comité décide, en septembre 1968, de n'approuver ce dernier qu'en principe seulement[53]. En réservant son approbation finale, l'ACP s'est donc accordé une certaine marge de manœuvre pour l'avenir.

De fait, à l'automne de 1970, l'ACP décide qu'elle n'approuvera pas formellement le programme, tant et aussi longtemps que son contenu final n'aura pas été déterminé de façon précise[54]. C'est que l'association commence à douter sérieusement de la valeur et de la légitimité de ce «projet-pilote». Elle remet ouvertement en question l'argument principal qui explique sa raison d'être, à savoir une soi-disant pénurie de physiothérapeutes au Canada et en Ontario. L'ACP estime, au contraire, que la profession souffre d'un surplus d'effectifs; par conséquent, une nouvelle école de physiothérapie ne lui apparaît plus nécessaire[55]. L'opposition de l'ACP s'intensifie au cours des mois suivants. À l'été 1971, elle adopte une résolution précisant qu'elle n'admettra les premières finissantes dans ses rangs qu'après avoir accordé son approbation finale au cours[56]. La publication du rapport du «Committee on the Healing Arts» en 1970 a contribué sans doute à ce durcissement. Le Comité recommande en effet que la formation des physiothérapeutes continue d'être dispensée dans les universités et que les *diploma programmes* soient haussés au niveau d'un *degree programme* le plus rapidement possible. Par contre, le Comité ne propose pas la création d'un niveau de formation inférieur, localisé dans les CAAT, soulignant que le besoin pour une nouvelle catégorie de physiothérapeutes ne se fait pas sentir pour le moment[57].

Tel que prévu, le cours du Collège Mohawk débute quand même en septembre 1971. L'ACP refuse de le sanctionner officiellement. Bien plus, elle hausse ses exigences en ce qui concerne la formation des physiothérapeutes. En 1972, le Conseil d'administration adopte ainsi deux motions lourdes de conséquences à cet égard. La première déclare que la politique officielle de l'ACP est de n'admettre dans ses rangs que les physiothérapeutes ayant complété un cours universitaire, alors que la seconde stipule que l'ACP compte établir le baccalauréat comme condition de base à la pratique de la physiothérapie au Canada[58]. Lors du congrès annuel de 1974, les membres de l'ACP entérinent la seconde motion. Il est alors décidé qu'à partir de septembre 1982, les nouvelles finissantes des écoles de physiothérapie canadiennes devront posséder le baccalauréat si elles désirent devenir membres de l'ACP[59].

Cette décision majeure a été prise à la suite de deux années de consultations, de discussions et de réflexions qui se sont déroulées au sein de l'ACP autour de cette question essentielle: l'ACP doit-elle accréditer uniquement des programmes de niveau universitaire menant au baccalauréat? Il est clair que le Conseil d'administration favorise l'abolition des programmes menant au diplôme et qu'il appuie entièrement les universités, telle l'Université de Toronto, qui ont décidé de les remplacer par des programmes de baccalauréat. Cette prise de position est soutenue également par le Comité d'Éducation de l'association qui, en 1972, a recommandé au Conseil de ne pas admettre les finissantes du Collège Mohawk au sein de l'ACP[60]. La même année, le Comité d'Éducation établit un sous-comité chargé d'étudier plus à fond les politiques éducatives de l'ACP. Celui-ci soumet, peu de temps après, un rapport expliquant les motifs qui inspirent la lutte menée contre le Collège Mohawk[61].

Le sous-comité souligne ainsi que plusieurs universités sont méfiantes à l'endroit de tout programme universitaire ne menant pas au baccalauréat. C'est le cas, notamment, de l'Université de Toronto, qui vient tout juste d'établir un nouveau programme de baccalauréat en physiothérapie. Dans ce contexte, le sous-comité estime que l'ACP doit s'empresser d'appuyer officiellement ces programmes, avant que certaines universités ne décident de confier la formation des physiothérapeutes aux collèges communautaires ou à des instituts de technologie. Il invoque également la discrimination croissante exercée à l'endroit des physiothérapeutes munies d'un simple diplôme, qu'elles soient des débutantes ou des praticiennes d'expérience. Enfin, le sous-comité se penche longuement sur la question épineuse des assistantes en physiothérapie. Il rappelle l'opposition tenace de l'ACP à tout programme visant à former des techniciennes à bon marché, de crainte qu'on ne les préfère aux physiothérapeutes formées dans les universités. Le sous-comité partage les craintes de l'association; de tels programmes risquent, affirme-t-il, d'encourager davantage le transfert de la formation des physiothérapeutes vers les collèges communautaires ou techniques. Il estime, à cet égard, qu'en raison de son niveau et de son contenu, le programme du Collège Mohawk formera en réalité de simples assistantes en physiothérapie, contrairement à ce que prétend officiellement le gouvernement provincial[62].

Ce point de vue ne fait pourtant pas l'unanimité au sein de l'ACP. C'est ce qu'indique un rapport soumis en 1974 par un groupe de travail *ad hoc* mis sur pied deux ans plus tôt dans le but d'évaluer le «projet-pilote» entrepris au Collège Mohawk. Le rapport conclut, en effet, que ce dernier se conforme aux standards minimaux exigés par l'ACP; il recommande, par conséquent, que cette dernière approuve formellement le programme et qu'elle accueille les diplômées dans ses rangs[63]. Une résolution dans ce sens sera soumise et adoptée lors du congrès annuel de 1974[64]. Cependant, une seconde résolution adoptée au même congrès, et visant à exiger qu'à partir de 1982 toutes les finissantes canadiennes en physiothérapie soient détentrices d'un baccalauréat, constitue, il va sans dire, une offensive dirigée contre la position prise par les auteurs de la première résolution.

Au-delà du débat de fond concernant les mérites respectifs d'un *diploma programme* et d'un *degree programme*, la nouvelle politique éducative adoptée par l'ACP en 1974 est donc reliée au débat houleux entourant la création du programme de physiothérapie au Collège Mohawk. Le gouvernement provincial en est parfaitement conscient. En 1975, le ministère des Collèges et des Universités de l'Ontario sollicite en effet de l'ACP une garantie que la résolution de 1974 n'affectera par les diplômées du Collège Mohawk et que l'association ne s'opposera pas dans l'avenir à la création d'un programme similaire à celui que dispense le Collège[65]. Or l'association répond par la négative dans les deux cas, ne laissant aucune marge de manœuvre au gouvernement ontarien[66].

Cette ligne de conduite rigide est endossée sans hésitation à l'époque par la «Ontario Physiotherapy Association» (OPA). Celle-ci craint que le programme du Collège Mohawk n'entraîne une baisse des salaires; de plus, il n'existe aucune garantie que les finissantes pourront compléter rapidement leur baccalauréat à l'Université McMaster, ainsi que l'a exigé dès le début l'ACP[67]. En 1975, l'ACP, la OPA et le Conseil d'administration en Physiothérapie de l'Ontario soumettent conjointement au ministre de la santé de l'Ontario un mémoire affirmant que le programme du Collège Mohawk n'a plus sa raison d'être puisque, contrairement à la situation qui prévalait dix ans plus tôt l'Ontario ne souffre plus d'une pénurie d'effectifs. De plus, rien n'indique qu'un cours de trois ans de niveau collégial coûtera moins cher à l'État qu'un cours universitaire de quatre ans. Le mémoire conclut enfin que l'existence du programme du Collège Mohawk constitue une véritable anomalie, puisque les Universités Queen's, de Western Ontario et de Toronto offrent maintenant des programmes de baccalauréat, conformément aux standards établis par l'ACP[68]. En 1979, le Conseil d'administration en Physiothérapie soumet au ministre de la santé et au ministre de l'éducation de l'Ontario un mémoire volumineux qui dénonce pour les mêmes raisons l'existence en Ontario d'un programme de formation non universitaire, le seul du genre, insiste-t-il, au Canada. Le Conseil soutient que les diplômées du Collège Mohawk sont injustement pénalisées puisque le programme qu'elles y ont suivi atteint maintenant, selon les données recueillies, un niveau presque aussi élevé que celui des programmes universitaires. D'autre part, l'Université McMaster n'a pas encore rempli ses engagements concernant l'admission des finissantes de Mohawk à un programme de baccalauréat. Au contraire, elle a établi un programme de maîtrise en sciences de la santé qui accueille plutôt les finissantes d'autres universités[69].

À la fin des années 1970, l'offensive menée contre le Collège Mohawk par le leadership canadien et ontarien inquiète de plus en plus les autorités du Collège Mohawk et de l'Université McMaster. Celles-ci envisagent avec anxiété l'entrée en vigueur, en 1982, de la résolution de 1974 concernant les nouvelles conditions d'admission à l'ACP. En janvier 1979, dans une lettre au ministre des collèges et des universités et au ministre de la santé, les présidents des deux institutions déclarent que le programme du Collège Mohawk «is now seriously threatened because of the policies of a voluntary association — the Canadian Physiotherapy Association». Ils soulignent ensuite le lien vital entre les politiques éducatives de l'ACP et le droit de pratique. Ils rappellent en effet au gouvernement qu'à partir de 1982, l'ACP n'accordera le droit de pratique (*licence to practice*) qu'aux seules finissantes ontariennes détentrices d'un baccalauréat, donc à celles éligibles à joindre ses rangs. Les deux présidents profitent alors de l'occasion pour dénoncer les politiques restrictives, voire discriminatoires, de l'ACP concernant l'accréditation des programmes de physiothérapie et l'éligibilité des étudiantes ontariennes à devenir membres de l'association, suggérant en fin de compte un transfert de pouvoir de l'association professionnelle vers le gouvernement provincial[70].

Quelques mois plus tard, une rencontre a lieu entre la OPA et le ministre des collèges et des universités de l'Ontario au sujet du programme du Collège Mohawk. Les physiothérapeutes ontariennes défendent alors la position apparemment contradictoire de l'ACP: même si celle-ci a approuvé le programme en 1974, elle estime qu'il n'a maintenant plus sa raison d'être, vu qu'il n'existe plus de pénurie de praticiennes en Ontario et que les anciens *diploma programmes* ont disparu peu à peu à travers le Canada. La OPA termine la rencontre en demandant au ministre d'élever le programme existant au niveau d'un véritable programme universitaire afin qu'il puisse être transféré à l'Université McMaster et rencontrer les critères d'accréditation de l'ACP[71].

La décennie se termine sans qu'on ait trouvé une solution au problème du Collège Mohawk, qui soit satisfaisante pour les différentes parties concernées. Le programme de niveau collégial créé en 1971 existe toujours, à la grande déception de l'ACP et du leadership ontarien. D'autre part, le gouvernement n'a pas choisi de répéter l'expérience en Ontario, ce qui donne finalement gain de cause aux dirigeantes des associations nationale et provinciale qui ont réussi, du même coup, à empêcher la création d'une catégorie de practiciennes de formation moins poussée au sein de la profession.

Les diététistes ontariennes face à la subdivision de leur champ de pratique

Si les physiothérapeutes ontariennes s'engagent à plein dans une lutte contre la subdivision de leur champ de formation et de pratique, les diététistes, elles, ne connaissent pas le même genre de difficultés au cours de la période étudiée. Contrairement aux physiothérapeutes, elles ne sont pas directement visées par ceux qui, au sein du monde universitaire et médical ontarien, favorisent des programmes de formation de niveau collégial pour la majorité du personnel paramédical. Ainsi, le Dr J. D. Hamilton, doyen de la Faculté de médecine à l'Université de Toronto, déclare en 1965 devant ses collègues que les diététistes doivent être formées dans les universités puisqu'elles accomplissent un travail à caractère fortement professionnel[72]. De même, cinq ans plus tard, le rapport du «Committee on the Healing Arts» ne remet pas en question la formation universitaire des diététistes[73].

Le Comité fait état, par ailleurs, des nombreux programmes de formation qui existent à travers la province à l'intention des *food supervisors*, soit de ce personnel auxiliaire qui seconde les diététistes en exécutant des tâches de nature routinière, en particulier dans les hôpitaux[74]. Or ces programmes ont été établis à l'initiative de la «Ontario Dietetic Association» (ODA) qui, dès sa fondation en 1958, affirme le désir d'offrir à des femmes employées dans le secteur de la production et des services alimentaires un cours d'environ cinq mois, dont le contenu serait à la fois théorique et pratique[75]. La ODA crée un comité chargé exclusivement de l'organisation de ce cours. L'association obtient rapidement l'appui de la «Ontario Hospital Association» (OHA) qui se montre vivement intéressée à former une main-d'œuvre hospitalière dans le domaine de l'alimentation et de la nutrition. Au cours des années 1960, les deux associations offrent à Toronto un cours de six mois qui se déroule en milieu hospitalier. Afin de rejoindre une clientèle plus large, un cours par correspondance est également mis sur pied à l'intention des étudiantes habitant à l'extérieur de Toronto. Enfin, des cours du soir sont offerts à Toronto et à London sous les auspices de la ODA et des commissions scolaires locales.

Pour la ODA, ces initiatives multiples ont un objectif bien précis: apporter une solution au grave problème de la pénurie de diététistes qui sévit en Ontario. Les différents cours permettront en effet aux hôpitaux de bénéficier d'un personnel auxilaire qualifié, à défaut de recourir aux services d'une diététiste professionnelle[76]. L'association ne considère donc pas la multiplication des *food supervisors* comme une menace au statut professionnel des diététistes. En fait, le principal problème qui se pose à l'époque est le manque d'intérêt pour les cours de la ODA et de la OHA. En 1971, les deux associations sont en effet obligées d'annuler le cours de six mois, faute d'inscriptions. Une nouvelle tentative effectuée l'année suivante à Toronto par la ODA échouera pour la même raison[77].

D'autre part, la ODA participe au cours des années 1970 à l'évaluation des programmes en «Food Service Supervision» mis sur pied par un certain nombre de CAAT. Des directives sont préparées à cette fin par l'association et distribuées aux institutions qui en font la demande. Ici encore, la ODA ne s'élève pas contre l'établissement de ces programmes; certes, elle désire exercer une certain droit de regard sur leur contenu et leur orientation, mais elle ne revendique pas un contrôle exclusif sur leur développement. Bref, les *food supervisors* sont manifestement perçues comme des travailleuses de soutien dont le champ de pratique se démarque nettement de celui des diététistes.

Le cours le plus élaboré offert à l'époque dans le réseau des CAAT est localisé au Ryerson Polytechnical Institute de Toronto. Il s'agit d'un cours de trois ans en administration qui permet aux finissantes d'occuper le poste d'assistante-diététiste en milieu hospitalier[78]. L'institut Ryerson, nous l'avons vu dans le chapitre sur la formation professionnelle, offre également un programme de baccalauréat de quatre ans qui est approuvé par l'ACD. Rien d'étonnant, dès lors à ce que l'Institut, ainsi que les autres CAAT offrant des programmes en alimentation et en nutrition, soient considérés comme des adversaires de taille par la Faculté des sciences de l'alimentation de l'Université de Toronto, dont l'existence est menacée au cours des années 1970. Selon la doyenne de la Faculté, le gouvernement ontarien aimerait bien concentrer l'enseignement des sciences de l'alimentation dans les collèges communautaires et à l'Université Guelph. Cette proposition a l'appui du vice-président de l'Université responsable des sciences de la santé, le Dr J.D. Hamilton, celui-là même qui, en 1965, favorisait la formation des diététistes en milieu universitaire[79]. La Faculté, on le sait, fermera ses portes à la fin de la décennie; on ne saurait toutefois attribuer exclusivement cette fermeture à une volonté expresse de l'État de transférer la formation des diététistes au niveau collégial. Au seuil des années 1980, celle-ci demeure ancrée dans les universités ontariennes.

Les archives de la ODA semblent indiquer, en conclusion, que les diététistes ontariennes ont des dossiers plus difficiles à traiter que celui des assistantes-diététistes, à commencer par celui de leur reconnaissance légale par l'État. Les *food supervisors* demeurent largement dans l'ombre; tout au plus apparaissent-elles comme une catégorie de travailleuses dont les associations professionnelles de diététique encouragent le développement et la formation, et ce, dans le but déclaré de pourvoir les hôpitaux et la communauté de services alimentaires adéquats.

* *
*

Autant que leurs consœurs du Québec, quoique avec une unanimité moindre par moments, les physiothérapeutes de l'Ontario se sont opposées fermement au transfert de leur formation au niveau collégial. Tout autant que les physiothérapeutes québécoises, elles ne sont pas parvenues pour autant à éviter la création de la catégorie des techniques, mais contrairement à ces dernières, elles ont réussi en quelque sorte à endiguer l'ampleur de ce mouvement dans la mesure où l'expérience du Mohawk College n'a pas été imitée ou reprise par des institutions analogues.

Quant aux diététistes ontariennes, elles apparaissent tout comme leurs homologues québécoises moins sur le qui-vive face à la présence des techniciennes à leurs côtés. Elles sont d'autant plus sereines à cet égard qu'elles n'ont pas eu, comme ce fut le cas pour les Québécoises, à se démarquer de leurs prédécesseures, les techniciennes en alimentation issues des instituts familiaux.

Il reste qu'au Québec autant qu'en Ontario, les professionnelles du paramédical ont dû faire face au défi que représentait pour elles l'avènement des techniciennes dans leurs champs de pratique respectifs. Il s'agissait pourtant d'une menace dont la portée risquait d'être encore moins grande que celle liée à la rétrogradation définitive de leur formation au niveau du collégial. Au Québec comme en Ontario, pour les deux professions concernées, la vigilance à l'endroit des politiques étatiques s'est alors imposée avec la même acuité. Cette vigilance est certainement apparue comme la condition indispensable au maintien d'un statut professionnel chèrement acquis.

Conclusion

Au terme d'un parcours qui nous a fait cheminer à travers près d'un demi-siècle d'histoire, nous avons pu observer l'émergence et l'affirmation progressive de deux professions dont l'histoire était jusqu'à ici restée dans l'ombre. Professions paramédicales, professions demeurées longtemps féminines, la diététique et la physiothérapie s'inscrivent, à ce double titre, dans un champ de recherche et de savoir encore peu exploré. Pourtant, on l'a vu, leur histoire reste indissociable de celle de la santé et, de ce fait, elle rejoint l'histoire sociale dans son ensemble. D'où l'intérêt de la situer dans un contexte historique, et aussi dans un cadre d'analyse, plus vastes.

C'est d'ailleurs une telle approche qui nous a permis de voir comment se sont établis les multiples liens entre le développement de la diététique et de la physiothérapie et l'instauration progressive d'un système de santé public. Nous avons pu constater à quel point l'histoire de la professionnalisation de ces deux groupes a été tributaire de l'expansion de l'ensemble du réseau hospitalier, de l'augmentation constante de la demande de services dans l'univers des soins et, bien sûr, de la hausse correspondante des coûts financiers qui en découlent. De plus, l'évolution de la diététique et de la physiothérapie, sinon leur existence même, renvoie aux transformations de la pratique médicale qui, dès le milieu du siècle, tend vers une spécialisation de plus en plus poussée, accompagnée d'une délégation d'un nombre croissant d'actes soignants jadis assurés par les seuls médecins, mais transférés par la suite aux infirmières puis aux autres professionnels paramédicaux qui œuvrent à leurs côtés.

Les professions paramédicales viendront alors occuper graduellement des créneaux laissés vacants, ce qui ne les empêchera ni de transformer à leur tour ces derniers ni surtout d'en créer de nouveaux. C'est ainsi qu'entre le savoir et la pratique des premières masseuses professionnelles ou des premières diplômées des «Home Economics» et ceux des diététistes et des physiothérapeutes des années 1980, le chemin parcouru apparaît énorme.

Rappelons aussi que, dans le tracé de ce chemin qui a mené ces deux nouveaux groupes vers l'acquisition d'un statut professionnel reconnu, on trouve l'empreinte évidente du travail assidu accompli par leurs corporations respectives et les associations créées plus tard dans leur sillage. Pourtant, ces organisations n'eurent jamais pour elles le poids du nombre (un avantage dont ont toujours bénéficié les infirmières), mais elles n'en furent pas moins des instruments très actifs de cette marche obstinée vers la professionnalisation, entreprise depuis plus de quatre décennies.

Cette marche a pourtant été ponctuée de plusieurs obstacles. Tout d'abord le nombre modeste des effectifs, évoqué plus haut, mais aussi le taux de roulement élevé de ces derniers. Il s'agit, rappelons-le, de professions féminines, ce qui a longtemps signifié des emplois caractérisés par de bas salaires et aussi, du moins jusqu'à la fin des années soixante, des cheminements de carrière interrompus assez tôt par le mariage ou la maternité.

Longtemps les associations professionnelles de diététistes et de physiothérapeutes ont dû faire face à ces réalités, ce qui ne les a pas empêchées de lutter sur plusieurs fronts pour améliorer le statut professionnel et les conditions de travail de leurs membres. Elles n'ont pas toujours réussi à faire respecter par les administrations hospitalières les échelles de salaires qu'elles proposaient et qui visaient à tenir compte des qualifications des travailleuses autant que de leur expérience. Elles ont eu toutefois plus de succès dans la poursuite de leurs objectifs de standardisation et de contrôle des critères de formations professionnelle. À cet égard, elles sont parvenues à devenir des interlocutrices valables pour les institutions universitaires auprès desquelles elles ont défendu avec fermeté une hausse du niveau des connaissances scientifiques dans les programmes, ainsi qu'une amélioration des conditions de l'apprentissage pratique; celui lié plus précisément à la formule de l'internat et aux stages en milieu hospitalier.

À travers l'évolution des programmes universitaires de diététique et de physiothérapie, on peut ainsi voir à l'œuvre une volonté manifeste de pousser plus loin les frontières du savoir professionnel. Pour mesurer l'ampleur du chemin parcouru à ce sujet, il suffit de se rappeler le caractère plutôt modeste de la formation académique offerte aux futures diététistes et physiothérapeutes jusqu'à la fin des années 1950, alors qu'au seuil des années 1980 on parvient à instaurer des programmes de doctorat dans ces deux disciplines.

Enfin, il faut garder en mémoire que cette marche forcée vers de plus hauts niveaux de savoir se fait pendant que, dans l'ensemble des institutions concernées, les principales intéressées demeurent absentes des officines du pouvoir que sont les Conseils de facultés et les Conseils d'administration des universités. C'est bien là, en effet, que l'on décide, en dernière instance, de la longueur des études, du niveau de la diplômation et du contenu même des programmes. Ainsi, les diététistes et les physiothérapeutes — des femmes pour la plupart — ne peuvent espérer infléchir les politiques universitaires en leur faveur que par l'entremise de médecins membres du corps professoral, ou d'administrateurs — masculins dans les deux cas — rattachés à des facultés bien établies, comme celles d'agriculture ou de médecine.

On ne peut, dès lors, s'empêcher de constater à quel point, dans ce contexte, le rapport entre le savoir et le pouvoir s'articule également à des rapports sociaux de sexe. La dynamique qui en résulte présente, en fait, un caractère tridimensionnel intégrant, à des degrés divers, le savoir professionnel, le pouvoir politique, mais aussi l'appartenance sexuelle des protagonistes. On a vu cette dynamique à l'œuvre dans le processus de syndicalisation des diététistes et des physiothérapeutes, ainsi que dans leurs rapports avec l'État, et plus encore dans la sphère des rapports interprofessionnels. Une telle dynamique pourrait, à la limite, être pensée en termes de cybernétique: ses principaux vecteurs convergeant tous vers un pôle d'attraction majeure qui consiste, en l'occurrence, à obtenir, améliorer ou simplement préserver un statut professionnel donné.

En ce qui a trait à la syndicalisation, le souci du statut professionnel a commencé par représenter un élément de freinage sérieux puisque autant les diététistes que les physiothérapeutes ont longtemps hésité à s'y laisser entraîner de crainte d'y perdre leur âme… ainsi que leur statut professionnel. Ce qui pour plusieurs revenait au même. Tout comme les infirmières, qui ont fait face au même dilemme, les diététistes et les physiothérapeutes ont eu tendance à opposer tout d'abord syndicalisme et professionnalisme. Mais, à cet égard, la conjoncture de la fin des années 1960 ne leur laisse pas vraiment le choix: l'État employeur aura tranché pour elles dans la mesure où, depuis 1969, il décide de négocier les conditions de travail de ses employés uniquement avec les associations accréditées et non avec les corporations professionnelles.

On pourrait se demander, avec le recul du temps, si la syndicalisation a été véritablement ce facteur de déprofessionnalisation tant redouté par les diététistes et les physiothérapeutes des années 1950 et 1960. Il nous apparaît, cependant, qu'aujourd'hui une telle question est quelque peu dépassée dans la mesure où la syndicalisation s'avère être une stratégie incontournable face aux nouvelles donnes qui commandent désormais les relations de travail dans le champ de la santé. De plus, en termes stricts de pertes et profits, le bilan reste difficile à établir. Ainsi, il est certain que les conventions collectives signées depuis le début des années 1970 avec l'État patron ont permis la mise au point et l'uniformisation de politiques d'évaluation et d'échelles salariales qui tiennent mieux compte que par le passé de l'expérience, mais surtout des niveaux de scolarité des professionnelles. Ces ententes formelles ont donc contribué, à bien des égards, à mieux définir les règles du jeu… mais on ne peut s'empêcher de constater qu'elles ont aussi contribué à les rendre plus complexes et surtout plus difficiles à gérer.

De plus, la syndicalisation des diététistes et des physiothérapeutes a eu, comme corollaire, celle des techniciennes en diététique et en réadaptation physique. Or l'État employeur qui, pour des fins de rationalisation des coûts et des services, a été à l'origine de la création de ces catégories d'emploi et a également facilité leur syndicalisation, n'a pas toujours su — ou encore pu — résoudre efficacement les nombreux problèmes liés à la réorganisation des champs de pratique que cette initiative a entraînée. À ce niveau, pour les professionnelles, comme pour leurs techniques respectives, la syndicalisation n'a pas constitué un remède miracle. Au fond, pouvait-on même espérer lui voir régler un problème dont la nature et l'origine étaient ailleurs? Or, cet ailleurs nous renvoie inévitablement aux politiques mises au point par l'État québécois, au milieu des années 1960, pour assurer une meilleure régulation du champ de la santé. À cet égard, on peut prendre toute la mesure de la centralité du politique dans le développement des dynamiques professionnelles et, bien sûr, des problèmes de statut qui y sont liés.

Il est difficile, par ailleurs de ne pas voir, a posteriori, que dans le Québec des années 1960, une modernisation des structures sociales passait inévitablement par une régulation de l'univers des professions. Ni la prolifération de ces dernières depuis les années 1960, ni les privilèges corporatistes de plus en plus évidents que plusieurs s'étaient arrogés n'apparaissaient compatibles avec une gestion rationnelle des services sociaux dont les coûts ne cessaient de croître depuis les années 1950 — en particulier dans le domaine de la santé. Avec les instruments de contrôle que représentent, dès la fin des années 1960, le Code des professions et l'Office des professions, l'État s'imposera désormais comme le concepteur et le surveillant d'un nouvel espace socio-juridique où l'ordre et la logique sont censés remplacer désormais le fouillis d'antan. De plus, là où régnait jadis le critère incontesté des intérêts corporatistes, on compte ériger en nouveau paradigme la notion, bien plus noble, de «sécurité du public».

Il s'agissait bien là d'intentions louables; les résultats, toutefois, se sont avérés bien en-deçà des objectifs déclarés, dans la mesure où le nouveau

Code des professions ne remettait pas en question les monopoles d'exercice octroyés dans le passé aux professions libérales. Certes, ce monopole trop coûteux ne sera plus désormais dispensé qu'au compte-gouttes aux nouvelles professions qui en font la demande; ces dernières pourront tout au plus espérer faire la preuve de leur droit à un «titre réservé». Mais on se rend vite compte qu'en ce faisant, l'État s'est trouvé à éviter l'ajout de nouveaux problèmes, sans pour autant réussir à résoudre les anciens, ni donc à mettre en pratique les politiques rationnelles promises au départ. La nouvelle configuration du champ des professions permettra et confortera même, en lui assurant une légitimité accrue, une hiérarchie manifeste: au haut de l'échelle, les professions détentrices d'un monopole d'exercice et au bas, celles qui devront se contenter d'un titre réservé. Or, c'est parmi ces dernières, les plus nouvelles, mais aussi les plus féminisées, que se retrouveront les diététistes et les physiothérapeutes. Celles-ci auront tôt fait de prendre la mesure des effets concrets de la hiérarchisation sur le maintien ou l'amélioration de leur statut professionnel. L'intervention étatique les laissera démunies face aux luttes de territorialité qu'elles auront à mener pour protéger les frontières de leurs champs de pratiques. Ni les stratégies d'inclusion qu'elles mèneront face aux politiques de «clôture sociale» élaborées par les médecins, ni les politiques de démarcation ou même d'exclusion qu'elles adopteront à l'endroit des nouvelles techniques de diététique ou de réadaptation ne les protègeront vraiment contre les empiètements opérés sur leur champ de compétence. Elles réaliseront très vite, sans pouvoir y remédier pour autant, les limites inhérentes au titre réservé.

L'intervention étatique dans l'univers des professions ne s'est pourtant pas traduite pour les diététistes et les physiothérapeutes par un bilan entièrement négatif. Ces professions trouveront dans l'État un interlocuteur dont la marge de manœuvre est certes réduite à cause des règles du jeu qu'il a lui-même édictées, mais un interlocuteur qui se veut en principe un arbitre impartial, à l'écoute de toutes les parties en présence. De plus, même si parmi les «parties» concernées, le corps médical dispose constamment d'un poids relatif supérieur à celui de tous les autres, il représente néanmoins pour l'État employeur le groupe professionnel le plus coûteux, ce qui contribue, de temps à autre, à rétablir l'équilibre de l'arbitrage en faveur des professions paramédicales.

Enfin, dans cette évaluation — délicate et quelque peu risquée — des pertes et profits liés à l'intervention étatique, on ne peut s'empêcher de noter que la codification des règles du jeu et leur inscription dans un cadre légal ont représenté pour les diététistes comme pour les physiothérapeutes, une forme de reconnaissance juridique qui leur a permis d'asseoir leur statut professionnel sur des bases plus fermes. Ces deux groupes professionnels sauront d'ailleurs mettre à profit ce tremplin légal pour réaliser des progrès notoires sur bien des plans, parmi lesquels le prestige et la reconnaissance sociale dont elles bénéficient aujourd'hui ne sont pas les moindres.

Témoignages vécus
Mémoire du travail ou travail de la mémoire

PAULINE FAHMY

Par sa forme, autant que par son contenu, ce texte se singularise quelque peu par rapport à ceux qui l'ont précédé. C'est que, et nous l'avons délibérément voulu ainsi, nous désirions quitter le champ dit «objectif», ou encore scientifiquement rassurant, des sources écrites pour donner la parole aux principales intéressées. Une fois les questionnaires bâtis et les entrevues réalisées avec un échantillon approprié de physiothérapeutes et de diététistes, nous avons confié l'analyse des réponses obtenues à une collègue psycho-sociologue. Celle-ci a cherché à dégager le ou plutôt les sens multiples des réponses fournies; réponses qui traduisent souvent la richesse, la diversité, mais aussi parfois le caractère déconcertant, sinon contradictoire, du discours spontané.

Il nous apparaissait que là où l'analyse historique risquait de demeurer à un premier niveau en se contentant de considérer uniquement dans le discours des répondantes le sens déclaré, la psychologie quant à elle, serait à même d'y déceler des sens moins apparents, plus refoulés, mais autant, sinon plus, signifiants.

Dans les sinuosités de la pensée, le va-et-vient de la mémoire, les hésitations et parfois aussi les contradictions des énoncés qui se succèdent dans le témoignage oral, l'analyse psycho-sociologique a puisé ainsi un complément indispensable d'informations.

Demander à des personnes, les mieux intentionnées soient-elles, de répondre à des questions concernant leur passé, est une entreprise fascinante, souvent enrichissante, mais non dénuée de risques. Elle entraîne celles qui questionnent et celles qui racontent dans des chemins aux détours parfois imprévus — et ceci, même lorsque l'entrevue a été soigneusement balisée par des questions précises et ordonnées. La traversée est ponctuée pour les premières, et à l'occasion pour les secondes, de découvertes ou de redécouvertes multiples.

Le voyage dans le passé dont il est question ici concerne la place des femmes dans les professions paramédicales. Nous avons voulu retracer leurs pas sur le chemin qu'elles ont parcouru — en ayant bien souvent à l'ouvrir — vers la professionnalisation. Pour ce faire, nous avons demandé leur aide à des témoins du temps des pionnières. Témoins, disions-nous? Actrices, serait un terme plus approprié. Mieux encore, auteures dans certains cas. Car à maintes reprises, ainsi qu'on le verra plus loin, elles ont dû s'autoriser à poser des gestes nouveaux, à redéfinir leur place dans le champ de la santé, bref, à modifier des scénarios écrits par d'autres, où le rôle prévu pour elles ne leur convenait guère.

Munies d'un guide d'interview et d'un magnétophone, nous nous sommes donc adressées à des diététistes et à des physiothérapeutes (certaines déjà à la retraite), dont la formation et les débuts dans la carrière avaient eu lieu dans les temps héroïques où leurs professions respectives commençaient à s'établir, sur la base d'un savoir constitué et sanctionné par des institutions chargées d'en accréditer la valeur et la légitimité. Nous leur avons demandé de nous parler de leur choix professionnel, du contenu de leur formation, de sa pertinence et de son adéquation par rapport aux exigences de la pratique professionnelle, ainsi que du climat dans lequel se déroulaient l'une et l'autre. À notre requête, elles nous ont aussi entretenues des conditions de travail qui étaient les leurs — conditions salariales, bien sûr, mais aussi degré de reconnaissance de leurs compétences spécifiques et de leur autonomie professionnelle; de leur perception des causes et des conséquences du taux élevé de féminisation de leur profession; et, finalement, des changements advenus au fil des ans et de ce qui a permis leur avènement.

Mémoire du travail ou travail de la mémoire? Les deux à la fois. On l'aura compris, il ne saurait être question, à partir de l'analyse des propos ainsi recueillis, de prétendre avoir accès à une quelconque *réalité* de l'univers professionnel dans lequel ont vécu les personnes interviewées. À l'évidence, on ne peut accéder, à travers la forme indirecte d'observation que nous avons choisie, qu'à la *perception* qu'ont les personnes de la réalité qu'elles relatent. De plus, rien ne nous permet de penser que cette perception qu'elles nous livrent aujourd'hui est la même que celle qu'elles avaient à l'époque. La mémoire humaine ne se comporte pas comme un disque dur ou une plaque photographique. Elle n'a rien de statique, elle procède à une série d'opérations qui transforment le matériel d'origine: elle sélectionne, ajoute, retranche, associe, ou dissocie. Bref, elle travaille. Et ce à quoi nous pouvons accéder par le biais d'entrevues portant sur un passé si lointain, c'est au résultat de ce travail. Il ne s'agit donc point d'une reconstitution mais plutôt d'une reconstruction.

Les témoignages obtenus furent retranscrits intégralement, puis soumis à une analyse de contenu destinée à en faire apparaître les significations, à les mettre en perspective avec nos hypothèses de recherche, et aussi à identifier tout ce qui, sans faire partie de ces hypothèses, concerne la place occupée par les femmes dans l'univers des professions de la santé. Ces propos nous renseignent cependant sur les luttes que ces travailleuses ont menées pour faire reconnaître leur statut professionnel et aussi, au fil des mots, sur leur perspective de la place des femmes dans la société.

Arrêtons-nous toutefois, avant de commencer, sur le profil des personnes interviewées. Il s'agit de 7 physiothérapeutes et de 6 diététistes, dont la formation a pris place, pour les premières, dans une période qui va de 1952 à 1958 et, pour les secondes, dans un espace chronologique se situant entre 1962 et 1967 — à l'exception de deux d'entre elles dont le début des études remonte, dans un cas à 1942 et, dans l'autre, à 1938. Nous avons pris toutes les précautions pour leur conserver l'anonymat que nous leur avions promis; aussi ne trouvera-t-on dans les analyses qui vont suivre aucune indication permettant d'identifier les personnes dont les propos sont cités. Nous nous sommes contentées de faire suivre les énoncés d'une lettre (*P* pour les physiothérapeutes ou *D* pour les diététistes) et d'un chiffre destinés à indiquer la profession de la personne qui parle et à permettre l'établissement d'éventuels liens entre ses divers propos.

LE CHOIX DE LA PROFESSION

Qu'est-ce qui a amené nos répondantes à choisir le domaine d'activité qui a été le leur? Connaissant les possibilités d'étude et de carrière qui s'offraient alors aux femmes, nous pensions pouvoir prédire leurs réponses à cette question, et, à beaucoup d'égards, nous ne nous étions pas trompées. Dans certains cas, elles nous ont cependant fourni un éclairage particulier sur les contraintes qui pesaient sur leur choix professionnel.

À défaut de la médecine, une profession dans le même domaine

À défaut de pouvoir faire la médecine, profession très difficilement accessible aux femmes à l'époque, et qui exige des moyens financiers considérables, certaines (P3, P4 et P6) décideront d'opter pour une autre formation dans le même domaine, à condition que cette dernière leur assure un travail autonome par rapport aux médecins. À cet égard, le métier d'infirmière semble jouer le rôle de repoussoir. «Je voulais rentrer en médecine mais on disait "c'est juste les hommes qui vont en médecine". [...] aujourd'hui, je pense bien que j'aurais fait un médecin», nous confie P6. Elle ajoute, pour expliquer pourquoi elle ne voulait pas devenir infirmière: «Je trouvais que se promener avec un dossier, puis faire un café pour les docteurs — c'était à peu près ça à l'époque — puis jamais avoir ton mot à dire, c'était comme pas intéressant...» Un peu plus loin, elle décrit avec ironie le branle-bas de combat que l'arrivée du médecin provoquait chez les infirmières: «c'est bien juste si elles ne mettaient pas le tapis rouge».

P3 tient à l'égard des médecins un discours moins imagé mais tout aussi catégorique; pour elle, il n'était pas question de «les servir comme les infirmières». Quant à P4, elle a commencé par être infirmière, puis elle a changé d'orientation car elle trouvait que son travail ne lui laissait pas suffisamment d'initiative et d'autonomie par rapport aux médecins.

Une profession «féminine» et ouverte aux femmes

Cet argument revient sous diverses formes dans les propos de plusieurs . P1, P4, P5, P6 et P7 le mettent en avant pour expliquer leur choix. P7 précise qu'elle avait «lu des comptes rendus de succès de réadaptation avec des enfants» et elle ajoute: «C'était un poste stimulant pour une femme qui voulait aider les autres et se réaliser elle-même.»

On retrouve la même affirmation du coté des diététistes: «C'est une profession féminine» (D2); «c'est ce qui était vraiment disponible en terme de profession féminine» (D5). Ce dernier énoncé, qui place côte à côte les notions de disponibilité et de féminité des professions, mérite d'être particulièrement souligné car sa formulation résume bien l'ambiguïté que nous avons retrouvée dans l'ensemble des propos tenus par nos répondantes sur le sujet des professions féminines. On en retire l'impression que la féminité est attribuée à une profession en fonction à la fois de son accessibilité pour les femmes et de son adéquation à ce qu'on pense être leur nature. Il en résulte un glissement du sens qui pourrait laisser croire que les professions disponibles pour les femmes le sont en fonction de leur correspondance à la «nature» de celles-ci.

L'amour des sciences

«C'est une profession où il y avait des sciences et puis, moi, j'étais forte en sciences et j'aimais l'aspect scientifique.» C'est en ces termes que D2 explique les raisons de son choix, lequel ne s'est toutefois pas arrêté tout de suite sur la diététique, puisqu'elle a «aussi pensé chimiste à l'époque», mais «ne se voyait pas là-dedans...» Il n'est point besoin de spéculer sur les raisons qui l'amènent à éliminer cette dernière option au profit de la diététique; D2 est très claire là-dessus: «Je voulais une profession scientifique qui était en même temps féminine» et elle ajoute: «À l'époque c'était peut-être plus important qu'aujourd'hui», et puis: «c'était quelque chose que je pouvais garder toute ma vie.»

On retrouve ce même amour des sciences dans les motifs mis en avant par D4: «J'aimais les sciences, j'avais la vocation scientifique. [...] La chimie, j'adorais. La biologie, j'adorais.» Ce sentiment s'accompagne cette fois-ci d'une véritable occultation de toute possibilité d'orientation non traditionnelle: «J'ai jamais pensé à faire un médecin. J'aurais pu. Le droit, jamais, je ne sais pas, c'était juste pas dans les possibilités, [pas dans] les choix [possibles].»

Tout le phénomène de la distance sociale se trouve résumé dans ces propos; phénomène qui empêche de voir une possible relation entre soi et un objet social considéré comme inaccessible ou incongru, en éliminant du champ perceptuel soit l'un soit l'autre des termes de la relation. Dans le cas de D2, nous apprenons qu'elle «*ne se voyait pas* là-dedans», dans celui de D4, *c'est l'objet même qui disparaît*: le droit, la médecine, elle n'y a «jamais pensé», parce que «c'était pas dans les choix».

Le niveau universitaire des études

D3 tient à ce sujet un propos d'une candeur désarmante: «À l'époque, quand on avait un diplôme universitaire, on était casée socialement.» Mais elle n'est pas la seule à être séduite par le niveau des études et le statut qui l'accompagne; pour D4 aussi, le facteur «niveau universitaire des études» semble avoir été déterminant. Quant à D5, il lui fallait «étudier quelque chose qui se donnait au niveau de l'université», parce que, précise-t-elle: «tout le monde chez nous, mes frères, mes sœurs, faisaient des études universitaires et puis c'était un droit sacré que de faire des études universitaires». Un peu plus loin, elle répète: «pour moi, tout ce qui est université, c'est important». C'est même très précisément la raison pour laquelle elle n'a pas choisi le nursing, qu'elle place au niveau du «Bac B en pédagogie» et de «l'Institut familial», et à propos duquel elle ajoute: «je pense que ça manquait de statut.»

La raison pour laquelle D6 a choisi de devenir diététiste participe au même registre: sa famille (tout comme elle) voulait qu'elle fasse des études universitaires et pour aucune des «professions féminines» accessibles à l'époque, à savoir «le nursing, le teaching et le secretary», il n'y avait de formation universitaire requise ou disponible.

* *
*

En résumé, on pourrait dire que ce qui a attiré ces jeunes femmes à l'époque vers les études en physiothérapie ou en diététique, en plus du contenu même de ces études et des emplois auxquels elles donnaient accès, c'est leur niveau académique et la volonté d'éviter les occupations traditionnellement réservées aux femmes. De plus, ce type de formation leur semblait devoir satisfaire leur goût pour les sciences, et leur désir d'exercer une profession dans le domaine médical tout en échappant à la relation de subordination par rapport aux médecins, relation qui, à leurs yeux, caractérisait la position des infirmières dans l'univers des soins médicaux.

Même si ce profil correspond bien à celui de l'ensemble de nos répondantes, certaines différences existent toutefois entre les physiothérapeutes et les diététistes, différences qui méritent d'être soulignées dans la mesure où elles pourraient laisser prévoir des écueils différents dans la marche vers la reconnaissance professionnelle. De façon schématique, (et donc forcément simplificatrice), ces distinctions sont les suivantes:

- les physiothérapeutes ont insisté beaucoup plus que les diététistes sur leur désir d'exercer une profession qui assure leur autonomie par rapport aux médecins, mais surtout elles sont les seules à avoir mentionné le fait qu'elles choisissaient leur future profession à défaut de pouvoir faire des études de médecine, en raison du coût jugé prohibitif de celles-ci ou de leur inaccessibilité pour les femmes;
- même si les physiothérapeutes reconnaissent, tout comme les diététistes, la nécessité de faire leur choix parmi les «professions ouvertes aux femmes» et, dans certains cas, mentionnent leur propre désir d'exercer une «profession féminine», elles ne précisent pas vraiment en quoi consiste cette féminité. Les diététistes, par contre, sont très spécifiques à ce propos. Non seulement elles

sont les seules à décrire la dimension «féminine» de leurs études, mais elles sont aussi les seules à déclarer que c'est très précisément cet aspect du programme de diététique, — incarné dans l'approche «Home Economics», et mis en relief dans la publicité —, qui constituait un de ses attraits majeurs;

- l'insistance sur le niveau universitaire des études est aussi plus importante chez les diététistes que chez les physiothérapeutes. Elles tiennent à souligner le fait que, contrairement aux infirmières dont les études étaient de niveau pré-universitaire, et aux physiothérapeutes qui tout en étudiant à l'université n'y obtenaient, dans les débuts, qu'un diplôme, les diététistes, quant à elles, étaient tenues à une formation plus longue, qui a toujours débouché sur un baccalauréat. Cet élément semble d'ailleurs leur avoir procuré une forme d'assurance qu'on ne retrouve pas affirmée avec la même force chez les physiothérapeutes.

Nous verrons, plus loin, que ces traits communs et ces différences entre diététistes et physiothérapeutes se répercutent sur leur cheminement et peuvent être aisément mis en rapport avec les aléas de la lutte entreprise par les unes et les autres pour la reconnaissance de leur statut professionnel.

LE RAPPORT ENTRE LA FORMATION PROFESSIONNELLE ET LE TRAVAIL

Pour être en mesure de mieux comprendre la façon dont les personnes interviewées percevaient leur profession et la place que cette dernière devrait, selon elles, occuper dans l'univers de la santé et des soins médicaux, il nous fallait d'abord explorer avec nos répondantes la question de leur formation professionnelle et des éléments de satisfaction ou d'insatisfaction qu'elles y ont relevés. Nous leur avons demandé de nous décrire cette formation tout autant sous l'angle de son contenu que sous celui du cadre dans lequel elle se déroulait et des relations qui s'y amorçaient avec les médecins chargés d'y contribuer.

L'adéquation des études par rapport au travail

Pour commencer, nous les avons questionnées sur l'adéquation de leurs études au travail qu'elles ont eu à faire au terme de ces études. Dans l'ensemble elles ont tracé un portrait assez positif de la situation à cet égard, quelques-unes se chargeant d'introduire certaines réserves dans leurs réponses, d'autres, au contraire, insistant sur l'excellence de leur formation ou encore affirmant sa supériorité par rapport à celle qui se donne maintenant. Plus encore que sur l'évaluation ainsi fournie, il nous faudra prêter attention aux raisons données pour la justifier.

Chez certaines, une satisfaction sans réserve

Cette satisfaction, nous l'avons rencontrée chez des diététistes et chez des physiothérapeutes. Oui, estime P2 «c'était très bien... c'était le meilleur cours, à McGill». P6, elle, n'a pas de mots assez élogieux pour décrire la formation donnée à McGill (comparativement à celle qu'offrait l'Université de Montréal) et elle fonde son évaluation sur le fait qu'une partie des cours théoriques «se faisait avec les étudiants en médecine, entre autres: l'anatomie, [...] la dissection de laboratoire [...] les laboratoires de physiologie [...] la chimie, la physique».

D2, D3 et D4 pensent, elles aussi, qu'elles ont reçu une excellente formation. «Je ne sais pas ce qu'on aurait pu donner comme cours qui aurait été meilleur. Je pense qu'on était très bien préparées à faire le travail qu'on faisait» affirme D3 qui a fait ses études à l'Université de Montréal. Son opinion au sujet de l'excellence du programme offert par cette université est partagée par D4: «Dès le départ c'était un excellent programme», affirme-t-elle, «c'était scientifique». Elle semble reconnaître toutefois, implicitement, que certains aspects du programmes étaient superfétatoires et quelque peu gênants, puisqu'elle tient à souligner que: «au cours des années, on a retiré du programme tout ce qui était sciences domestiques» (comme chimie textile ou administration du foyer). Un peu plus loin, elle lie cette «avance de l'Université de Montréal» sur les autres universités au fait que cette institution — par comparaison à McGill, laquelle n'est venue à cette décision que plus tard — «a été la première en Amérique du Nord qui a implanté un programme de diététique au sein de la faculté de médecine [...] c'est pour ça qu'au fil des années on a retiré ces cours-là [...] pour les remplacer par d'autres cours de nutrition [...] et on a augmenté le contenu du programme d'étude en gestion des services de l'alimentation».

Chez d'autres, une évaluation plus nuancée

Oui, affirme P1, la formation reçue préparait bien à travailler auprès des malades, parce qu'elle était axée sur la pratique, sur «l'approche» du malade, mais il s'est avéré plus tard «qu'elle manquait des connaissances théoriques».

P4 est encore plus précise: «les connaissances en médecine étaient insuffisantes» dit-elle, ce qui ne l'empêche pas de penser que «le cours était très bien».

C'est le recours à la mise en perspective qui permet à P4 et à D6 d'exprimer leurs réserves. «Oui, pour le travail qu'on faisait à l'époque, on était relativement bien préparées» dit la première, et la réponse de la seconde est encore plus hésitante: «À ce temps, peut-être», cependant elle se charge d'ajouter que leur formation était longue et solide: «nous avions un degré [un B.Sc.], quatre années, beaucoup de sciences», reprenant là les deux thèmes que nous avons rencontrés dans les propos des autres diététistes.

P7 aussi pense que la formation était bonne «pour le travail à faire à la sortie de l'université» mais, ajoute-t-elle, «les études ne nous préparaient pas du tout à assumer un rôle de leadership auprès des collègues de travail [...] Et puis à ce moment-là on n'était pas préparé à faire des notes au dossier». Quant à D5, elle estime que, sur le plan de la formation scientifique «c'était très fort et très poussé»; et elle tient à préciser que cette formation était «à très forte vocation médicale». Sur le plan de la communication avec le patient, cependant, les lacunes auraient été importantes: «cet aspect-là, on ne l'avait pas», déplore-t-elle.

La lecture de ce qui précède permet de constater l'importance, sinon la primauté, accordée au contenu scientifique du programme, quand il s'agit d'en établir la pertinence et l'adéquation pour la pratique. Que ce soit pour souligner la qualité de la formation reçue ou pour en désigner les lacunes, le critère retenu par toutes est la place accordée aux sciences, de préférence médicales. Pour beaucoup, cela semble même être le seul critère. Cette primauté accordée aux fondements scientifiques de la pratique professionnelle n'a rien pour nous étonner, elle correspond au modèle reconnu de toute formation censée donner accès à un statut véritablement professionnel.

C'est aussi dans cette perspective que devront être lues les réponses aux questions portant sur les places respectives dévolues à la pratique par rapport à la théorie, ainsi que celles portant sur les stages.

Le rapport entre la formation théorique et la formation pratique

Les physiothérapeutes rencontrées estiment que la formation théorique occupait une place soit égale («50/50») soit supérieure («60/40») à celle accordée à la formation pratique. Aucune n'aurait voulu que la pratique prenne plus de place. Les critiques de celles qui trouvent à redire à ces proportions (P1, P3, P4, P7) vont toutes dans le même sens: il aurait fallu plus de théorie; certaines (P3 et P4) reconnaissent qu'à l'époque elles jugeaient cette répartition adéquate mais que depuis elles ont changé d'avis.

Dans certains cas, ce n'est pas seulement l'insuffisance de la formation théorique qui est pointée du doigt mais aussi la non-pertinence ou l'inefficacité de la formation pratique reçue. À cet égard, P4 déplore les heures de laboratoire passées à faire «tout ce qu'une technicienne [devrait faire]; tous les tests de base» alors que, selon elle, il aurait fallu plus «de science médicale, en savoir plus sur la mécanique du corps humain». Elle ajoute d'ailleurs que, même si aujourd'hui les physiothérapeutes reçoivent une formation plus adéquate sur le plan scientifique, leurs connaissances en médecine demeurent insuffisantes, et ceci, estime-t-elle, parce que c'est un domaine que les médecins se réservent jalousement.

P5, pour sa part, met en cause l'organisation de la formation pratique: «C'était peut-être adéquat [la répartition], mais le problème c'était qu'on n'était pas suffisamment encadrées, puis on n'avait pas suffisamment d'apport pédagogique pendant nos stages.» Ce que P1 confirme indirectement quand elle insiste sur le fait que «maintenant, dans les hôpitaux, il y a un coordinateur d'enseignement au niveau de l'université et aussi que, maintenant, les chargés d'enseignement clinique se rencontrent régulièrement et ils étudient».

Les choses se présentent un peu différemment du côté des diététistes. En règle générale, elles semblent éprouver beaucoup plus de difficultés à chiffrer le rapport de la théorie à la pratique, et quand elles le font leur évaluation («75/25» selon D3 et D5) semble se baser sur le temps dévolu à l'internat, à savoir un an sur les quatre années que durent leurs études. À l'exception de D6, qui évalue ce rapport à 60/40, et de D1, qui mentionne les heures passées à préparer des repas en laboratoire et qui est seule à penser que la balance penchait plutôt du côté de la formation pratique, les autres ne semblent pas croire que les travaux ainsi réalisés relevaient de ce volet de leur formation.

Cette apparente surévaluation de la place réservée à la formation théorique pourrait trouver une part d'explication dans les propos de D3: «Avoir donné plus de pratique ça n'aurait pas été bien perçu des étudiantes. C'est un cours universitaire.» Cette insistance sur la qualité universitaire du cours, tout comme l'équation qui semble l'accompagner et qui fait de tout cours universitaire un cours théorique, n'est peut-être pas sans rapport avec la place généralement accordée à la maîtrise du savoir théorique dans les stratégies d'accès à un statut professionnel.

La place accordée aux connaissances médicales dans la formation

«Estimez-vous suffisantes, pour les besoins de votre pratique professionnelle, les connaissances médicales acquises lors de vos études?», telle est la question que nous avons posée aux personnes interviewées. Les réponses fournies permettent de constater plus de satisfaction à cet égard chez les diététistes que chez les physiothérapeutes rencontrées, sans que l'on puisse pour autant parler d'unanimité chez les unes ou les autres.

Sur les 7 physiothérapeutes avec lesquelles nous nous sommes entretenues, 5 se sont dites insatisfaites de la part faite aux connaissances médicales à l'intérieur de leur programme. Certaines comme P3 croient même avoir décelé, lors de leur formation, une intention délibérée chez les prof.-médecins de retenir par devers eux une part du savoir, de ne pas le partager: «Ils avaient l'impression de donner une formation à des gens qui ne devaient pas en savoir autant qu'eux...» (P3) Cette dernière estime aussi que le cours s'apparentait plus à «un cours de formation technique qu'à une formation universitaire».

Cette impression d'une volonté de distinction absolue entre les formations respectives en médecine et en physiothérapie, on la retrouve dans la ségrégation qui semble marquer les rapports entre les étudiantes en physiothérapie et les futurs médecins, malgré que, selon P1 et P7, certains des cours suivis étaient similaires à ceux donnés aux étudiants en médecine, mais dans des classes séparées.

Les connaissances médicales dont nos répondantes ont déploré l'absence concernent la bio-mécanique du mouvement et la neurologie. Pour ce qui est de la première de ces deux sciences, certaines précisent que, dans la pratique, des physiothérapeutes ont tenté, par leurs enseignements, de combler les lacunes de la formation théorique des étudiantes: «Ce sont des physiothérapeutes expérimentées qui nous ont montré ça, pas les médecins.» (P1) Elles ont fort apprécié cet apport mais, à leurs yeux, il ne pouvait remplacer les connaissances théoriques absentes.

L'évaluation que fait P5 de la situation est beaucoup plus nuancée: «Je pense que, pour le temps, c'était quand même bien, parce que ça a quand même évolué.» Quant à la satisfaction de P6, elle est, à cet égard, sans réserve. Elle est même persuadée que la formation donnée aux physiothérapeutes était, du moins pour certains cours, supérieure à celle que recevaient les étudiants en médecine: «On savait l'anatomie, plus même que les médecins, dans tout ce qui regarde le système locomoteur» [...]«On faisait, avec les étudiants en médecine, le système circulatoire, le système digestif. Et puis après ça, on apprenait en beaucoup plus détaillé le global du système musculo-squelettique. Car nous [...] pour apprendre tous nos os, tous les muscles, toutes les origines, les insertions, de quel os ça partait, on montait notre propre squelette chez nous [...].» (P6)

Ainsi que nous l'avons souligné plus haut, les réponses que donnent les diététistes à cette question sont, dans l'ensemble, plus positives. Certaines expriment spontanément une très grande satisfaction à l'égard des cours de formation médicale, pris en grande partie avec les étudiants en médecine. D1 explique ensuite qu'à ses yeux: «les cours avec la médecine étaient bien importants parce que tu faisais une révision des maladies, tu pouvais comprendre le pourquoi des diètes, le rôle que ça jouait».

D3 et D5, elles aussi, semblent croire que la formation médicale dispensée était suffisante. En fait, la question se rapportant à ses connaissances médicales n'a pas été posée à D5, cependant ses réponses ne mettent jamais en cause une quelconque insuffisance sur ce plan. Elle admet bien que la formation des nouvelles recrues «sur certains aspects techniques, suit les nouvelles données scientifiques en nutrition», qu'«elles sont au courant par exemple des triglycérides, de l'hormonothérapie» et que, dans son temps, «la ménopause, on ne s'occupait pas de ça». Toutefois, ceci ne semble pas entraîner, rétrospectivement, un quelconque jugement défavorable de sa part sur la formation qu'elle a reçue.

On retrouve cette même mise en perspective temporelle dans le jugement que porte D2 porte sur l'adéquation de la formation médicale reçue: «À l'époque, oui. Mais [...] la formation continue pour moi est prioritaire [...] parce que ça évolue en médecine [...] c'est comme la diète au lait et à la crème, il y a 20 ans c'était vrai, mais aujourd'hui on n'en donne même plus de diète pour les ulcères.»

D4, elle, n'émet aucun jugement direct concernant sa formation médicale, mais semble reconnaître implicitement que cette dernière comportait certaines lacunes. À aucun moment elle ne qualifie cette formation d'insuffisante; elle reconnaît simplement que, «maintenant», les étudiantes «en ont peut-être un petit peu plus» et, plus précisément, qu'«on ne faisait pas d'anatomie, puis eux en font». On a l'impression qu'elle se refuse à toute évaluation qui pourrait sembler négative; qu'à ses yeux, les connaissances manquantes n'étaient pas forcément indispensables. Elle avait pourtant décrit, auparavant, comme une amélioration remarquable, le remplacement des cours du type «Home Economics» par des cours scientifiques se rapportant à la nutrition.

L'ORGANISATION DU TRAVAIL

L'obtention d'un diplôme, même universitaire, n'assure aucunement à la personne qui le détient qu'elle se verra confier des tâches et des responsabilités à la mesure des capacités professionnelles développées durant sa formation. Les actes que cette personne sera appelée, ou autorisée, à poser sont plutôt déterminés par les règles établies par les corporations professionnelles et, en l'absence de celles-ci, par les associations professionnelles ou syndicales, sinon par les lois du marché. Ceci est encore plus vrai lorsque la profession à laquelle donne accès ce diplôme est relativement nouvelle et que les diplômé-e-s cherchent à se tailler un fief dans un domaine sur lequel règne une corporation professionnelle puissante, aux allures de suzerain. Pour comprendre donc la place réellement occupée dans l'univers de la santé, par les physiothérapeutes et les diététistes interrogées, et leurs relations avec les autres professionnels de ce domaine — notamment avec les médecins —, nous leur avons posé un certain nombre de questions relatives à l'organisation du travail dans leurs milieux respectifs. On verra, dans ce qui suit, que cette place et ces relations sont tout sauf faciles ou figées. Elles sont plutôt mouvementées et font l'objet d'une attention vigilante et sourcilleuse comme le sont toutes les frontières.

La répartition des tâches et des responsabilités

L'attribution des tâches, tout comme les relations avec les personnes qui en sont responsables, diffère selon le lieu de travail: hôpital ou CLSC (ou autre agence communautaire). Les choses se présentent différemment du coté des diététistes et de celui des physiothérapeutes. La présence ou l'absence de religieuses constitue aussi un facteur de variation, mais le plus important demeure sans aucun doute la relation de type hiérarchique avec les médecins et surtout, s'agissant des physiothérapeutes, lorsque ceux-ci sont des physiâtres.

Presque toutes les physiothérapeutes et les diététistes interrogées affirment que c'est une des leurs qui est responsable du service dont elles relèvent et que c'est elle qui divise les tâches et les supervise. Si le service est très développé, comme c'est le cas parfois en diététique, une chef de division sera chargée de ce travail dans chacun des sous-services ainsi créés (diétothérapie, nutrition clinique, etc.). Ainsi, quand elle a commencé à travailler, D2 relevait directement de la chef de division de diétothérapie. Plus tard, étant devenue elle-même «chef de division nutrition clinique», elle relèvera «du chef de service de diététique».

Jusqu'au milieu du XXe siècle, ces responsables des services étaient, dans bien des cas, des religieuses, surtout du côté de la diététique où les congrégations envoyaient quelquefois une de leurs membres à l'université, pour y acquérir la formation requise. Il arrivait que certaines religieuses assument des fonctions purement administratives au sein des services de physiothérapie et de diététique, sans détenir cependant de qualifications particulières en la matière. Quand tel était le cas, les relations avec les subordonnées semblent en avoir quelque peu souffert, comme en témoigne ces propos tenus par P4: «À l'Hôtel-Dieu, c'était une vieille religieuse qui était supposément responsable du bon ordre, de la morale, de je ne sais quoi, du service. [...] Elle représentait, si on veut, l'administration, parce qu'à ce moment-là, dans bien des hôpitaux, c'était les religieuses.»

Au-dessus des services des départements de physiothérapie et de diététique, il y a la direction des services professionnels ou bien le chef du service médical qui, lui, est un médecin. Ceci semble avoir été la règle générale, tant en physiothérapie qu'en diététique. Ce sont cependant les physiothérapeutes qui s'étendent sur ce sujet. Les diététistes ont peu à dire là-dessus, la présence des médecins s'étant faite, en ce domaine, lointaine ou distraite. C'est loin d'être le cas de la physiothérapie. Non seulement la présence des médecins y est bien sentie mais quelquefois sa proximité et sa pesanteur sont telles qu'elles deviennent, ainsi que nous le verrons plus loin, un facteur d'irritation continuelle. Il peut arriver que le poste de chef de service ne soit pas confié à une physiothérapeute mais à un médecin: «À Notre-Dame», dit P4, «je m'appelais chef physiothérapeute, pas chef de service, parce que le chef de service, c'était le médecin.» (En l'occurrence, il s'agit d'un physiâtre.)

Mais qu'il soit chef du service médical ou, plus directement, chef du service de physiothérapie, le médecin est un élément incontournable dans l'organisation du travail des physiothérapeutes et des diététistes en milieu hospitalier, la place qu'il occupe se révélant toutefois moins problématique pour les diététistes que pour les physiothérapeutes.

Lorsqu'il y a un physiâtre, il est l'intermédiaire obligé entre la physiothérapeute et les autres médecins. «Le physiâtre recevait tous les patients et il était l'intermédiaire entre le médecin et nous. Puis il prescrivait un plan de traitement, ce que nous suivions plus ou moins», nous confie P4. Elle explique ensuite que, contrairement aux infirmières qui étaient tenues de suivre à la lettre des prescriptions précises, les physiothérapeutes sont beaucoup plus autonomes, cela en dépit du fait que cette autonomie n'était pas toujours considérée comme allant de soi par les physiâtres.

P5 confirme cette impression de mise en tutelle de la profession par les physiâtres; elle a quitté quelque temps l'hôpital où elle travaillait et, dit-elle, «les physiâtres avaient envahi la place, pendant le temps que j'avais été partie [...] je me suis retrouvée dans un service où il y avait un physiâtre qui faisait des prescriptions très précises».

L'absence de physiâtre dans le service tend, semble-t-il, à alléger l'organigramme et le climat de travail. Cette impression est confirmée par les propos que tiennent les autres physiothérapeutes, dont beaucoup tiennent à affirmer que les conflits concernent surtout le rôle joué par les physiâtres et non par les autres médecins. Il y a bien des hôpitaux où il n'y a pas de physiâtre; on y travaille directement avec les orthopédistes, les rhumatologues, les neurologues, bref avec des médecins spécialistes, et ça fonctionne très bien, disent-elles.

Il n'en demeure pas moins, estime P7, que par rapport aux médecins, physiâtres ou non, «on était plus des exécutantes que nous le sommes maintenant. On posait moins de question, on s'impliquait moins dans l'évaluation du problème qu'on le fait maintenant. [Bref] le médecin était plus celui qui évaluait, qui décidait, puis nous autres on exécutait.»

Les services de diététique jouissent, dans la plupart des cas, d'une plus grande autonomie face aux médecins

Contrairement à ce qui a pu se passer pour les physiothérapeutes, les diététistes ne risquaient pas de se retrouver avec un médecin à la tête de leur service. C'est du moins ce qu'affirment nos sujets. L'administration des services de diététique est une affaire de diététistes.

L'organisation de ces services à l'intérieur des hôpitaux est décrite par les unes comme «rigide» avec des «tâches bien définies» (D5), et par d'autres comme étant au contraire «lâche, peu structurée» (D1, D6). Cet absence de structure se reflète dans le fait que les diététistes doivent, ainsi que l'affirme D6, faire un peu de tout: «tous les patients et tous les emplois... Vous achetez les aliments, vous aidez le cuisinier...». Le plus souvent, dans les débuts, la professionnelle embauchée se trouvait être «la seule diététiste de l'institution» et ceci indépendamment de la taille de l'hôpital où elle est employée. Avec l'expansion du service, le nombre de diététistes augmente dans l'hôpital, les responsabilités aussi. Ainsi que le décrit D1, aux tâches inhérentes à la diétothérapie viennent s'ajouter d'autres comme celles qu'entraînent la prise en charge de l'alimentation des autres malades, celle du personnel de l'hôpital, l'enseignement des bonnes habitudes alimentaires à des populations spéciales, ou de la supersivision des stagiaires. Mais surtout, il y a l'administration du service et la gestion du personnel qui prennent une importance de plus en plus grande.

Les changements au fil des ans

Nos répondantes ont connu le temps (avant les années 1970) où rien n'était vraiment acquis et où il leur fallait, en usant tantôt d'audace tantôt de patience, tailler, expliquer et parfois défendre la place qu'elles pensaient devoir occuper à l'hôpital et ailleurs. Leurs efforts ont provoqué certains changements dans les attitudes et les pratiques. D'autres changements sont survenus dans le sillage des transformations d'ordre technologique, démographique ou encore socio-politique qui modifiaient le visage de la province. Sans nous attarder pour le moment sur l'une ou l'autre de ces diverses causes, nous allons décrire ce qui, selon nos sujets, a changé au fil des ans, dans l'organisation du travail décrite plus haut.

Le rejet du carcan du rôle de simple exécutantes

Plusieurs physiothérapeutes et diététistes estiment aujourd'hui ne plus être limitées à un rôle d'exécutantes. Les propos que tient P7 sur ce sujet ressemblent à ceux de nombreuses autres répondantes: «On s'impliquait beaucoup moins dans la visibilité de la profession à l'intérieur de l'établissement, au niveau organisationnel. [Maintenant], on veut s'impliquer dans l'organisation hospitalière, on veut s'impliquer dans la gestion des budgets, on veut s'impliquer dans les relations avec les autres disciplines dans le but de faire équipe. [...] On prend plus d'initiative dans l'élaboration de projets au niveau de l'organisation.» Un peu plus loin, P7 précise ce qu'elle entend par «faire équipe»: «Le médecin établit le diagnostic. [...] le physiâtre, [...] il est consultant [...] c'est-à-dire qu'il continue à faire ses évaluations. Il va donner l'orientation générale du traitement, mais il y a toujours discussion avec les membres de l'équipe sur place. [...] Alors, des fois, il y a des suggestions, modifications ou, en cours de traitement, la physiothérapeute va suggérer des modifications, le congé ..., ou on va dépister un problème, le ramener pour discussion de cas.»

L'abandon des hôpitaux pour les cliniques privées

Selon P4, l'omniprésence des physiâtres dans les hôpitaux, combinée aux exigences de rendement et d'économie imposées aux physiothérapeutes, a incité ces dernières à trouver refuge dans les cliniques privées.

De leur côté, dit P6, les chefs de service avaient de la difficulté à obtenir l'ouverture de nouveaux postes pour les physiothérapeutes. Il leur fallait tenir des statistiques pour prouver la rentabilité du service, ou pour montrer l'existence d'un besoin de personnel supplémentaire. Toutefois, ajoute-t-elle, il ne faut pas sous-estimer l'attrait exercé par les cliniques privées et les conditions de travail qu'elles offrent. Finalement, selon elle, si les physiothérapeutes sont de moins en moins présentes dans les hôpitaux il faut en chercher la cause non point du côté des physiâtres, mais dans le manque de continuité dans la carrière des femmes qui doivent concilier famille et carrière. Celles-ci multiplient les demandes de congé et de travail à temps partiel, en raison des obligations qu'elles ont encore à assumer, sans soutien adéquat, en tant que mères de famille.

Les changements évoqués par P7 sont: «de nouvelles modalités de traitement» introduits par l'évolution des connaissances et l'apparition de «nouveaux appareils». Pour cela, la Corporation des physiothérapeutes «a mis sur pied des cours de formation continue». À ce propos, elle souligne aussi le rôle joué par cet organisme dans les responsabilités nouvelles que les physiothérapeutes ont réclamées et obtenues: «C'est beaucoup dû à la Corporation qu'on a pu mettre sur pied un système de dossier qui est aussi bon que celui qu'on a maintenant.» De plus, la mise sur pied par l'Université d'un programme de baccalauréat en physiothérapie «a permis à toutes celles qui n'avaient pas ce diplôme de retourner compléter leur formation», coupant ainsi l'herbe sous le pied de tous ceux qui auraient pu arguer d'un manque de compétence pour contester le droit des physiothérapeutes d'assumer des responsabilités accrues.

Du coté des diététistes, une meilleure division du travail, et une meilleure reconnaissance professionnelle

Les diététistes notent avec satisfaction la mise en place d'une meilleure gestion administrative, de meilleures structures. Alors qu'au début, déclare D1, les professionnelles engagées faisaient toutes les tâches énumérées plus haut, «à mesure qu'on rajoutait du personnel, tu pouvais faire une division, beaucoup plus. C'est sûr que le travail augmentait aussi. Parce qu'il a fallu se faire adopter. C'était pas facile.»

D3 aussi a noté une structuration grandissante du service de diététique. À son avis, cette structuration s'est bien déroulée grâce au fait qu'elle a été introduite à la suite du travail réalisé par un «consultant en administration». L'organisation du travail dans le dernier hôpital où elle a été employée était la suivante: «Il y a un chef de service de diététique avec trois responsables des opérations qui s'occupent de toute la gestion administrative pour le service, et une responsable de la diétothérapie qui s'occupe des renseignements et de la fabrication des menus.» De plus, précise D3, à l'intérieur de l'hôpital il y a deux cuisines, une pour les patients et une pour la cafétéria, «et chaque cuisine a un surveillant, une personne en charge, une autre en charge du centre de distribution et une quatrième [responsable] des achats [...] Ces quatre personnes relèvent de la responsable des opérations».

Nous sommes tentées de penser, toutefois, que ces changements dans la gestion et la structure pourraient avoir été problématiques, dans certains cas, puisqu'il a fallu composer avec l'arrivée des techniciennes en diététique. En effet, on apprend par D3 qu'exception faite de la responsable des achats, les autres responsables ont déjà été des diététistes, mais que ce sont des techniciennes qui les ont remplacées. Cette situation est présentée comme transitoire et s'expliquerait, selon D3, par des nécessités «de promotion interne» de «gens qui ont fait leurs preuves».

En fait, les diététistes estiment, dans l'ensemble, que leur définition de tâche s'est élargie

«Aujourd'hui», affirme D1, en plus du reste, «tu as de la recherche, du service santé et communautaire. [...] Puis ça se développe. C'est pour ça qu'aujourd'hui je ne veux plus en faire, parce qu'il y a trop de diètes auxquelles moi j'ai pas été initiée. [...] Je n'ai plus les connaissances du milieu, parce que c'est trop perfectionné. [...] Parce que ça marche, ça c'est perfectionné, c'est extraordinaire! Moi je trouve qu'il y a un beau travail qui se fait en diététique.»

Le nombre de diététistes embauchées par les hôpitaux ne se compare plus avec ce qu' il était au début. «Quand je suis partie», dit D1, en 67, on était 18 diététistes puis on avait la haute main sur tout ce qui regardait [la diététique] même en recherche.» Parmi les nouvelles fonctions assumées, il y a l'enseignement ou plus précisément la formation des futures diététistes par le biais de l'internat.

D6 aussi insiste sur la croissance du départment de diététique dans son hôpital: «J'ai 8 diététistes qui travaillent maintenant.» Mais ce qui retient surtout son attention, c'est la place prise par les tâches administratives. Selon elle, son travail comporte «beaucoup d'administration, [c'est] plus compliqué au cours des années avec les syndicats, avec le budget, avec le computer». Elle s'empresse, toutefois, d'ajouter que «c'est très intéressant».

Le rapport entre les tâches et les compétences

En posant des questions sur le rapport entre les tâches confiées aux professionnelles et les compétences qu'elles avaient acquises de par leur formation, nous étions surtout intéressées à savoir s'il existait une adéquation entre ces deux séries et sinon dans quel sens allait l'inadéquation.

Les personnes dont ces professionnelles relevaient ou avec qui elles devaient collaborer avaient-elles la même perception qu'elles de ce qu'elles pouvaient et devaient faire? S'il existait une différence dans les perceptions, sur quoi portait-elle, quelle en était la source et qui avantageait-elle?

Les réponse des sujets nous ont appris que sur ce plan la situation vécue par les diététistes diffère peu de celle rapportée par les physiothérapeutes.

Dans certains cas, il y a adéquation entre les tâches exécutées et les compétences

L'absence de spécification des tâches à l'embauche semble avoir reflété, parfois, la reconnaissance du statut professionnel de la personne engagée. C'est du moins ainsi que P6 perçoit les choses: «J'étais une physiothérapeute qui commençait à travailler [...] alors je savais quoi faire, je traitais les malades, point. [...] Il n'y avait pas de négociation: tu faisais ça, puis c'était ta job. Alors, on traitait des patients, on les évaluait et puis on faisait notre rapport et on participait aux cliniques.» Et plus loin: «On était formée de telle façon, et à ce moment-là on nous donnait une tâche [en conséquence].» Les tâches connexes qui n'exigent pas un niveau de compétence égal au sien sont, dit P6, confiées à des «préposées».

D4 offre la même interprétation. Pour elle aussi, point n'est besoin de spécifier le contenu de sa tâche. À ses yeux, le travail qu'on lui a confié allait de soi: [...] «mon travail, c'était ni plus ni moins la planification des régimes thérapeutiques et l'administration de ce service-là». Notons, en passant, que parfois la professionnelle nouvellement engagée se trouve, tel P1, dans l'obligation d'assumer des tâches administratives pour lesquelles elle est insuffisamment préparée.

Dans d'autres cas, le niveau des compétences requises pour une partie des tâches est inférieur à celui des compétences acquises

Des surprises plus désagréables que celle rapportée par P1 peuvent aussi résulter du caractère implicite des attentes concernant le travail à accomplir. Certaines tâches peuvent s'avérer incongrues par rapport à la formation reçue. C'est ce que l'expérience de certaines physiothérapeutes a tôt fait de leur apprendre. Non seulement quelques-uns des travaux qu'on leur demande d'exécuter sont étrangers à leur formation, mais ils se situent à un niveau de compétence nettement inférieur à celle-ci. On pourra en juger par les extraits suivants, tirés des interviews de P1 et P5: «il fallait faire un peu de ménage [...] polir le dedans des lampes à infrarouge [...] placer les oreillers, plier les taies d'une certaine façon» (P1) et «On faisait beaucoup de paperasse et beaucoup de ménage aussi. [...] alors que maintenant, on a des préposés. À l'époque, on avait des fois un pour 6. [...] Des fois on n'en avait pas du tout. Alors, on se trouvait à faire beaucoup de travaux connexes.» (P5)

Et cette situation a duré: «Même moi», s'exclame P5, «quand je suis arrivée ici, il y a 10 ans, on l'a fait pendant 2 ans... On faisait tout nous-mêmes, tout...». Question: Le ménage aussi? Réponse: «Oui, tout, tout, tout: changer les lits, placer les choses...». P1, pour sa part affirme, que «ça s'est vite réglé»; on aurait rapidement cessé de demander aux physiothérapeutes de polir les lampes à infrarouge, mais en fait, apprend-on plus loin, c'est parce qu'on a cessé d'en faire usage.

Ainsi qu'on a pu le voir à la lecture de tout ce qui précède, aux yeux des physiothérapeutes interviewées tout comme à ceux des diététistes, le chemin pour la reconnaissance d'un plein statut de professionnelles passe à la fois par la mise en évidence et la valorisation d'un haut niveau de formation et de compétence scientifique, et par le refus conséquent d'exécuter des tâches d'un niveau purement technique. Ce chemin passe aussi par la revendication, à des degrés divers selon qu'il s'agisse des physiothérapeutes ou des diététistes, de leur autonomie professionnelle face aux médecins. C'est de ce rapport au corps médical qu'il sera précisément question dans les paragraphes et les pages qui suivent.

Le rapport aux médecins

La scène sur laquelle évoluent les professions n'a rien du théâtre d'improvisation. La distribution et la définition des rôles y fait l'objet d'une attention jalouse, surtout de la part des personnes qui détiennent les rôles majeurs. Dans un tel contexte, vouloir passer outre aux indications du metteur en scène n'est déjà pas une mince affaire, mais prétendre inventer son rôle, et passer du même coup du statut d'actrices à celui d'auteures, constitue un véritable acte de rébellion. Il en va tout particulièrement ainsi dans l'univers médical: les personnes qui, sans s'être munies des licences nécessaires, tentent de s'y faire reconnaître un statut autonome peuvent s'attendre à rencontrer une résistance farouche de la part de ceux qui se sont fait de ce statut un droit exclusif.

Mais le statut n'est pas le seul enjeu, car, en la matière, les droits d'auteur-e-s sont loin d'être négligeables. Et c'est bien aussi de cela qu'il s'agit. Ainsi que se charge de nous le souligner une des physiothérapeutes interviewées: «C'est une question de pouvoir et d'argent.» Elle se trouve ainsi à résumer admirablement les propos que nous ont tenus les autres physiothérapeutes. Comme nous l'avons déjà fait remarquer cependant, et comme on pourra s'en rendre compte à la lecture des extraits qui vont suivre, cette transformation de leur statut n'est pas revendiquée de façon aussi radicale par les diététistes que par les physiothérapeutes. Mais avant de revenir sur cette question du statut, examinons ce que disent les intéressées de leur rapports avec les médecins.

Ces relations, disent bon nombre de physiothérapeutes, sont souvent tendues, et parfois même carrément mauvaises du fait que, théoriquement, le pouvoir de diagnostiquer et de prescrire appartient aux médecins. Ces derniers considèrent que les professions paramédicales doivent être subordonnées à la leur. P3 décrit comment cette conception de leur statut se traduisait dans les attitudes des médecins: «On sentait que lorsqu'on arrivait, on dérangeait. Mettons que l'on arrivait pour traiter un malade, si le médecin était là, tu revenais parce que tu reconnaissais que c'était un professionnel qui était avec un malade. Mais si, par contre, toi, tu traitais un patient et qu'un médecin arrivait pour faire sa visite, il s'attendait à ce que, toi, tu sortes et que tu arrêtes ton traitement, ce qui n'existe plus maintenant...» P1 décrit la même expérience: «Si je suis en train de remplir un dossier et qu'un vieux médecin arrive, il va me le prendre, sans rien me demander, m'enlever le dossier des mains.» P7, pour sa part, résume ainsi les choses: «En général, l'approche avec les médecins était considérée comme une approche de subordonné à supérieur. Alors, les médecins étaient ceux qui décidaient puis nous autres on était ceux qui faisaient. Les médecins étaient ceux qui pensaient, puis nous autres on exécutait.»

Quand la physiothérapeute tente de changer ce type de rapport hiérarchique, elle se heurte bien souvent à de l'hostilité. C'est ce qui est arrivé à P2 qui constate avec amertume: «Je n'ai pas gagné beaucoup d'amis parmi les médecins parce que les physiothérapeutes sont devenues plus autonomes.» Même P4, qui pourtant affirme: «Moi, [...] je travaillais très étroitement avec les médecins. [...] Je les appelais, puis je leur posais des questions», est forcée de constater que la relation égalitaire recherchée ne va pas toujours de soi et que la hiérarchie reprend vite ses droits: «Même que des fois j'ai énervé déjà un médecin.» Elle impute cette irritation au fait qu'elle a «peut-être, des fois manqué de diplomatie», car dit-elle: «je n'ai jamais été l'infirmière soumise: oui, docteur.» Ce qui lui vaut, dit-elle, «la réputation de jouer au docteur».

Certaines diététistes aussi reconnaissent que leurs relations avec les médecins n'ont pas toujours été faciles, surtout avec les plus âgés d'entre eux. Les difficultés rapportées sont relatives au droit exclusif de prescription détenu par les médecins et à leur sous-évaluation de l'importance de la diététique. D1 met bien en évidence ce qu'il y a de paradoxal dans le fait de ne pas prendre au sérieux la diététique, mais quand même de s'en occuper.

D2 aussi décrit des relations qui semblent avoir été plutôt tendues: «Au début, disons qu'il fallait ouvrir les portes davantage [que maintenant]. Moi, je me suis fait répondre par des médecins qu'ils n'avaient pas de cours à recevoir des diététistes. Sauf qu'à force de le répéter, ça a fini par les faire réfléchir.» Le fait qu'une telle attitude de supériorité arrogante de la part des médecins a commencé toutefois à se modifier est confirmé implicitement par ce propos révélateur de D6: «Avec les années, je pense que les médecins ont changé leur opinion de plusieurs services. [...] Maintenant, le médecin n'est pas God.»

Mais le contentieux entre diététistes et médecins ne porte pas uniquement sur la «tendance à traiter tous les autres de supérieur à subordonné», attribuée à ces derniers. Il concerne aussi, ou surtout, le droit exclusif de prescription détenu par ceux-ci. «Maintenant», se félicite D5, «la prescription diététique, on la fait», mais, ajoute-t-elle, «ça n'a pas toujours été comme ça.» Elle donne un exemple des anciennes pratiques pour en montrer l'absurdité: «[Avant] le médecin prescrivait en termes de grammes de protéines, de gras et aussi d'hydrates de carbones. [Puis], quand leurs chiffres ne concordaient pas, bien là il fallait s'arranger, il fallait aller voir le médecin puis demander. Si lui voulait rien savoir, on disait: “bon d'accord, mais je pense que votre patient va être bien surpris de voir ce qu'il va rencontrer sur son cabaret”. Si le gars était ouvert, au moins c'était quelque chose, [sinon...].» Les choses auraient cependant changé, selon D5: «Maintenant, c'est plus du tout comme ça. S'il y avait un médecin qui prescrirait comme ça, je pense que je partirais à rire [...] et j'irais vérifier quel âge il a, tellement c'est loin cette méthode de prescription.»

Quelques diététistes, toutefois, affirment qu'elles ne se heurtaient pas à une opposition active ou à des exigences de subordination de la part de médecins. Ceux-ci se contentaient de les ignorer et d'indiquer par leur comportement qu'ils ignoraient à quoi elles pouvaient bien servir. Il fallait sans cesse leur rappeler l'existence des diététistes et l'utilité de leurs fonctions. D3 dit à ce propos: «C'est sûr et certain que c'est toujours à former, parce qu'il y a toujours de nouveaux médecins.» Il en résulte, ajoute-t-elle, qu'il faut «s'impliquer au niveau des cours aux médecins quand ils commencent». Elle attribue cette difficulté que les diététistes ont à se faire reconnaître au fait que le corps médical est encore formé d'une majorité d'hommes, que l'hôpital est un monde d'hommes, qui «ne savent pas comment agir avec des femmes dans le monde du travail».

Le type de rapport de supérieur à subordonné, décrit jusque-là, connaît cependant des exceptions. Il se trouve des sujets, surtout parmi les diététistes, pour affirmer que leurs relations avec les médecins étaient, en général, fort satisfaisantes. Certaines se contentent de souligner qu'elles n'ont jamais eu maille à partir avec ceux-ci. Il en va ainsi pour D6 qui déclare: «Le directeur de l'hôpital, le directeur adjoint, pendant des années je n'ai pas eu de problèmes avec», mais elle n'offre aucun élément explicatif de cette bonne entente. D'autres cherchent une explication et croient la trouver dans leurs propres attitudes conciliantes, dans leur admission des limites de leurs connaissances, admission qu'elles qualifient de «réaliste». Les propos de P6 sont, à cet égard, très révélateurs: «Je n'ai pas eu vraiment de difficulté parce je pense qu'il faut réaliser qu'on ne sait pas tout.»

D2 aussi estime que le conflit qui oppose les médecins aux physiothérapeutes est dû à des revendications excessives d'autonomie de la part de celles-ci. Elle cite en exemple, à ce propos, le fait que les physiothérapeutes insistent pour tenir un dossier à part, font recommencer, selon elle, les mêmes tests d'évaluation fonctionnelle aux malades et leur posent des questions dont les réponses seraient déjà inscrites dans le dossier médical. En ce qui concerne les diététistes, D2 est convaincue qu'elles jouissent d'un statut particulier face aux médecins, statut qu'elles devraient au sérieux de leur formation et à leur attitude mesurée. À l'en croire, les médecins les «respectent comme étant des professionnelles beaucoup plus que le nursing». De plus, leur attitude face aux diététistes serait, selon elle, dénuée d'agressivité, alors, qu'entre médecins et physiothérapeutes, «c'est la guerre, parce qu'ils sont tous les deux sur le même plancher. [...] C'est la méfiance continuelle entre les physiothérapeutes et les médecins.»

Cette opinion concernant le moyen d'éviter les conflits avec les médecins est reprise sous une autre forme par D4, laquelle décrit ainsi sa propre expérience: «En fait, je ne les voyais pas beaucoup, c'étaient les médecins dont les malades avaient un régime spécial. Les autres, je ne les voyais pas. C'était de bons rapports mais ce n'était pas fréquent. Moi, je recevais l'ordonnance et je remplissais l'ordonnance. Il n'était pas question de faire les visites ou les tournées médicales comme ça se fait aujourd'hui.»

Même parmi les professionnelles qui ont vécu des relations difficiles avec les médecins, certaines s'empressent d'affirmer que le climat de travail était fort différent lorsqu'elles avaient affaire à des médecins femmes ou jeunes. Ainsi, P1 estime qu'«aujourd'hui c'est plus facile parce qu'il y a des femmes médecins, de jeunes médecins» et que «les vieux sont plus autoritaires». P7 aussi pense que ce changement, intervenu «très, très lentement, est venu avec les nouveaux médecins, les jeunes. [...] Ils voient plus que le champ de la médecine est devenu extrêmement complexe et qu'on ne peut plus connaître tout en médecine comme le praticien de médecine générale pouvait le faire en 1900.» Cette prise de conscience de la complexité croissante des diverses branches du savoir médical expliquerait pourquoi, exception faite des physiâtres, il est plus facile pour les spécialistes de s'entendre avec les physiothérapeutes, ainsi que l'affirment quelques répondantes.

Mais l'âge, l'appartenance sexuelle, ou la sagesse d'un savoir qui connaît ses limites, ne sont pas les seuls facteurs en cause dans l'évolution des rapports entre les médecins et les autres professionnel-le-s de la santé. «C'est venu aussi avec le changement de la loi, qui a donné plus de place au chef de service, puis peut-être moins d'autorité dans la structure au corps médical», affirme P7.

Si le discours se rapportant aux relations avec les membre du corps médical en général, varie en fonction des personnes qui le tiennent et de certains facteurs comme le genre ou l'âge des médecins, celui qui concerne les spécialistes du même domaine fluctue fort peu. Les physiothérapeutes, tout particulièrement, ne manquent jamais de souligner la difficulté qu'elles éprouvent à travailler avec un physiâtre lorsque celui-ci est plus qu'un consultant occasionnel dans leur service. Avec les autres médecins, un modus vivendi peut s'établir et parfois même s'avérer mutuellement plaisant, mais «avec les physiâtres c'était plus difficile» affirme P4. P5 explique pourquoi: «C'est qu'ils s'ingéraient beaucoup au niveau administratif, tout devait passer par eux, à l'époque. Nous, comme chefs de service, on n'avait pas de responsabilités réelles [...] surtout sur les budgets, l'équipement, des choses comme ça.»

Du côté des diététistes, les relations avec le corps médical semblent, dans l'ensemble, moins tendues, si l'on excepte la question, qui pourrait se révéler épineuse, des médecins nutritionnistes. Pour le moment, estime D3, la concurrence que leur font ces spécialistes ne peut être que saine. Un peu de compétition, dit-elle, ça stimule, ça vous empêche de vous asseoir sur vos succès. Il y a bien sûr le fait agaçant que ces médecins se mêlent d'ouvrir des cliniques d'amaigrissement, marché très lucratif s'il en est. Cependant, leur nombre actuel les empêchent de constituer une menace réelle.

* *
*

La différence entre le climat conflictuel des relations médecins/physiothérapeutes et celui de relative acceptation mutuelle entre les médecins et les diététistes nous semble pouvoir être attribuée au fait que les physiothérapeutes réclament le droit de poser des actes qui sortent de la sphère des compétences reconnues traditionnellement aux femmes, à savoir: prendre soin de l'entretien des corps et des nécessités physiques qui s'y rapportent. Elles veulent se faire reconnaître le droit d'évaluer l'état de santé des malades et de décider — sur cette base — d'un traitement approprié.

Les diététistes sont, à cet égard, beaucoup moins menaçantes; elles ne sortent pas vraiment du territoire alloué aux femmes. Leur travail se situe en ligne droite dans la continuité du rôle nourricier maternel, puisqu'elles s'occupent de s'assurer que les gens s'alimentent de façon adéquate. D'ailleurs, jusqu'à la fin des années 1960 au moins, la publicité destinée à attirer des candidates à s'inscrire au programme de diététique misait largement sur ces fonctions traditionnelles, et soulignait les aspects «*féminins*» et «*mondains*» du rôle auquel on entendait préparer les futures diplômées. L'extrait tiré de l'interview de D3 est, sur ce dernier point, fort éclairant. Elle y fait référence à une entrevue accordée par la directrice du département de diététique à la télévision, entrevue durant laquelle celle-ci «a fait beaucoup de publicité pour la profession». «L'approche qu'elle faisait», nous apprend D3, «était une approche "Home Economics", c'est-à-dire qu'on montrait aux gens comment manger, comment avoir de bonnes manières à la table, comment servir le thé, enfin avoir de l'entregent.»

Une autre dimension de la professionnalisation des diététistes qui leur assure un statut satisfaisant, sans qu'elles aient à empiéter sur le territoire des médecins, consiste en l'acquisition de compétences administratives susceptibles de leur permettre de gérer les budgets, l'approvisionnement et le personnel des services alimentaires de l'hôpital. Ces fonctions de cadres, dont leur formation devra désormais tenir compte, vont contribuer à l'amélioration de leur salaire et de leur statut.

Finalement, nous voulons attirer l'attention sur le fait que les relations relativement harmonieuses entre diététistes et médecins semblent tenir aussi aux rapports étroits établis, d'une part, entre la corporation des diététistes et l'Institut de diététique et, d'autre part, entre l'Institut de diététique et la Faculté de médecine. Les propos que tient D4 là-dessus sont très éclairants*. Selon elle, «les universités ont toujours travaillé en très étroite collaboration avec la corporation [...] Et ça se comprend, parce que la

---

* On peut faire confiance là-dessus à D4; elle a fait partie du corps enseignant de l'Institut et à été engagée très activement dans les travaux de la Corporation des diététistes.

corporation c'était les diplômées». De plus, ajoute D4, l'Institut de diététique à l'université «appartenait à la Faculté de médecine. On était administré ni plus ni moins comme un département.»

L'autonomie professionnelle

On peut se demander à quel degré d'autonomie professionnelle, par rapport aux médecins, la formation des diététistes et des physiothérapeutes les préparait. Il est aussi intéressant de savoir dans quelle mesure cette autonomie leur était reconnue dans la pratique et comment les choses ont évolué à cet égard.

La formation est parfaitement suffisante pour une pratique autonome, soutiennent certaines physiothérapeutes

Quelques-unes parmi les physiothérapeutes interrogées sont d'avis que la formation des physiothérapeutes les rend capables de travailler de façon tout à fait autonome par rapport aux médecins. P2 fait partie de ce groupe, elle est non seulement «absolument» convaincue de posséder cette capacité, mais de plus «cette conviction est devenue de plus en plus claire avec les années». L'opinion de P1 sur la question est aussi tranchée: «Je pense», dit-elle, «qu'on est des professionnelles à part entière et qu'on est très capable de fonctionner de façon autonome.» Elle est bien prête à faire une place aux médecins, mais cette place en est une de consultants: «Je ne prétendrais jamais qu'on n'a pas besoin des médecins [...] — ils voient les problèmes différemment de nous et ils nous font des suggestions très pertinentes.»

L'assurance affichée à cet égard peut sembler en contradiction avec les propos tenus par ailleurs au sujet de la formation reçue et des lacunes qu'elle comportait, notamment sur le plan des connaissances médicales. Pour résoudre cette apparente contradiction, il faut savoir que dans leurs réponses à notre question elles ont tenu compte des améliorations apportées depuis à cette formation et du fait qu'elles en ont elles-mêmes profité. Ainsi P1 souligne le fait que, jusqu'aux années 1960, la formation était contrôlée par les médecins, alors qu'aujourd'hui elle est assumée par des physiothérapeutes. Il y a aussi la fin du régime de ségrégation: «Certains cours ont le même contenu que pour les étudiants en médecine, donnés par les mêmes professeurs, mais dans des classes séparées.» Cela, dit P1, a constitué «un facteur très important de démystification des médecins».

La formation prépare bien à l'autonomie, mais c'est une autonomie relative, disent d'autres

Dans l'univers professionnel, l'autonomie prend un sens différent selon la personne qui en parle. Les physiothérapeutes interrogées n'échappent pas à cette règle. Si pour certaines, comme P1, l'autonomie à l'égard des médecins consiste à réduire le rôle de ceux-ci à celui de simples consultants, dont les «suggestions» peuvent s'avérer, à l'occasion, «très pertinentes», pour d'autres, la totale indépendance à l'égard des médecins est un objectif irréaliste, sinon indésirable.

Parmi les tenantes de l'indépendance relative, il y a P4 qui veut bien reconnaître les limites de sa compétence, à condition qu'on lui en reconnaisse une bien spécifique: «Qu'on me laisse mon rôle, qu'on me laisse poser mes questions, qu'on me laisse dire aux gens ce qu'il en est...» Ceci dit, elle admet ne pas pouvoir se passer du médecin: «Qu'est-ce que tu veux, toi, tu ne l'as pas fait, ta médecine, puis ce n'est pas parce que tu es une physiothérapeute que tu sais tout. [...] Moi en tout cas, je ne prenais pas de chance.» Elle est donc prête à travailler «avec eux» — et pour qu'on ne se trompe pas sur l'absence de hiérarchie signifiée par cet «avec eux», elle s'empresse d'ajouter: «puis avec les soins infirmiers, avec les autres...», noyant ainsi la catégorie «médecins» dans l'ensemble des autres catégories de personnel.

L'espèce de «souveraineté-association» évoquée par P4, P6 affirme en avoir toujours fait l'expérience dans ses rapports, qu'elle dit harmonieux, avec les médecins. Ses propos laissent entendre que lorsqu'il en va autrement pour d'autres physiothérapeutes la responsabilité en incombe à celles-ci: «Je n'ai jamais eu de difficulté. [...] C'est parce je suis bien chanceuse; je suis faite comme ça. Je n'ai pas eu vraiment de difficulté parce je pense qu'il faut réaliser qu'on ne sait pas tout.» Quand une telle prise de conscience fait défaut, «c'est effrayant pour les patients», estime-t-elle. P5 aussi pense qu'il y a des limites à l'autonomie. Elle se dit satisfaite des gains réalisés sur ce plan, mais ne trouve pas fondées les revendications des physiothérapeutes qui cherchent à devenir encore plus indépendantes des médecins. Elle déplore fortement l'énergie consacrée par sa corporation pour l'obtention du droit de pratiquer «sans connaissances suffisantes», c'est-à-dire, à toutes fins pratiques, en se passant d'un diagnostic médical ou d'une quelconque prescription.

Pour la plupart des diététistes, la formation prépare bien pour le genre d'autonomie souhaitée et... acquise. Toutes les diététistes s'accordent à reconnaître qu'elles ont besoin du diagnostic établi par le médecin et d'une prescription diététique *générale* de sa part. Elles insistent sur cette dernière caractéristique, la prescription ne doit en aucun cas aller dans les détails. À leurs yeux, ce serait inutile ou même incongru puisque leur groupe constitue le seul corps professionnel à posséder les compétences nécessaires pour spécifier et expliquer dans tous ses détails la diète prescrite *sous forme d'indications générales* par le médecin. D2 précise qu'il s'agirait d'indications du type: «faire voir par la diététiste, re: diabète, ou re: amaigrissement». Une des répondantes, D1, estime même que certains médecins n'assument pas toujours leurs responsabilités en matière de prescription. Toutefois, s'agissant de diététique, la compétence des médecins s'arrête là, à ses yeux, et elle ne semble avoir aucun doute sur la capacité des diététistes de se passer d'eux pour la suite des opérations.

Cette assurance, D6 est la seule à ne pas la partager. En effet, quand on lui demande si sa formation l'a suffisamment préparée à travailler de façon autonome face aux médecins, elle répond: «C'est une question difficile, parce qu'il y a eu beaucoup de changements dans les années.» Elle semble hésiter à pointer ainsi du doigt les seules diététistes puisqu'elle ajoute: «et des changements pour les médecins aussi». Elle finit, néanmoins par avouer: «Non, je n'ai pas reçu suffisamment de [cours en] nutrition, diètes…»

L'exercice de l'autonomie professionnelle

Ainsi qu'on pourra le constater, les réponses des physiothérapeutes sont marquées par une certaine ambiguïté, dont la cause nous semble résider dans la difficulté de concilier deux désirs contradictoires, à savoir, celui de proclamer une autonomie de fait avec celui de dénoncer les limites encore imposées par les médecins à cette autonomie. La situation se présente différemment du côté des diététistes, la marge de manœuvre insuffisante des débuts a été élargie conformément à leurs vœux et elles n'en réclament pas plus, semble-t-il.

Pour les physiothérapeutes, la lutte pour l'autonomie n'est pas terminée

Dans le passé, l'autonomie des physiothérapeutes par rapport au médecin était minime, sinon inexistante, selon P1: «Si celui-ci disait "ultrason 1,5", il fallait le faire, même si le patient réagissait mal. Il fallait demander au médecin.» Elle affirme pourtant ailleurs que les physiothérapeutes ont toujours été autonomes, ce qui ne l'empêche pas de soutenir aussi que celles-ci ont dû se battre très fort pour le devenir. D'ailleurs, cette bataille est encore en cours rappelle P4: «Oui, elles [les physiothérapeutes] ont plus d'autonomie qu'avant... Il reste qu'il y a bien des endroits. [...] le médecin veut rester le patron, le coordonnateur dans bien des domaines et être le seul à pouvoir tout expliquer. Il faut batailler, être diplomate. Ce n'est pas "sois belle et tais-toi", mais sois efficace et fonctionne et ne nous parle pas trop de ce que tu sais. Produis!» Notons, cependant que les physiothérapeutes qui ont fait leurs débuts dans les hôpitaux anglophones, affirment que leur autonomie s'est accrue plus vite et de façon plus radicale que celle de leurs consœurs œuvrant en milieu francophone.

L'accroissement de l'autonomie se manifeste de la même façon, selon P1, dans les décisions qui se rapportent à la durée du traitement, le «congé du malade»: «Par exemple si le prochain rendez-vous avec le physiâtre est dans un mois, puis que, ô miracle!, au bout de trois traitements le patient est complètement guéri, on lui donne son congé. On lui dit: "garde ton rendez-vous avec le physiâtre, tu viendras le voir dans un mois. On te donne ton congé, mais si tu as des problèmes..."» On se rappellera, à ce propos, que c'est justement par rapport aux physiâtres que la question de l'autonomie fait le plus problème. On n'en comprendra que mieux la prudence que traduisent les propos de P1.

En fait, la marge de manœuvre des physiothérapeutes a augmenté partout dans la pratique. Certaines physiothérapeutes affirment toutefois que, plutôt que d'avoir à leur concéder une plus grande marge de manœuvre, les physiâtres préfèrent se passer d'elles et faire affaire directement avec des techniciennes. Ils tiennent à se réserver le droit exclusif de prescrire, déplore P3. Elle ajoute, cependant, qu'il est toujours possible, lorsqu'on doute du bien-fondé d'une prescription, de «rouspéter», ou même de «faire autre chose», à la condition, toutefois, d'en aviser le physiâtre et d'obtenir son accord. Elle-même, quand le traitement ne semble pas donner les résultats attendus, va voir le physiâtre pour lui dire: «ça ne fonctionne pas, on devrait peut-être essayer autre chose», et elle ajoute: «ils ont toujours dit oui». Il n'en demeure pas moins qu'ils pourraient aussi bien dire «non» et qu'une autonomie dont les limites peuvent varier selon le bon vouloir des autres n'est pas une véritable autonomie. P4 en a fait la dure expérience: elle avait «toujours travaillé avec les médecins [les orthopédistes de son hôpital] puis quand le physiâtre est arrivé, ils ont arrêté ça».

La cause de cette «compétition dure avec les physiâtres»? Elle se ramène, estime P3, à une «question de pouvoir et [une] question d'argent»: «Si le physiâtre fait une examen général complet, mettons que ça donne 50$ pour l'examen. S'il arrête de voir tous ces patients-là. C'est quand même beaucoup de sous.» Paradoxalement, c'est aussi l'argent, plus précisément les compressions budgétaires imposées à l'ensemble du système de santé, qui pourrait imposer des limites au pouvoir exercé par les physiâtres. En effet, ainsi que le fait remarquer P1: «Avant, dans un hôpital où il y avait un physiâtre, tous les malades [susceptibles d'être traités en physiothérapie] devaient être vus [par lui], ce n'est plus le cas aujourd'hui», parce que, sinon, «ils créeraient un engorgement des services.» (Soulignons, en passant, que c'est ce même argument économique qu'évoquait D3 pour expliquer en quoi les médecins nutritionnistes ne pouvaient représenter, à ses yeux, une véritable menace pour les diététistes.)

Un autre objet de conflit dont l'enjeu est l'autonomie professionnelle, est le droit obtenu par les physiothérapeutes de tenir, à l'intérieur du dossier médical, un dossier spécifique de physiothérapie. Les luttes se rapportant à ce dossier ont laissé des souvenirs vivaces chez la plupart de nos répondantes. Selon P1, les affrontements ont été particulièrement durs en ce qui concerne «les notes d'évaluation du patient» par les physiothérapeutes, consignées au dossier par celle-ci.

Pour les diététistes, l'autonomie désirée paraît maintenant chose acquise

Nous l'avons déjà dit, l'autonomie réclamée par les diététistes ne concerne pas les mêmes types d'opérations, les mêmes étapes du traitement médical que celles pour laquelle ont lutté les physiothérapeutes. De plus, les diététistes occupent un territoire traditionnellement réservé aux femmes, auquel peu de médecins semblent accorder de l'intérêt, exception faite des médecins nutritionnistes. Mais, surtout, elles ne contestent pas nécessairement aux membres du corps médical leur droit d'évaluer l'état de santé des individus, de poser des diagnostics et de prescrire des traitements. Tout ce qu'elles ont jamais revendiqué et obtenu, c'est le droit d'intervenir auprès des patients qui leur sont référés, à partir d'un diagnostic précis et d'une prescription d'un type très général. À elles, ensuite, de spécifier le traitement à suivre, de l'expliquer aux malades et d'en superviser l'application. De plus, lorsque leurs interventions ne concernent pas le traitement des malades mais la manière d'améliorer ou de préserver, par le biais de la nutrition, la santé de personnes exemptes de maladie, elles peuvent en décider de façon totalement autonome. Il n'empêche que, dans ce dernier cas, il leur revient quand même de s'assurer qu'au meilleur de leur connaissance, les personnes concernées ne souffrent d'aucune maladie, et, lorsqu'un régime sévère est envisagé, de faire établir un bilan de santé et de demander un suivi médical.

Cependant, on doit se rappeler que la marge de manœuvre des diététistes n'a pas toujours été aussi large qu'elles le désiraient et que, dans les débuts, il arrivait même que cette marge soit considérée comme bien étroite.

On constate alors que, en dépit des différences qui peuvent exister entre elles, physiothérapeutes et diététistes ont vu, dans l'ensemble, s'accroître leur marge d'autonomie face aux médecins. Reste à savoir si leur statut professionnel en a été, dans l'ensemble, affecté. Ont-elles acquis plus de reconnaisance sociale? Leur salaire a-t-il été adéquatement augmenté? En plus de répondre à ces questions, la section qui suit décrira en quoi et comment leur qualité de «professions traditionnellement féminines» a affecté l'évolution de la physiothérapie et de la diététique ainsi que les conditions d'emploi des personnes qui y sont engagées.

LE STATUT PROFESSIONNEL

La carrière: promotions et salaire

L'avancement dans la carrière: un jeu de quitte ou double

Presque toutes les personnes interviewées s'accordent à reconnaître que leur chances d'avancement rapide dans la carrière étaient excellentes, et ceci pour plusieurs raisons. Une de ces raisons tiendrait, de façon paradoxale, à l'absence de congé de maternité — sans parler de l'inexistence d'un système de garderies. Ces lacunes sur le plan des mesures sociales faisaient que les professionnelles qui devenaient enceintes devaient quitter leur emploi, ce qui facilitait l'avancement des autres. P1 décrit la situation qui prévalait en physiothérapie en ces termes: «[Tu progressais vite] pas parce que tu étais plus "smart", ou plus belle [*sic*] ou plus intelligente, mais par la force des choses.» Ce qu'elle appelle «la force des choses» était l'obligation faite alors aux femmes de choisir entre maternité et vie professionnelle.

D4 décrit une situation similaire du coté de la diététique. On apprend par elle qu'il existait un fort taux de roulement dans sa profession: «il y en avait beaucoup qui abandonnaient quand elles se mariaient, qu'elles avaient un enfant». Cela créait une demande continuelle, facilitait l'embauche des finissantes et la promotion de celles qui restaient en place.

«On avait besoin de nous et on était peu nombreuses» affirme P1, en accord en cela avec P6 et P4. Quant à P7, la nostalgie perce dans ses propos: «Les gens couraient après nous autres, c'était le paradis», et elle soutient que toutes ses camarades de classe se sont vite retrouvées chef de service.

Le cheminement de D3 peut donner une idée de la facilité qu'il y avait à faire carrière en diététique: comme toutes les autres, elle a trouvé tout de suite un emploi dès la fin de son cours, sa progression a été rapide, et ceci en dépit du fait qu'elle a quitté son emploi à quelques reprises, soit pour suivre un compagnon, soit pour aller compléter des études. Cette facilité qu'a connue aussi D2 tranche, selon elle, avec la dureté des conditions qui prévalent aujourd'hui, alors que les emplois en diététique sont devenus rares et que les postes offerts sont le plus souvent de nature temporaire.

Une progression rapide, mais un plafonnement qui ne l'est pas moins

La progression à laquelle pouvait s'attendre une physiothérapeute, dit P5, «c'était de devenir chef de service ou d'aller enseigner, mais c'était le plus loin qu'on pouvait aller. [...] Ça plafonnait là.» Elle précise: «Je pense que l'on avait trois échelons puis c'était fini.» Sans parler de plafonnement, P6 décrit une situation similaire à celle évoquée par P5.

P1, pour sa part, fait remarquer que pour pouvoir progresser réellement il lui a fallu passer à l'administration. (Notons, à ce propos, qu'il s'agit là d'un paradoxe qui caractérise le modèle de l'avancement dans la carrière commun à plusieurs professions.)

Sur ce plan, la situation des diététistes ressemble beaucoup à celle des physiothérapeutes, à ceci près que les responsabilités de type administratif ont constitué, dès le début, une partie inhérente des fonctions assumées par les diététistes. C'est d'ailleurs là-dessus que vont s'appuyer, en partie, leurs revendications salariales. Et de fait, pense D3, c'est en faisant la démonstration de l'importance des tâches administratives dont elles s'acquittent qu'elles vont réussir à améliorer leur condition.

Pour les physiothérapeutes: pendant trop longtemps, des salaires ridicules

À une exception près, les physiothérapeutes interrogées répondent que leur salaire étaient, au début, ridiculement bas. De l'avis de P7, «dans ce temps-là, c'était la petite misère». Et P1 confirme: «on était payé trois fois rien! Le salaire c'était ridicule! C'était les religieuses qui nous payaient». Cette insuffisance des salaires, pensent la plupart, tenait les hommes éloignés de la profession. Les rares qui s'y aventuraient, «les exceptionnels, qui venaient de Londres», selon P6, s'occupaient alors d'équipes sportives ou faisaient de l'administration.

Ce qui nous frappe dans les propos tenus à ce sujet, c'est que l'attribution d'un effet dissuasif des bas salaires sur les hommes s'accompagne souvent d'une vision stéréotypée des rôles. C'était une profession de femmes, constate P6, et P1 précise: «c'était pas assez payant pour une profession d'hommes, c'était vraiment ridicule ce qu'on nous payait! [... Par contre] aujourd'hui, il y en a de plus en plus parce qu'ils ont la possibilité d'aller entraîner des équipes sportives, d'aller dans des cliniques privées.» Elle est du même avis et, reprenant à son compte des stéréotypes qu'on aurait cru disparus, P1 ajoute: «On peut comprendre, la plupart vont se marier et devenir chef de famille.» Et encore: «Ils veulent peut-être plus d'autonomie. [...] Puis [ils veulent] un peu plus être en forme.» Elle semble reconnaître, cependant, que cette différence entre les sexes est un effet éducation reçue par les unes et les autres: «On n'était pas exigeantes à l'époque [...] On n'avait pas l'esprit revendicateur. On était de bonnes petites filles. [...] On avait été habituées comme ça: on revendiquait rien, on avait toujours appris à obéir.»

Quant à l'analyse que propose P3 pour expliquer les bas salaires offerts aux femmes, elle est carrément féministe: «C'est le rôle qu'on a toujours voulu faire jouer aux femmes. On a voulu de tout temps faire jouer aux femmes le rôle de bénévoles. Si on regarde dans l'histoire, ce sont toujours des femmes qui se sont occupées des pauvres, des malades. C'étaient toutes des jobs pas payantes.» P5 complète cette analyse à sa manière: «là, on commence un peu plus à s'en sortir parce qu'il y plus d'hommes». Mais la présence des hommes ne constitue pas la seule cause de l'amélioration des salaires. Comme beaucoup d'autres, P1 est persuadée que la syndicalisation et la grève de 1971 ont joué à cet égard un rôle déterminant: «[En 1972,] des échelles salariales ont été établies et on a toujours progressé par la suite.» P2 est du même avis; la reconnaissance de la valeur de leur travail est finalement venue, insiste-t-elle, «parce qu'on l'a gagné, c'est pas une gratuité».

Les salaires sont jugés inéquitables lorsqu'on tient compte des responsabilités réelles assumées. Ainsi P1 se scandalise du fait que les physiâtres reçoivent des salaires très élevés alors que, selon elle, ce sont les physiothérapeutes qui font tout le travail: «les physiâtres devaient théoriquement assumer la responsabilité de voir à l'acte médical, sauf [qu'en pratique] ils étaient enfermés dans leurs bureaux». Elle n'est pas moins révoltée quand elle pense au niveau de formation qu'on exige des physiothérapeutes: «C'était clair que c'était insuffisant, trois ans d'université puis trouver un 60$ par semaine, brut!...» Ce qui fait, dit-elle qu'«en 1971 on s'est vraiment ouvert les yeux. On a réalisé que ça n'avait pas de bon sens. On a recommencé à se comparer à d'autres».

Du côté des diététistes: des conditions jugées tout aussi inéquitables

Même si dans les débuts, le traitement réservé aux diététistes, sur le plan salarial, n'est guère meilleur que celui que subissent les physiothérapeutes, les choses ont évolué plus rapidement pour elles, estime D3. Elle reconnaît que, longtemps, les salaires restent dérisoires, compte tenu du niveau de formation des diététistes et des responsabilités qu'elles ont à assumer. Elle se souvient, comme d'une aberration, du temps où, alors qu'elle dirigeait un service de 200 employés et gérait un budjet de trois millions de dollars, elle avait un salaire tout juste égal à celui du chef cuisinier. Il ne faudra pas moins que la syndicalisation et une grève pour redresser ce genre de situation. Toutefois, ajoute-t-elle, à partir de là, les événements se précipitent et les salaires s'améliorent rapidement.

D4 aussi est convaincue que les diététistes «étaient sous-payées pour les responsabilités qu'elles assumaient» et aussi «pour la formation qu'elles avaient reçue». C'est d'ailleurs pourquoi la syndicalisation s'est imposée et a été une bonne chose, affirme-t-elle. Elle estime que le salaire versé aux diététistes est inéquitable quand on le compare à celui d'autres travailleuses du domaine médical; elle pense surtout «au nursing où la majorité des diplômées n'étaient pas des diplômées universitaires, [et à] la réadaptation, [où] ils n'avaient pas de baccalauréat, c'était un programme de trois ans, alors que l'autre [le leur] était de quatre ans». Son point de vue est partagé par D6, laquelle rapporte qu'elle est, de plus, sous-payée par rapport à d'autres professionnels qui occupent des postes de même niveau que le sien et exercent des fonctions similaires, à savoir, les directeurs de services qui sont médecins et les travailleurs sociaux. La raison de cet état de choses? Pour D6, elle ne fait aucun doute: «c'est parce que c'est une profession familiale».

L'explication offerte par D2 et D5 se rapproche beaucoup de celle de D6. Selon D2, si les diététistes, quand elle a commencé à travailler, gagnaient «encore moins que les pompiers puis les policiers [lesquels] n'ont pas, eux, de cours d'université», c'est qu'elles étaient en majorité des femmes. «Même encore aujourd'hui», souligne-t-elle, «les biochimistes, parce qu'ils sont en majorité des hommes reçoivent un salaire supérieur alors qu'ils ont le même nombre d'années de formation universitaire.» Il en va de même des travailleurs sociaux, parce qu'il y a dans leur profession «autant d'hommes que de femmes».

Les conséquences attribuées à un taux élevé de féminisation

Nous avons regroupé ces conséquences sous deux rubriques: les avantages et les désavantages. C'est d'ailleurs à ce type de catégorisation que la formulation appelait les répondantes.

- Les avantages

Il s'agit comme on pourra s'en rendre compte d'une rubrique singulièrement courte. Les sujets semblent éprouver quelque difficulté à nommer les avantages du taux élevé de féminisation qui caractérise leur profession, et ceci en dépit de notre invitation à le faire. Il y a bien, dit P1, le fait que «tu pouvais avancer plus rapidement, surtout au début, parce qu'il y avait un gros *turn over*» — l'absence de congé de maternité forçant les femmes à quitter leur emploi. Mais il s'agit bien sûr d'un avantage tout relatif, dont ne bénéficiaient que les femmes qui renonçaient à devenir mère.

Du côté des diététistes, il ne se trouve qu'une répondante pour voir des avantages au fait que les hommes aient laissé la diététique aux femmes. Mieux encore, elle ne voit que des avantages à cette situation car, dit-elle, cela a permis à ces dernières de s'organiser pour se tailler la place qu'elles désiraient avoir dans ce qu'elle-même continue de considérer, en dépit de tout ce qu'elle en a dit par ailleurs, comme un «métier extraordinaire».

- Les désavantages

Non seulement la liste des désavantages est plus longue, mais le nombre de sujets qui en perçoivent est plus élevé. Le premier de ces désavantages est identifié par plusieurs physiothérapeutes et quelques diététistes, il s'agit des bas salaires. C'est d'ailleurs pour cette raison, affirme P4 que les physiothérapeutes ont été «très heureuses» de l'arrivée des hommes», laquelle «a remonté les salaires».

D5 aussi attribue à la féminisation de sa profession les différences inéquitables qui existent entre l'échelle de traitement des diététistes et celle des psychologues ou des travailleurs sociaux. Et à ce propos, D6 affirme que la situation d'inéquité qui caractérisait ses conditions de travail parce qu'elle avait choisi une profession «féminine» était si scandaleuse que, si c'était à refaire, elle changerait d'orientation.

En plus des bas salaires, il y a aussi le fait, dit P5, que «c'était peut-être plus difficile à s'affirmer, vis-à-vis des médecins qui étaient des hommes, qui nous considéraient un peu comme des inférieures, dans ces années». Et ce n'est pas fini, s'exaspère-t-elle: «il y a encore des gens qui ont cette mentalité-là. [Mais] c'était plus généralisé, disons».

En ce qui concerne D2, sa vision des choses est conforme à l'image stérérotypée qu'elle a des femmes. Selon elle, «il y a un inconvénient à avoir juste des femmes, ou une profession à majorité féminine. Cela n'avance pas aussi vite parce qu'il y a trop de femmes [pour qui] c'est un deuxième salaire, elles partent accoucher puis elles reviennent, alors la progression de la profession ne va pas aussi vite avec des gens qui restent pendant 2 ans [à la maison] pour élever des enfants. Puis, il y a aussi la formation continue, si ça a lieu dans la semaine, elles y vont, si ça a lieu en fin de semaine, elles n'y vont pas.» De plus, ajoute D2, les femmes «s'impliquent sur place, au moment où elles sont là, mais après cinq heures!...» Bref, elle reprend à son compte les reproches qu'adressent aux femmes tous les gestionnaires insensibles aux nécessités de la conciliation entre la vie familiale et la carrière.

Les désavantages identifiés par P6 semblent aussi liés à une conception stéréotypée des femmes. Elle déplore le «manque de continuité» et d'engagement profond à l'égard du travail qu'indiquerait, selon elle, le départ des femmes en congé de maternité et le choix qu'elles font volontiers du temps partiel. Et ceci, même si elle reconnaît qu'elles agissent ainsi parce que leur existence se «partage entre trois jobs». Elles seraient, à cause de cela, «moins stimulantes», et montreraient «moins de curiosité» dans leur travail. «Les femmes qui avaient des enfants», dit aussi P6, «faisaient consciencieusement leur travail, elles aimaient leurs patients, mais c'était tout. Aucune implication en dehors de ça. Alors je pense que ça pouvait être une conséquence sclérosante, du coté scientifique.» Elle ajoute: «Les femmes qui allaient du côté de la recherche ou qui étaient fouineuses comme moi, c'était marginal.»

D4, pour sa part, se contente de signaler un désavantage d'un genre plutôt neutre, qui ressemble plus à une évaluation probabiliste de la situation. Elle dénonce le rétrécissement nécessairement dommageable du bassin de recrutement que crée la tenue à l'écart des hommes. Elle estime que cela a privé la profession de l'apport de personnes «qui auraient pu être d'excellents candidats».

* *
*

Notre propos, comme nous l'avons déjà noté au début de ce chapitre n'était, pas de brosser un tableau de la vie professionnelle des physiothérapeutes, ou de leur cheminement sur la voie de la professionnalisation. Nous voulions plutôt donner une idée de la façon dont elles avaient pu, du moins certaines d'entre elles, vivre un choix professionnel dans des secteurs d'activité sur lesquels d'autres qu'elles-mêmes détenaient aussi une part — parfois grande — de pouvoir; des secteurs à l'intérieur desquels étaient parfois distribués de façon rigide et apparemment indiscutable les rôles et les attributs de chaque intervenant.

C'est en tant qu'actrices dynamiques du processus de professionnalisation que nous nous sommes intéressées aux physiothérapeutes et aux diététistes qui ont accepté de répondre à nos questions. Comme on a pu le constater, dans cette recherche elles occupaient la place de sujet, avec tout ce que ce terme comporte d'ambiguïté. Sujets, elles le sont bien, assujetties à des conditions restreignantes et souvent inéquitables comme on le découvre dans leurs propos. Mais sujet aussi dans le sens que la philosophie existentielle accorde à ce terme, quand elle l'oppose à celui d'objet, pour caractériser les positions adoptées par les personnes. Pour nous, et même si nous avons désigné, à l'occasion et par commodité, nos répondantes par ce terme de sujet, nous avons indiqué notre préférence pour celui d'actrices. En effet, comme on aura pu le constater tout au long de ces pages, c'est bien ainsi qu'elles se sont manifestées. Tantôt interprétant à leur manière le rôle prévu pour elles dans la distribution, tirant le maximum possible de la marge de manœuvre qui s'offrait à elles, tantôt prenant la liberté de réécrire ce rôle, au mépris de tous les interdits, avec les luttes inévitables que cela entraîne et que certaines estiment encore inachevées.

Ces luttes se sont portées et se portent encore sur deux fronts: celui du savoir dont il faut repousser les limites, prouver la validité et la pertinence, et celui du pouvoir, ou plutôt des rapports de pouvoir avec les médecins. S'y ajoute, maintenant, la bataille pour éviter l'érosion du statut professionnel, menacé par les contrôles administratifs et le nouveau discours sur la productivité. Mais cette bataille, elles ne sont pas les seules à s'y engager. Et les actuelles restrictions budgétaires qui frappent toutes les institutions pourraient aussi bien s'avérer un facteur de nivellement et, du même coup, un réducteur des tensions entre les diverses professions qui s'affrontent dans le champ de la santé, autant qu'un irritant supplémentaire exacerbant les conflits qui les opposent.

Notes

CHAPITRE UN

1. La physiothérapie et la diététique auraient d'ailleurs aussi bien pu côtoyer le nursing dans cet ouvrage, n'était-ce que non seulement la profession d'infirmière tranche sur les deux autres par son ancienneté, mais elle fait, en plus, l'objet d'importantes recherches en cours au Québec et, depuis peu, en Ontario aussi. C'est le cas des recherches et des publications de nos deux collègues: les professeures Yolande Cohen à l'Université du Québec à Montréal et Johanne Daigle à l'Université Laval.

2. Ainsi, on peut se demander pourquoi la physiothérapie et la diététique ont réussi à maintenir une formation de niveau universitaire alors qu'une discipline comme la technologie médicale a dû quitter l'université pour intégrer le cégep professionnel.

3. Il n'est pas exclu d'ailleurs que l'étude de l'Ontario fasse, un peu plus tard, l'objet d'une publication séparée qui rendrait mieux compte encore de l'ampleur de l'information recueillie sur le sujet.

4. Nous référerons pour cela les lectrices et lecteurs de cet ouvrage à nos articles sur le sujet, publiés dans un certain nombre de revues spécialisées.

5. La notion de *social closure* (ou de «clôture sociale») a été pensée et utilisée pour la première fois par Frank Parkin. «Strategies of Social Closure in Class Formation», F. Parkin, (dir.), *The Social Analysis of Class Structure*, Londres, Tavistock, 1974.

6. On retrouve les notions de «marché protégé» et de «marché de travail fermé» au centre des analyses des professions élaborées par des auteurs tels que: E. Freidson, *Profession of Medecine. A Study of the Sociology of Applied Knowledge*, New York, Dodd, Mead & Co., 1972; M. Sarfati-Larson, *The Rise of Professionalism*, University of California Press, 1977; C. Paradeise, «Les Professions comme marchés du travail fermés», *Sociologie et sociétés*, 20, 2 octobre 1988, p. 9-21.

7. On trouvera une liste exhaustive de ces documents à la fin de cet ouvrage.

CHAPITRE DEUX

1. À partir de l'analyse d'un corpus constitué de 4292 recettes de «médecine populaire» en usage au cours de la première moitié du xxe siècle au Québec, F. Saillant a mis en lumière la diversité autant que la complexité des savoirs et des pratiques traditionnels. Les matières médicinales les plus couramment utilisées sont issues de l'environnement domestique: fleurs, plantes, arbres, parties de l'animal et aliments de base entrent dans diverses préparations de compresses, cataplasmes, onguents, tisanes... visant à purifier, revitaliser, entretenir et soulager le corps. Francine Saillant, «Les recettes de médecine populaire. Pertinence anthropologique et clinique», *Anthropologie et sociétés,* 14, 1, 1990, p. 93-114.

2. Les services de santé publique s'inspirent d'une vision de la santé envisagée dans l'optique de «[...] la prévention des maladies et la promotion de la santé par des mesures de type collectif, public ou privé». Georges Desrosiers, Benoît Gaumer et Othmar Keel, *Vers un système de santé publique au Québec. Histoire des unités sanitaires de comtés: 1926-1975,* Université de Montréal, Département de médecine sociale et préventive et Département d'histoire, 1991.

3. Ce concept est développé dans les rapports d'enquêtes menées par la fondation Rockefeller aux États-Unis. Cette fondation participe à l'émergence et au financement des premières unités sanitaires au Canada. Sa contribution au développement de ces unités de santé locale au Canada s'estompe cependant vers 1932, lors de la crise économique.

4. Les maladies infectieuses, principalement la tuberculose, comptent pour 15% de l'ensemble des décès au Canada en 1921. Dans les années 1980, elles en représentent moins de 1%. Le déclin de la mortalité infantile constitue sans doute le plus grand succès de ce siècle. En 1921, le Canada enregistre un taux de 102,1 décès par mille naissances vivantes, 61,1 en 1941, 27,2 en 1961 et seulement 9,6 en 1981. Chiffres tirés de l'*Annuaire du Canada,* 1988.

5. L'*Annuaire du Canada* traduit bien cette inquiétude et ajoute, dans l'exposé de la situation en 1957-1958, que la complexité de la civilisation industrielle donne lieu à d'autres maladies, notamment les risques professionnels dus aux substances toxiques et aux accidents, la contamination de l'air et de l'eau par les déchets industriels, les accidents de circulation, les problèmes de radiation causés par l'utilisation croissante d'agents radioactifs dans divers champs d'activité, sans compter plusieurs problèmes reliés à l'environnement urbain (l'insuffisance de logements et d'aménagements de récréation, l'usage excessif d'alcool, la toxicomanie, la délinquance juvénile, etc.).

6. Dès 1948, l'*Enquête sur les services de santé* (tomes I et IV, Province de Québec, 1948) au Québec souligne d'importantes lacunes dans le fonctionnement des unités sanitaires. Les critiques touchant l'ensemble des services de santé publique se multiplient avec les années 1960. Pour le Canada, J.E.F. Hastings dans *Les services de santé communautaires organisés,* étude effectuée dans le cadre de la Commission royale d'enquête sur les services de santé au Canada (Commission Hall, Ottawa, 1967), met l'accent sur les problèmes de distribution régionale de ces services, en particulier en Ontario et au Québec. Les jugements les plus sévères sont portés par les auteurs du *Rapport de la Commission d'enquête sur la santé et le bien-être social* (Commission Castonguay-Nepveu, vol. 1, t. 1, Québec, 1970).

7. Les données présentées pour l'année 1948 proviennent de l'*Enquête sur les services de santé,* Québec, 1948, p. 29. Pour l'année 1961, le *Rapport de la Commission royale d'enquête sur la santé au Canada* (Commission Hall) révèle que l'Ontario présente les taux les plus favorables, alors que le Québec figure loin derrière, se situant au huitième rang de l'ensemble des provinces canadiennes. *Commission Hall,* I, Ottawa, 1964, p. 153.

8. Cette loi votée en 1921 et peu modifiée avant 1961 a fait couler beaucoup d'encre. Elle est considérée comme la première loi sociale d'importance au Québec et comme la principale loi adoptée avant la mise en œuvre du programme d'assurance-hospitalisation universel en 1961.

9. Au Québec, la portée de cette loi s'étendra à certains services d'assistance à domicile dispensés par des agences sociales diocésaines en milieu anglophone (1932) puis francophone (1942). Ces agences sont implicitement reconnues comme «institutions sans murs», pour les distinguer des hôpitaux, sans cependant que cette situation nouvelle ne soit consacrée par la loi.

10. À la fin des années 1950, la clientèle assistée représente, à titre indicatif, 20% de l'ensemble de la clientèle de ces institutions reconnues d'assistance publique au Québec. Yves Vaillancourt, *L'évolution des politiques sociales au Québec, 1940-1960,* Montréal, PUM, 1988, p. 144. Pour l'ensemble des hôpitaux généraux (publics et privés) au Canada, la part des revenus en provenance des malades ne cesse de croître. Au Québec, les recettes des hôpitaux obtenues à ce poste représentent une proportion de 39,4% en 1931. En 1951, cette proportion s'établit à 69,76% et grimpe encore à 91,8% en 1961. En Ontario, la proportion des recettes des hôpitaux attribuée aux malades est encore plus élevée: 56,5% en 1931, 64,9% en 1951 et 94,1% en 1961. Dans le même temps, la portion des recettes provenant des subventions gouvernementales décline. Au Québec, elle baisse de 41,0% en 1931 à 15,04% en 1951 puis à 8,2% en 1961 (incluant pour cette dernière année les revenus provenant d'autres sources). Pour connaître qui sont les propriétaires des hôpitaux, on pourra se référer à J.E.F. Hastings, *op. cit.,* et à Jean-Yves Rivard *et al, L'évolution des services de santé et des modes de distribution de soins au Québec,* Commission

d'enquête sur la santé et le bien-être social (Commission Castonguay-Nepveu), Annexe 2, 1970, p. 25.

11. Les services médicaux recensés dans l'*Annuaire du Canada* s'établissent pour l'année 1951, par exemple, comme suit: médecine et chirurgie générales, obstétrique, pédiatrie, gynécologie, oto-laryngologie, ophtalmologie, urologie, orthopédie, cardiologie, dermatologie, dentisterie, vénérologie, maladies contagieuses, neurologie, neuro-psychiatrie, tuberculose, radiumthérapie, laboratoire clinique et physiothérapie.

12. Les hôpitaux sont de plus en plus incontournables tant pour les praticiens que pour les malades. Un signe des temps, l'hospitalisation pour l'accouchement passe, au Canada, de 26,8% à 94,6% des naissances entre 1931 et 1960. *Commission Hall,* vol. 1, p. 308.

13. Au pays, la proportion des hôpitaux de plus de 500 lits passe, de 1948 à 1960, de 26% à 29% de l'ensemble des hôpitaux. À l'inverse, le poids des hôpitaux de moins de 100 lits diminue, au cours de la même période, dans une proportion allant de 29% à 22%. *Commission Hall,* vol. 1, p. 298.

14. Ces divers programmes d'exception inspirés par la nécessité de procurer des soins à l'ensemble de la population seront en partie discontinués, en partie absorbés dans d'autres structures de soins lors des réformes de l'ensemble du champ sanitaire au cours des années 1960-1970.

15. En 1934, on dénombre 27 régimes privés d'assurance-hospitalisation au pays, régimes dont les activités s'étendent alors à six provinces canadiennes. Des sociétés de secours mutuel remboursent parfois une partie des frais hospitaliers à leurs membres. Des sociétés d'assurance commerciales en viennent également à offrir une couverture pour les frais liés à la maladie par le biais des contrats d'assurance-vie. La Croix-Bleue reste cependant le régime le plus populaire, en particulier dans l'Ouest du pays. En Alberta par exemple, il compte 15 000 adhérents. En 1957, 46% de la population de la province est assuré en vertu de ce régime. Au Québec, 36% de la population détient alors un régime privé d'assurance. *Commission Hall,* I et Yves Vaillancourt, *L'évolution des politiques sociales au Québec, 1940-1960,* Montréal, PUM, 1988.

16. La disponibilité des services hospitaliers croît en proportion du nombre d'institutions. Au Canada, la classification des hôpitaux varie au fil des ans. Dans l'ensemble, on y retrouve des hôpitaux dits publics, privés et fédéraux. Une deuxième classification concerne leurs fonctions. On dénombre principalement des hôpitaux généraux, spéciaux, des institutions pour maternité, pour convalescents, pour maladies infectieuses et pour maladies mentales. Le nombre d'hôpitaux «publics» généraux pour lesquels les données sont systématiquement consignées passe de 454 en 1931 à 778 en 1951, puis à 857 en 1981. Pour les mêmes années, le Québec en compte respectivement 54, 106 et 121, et l'Ontario 115, 182 et 197. BFS, *La Statistique des hôpitaux et l'Annuaire du Canada.*

17. L'ensemble des dépenses effectuées au chapitre de la santé au Canada représente 5,6% du Produit national brut (PNB) en 1960, 7,3% en 1970 et 7,5% en 1980. En proportion de la population, ces dépenses représentent respectivement 119$ par personne en 1960, 293$ en 1970 et 921$ en 1980. Les hôpitaux absorbent, à eux-seuls, pour les mêmes années 37,7%, 45% et 42,8% du total des dépenses. La baisse enregistrée au cours des années 1970 est attribuable aux efforts de rationalisation des coûts et des tentatives de redistribution des soins de santé en dehors des hôpitaux. Données consignées dans l'*Annuaire du Canada.*

18. Au Québec, l'assistance publique sera financée par une taxe appelée le «sou du pauvre» — symbolisant les traditions et le caractère philanthropiques de l'assistance — prélevée par les municipalités. La moitié des revenus retourne à la province.

19. «[...] la tendance est presque générale au Canada de libérer l'individu et les associations privées de leurs responsabilités en fait d'œuvres sociales et de considérer celles-ci comme une charge publique». *Annuaire du Canada,* 1933, p. 1004.

20. Pour les années 1947 à 1961, les dépenses du fédéral passent de 57 à 470 millions; celles des provinces, de 87 à 719 millions et celles des municipalités, de 27 à 77 millions. *Commission Hall*, I, p. 482.

21. Notamment l'*Enquête sur les services de santé*, Québec, 1948, et le rapport de la *Commission Hall*, vol. 1.

22. Les chiffres avancés ici concernent le nombre de médecins œuvrant dans l'ensemble des hôpitaux du pays pour les années 1921 à 1961. Pour l'année 1981 sont comptabilisés les médecins civils actifs. Bien qu'il soit impossible de présenter des données parfaitement comparables — les classifications ayant été modifiées au fil des ans — on peut cependant observer une forte tendance à la hausse des effectifs médicaux entre 1921 et 1980. En 1964, le rapport de la *Commission Hall* prévoyait une pénurie de médecins pour les années 1980. Plus récemment, plusieurs études ont analysé le phénomène de l'augmentation des effectifs médicaux pour prévoir des mesures de contrôle plus strictes. Mentionnons notamment le rapport du Comité consultatif fédéral-provincial de la main-d'œuvre sanitaire, *La main-d'œuvre médicale au Canada, 1980-2000*, Ottawa, 1980.

23. Voir à ce sujet l'*Enquête sur les services de santé*, Québec, 1948, p. 67, et le *Rapport de la Commission Hall*, I, p. 259.

24. En 1966, 53% du corps médical canadien est composé de spécialistes. Cette proportion atteint alors 62% au Québec, Frédéric Lesemann, «*Du pain et des services*». *La réforme de la santé et des services sociaux au Québec*, Laval, Éditions Albert Saint-Martin, 1981, p. 28.

25. En 1989-1990, elle formaient 22% de l'ensemble des praticiens au Canada. Il existe quelques bonnes études sur les femmes en médecine. Pour l'ensemble du Canada, mentionnons celle de Dianne Dodd et Deborah Gorham,

Caring and Curing. Historical Perspectives on Women and Healing in Canada, Ottawa, University of Ottawa Press, 1994. En particulier l'article de Deborah Gorham, "No Longer an Invisible Minority": Women Physicians and Medical Practice dans *Late Twentieth-Century North America*, p. 183-211.

26. Cette définition est sanctionnée par l'Organisation mondiale de la santé (OMS).

27. Thomas J. Boudreau, *La main-d'œuvre hospitalière*, Rapport du Comité d'étude sur la main-d'œuvre hospitalière (C.E.M.O.H.), Québec, Éditeur officiel, 1973, p. 57. Le déclin des groupes religieux s'amorce plus concrètement dans les rangs des congrégations religieuses hospitalières. À partir des années 1950, les effectifs religieux chutent dans les hôpitaux. À l'aube des années 1970, les religieuses sont, pour ainsi dire, chassées de la direction de leurs établissements et remplacées, comme l'exigent les nouvelles normes étatiques, par un personnel administratif composé essentiellement d'hommes laïcs. Voir à cet égard l'ouvrage de Nicole Laurin, Danielle Juteau et Lorraine Duchesne, *À la recherche d'un monde oublié. Les communautés religieuses de femmes au Québec de 1900 à 1970*, Montréal, Éditions du Jour, 1991. Il faut souligner toutefois que le pouvoir médical, tout en étant omniprésent dans nos sociétés modernes, y est aussi remis en question, comme en témoigne la multiplication de pratiques parallèles (mouvements d'auto-santé, naturopathie, ostéopathie, acupuncture, etc.). Au Canada, ces diverses pratiques, bien qu'elles gagnent en popularité, s'inscrivent encore à la marge du système de soins de santé.

28. Cette proportion considérable ne constitue cependant que la pointe de l'iceberg. La notion de main-d'œuvre sanitaire n'identifie que les personnes qui dispensent, de façon habituelle et moyennant rémunération, des services reconnus, et exclut le personnel administratif, comme aussi les bénévoles. Elle n'inclut pas non plus le système informel de soins de santé dispensés par des membres de la famille, des groupes d'entraide ou des organismes communautaires. Elle exclut enfin une panoplie de soignants-es qui offrent leurs services en dehors du réseau reconnu des soins de santé.

29. Jusqu'à 75% de l'ensemble des dépenses en 1981. Association des hôpitaux du Canada, *Étude du secteur hospitalier*, 1984, p. 10.

30. Les infirmières, par exemple, dont la grande majorité reçoivent leur formation professionnelle dans les hôpitaux canadiens jusqu'aux années 1960, verront alors leur programme de formation réparti en quelque 68 matières. Comme le relève la Commission Hall: [...] il n'est pas difficile de conclure que cet enseignement est superficiel. *Rapport de la Commission Hall*, vol, 1, p. 277. Par ailleurs, on peut dénombrer dans les hôpitaux du Québec jusqu'à 349 titres d'emplois en 1970, dont 35 réfèrent à la profession médicale et 18 à la profession d'infirmière.Thomas J. Boudreau, *La main-d'œuvre hospitalière*, Rapport du Comité d'étude de la main-d'œuvre hospitalière (C.E.M.O.H.), Québec, Éditeur officiel, 1973, p. 25.

31. Définition provenant du Bureau d'évaluation de la technologie, États-Unis, 1982 et reproduite dans Association des hôpitaux du Canada, *Étude du secteur hospitalier*, 1984, p. XXIX.

32. «[...] l'expérience tend à montrer que l'implantation de la technologie nouvelle n'a pas tellement pour effet de diminuer la demande globale de personnel mais plutôt de faire appel à certaines connaissances techniques nouvelles et d'augmenter la qualité et l'efficacité des contrôles administratifs». Boudreau, p. 74.

33. C'est le cas de l'Enquête de 1948, de Hall, et de CESBES. Dans ce dernier cas, le personnel moins qualifié devrait se voir confier les tâches de routine, de dépistage, de prévention ou d'éducation sanitaire, en conservant au personnel médical l'exclusivité du diagnostic et du traitement. Selon Frédéric Lesemann, *Du pain et des services,* p. 127.

34. Il faut se rappeler que dès 1948, le programme de subventions nationales à la santé du gouvernement fédéral prévoyait des budgets spécifiquement consacrés à la formation professionnelle du personnel sanitaire.

35. *Commission Hall*, I, p. 282.

36. Voir notamment Dominique Gaucher, *Le maternage mal salarié. Travail sexué et discrimination salariale en milieu hospitalier*, Montréal, PUM, 1983, 259 p. et Gilles Dusseault, «Les effectifs sanitaires au Québec», dans Jacques Dufresne *et al.*, *Traité d'anthropologie médicale*, PUQ, IQRC et Presses universitaires de Lyon, 1985, p. 587-604.

37. Cité par Jean-Yves Rivard *et al.*, *L'évolution des services de santé et des modes de distribution des soins au Québec*, Commission Castonguay-Nepveu, annexe 2, 1970, p. 98.

38. *Commission Hall*, II, p. 70.

39. Dans l'ensemble du Canada on dénombre un dentiste pour 2783 personnes en 1921, un pour 2733 en 1941, un pour 3108 en 1961 et un pour 2133 en 1981. Au cours des mêmes années, on note la présence d'un médecin pour 1008 personnes, puis un pour 928, un pour 857 et enfin un pour 538. Dans le groupe des pharmaciens-nes, le ratio s'établit à un pour 2055 personnes en 1961 et à un pour 1438 en 1981; les données pour les années antérieures n'étant pas disponibles. Les infirmières sont, incontestablement, les plus nombreuses: on en compte une pour 413 personnes en 1941, une pour 233 en 1961 et une pour 168 en 1976. *Annuaire du Canada*, 1921 à 1981.

40. Par contre, l'homologation et l'immatriculation étant de juridiction provinciale, la situation peut varier entre les différentes provinces canadiennes. Pour les infirmières, par exemple, les associations professionnelles de certaines provinces (notamment le Québec, le Manitoba ou Terre-Neuve) octroient une licence à leurs membres, alors que dans d'autres provinces (en particulier l'Ontario), elles peuvent exercer leur profession sans être inscrites au registre de leur association.

41. *Commission Hall*, 1, p. 282.

42. L'*Annuaire du Canada* relève encore quelques données valables pour les principaux services des hôpitaux publics dans lesquels se concentre le personnel paramédical. Au Québec, les services de radiologie passent de 67 en 1931 à 90 en 1951 et de 129 à 158, pour les mêmes années, en Ontario. Les services de laboratoires cliniques grimpent, au Québec, de 58 à 88, alors qu'en Ontario, la progression va de 96 à 109. Enfin, les services de physiothérapie progressent dans des proportions similaires, passant respectivement de 44 à 69 au Québec et de 62 à 85 en Ontario. Voir à cet égard, l'étude de A. Boyd, *Les effectifs paramédicaux au Canada*, réalisée dans le cadre de la Commission Hall, 1964, en particulier le chapitre 2.

43. Thomas J. Boudreau, *La main-d'œuvre hospitalière*, p. 90. Le Québec compte en fait plus d'étudiantes-infirmières-auxiliaires et d'infirmières-assistantes à la direction des soins que l'Ontario, alors que cette dernière province enregistre un meilleur taux d'infirmières diplômées dans ces services (45%, contre 33% pour le Québec en 1966). Au chapitre du nombre d'infirmières diplômées, l'Ontario enregistre, par ailleurs, le rapport le plus favorable au Canada (une pour 259 personnes en 1941 et une pour 165 en 1961), alors que le Québec connaît le moins favorable (une pour 787 et une pour 394 respectivement). Données extraites du *Rapport de la Commission Hall*, 1. Le groupe des infirmières œuvrant en milieu hospitalier se répartit entre étudiantes et diplômées. En 1931, le Québec compte 1890 étudiantes infirmières pour 882 infirmières diplômées; l'Ontario en compte respectivement 3977 et 1409. En 1951, on constate une hausse plus significative des infirmières diplômées, alors que les proportions s'établissent au Québec à 3303 étudiantes pour 3232 diplômées et en Ontario à 5211 étudiantes pour 6364 diplômées. Données tirées de l'*Annuaire du Canada* et du *Rapport de la Commission d'enquête sur la santé et le bien-être social* (Commission Castonguay-Nepveu), vol. IV, 1, 1970, p. 153.

44. *Commission Hall*, 1, p. 281.

45. *Commission Hall*, II, 1965, p. 45.

46. Les chiffres sont, à cet égard, révélateurs d'une situation courante. Dans l'ensemble du Canada pour l'année 1961, les départs enregistrés touchent 267 diététistes sur un total de 772, 152 archivistes médicales sur 737, 2266 techniciens-nes de laboratoire et de radiologie sur 6982, 319 physiothérapeutes sur 747, 54 ergothérapeutes sur 143, 142 pharmaciens-nes sur 621, 84 assistants-es socio-médicaux sur 291, 16 991 infirmières sur 28 181 et enfin 4963 infirmières-auxiliaires sur 11 646. Au Québec, ces proportions sont de 77 sur 202 pour les diététistes, 517 sur 1714 pour les techniciens-nes; 59 sur 154 pour les physiothérapeutes, 5 sur 23 pour les ergothérapeutes et 2844 sur 5050 pour les infirmières. En Ontario, ces proportions s'établissent à 97 sur 284 pour les diététistes, 810 sur 2589 pour les techniciens-nes de laboratoire et de radiologie, 151 sur 315 pour les physiothérapeutes, 26 sur 66 pour les ergothérapeutes et

enfin 1533 sur 4285 pour les infirmières. Bureau fédéral de la statistique, *La statistique des hôpitaux*, 1961.

47. *Commission Hall*, II, p. 52.

48. *Commission Hall*, II, p. 272.

49. La proportion est supérieure au Québec pour les diététistes (72,3% contre 69,4% en Ontario), les techniciens-nes (65,4% contre 51,8% en Ontario) et les ergothérapeutes (100% contre 72,7% pour l'Ontario), alors qu'elle est inférieure à celle de l'Ontario dans le cas des physiothérapeutes (85,1% contre et 90,5%).

50. Pour cette dernière occupation, voir Johanne Collin, *Changement d'ordonnance*, Montréal, Boréal, 1995.

CHAPITRE TROIS

1. Margaret Lang et Elisabeth Upton, *The Dietetic Profession in Canada*, Canadian Dietetic Association, 1973; Hélène Trottier, *Évolution de la profession infirmière au Québec de 1920 à 1980*, M.A. Département de sociologie, Université de Montréal, 1982; Carol Miles-Tapping, *«A Good Physical Therapist Would Cope»: Gender and Class Control in a Women's Profession*, Thèse de doctorat en sociologie, Carleton University, 1987; Susan S. Reverby, *Ordered to Care, The Dilemma of American Nursing, 1850-1945*, Cambridge, Cambridge University Press, 1989.

2. Les écoles ménagères francophones de cette époque semblent en effet préparer beaucoup moins leurs étudiantes au marché du travail, que ce soit à titre d'enseignantes ou de diététistes, que leurs équivalentes anglophones. Marta Danylewycz et Nadia Fahmy-Eid, «L'enseignement ménager et les "home economics" au Québec et en Ontario au début du 20e siècle», *An Imperfect Past*, J.D.Wilson (dir.), Vancouver, University of British Columbia, 1984, p. 67-119.

3. La STM doit en effet s'efforcer de dissiper les préjugés que subissent les femmes qui pratiquent le massage et dont la moralité est constamment mise en doute. Incorporée en 1900, l'association recrute surtout ses membres au sein de la haute bourgeoisie qui lui fournit en retour sa principale clientèle. Sur les débuts de la physiothérapie en Angleterre, voir Gerald Larkin, *Occupational Monopoly and Modern Medicine*, Londres, Tavistock, 1983, p. 95-98.

4. Ruby Heap, «Training Women for a New "Women's Profession" in the Health Sector: The Beginnings of Physiotherapy Education at the University of Toronto: 1917-1940», *History of Education Quarterly*, à paraître en 1995; Sharon Dauphinée, *Opération Sciences de la santé. Dossier n° 9: Réadaptation (ergothérapie et physiothérapie)*, février 1974, Archives de l'Université Laval.

5. M. Lang, E. Upton, *op. cit.*, p. 19-20.

6. Les autres branches sont Vancouver, London, Winnipeg, Hamilton,

Ottawa et Halifax. C'est donc l'Ontario qui compte le plus grand nombre de branches locales, ce qui reflète la concentration des effectifs de l'ACP dans cette province.

7. *Minutes of the meeting of the Board of Directors and of the National Executive Committee*, 9 juin 1964, AACP.

8. Pour éviter d'alourdir le texte, nous n'utiliserons à l'avenir que le sigle CPDQ pour désigner l'association corporative des diététistes du Québec, indépendamment des différents noms qu'elle a portés au cours de son histoire. Il en sera de même pour la Corporation professionnelle des physiothérapeutes du Québec (CPPQ), anciennement «Physiothérapeutes du Québec Inc.».

9. Pour un portrait plus complet des associations existant dans le champ de la diététique et de la physiothérapie au Québec, il faudrait tenir compte des regroupements syndicaux et corporatifs des techniciennes en réadaptation et en nutrition qui apparaissent au cours de la décennie 1970. Quatre organismes supplémentaires pourraient donc être ajoutés à ce total.

10. Mrs Duncan Graham, «Canadian Physiotherapy Association, 1939-1949», *Journal of the Canadian Physiotherapy Association*, mars 1956, p. 16. À l'avenir: *Journal of the CPA*. M. Lang et E. Upton, *op. cit.* p. 44.

11. Les effectifs des diététistes et des physiothérapeutes ont été établis à partir de multiples documents provenant des différentes associations (ACD, CPDQ, ODA, ACP, CPPQ, OPA). Pour les infirmières, voir: André Petitat, *Les infirmières*, Montréal, Boréal, 1989, p. 70.

12. «Editorial», *Journal of the Canadian Association of Masseuses and Remedial Gymnasts*, mars 1924 (cité par C.Miles-Tapping, *op. cit.* p. 122). À l'avenir: CAMRG.

13. Elizabeth MacNab, *A Legal History of Health Professions in Ontario. A Study for the Committee on the Healing Arts*, Toronto, Imprimeur de la Reine, 1970, p. 139.

14. À la fin des années 1930, on retrouve encore des exemples aux États-Unis montrant comment le massage, la physiothérapie et la prostitution sont fréquemment associés. American Physical Therapy Association, *The Beginnings: Physical Therapy and the APTA*, 1979.

15. Bureau fédéral de la statistique, *Main-d'œuvre sanitaire. Physiothérapeutes 1975*, Ottawa, 1975, p. 11.

16. «En physiothérapie, où en sommes-nous?», *L'Hôpital d'aujourd'hui*, 9, 2, février 1963, p. 37; B.L.P. Brosseau, «Problèmes de main-d'œuvre», *L'Hôpital d'aujourd'hui*, 13, 11 février 1967, p. 16-17.

17. «Message from the President», *Bulletin CDQ*, 8, février 1962, p. 1; *Rapport annuel CPDQ*, 1969-1970, p. 10.

18. *Commission royale d'enquête sur les services de santé (Commission Hall)*, Ottawa, Imprimeur de la Reine, 1964, vol. 2, p. 61; B.L.P. Brosseau, *op. cit.*, p. 17; *Journal of the CDA*, 21, 2, mars 1959, p. 67.

19. Bureau fédéral de la statistique, *Health Manpower in Hospitals: Dieticians 1961-1968* et *Physio-Occupational Therapists 1961-1968*, Ottawa, 1970 et 1971.

20. Rachel Beaudouin, «Statut professionnel dans l'hôpital d'aujourd'hui», *L'Hôpital d'aujourd'hui*, 5, 11, novembre 1959, p. 54-66.

21. *Journal of the Canadian Dietetic Association*, 20, 4, juillet 1958, p. 13. À l'avenir: *Journal of the CDA*.

22. ODA, *Bulletin*, février 1971; OPA, *Criteria for formulating 1975 salary scale recommendations for staff physiotherapists, submitted to the salary subcommittee*, Hospital Council of Metropolitan Toronto, May 15, 1974, AOPA.

23. *Journal of the CPA*, 1, 2, juillet 1945, p. 17.

24. *Journal of the CPA*, 14, 2, juin 1962; *Journal of the CDA*, 17, 2, juin 1955, 12.

25. ACD, *Annual Report for the year 1968*.

26. Rachel Beaudouin, «Statut professionnel dans l'hôpital d'aujourd'hui», *L'Hôpital d'aujourd'hui*, 5, 11, novembre 1959, p. 54.

27. Ontario Society of Physiotherapy, *Submission to the Committee on the Healing Arts*, novembre 1966, p. 1. Ajoutons que plusieurs hommes physiothérapeutes sont d'avis que la profession bénéficierait grandement d'une présence masculine plus importante. L'un deux écrit ainsi: «[...] the practice of physiotherapy should not be a female monopoly as it has been in the past. If physiotherapy is to expand to become a universally accepted means of therapy on a plane comparable to Drug Therapy, we must have more therapists who will make the profession a lifetime career. Girls become good therapists but are innately better homemakers»; *Journal of CPA*, 3, 1, juin 1951, p. 9. Même écho chez l'un des rares hommes diététistes: «Je ne dis pas que les femmes ne peuvent diriger une vaste entreprise, mais souvent celles qui sont compétentes se marient et doivent abandonner leur carrière. Il faut donc des hommes pour diriger ça»; *La Presse*, 21 juin 1963, p. 18.

28. Seules les technologistes médicales connaissent une augmentation aussi spectaculaire de leurs effectifs (108%), les infirmières restant loin en arrière (48%). Voir Malcom G. Taylor, «The Canadian Health Care System: After Medicare», David Coburn *et al.* (dir.), *Health Care and Canadian Society. Sociological Perspectives*, 2e édition, Fitzhenry and Whiteside, 1987, p. 83.

29. *Document de travail de la CPPQ pour la Commission d'enquête sur la santé et les services sociaux* (Commission Rochon), mars 1986, p. IV, ACPPQ.

30. Compilation effectuée à partir des listes de membres et des statistiques dressées par les deux corporations québécoises. Les données font cependant défaut à partir des années 1970. D'autre part, le nombre appréciable de Britanniques au sein de l'ACP jusque dans les années 1950 (50%) rappelle l'origine européenne de la profession.

31. H.R. Neilson «Dieticians Face to Future», *Journal of the CDA*, 14, 3

décembre 1953, p. 13; «Un syndicat pour les diététistes», *Châtelaine*, janvier 1971.

32. C.Miles-Tapping, *op. cit.*, p. 129; *Report of the Publicity Committee of the CAMRG*, 28 janvier 1931, AACP.

33. ACP, *Assemblée générale annuelle*, Rapport de la secrétaire de l'éducation, 26 janvier 1935, AACP.

34. Mrs Duncan Graham, «The Canadian Physiotherapy Association: An Historical Sketch», *Journal of the CPA*, 1, 1, novembre 1939, p. 12-13.

35. Dossier de correspondance, Archives de l'Hôpital Sainte-Justine. Les physiothérapeutes bénévoles des années 1920 et 1930 n'ont fait que suivre une tradition apparue dès les débuts de leur profession et inaugurée notamment par Mme S.N. Hay. Avant la guerre 1914-1918, cette dernière commence par offrir gratuitement ses services au Montreal General Hospital et y ouvre ensuite un département de physiothérapie. *Journal of the CPA*, 1, novembre 1939, p. 9.

36. Margaret Vatcher, «Coup d'œil vers le passé», *Journal of the CPA*, 22, 2, avril 1970, p. 76-77.

37. «Household Science as a Training», *The MacDonald College Magazine*, 19, 1928, p. 24.

38. Richard Béland et Thomas Boudreau, *La prévision de la main-d'œuvre dans le secteur hospitalier*, Annexe 8, Commission d'enquête sur la santé et le bien-être social, 1970, p. 159 et 165.

39. Le premier pourcentage est tiré de *Commission royale d'enquête sur les services de santé, op. cit.*, p. 61. Les autres statistiques, comme pour le reste de cette section proviennent des registres de membres et des bulletins des associations: ACP, OPA, CPPQ, ACD, ODA et CPDQ.

40. *Mémoire de* Les Physiothérapeutes de la Province de Québec Inc. *à la Commission d'enquête sur la santé et le bien-être social*, avril 1968, p. 4.

41. A.E.H., «Fields of Work Open to Women with a Home Economics Training», *MacDonald College Magazine*, 4, 1913, p. 120.

42. Rachel Beaudouin, «Premiers pas de l'Institut de nutrition et de diététique de l'Université de Montréal», *L'Action universitaire*, 9, 9, mai 1943, p. 11.

43. Ontario Council of Health, *Nutrition and Dietetic Services*, Toronto, Ontario Council of Health, 1975, p. 44.

44. C.Miles-Tapping, *op. cit.*, p. 396, tableau 1.

45. Kathryn McPherson, «Science and Technique: Nurses' Work in a Canadian Hospital, 1920-1939», *Caring and Curing. Historical Perspectives on Women and Healing in Canada*, Dianne Dodd et Deborah Gorham (dir.), Ottawa, University of Ottawa Press, 1994, p. 71-102.

46. En 1968, l'ACD s'attaque aux administrateurs hospitaliers qui s'entêtent selon elle à considérer les départements de diététique comme des prolongements de la cuisine familiale; en 1963, l'ODA juge l'appellation «Household Science» incompatible avec le caractère professionnel de la formation en diété-

tique qu'elle recouvre; enfin, en 1967, la CPDQ présente la diététique comme une profession exclusivement issue de la médecine et ne souffle mot de son autre ancêtre: les sciences domestiques. «What Is a Dietician», *Journal of CDA*, 2, 1, juin 1940, p. 16; CDA, *A Brief to the Royal Commission on the Status of Women in Canada*, février 1968, p. 14; ODA, *Rapport interne*, 1963; CDQ, *Mémoire soumis à la Commission d'enquête sur la santé et le bien-être social*, avril 1967, p. 2.

47. OPA, *Physiotherapy Today and Tomorrow: Partners in Physical Wellness*, document de travail, 1990, non paginé, AOPA.

48. Les diététistes se plaignent à différentes reprises que la nature de leur travail les isole dans leur cuisine et les prive de temps pour visiter leurs malades. Voir entre autres: «Souvenirs des débuts de la diététique au Canada», *Journal of CDA*, 46, 4, automne 1985, p. 259; CDQ, *Mémoire soumis à la Commission d'enquête sur la santé…*, *op. cit.*, p. 19.

49. Gilles Dussault, «Les idéologies des professions libérales au Québec, 1940-1975», *Idéologies au Canada français, 1946-1976*, Fernand Dumont *et al.*, Québec, PUL, 1981, p. 47-73; Beverly Boutilier, «Helpers or Heroïnes? The National Council of Women, Nursing and "Women's Work" in Late Victorian Canada», *Caring and Curing*, *op. cit.*, p. 17-49; Donald L. Mills et Donald E. Larsen, «The Professionalization of Canadian Chiropratics», *Health and Canadian Society*, David Coburn *et al.* (dir.), 1ère édition, Toronto, Fitzhenry and Whiteside, 1981, p. 237-250.

50. *Manuel du Département de médecine physique et de réhabilitation*, Hôtel-Dieu de Montréal, 1958, Archives de l'Hôtel-Dieu de Montréal. L'inventaire minutieux contenu dans ce document comprend ainsi (outre les crucifix, tables, marchettes, bains et autres): 4 appareils de diathermie, 3 stimulateurs électriques, 2 appareils à ultrasons, 2 appareils de microthermie, 3 lampes à infrarouge, 2 appareils thermolite.

51. *Presidential Address, AGM*, 7 juin 1973, AACP.

52. Il s'agit des nouveaux médicaments proposés aux personnes atteintes notamment de diabète, d'artériosclérose ou d'ulcères. Alice Pageau Lauzière, «Interrogation», *Bulletin de la CPDQ*, 8, 7, décembre 1968, p. 11-12.

53. Le système implanté en 1971 s'intitule «Programme canadien d'évaluation des soins physiothérapeutiques». Il établit les critères à partir desquels tous les hôpitaux canadiens évaluent le coût et le temps nécessaire à chaque traitement et déterminent la charge de travail des physiothérapeutes. Chaque institution est tenue de fournir les données pertinentes au gouvernement fédéral et à Statistique Canada

54. Joan Pape, «Adresse du président», *Journal of the CPA*, 20, 4, septembre 1968, p. 273.

55. «Panel. Les diététistes et leurs cadres», *Bulletin de la CDQ*, 12, juin 1963, p. 27.

56. CDQ, *Mémoire soumis à la Commission d'enquête sur la santé...*, *op. cit.*, p. 14; «Membership Profile of the CDA 1971», *Journal of the CDA*, 33, 3, septembre 1972, p. 162; Planification sectorielle de l'enseignement supérieur, *Opération Sciences de la santé. Rapport final*, vol. 2, 1976, p. 267.

57. Rachel Beaudouin, «La diététique», *L'Hôpital d'aujourd'hui*, 1, 1, septembre 1955, p. 59; Association des hôpitaux de la province de Québec, *Une solution au dilemme des services de santé du Québec*, septembre 1976, p. 2-12.

58. Carl Derber et William Schwartz, «Des hiérarchies à l'intérieur des hiérarchies. Le pouvoir professionnel à l'œuvre», *Sociologie et sociétés*, 20, 2, octobre 1988, p. 55-76.

59. Nous n'avons retrouvé aucune indication d'un conflit similaire en Ontario.

60. Rachel McElhaw, Louise H. Ménard et Monique H. Talbot, *Mémoire présenté à l'administration, Service de réadaptation*, Hôpital Marie-Enfant, mars 1973, AAPPQ.

61. Barbara Nowell, «The Physiotherapist As a Manager», *Physiotherapy Canada*, 25, 1, mars 1973, p. 25.

CHAPITRE QUATRE

1. H.M. Parker. «The value of a household science course», *MacDonald College Magazine*, 1925, vol. XV, n° 6, p. 234.

2. Il semblait que le troc de l'appellation «household science» pour celle de «home economics» devait contribuer à la modernisation de l'image de l'École et surtout à son identification avec des institutions analogues à travers le Canada et les États-Unis. En 1958, il y avait en fait dix-sept collèges et universités à travers le Canada qui offraient un baccalauréat en Home Economics et, en 1967, un total de 2670 personnes étaient inscrites à ce programme. («Home Economics Registration in Canadian Universities 1967-68», *Canadian Home Economics Journal*, XIX, I, janvier 1969, p. 39.)

3. Les trois autres options sont: «home economics education», «consumer education» et «food biochemistry». Précisons qu'en 1986, la School of Food Science changera encore de nom pour devenir la School of Dietetics and Human Nutrition.

4. Les principales sources où sont puisées ces modestes informations sur la clientèle étudiante sont: un article du *McGill News* de l'été 1963 intitulé «The Daily Round, the common task» et un petit ouvrage de synthèse de Helen Neilson, *MacDonald College University. 1907-1908. A people of a campus*, Montréal, ECP Corona Montréal, 1989. Ni l'une ni l'autre de ces sources n'indiquent les matériaux à partir desquels ces chiffres et ces compilations ont été établis.

5. Une grande partie des informations relatives à la «School of Household Science» sont fournies par Édith C. Rowles Simpson, «The history of Home Economics in Canada», *Canadian Home Economics Journal* (CHEJ), mars 1966, ainsi que par l'ouvrage de Helen Neilson, *op. cit.*

6. Sur l'histoire de l'administration de l'École de Household Science on consultera avec profit l'ouvrage de Édith C. Rowles, *Homes Economics in Canada in the early history of six colleges programs: Prologue to change*, Saskatchewan, Modern Press, s.d.

7. Document, sans nom d'auteur et non daté (qui s'apparente cependant à un mémoire) présenté par l'Université de Montréal (faculté de médecine?) au ministre québécois de la Santé et du Bien-Être, p. 1, Archives de l'Université de Montréal. Fonds du Secrétariat général (D35/C4 Faculté de médecine), D35/679.

8. Faculté de médecine. Annonce du nouveau programme en diététique, n.d. (vers 1942-1943), p. 1, D35/679.

9. The University of the State of New York. The State Education Department, Bureau of Home Economics Education, *Report of the Study of the Institute of Dietetics and Nutrition, University of Montreal*, octobre 1946, D35/115.

10. Entre 1942 et 1952, on parvient à retracer les chiffres des inscriptions en 1re année à travers le rapport soumis par la faculté de médecine et intitulé: *Rapport du Comité chargé de l'étude des problèmes de réorganisation de l'Institut de diététique…*, *op. cit.*, p. 19. Entre 1957 et 1970 on retrouve ces données dans les «statistiques du registraire» de l'Université de Montréal. Après cette date, les données fournies ne font plus de distinction entre les diverses spécialisations du programme. Il apparaît que, dans l'ensemble, les candidates ne sont pas légion. Ainsi, entre 1942 et 1952, elles sont une vingtaine d'étudiantes en moyenne à s'inscrire en première année et ce chiffre ne se hausse qu'à vingt-cinq entre 1957 et 1970.

11. Dès 1946, dans un article intitulé «Diététique et nutrition à la faculté de médecine de l'Université de Montréal» (avril 1946), l'*Union médicale du Canada* fait état de l'animosité que soulève le nouvel institut parmi les partisans des écoles ménagères.

12. *Commission des études. Institut de diététique*, 1954, p. 7.

13. Commission des études, Compte rendu des délibérations, 22/04/1954, p. 10. D35/C4 186.

14. Institut de diététique et de nutrition. *Projet d'un programme d'études de maîtrise ès sciences (nutrition appliquée)*, décembre 1970, 8 p. , D35/C4 186.

15. Voir à cet égard l'analyse effectuée dans le cadre d'un article de N. Fahmy-Eid et A. Charles, «Savoir contrôlé ou pouvoir confisqué? La formation des filles en technologie médicale, réhabilitation et diététique à l'Université de Montréal (1940-1970)», *Recherches féministes*, 1988, vol.1, n° 1, p. 5 à 29.

16. Pour plusieurs des données relatives à l'analyse des programmes de diététique à l'Université McGill, voir: N. Fahmy-Eid et J. Collin, «Savoir et

pouvoir dans l'univers des disciplines paramédicales: la formation en physiothérapie et en diététique à l'Université McGill, 1940-1970», *Histoire sociale/ Social History*, vol. XXII, n° 43.

17. À partir de 1970 on ne peut toutefois appliquer nos catégories d'analyse de la même manière dans la mesure où les spécialisations (majeures) se multiplient pendant que les cours optionnels représentent désormais près du tiers du programme. Aussi l'analyse des programmes, après 1970, revêtira une forme quelque peu différente.

18. Il faut souligner qu'après 1975, et jusqu'en 1980, les annuaires de l'Institut de diététique et de nutrition (incorporé à cette date à la faculté de médecine et devenu le Département de diététique) ne précisent plus le nombre d'heures allouées aux cours, mais renseignent uniquement sur le nombre de crédits. Or, il est impossible d'établir un rapport certain entre le nombre de crédits et le nombre d'heures correspondant à un cours parce qu'à un crédit pratique (laboratoires, stages, etc...) correspond un nombre d'heures variable.

19. «Canadian Dietetic Association. A Guide for Acceptance of Home Economics Courses», *Journal of Canadian Dietetic Association*, vol. 9, n° 3, déc. 1947, p. 110.

20. Nous reviendrons plus loin dans ce chapitre sur plusieurs aspects de la formation en physiothérapie en Ontario.

21. Lettre du directeur du département de physiothérapie du Montreal General Hospital au doyen de la Faculté de médecine de l'Université McGill, 7 nov. 1941. Rg 38, C7, F168.

22. Cette correspondance est archivée à l'Université McGill dans le registre 38, cartons 7 (Rg 38,C7). Quant au Dr Fisk, il avait dû trouver que les choses n'allaient pas assez vite à son goût avec l'Université puisqu'en 1943, il tente de former des physiothérapeutes dans son département au Montreal General Hospital. Ce sont les protestations véhémentes de la Canadian Physiotherapy Association qui semblent l'avoir fait reculer (mais nous reviendrons sur ce sujet dans le cadre d'un futur chapitre).

23. Council on Medical Education and Hospitals (American Medical Association), *Approved Schools for Physical Therapy Technicians*, 1942, 8 p. Rg 38,C7, F168.

24. Mémo du «principal» de l'Université McGill au doyen de la Faculté de médecine, 10 juillet 1942, Rg 38,C7,F168.

25. Lettre du Dr J.C. Mackenzie au doyen de la faculté de médecine en date du 25 janvier 1943, Rg 38, C7, F168.

26. L'ensemble des informations concernant les changements intervenus dans la durée et l'orientation des programmes de l'École de physiothérapie de l'Université McGill ont été puisées dans les Rapports annuels (*Annual Reports*) de l'École et aussi — mais de façon plus ponctuelle — dans les Rapports annuels de la Faculté de médecine.

27. Nous n'aborderons pas ici la question complexe de la création au cégep d'un programme de «Technique en réadaption physique» (en 1970), étant donné que nous traiterons amplement de cette question dans un chapitre ultérieur.

28. À la toute fin de l'année 1972, la faculté de médecine de McGill soumettra à la «Planning Commission» un rapport intitulé: *Report of the Committee on the Future of the School of Physical and Occupational Therapy*, déc. 1972, 29 p. 29. Parmi ces options, est-ce qu'on sous-entend le transfert des programmes au niveau cégep? Évidemment la proposition reste — volontairement — vague. Mais nous aurons l'occasion de traiter plus loin de l'ensemble de cette question.

30. Faculty of Medecine, *Report...*, *op. cit.*, p. 9.

31. Faculté de médecine, *Projet d'une École de physiothérapie et d'«occupational therapy»*, vers 1953-54 (n.d.), p. 1, D35/C4297.

32. Le recteur de l'Université McGill rapporte ces critiques dans un memorandum adressé aux membres de la «Planning Commission»: «Interdepartmental memorandum from the Principal R.E. Bell to Members of the Planning Commission», 17 mai 1973, p. 1, Rg 43, C69, F19.

33. «L'enseignement technique n'a pas sa place à l'université», extrait d'un journal non identifié, 30 mars 1962. D35/C4194.

34. Lettre du directeur de l'École de réhabilitation de l'Université de Montréal au président du sous-comité de l'enseignement paramédical, 21 janvier 1961, p. 1. E38/cont. 2733, 98/2/3/2; «sous-comité de l'enseignement paramédical, 1960-1961».

35. Jean Frappier *et al.*, Deuxième rapport du sous-comité chargé d'étudier le problème de l'inclusion éventuelle des écoles paramédicales dans le centre médical de l'Université de Montréal, mars 1963, p. 7. E38/cont. 2733, 98/2/3/2.

36. Lettre du doyen de la faculté de médecine au vice-recteur aux affaires académiques, 10 mai 1971, D35/C4311.

37. Aucune comparaison n'est malheureusement possible avec le profil de l'École de McGill entre 1968 et 1980 étant donné l'absence d'informations disponibles relativement aux heures consacrées aux stages dans les programmes. On y parle de nombre de mois d'internat à la fin des cours sans préciser vraiment le temps/heures auquel cet internat correspond.

38. Voir à cet égard: Nadia Fahmy-Eid et Lucie Piché, «Le savoir négocié. Les stratégies des associations de technologie médicale, de physiothérapie et de diététique pour l'accès à une meilleure formation professionnelle (1930-1970)», *Revue d'histoire de l'Amérique française*, vol. 43, printemps 1990, p. 509 à 534.

CHAPITRE CINQ

1. C.C. Benson, *The Beginnings of Household Science*, s.d., Archives de l'Université de Toronto, A75-008, boîte 1.

2. En dépit du fait que l'Université de Toronto avait accepté de créer une Faculté des sciences domestiques, le titre de doyenne ne sera jamais décerné à celle à qui on en confiera la responsabilité.

3. Cité dans Edith Child Rowles, *Home Economics in Canada. The Early History of Six College Programs: Prologue to Change*, Saskatoon, University of Saskatchewan Bookstore, 1926 (?), p. 26.

4. Annie L. Laird, *Status of Household Science in Canada with Special Reference to Nutrition and Health*, 1936, Archives de l'Université de Toronto, A75-OO8, boîte 1.

5. En 1919, ce cours devient un cours *honours* et prend le nom de cours en «Household Economics».

6. Annie L. Laird, *Speech given at Alberta, 1936, with some history*, s.d., Archives de l'Université de Toronto, A75-008, boîte 1.

7. Margaret Lang et Elizabeth Upton, dir., *The Dietetic Profession in Canada*, Toronto, the Canadian Dietetic Association, 1973, p. 19-20.

8. Le Macdonald Institute est établi en 1903 sur le site du Ontario College of Agriculture de Guelph, qui est affilié à l'Université de Toronto. En 1965, l'Institut se joint au Collège d'agriculture et au Collège vétérinaire de l'Ontario pour former l'Université de Guelph.

9. University of Toronto, *President's Report*, 1938, p. 39.

10. University of Toronto, *President's Report*, 1948, p. 41; *ibid.*, 1950, p. 48.

11. Sur l'évolution des programmes en sciences domestiques en Ontario depuis le début du siècle, voir Robin S. Harris, *A History of Higher Education in Canada, 1663-1960*, Toronto, University of Toronto Press, 1976, p. 286-287, p. 407-408.

12. *Ibid.*, 17-19 novembre 1966, p. 18-20. Voir aussi le *Journal of CDA*, vol. 31, n° 4, décembre 1970, p. 201-206.

13. *Report of the President's Committee on Household Science Studies in the University of Toronto*, 2 mai 1961, p. 19, B82-004, boîte 4, Archives de l'Université de Toronto.

14. *Ibid.*

15. Archives de l'Université de Toronto, *University of Toronto Calendar, Faculty of Food Sciences*, 1963-1964, p. 16.

16. University of Toronto, *President's Report*, 1963-1964, p. 65.

17. University of Toronto, *President's Report*, 1966-1967, p. 83.

18. Entrevue de Edna W. Park par Barbara Byers (manuscrit), 3 mai 1973, dossier B74-0043, Archives de l'Université de Toronto, p. 24-25.

19. University of Toronto, *The Varsity*, 12 janvier 1973.

20. University of Toronto, Faculty of Food Sciences, *Calendar, 1976-1978*, p. 4-5.

21. *Ibid.*

22. Ontario Council of Health, *Nutrition and Dietetic Services*, Toronto, 1975, p. 46, p. 48.

23. Elizabeth M. Upton et Eleanor Brownridge, *The Dietetic Profession in Canada*, nouvelle édition, Toronto, 1989, manuscrit dactylographié, p. 158-160.

24. Voir Ruby Heap, «Training Women for a new "Women's Profession": Physiotherapy Education at the University of Toronto, 1917-1940», *History of Education Quarterly*, vol. 35, n° 1, été 1995.

25. *Ibid.*

26. «Proposed three-year course in physical therapy», 19 novembre 1945, Archives de l'ACP.

27. University of Toronto Calendar, Department of University Extension, *Diploma Courses in Occupational Therapy and Physical Therapy, 1947-1948*, p. 21-22, Archives de l'Université de Toronto.

28. *Journal de l'ACP*, vol. 11, n° 9, juin 1950, p. 19.

29. *Ibid.*, vol. 12, n° 6, septembre 1949, p. 7.

30. Voir Ruby Heap, «Training Women for a New "Women's Profession"».

31. «Brief of the Board of Directors of Physiotherapy of Ontario to the Royal Commission on Health Services in Canada», (c. 1960), Royal Commission on Health Services, Exhibit 315, RG 33-78, vol. 21, dossier 375. APC.

32. University of Toronto, Faculty of Medicine, *Diploma Courses in Physical and Occupational Therapy*, 1957-1958, p. 26; *ibid.*, 1968-1969, p. 15.

33. Canada, *Report of the Royal Commission on Health Services*, Ottawa, 1965, vol. II, p. 59, p. 71.

34. «Submission to the Committee on the Healing Arts, Ontario, by the Ontario Branch, Canadian Physiotherapy Association», novembre 1966, p. 2-3. Archives de l'ACP.

35. *Journal of the CPA*, vol. 25, n° 2, mai 1973. p. 97. L'Université McGill, l'Université Laval et l'Université de Montréal sont les universités québécoises qui font partie de ce groupe. Les autres universités canadiennes offrent quant à elle soit un seul programme conférant un diplôme, soit l'un et l'autre programmes.

36. University of Toronto, Faculty of Medicine, Division of Rehabilitation Medicine, *Bachelor of Science (Physical Therapy)*, 1971-1972, p. 17-21. Le nombre d'heures attribuées à chaque cours n'est malheureusement pas indiqué pour ce nouveau programme. De plus, nous ne connaissons pas quels sont les cours offerts aux étudiantes.

37. Canadian Physiotherapy Association, «Requirements for the Basic

Education Programme for Physiotherapists in Canada», 2 novembre 1978, p. 2. ACP, chemise 5-0-I.

38. CPA, «Education of Physiotherapists», chemise 5-0-1: Association Policies and Standards. Archives de l'ACP.

39. OPA, «Submission to the Honourable Dr. Bette Stephenson, Minister of Education, on the matter of Basic Educational Requirements for Physiotherapists from the Ontario Physiotherapy Association», 5 mars 1979, boîte 3: Pertinent Documents/Files 1978 & 1979. Archives de l'OPA.

40. Il faut préciser qu'aucune de ces trois professions ne figure, avant 1940, dans les programmes universitaires au Québec. Les trois professions retenues s'organisent toutefois sur une base professionnelle dans les années 1930.

41. «Canadian Physiotherapy Association: An Historical Sketch», *loc. cit.* À partir de 1947 à l'Université McGill et de 1954 à l'Université de Montréal, la durée du cours sera de 3 ans pour l'obtention d'un diplôme.

42. «Amendments to the Rules and Regulations», *JCPA*, vol. 3, n° 1, juin 1951, p. 19.

43. Margaret Lang et Elizabeth Upton, *The Dietetic Profession in Canada*, *op. cit.*, p. 63. Il s'agit, en Ontario, des Universités de Toronto, d'Ottawa, de Guelph et de Western Ontario; au Québec, on retrouve McGill, Laval et l'Université de Montréal.

44. *JCDA*, vol. 9, n° 3, déc. 1947, p. 110-111.

45. «A Guide for Acceptance of Home Economics Courses», *JCDA*, vol. 9, n° 3, déc. 1947, p. 110.

46. Les conclusions d'une étude réalisée en 1969 par la Corporation des diététistes du Québec (CDQ) vont dans le même sens. (Cf. *Rapport annuel, 1969-70*, p. 50).

47. Les étudiantes pourront désormais se spécialiser en administration des services alimentaire (*Food management*) ou en nutrition et diétothérapie.

48. Après son cours de 4 ans, la diététiste doit faire un internat d'un an. C'est seulement au terme de ce stage obligatoire qu'elle accédera au titre de diététiste professionnelle.

49. «Outline of Course for Student Dieticians in Hospitals», *JCDA*, vol. 4, n° 3, déc. 1942, p. 87 à 89; Margaret Lang et Elizabeth Upton, *The Dietetic Profession in Canada*, *op. cit.*, p. 65.

50. ACD, *Annual Report*, 1958, p. 8, p. 14.

51. «History of Integrated Internship», ACD, *Annual Report*, 1963.

CHAPITRE SIX

1. Gilles Paquet et Jean-Pierre Wallot, *Patronage et pouvoir dans le Bas-Canada (1794-1812), un essai d'économie historique*, Montréal, PUQ, 1973.

2. Jacques Bernier, *La médecine au Québec. Naissance et évolution d'une profession*, Québec, PUL, 1989.

3. Voir J. Bernier, *op. cit.* Également Johanne Collin et Denis Béliveau, *Histoire de la pharmacie au Québec*, Montréal, Musée de la pharmacie du Québec, 1994, chapitre 3.

4. Arpenteurs-géomètres (1882); comptables agréés (1880); architectes (1891) et ingénieurs (1898). Voir René Dussault.

5. Paul-André Linteau, René Durocher, Jean-Claude Robert, François Ricard, *Histoire du Québec contemporain*, tome 2 (*Le Québec depuis 1930*), Montréal, Boréal, 1986, p. 110.

6. *Dictionnaire de la sociologie*, Larousse, 1990, p. 50.

7. Denis Ségrestin, *Le phénomène corporatiste*, Paris, Fayard, 1985.

8. Commission d'enquête sur la santé et le bien-être social (Castonguay-Nepveu), *Rapport*, Partie V, Tome 1: *Les professions et la société*, Québec, Éditeur officiel du Québec, 1970, p. 25.

9. Gilles Dussault, «L'évolution du professionnalisme au Québec», *Relations industrielles*, vol. 33, n° 3, p. 428-463.

10. Claude-Armand Sheppard, *L'organisation et la réglementation des professions de la santé et du bien-être au Québec*, Tome 1, livre 1, Commission d'enquête sur la santé et le bien-être social, Gouvernement du Québec, mai 1970, p. 195.

11. Après avoir instauré un système d'assistance pour les anciens combattants désireux de compléter leurs études, le gouvernement fédéral développe à la fin des années cinquante, un programme de subventions aux universités. Le Conseil des Arts voit en outre le jour en 1957. Voir Dennis Guest, *Histoire de la sécurité sociale au Canada*, Montréal, Boréal, 1993.

12. L'entrée en vigueur du Code des professions en 1973 n'aurait en effet pas eu l'effet de dissuasion souhaité par l'État puisqu'on relève une trentaine de demandes formelles entre 1973 et 1979. En outre, plus d'une quarantaine d'autres groupes occupationnels auraient au cours de cette période manifesté l'intention d'entreprendre pareilles démarches. Robert Laliberté, «La professionnalisation des occupations, une tendance à accentuer ou à renverser?», *Critère*, 25, printemps 1979, p. 23-40.

13. Claude-Armand Sheppard, *op. cit.*, tome 1, livre 1, p. 110-111.

14. Voir chapitre de Johanne Daigle.

15. En 1966, la couverture de l'assurance-hospitalisation s'élargit aux soins d'urgence, de radiothérapie, de physiothérapie, et aux services externes de radiologie et de laboratoire. Une Loi de l'assistance médicale assure en outre aux bénéficiaires de l'aide sociale des services médicaux ambulatoires gratuits. Voir: *Rapport de la Commission d'enquête sur les services de santé et les services sociaux*, Québec, Gouvernement du Québec, 1988, p. 148.

16. Voir F. Lesemann, *Du pain et des services. La réforme de la santé et des services sociaux au Québec*, Montréal, Éditions coopératives Albert Saint-Martin, 1981.

17. Établissant la nécessité de programmes universels et globaux, le gouvernement fédéral laisse toutefois à chacune des provinces le soin de fixer le cadre et les modalités de fonctionnement de leur régime d'assurance-santé. Voir D. Guest, *op. cit.*

18. Commission d'enquête sur la santé et le bien-être social, *Rapport*, cinquième partie, T. 1, *Les professions et la société*, Gouvernement du Québec, 1970.

19. Voir en particulier Marc Renaud, «New Middle Class in Search of Hegemony», *in* A.G. Gagnon, *Quebec: State and Society*, Toronto, Methuen, 1984, 150-185; Fréderic Lesemann, *op. cit.*

20. Il est important de noter que les membres les plus actifs, ceux dont la pensée et l'orientation auront le plus d'influence sur l'orientation de la Commission et la rédaction du rapport, se retrouveront dès 1970 au pouvoir au sein du gouvernement libéral nouvellement élu, d'où l'identification étroite que nous nous sommes permis de faire entre l'État et les auteurs. Pour en savoir davantage, voir Frédéric Lesemann, *op. cit.*

21. *Les professions et la société*, p. 25.

22. *Ibid.*, p. 28.

23. *Les professions et la société*, p. 37.

24. *Ibid.*, p. 33.

25. *Ibid.*, p. 37.

26. *Ibid.*, p. 35.

27. C'est en ces termes que le premier président de l'Office, Me René Dussault, expliquera rétrospectivement le rôle de cet organisme. Voir, Office des professions du Québec, *Actes du Colloque sur le système professionnel québécois*, Coll. «Documents d'information», Québec, Gouvernement du Québec, février 1986, p. 21.

28. René Dussault et Louis Borgeat, «La réforme des professions au Québec», *La Revue du Barreau*, t. 34, n° 3, mai 1974, p. 4.

29. *Ibid.*

30. *Ibid.*

31. Office des professions du Québec, *Actes du Colloque sur le titre réservé*, tenu à Montréal les 12 et 13 juin 1980, Québec, Éditeur officiel, octobre 1980, p. 14-15.

32. Sheppard, *op. cit.*, tome 1, livre 1, p. 110-111.

33. Government of Ontario, *Report of the Committee on the Healing Arts*, Toronto, Imprimeur de la Reine, 1970, vol. 3, p. 29; Elizabeth MacNab, *A Legal History of Health Professions in Ontario*, Toronto, Imprimeur de la Reine, 1970, p. 1-3.

34. Elizabeth MacNab, *op. cit.*, p. 126.

35. *Statutes of Ontario*, 1925, chapitre 49. Cette loi définit les «drugless practitioners» comme suit: «every person who practises or advertises, or holds himself out in any way as practising the treatment of any ailment, disease, defect or disability of the human body by manipulation, adjustment, manual or electrical massage or by any similar method».

36. Les chiropodistes sont exclus de cette classification car ils sont réglementés la même année par une loi séparée.

37. MacNab, *op. cit.*, p. 142-143.

38. Ontario, *Committee on the Healing Arts*, Toronto, Imprimeur de la Reine, 1970, vol. 1, p. IX, p. 1, p. 5.

39. *Ibid.*, vol. 3, p. 29.

40. *Ibid.*, vol. 1, p. 10-11.

41. *Ibid.*, p. 9-12.

42. *Ibid.*, vol. 3, p. 29.

43. *Ibid.*, vol. 3, p. 79-81.

44. *Ibid.*, p. 90-91.

45. Voir Thomas L. Wells, ministre de la santé, *Guiding Principles for the Regulation and the Education of the Health Disciplines*, Toronto, ministère de la santé, 1971.

46. C. R. Weller, «Health Care and Medicare Policy in Ontario: The Health Care Issues», dans C. A. Meeluke et J.L. Storch (dir.), *Perspectives in Canadian Health and Social Services Policy: History and Emerging Trends*, Ann Arbor, Michigan, 1980, p. 408.

47. Health Professions Legislation Review, *Striking a new Balance: a Blueprint for the Regulation of Ontario's Health Professions*, Toronto, 1989, p. 2.

48. Deena White, «La santé et les services sociaux: réforme et remises en question», dans Gérard Daigle (dir.), avec la collaboration de Guy Rocher, *Le Québec en jeu. Comprendre les grands défis*, Montréal, PUM, 1992, p.

CHAPITRE SEPT

1. Lettre de Rachel Beaudouin, directrice de l'Institut de diététique et de nutrition de l'Université de Montréal au directeur de la Division nutrition du ministère de la Santé, 1956, ADNUM. R. Beaudouin précise que cette stratégie a été adoptée sur les recommandations du conseiller juridique de l'Association des diététistes du Québec, Me Daniel Johnson.

2. *Mémoire des Physiothérapeutes de la Province de Québec Inc. à la Commission d'enquête sur la santé et le bien-être social*, avril 1968, p. 13-14, AACP.

3. Les physiothérapeutes sont d'autant plus confiantes de leur succès que leurs consœurs de Nouvelle-Écosse viennent d'obtenir un monopole d'exercice

en 1967, à l'instar des physiothérapeutes de France, d'Allemagne et l'État de New York. Le principe d'une pratique exclusive dans le champ de la physiothérapie n'est donc pas totalement inusité.

4. En 1972-1973, les deux corporations incitent leurs membres à écrire ou à rencontrer le ministre, les députés ainsi que les membres de la commission parlementaire spéciale sur les corporations professionnelles. Plusieurs diététistes fournissent ainsi à leur association des cas concrets visant à démontrer les dangers auxquels les personnes non qualifiées exposent le public. En 1977, assemblées générales et enquêtes diverses indiquent que les membres des deux corporations placent toujours l'obtention de la pratique exclusive parmi leurs priorités.

5. Corporation des diététistes du Québec, *Mémoire à la Commission spéciale des corporations professionnelles sur le Code des professions*, février 1972, p. 2, ADNUM.

6. *Journal des débats*, (Présentation de la CPPQ), Commissions parlementaires, 3e session, 29e législature, 80 (29-30 août 1972): B-5082. Corporation des diététistes du Québec, *Mémoire à la Commission spéciale...*, *op. cit*, p. 5.

7. *Journal des débats*, Commissions parlementaires, 3e session, 29e législature, 99, 12, 17 et 18 octobre 1972, B-5993.

8. *Mémoire présenté à la Commission parlementaire par l'Association des physiâtres de la Province de Québec en relation avec le Bill 272 proposant une législation gouvernant l'exercice de la physiothérapie*, février 1972, fonds du ministère des Affaires sociales (E-8), ANQQ.

9. CPDQ, *Mémoire sur la tarification professionnelle en pratique privée présenté à l'OPQ*, décembre 1975, p. 25, ACPDQ.

10. CPPQ, *Présentation au ministre des Affaires sociales de l'extrait de la position du comité administratif relatif aux implications des décisions gouvernementales du 26 mai 1976*, juin 1976, p. 4, ACPPQ; *Réflexions de la CPPQ sur le titre réservé en regard avec les «Actes du colloque sur le titre réservé»*, février 1981, p. 14, ACPPQ.

11. CLSC: Centres locaux de services communautaires; DSC: Départements de santé communautaire.

12. Lettre de Fernand Lalonde, ministre responsable du Code des professions à Claude Forget, ministre des Affaires sociales, 4 avril 1974, fonds E-70, ANQQ.

13. On retrouve une autre illustration de cette dualité des rôles et des objectifs de l'État en comparant la définition du mot «professionnel» donnée par le Code des professions (membre d'une corporation) et celle inscrite dans la Loi sur les services de santé et les services sociaux (diplômé-e du niveau collégial ou universitaire).

14. OPQ, *Actes du colloque sur le titre réservé tenu à Montréal les 12 et 13 juin 1980*, Québec, Éditeur officiel, octobre 1980.

15. *Réflexions de la CPPQ sur le titre réservé…*, *op. cit.*, p. 1.

16. Le ton particulièrement acide des physiothérapeutes s'explique par les luttes très dures qu'elles mènent contre les physiâtres et les techniciennes avec qui elles partagent leur champ. La pratique exclusive constitue la seule protection véritablement efficace contre ces deux groupes qui menacent, selon elles, leur propre existence.

17. *Réflexions de la CPPQ sur le titre réservé…*, *op. cit.*, p. 8.

18. *Bulletin de la CPDQ*, août 1975, p. 2 et décembre 1976, p. 4.

19. *Bulletin de la CPDQ*, décembre 1971, p. 20 et mars 1972, p. 20.

20. Lettre du MAS à la CPDQ, 31 août 1976, ACPDQ.

21. En parlant d'une «échappatoire idéale», le président de la CPPQ exprime très clairement en 1981 l'idée que la pratique privée devait permettre aux physiothérapeutes de s'affranchir du joug médical. Voir *Réflexions de la CPPQ sur le titre réservé…*, *op. cit*, p. 18.

22. Lettre de Noël Zaindon (médecin) au ministre Claude Castonguay, 7 septembre 1973, Fonds E-70, ANQQ.

23. La corporation des physiothérapeutes dénonce vigoureusement en 1977 le «congédiement massif» de ses membres au profit de techniciennes dans les cliniques appartenant à des physiâtres. Selon elle, cette mesure de représailles fait suite à une directive de la RAMQ obligeant les physiâtres à ne facturer que les actes auxquels ils ont véritablement participé.

24. Ce chiffre comprend cependant toutes les physiothérapeutes en pratique privée, qu'elles soient à leur compte ou employées des cliniques physiâtriques. *Document de travail de la CPPQ pour la Commission d'enquête sur la santé et les services sociaux*, mars 1986, ACPPQ.

25. CPPQ, *Recommandations et considérations de la CPPQ présentées au comité conjoint Commission des accidents du travail-MAS*, juillet 1977, ACPPQ.

26. Hélène Tremblay, «À propos d'alimentation et de santé», *La Presse*, 11 septembre 1976; *Physio Québec (Bulletin de la CPPQ)*, 2, 2, avril 1977.

27. La correspondance interne du ministère des Affaires sociales révèle que celui-ci, dès 1972, n'avait aucune intention d'octroyer aux diététistes une pratique exclusive, mais qu'il était prêt à les associer en échange à l'élaboration des programmes de santé et de prévention. Voir la note de service préparée à l'intention du ministre des Affaires sociales le 4 décembre 1972, suite à une rencontre avec la corporation des diététistes, Fonds E-70, ANQQ.

28. Hélène Tremblay, «À propos d'alimentation et de santé», *op. cit.*

29. Lorsque les diététistes entament en 1956 leurs démarches pour acquérir un titre réservé, elles obtiennent l'appui de plusieurs médecins parmi lesquels figurent le directeur de la division de la nutrition au ministère de la Santé et le directeur général de l'Hôpital Notre-Dame (Correspondance, ADNUM). En 1963, la CPPQ rapporte qu'elle a rencontré l'Association des physiâtres au sujet de sa demande d'incorporation en vue d'une pratique exclusive et que ces

derniers se sont déclarés «heureux de cette initiative et [ont promis] leur appui» (CPPQ, *Historique*, 1974, ACPPQ). Étant donné l'importance des conflits qui opposeront ces deux derniers groupes sur la question du monopole par la suite, on peut toutefois se demander si le projet présenté à cette époque par les physiothérapeutes était véritablement explicite.

30. On a vu que les écoles professionnelles paramédicales sont souvent placées sous le contrôle des facultés de médecine, surtout dans le cas des physiothérapeutes. D'autre part, le fait que des médecins insistent pour que le physiothérapeute n'essaie pas «de dominer le médecin, de se croire trop expert dans sa matière» est tout aussi éloquent. Michèle Ferland, «La physiothérapie au Canada», *Journal of Canadian Physiotherapy Association*, 17, 3, septembre 1965, p. 158.

31. *Mémoire soumis à la Commission d'enquête sur la santé et le bien-être social par la Corporation des diététistes du Québec*, avril 1967, p. 11, BNQ; *Mémoire des Physiothérapeutes de la Province de Québec Inc.*, *op. cit*, p. 16.

32. Chiffres tirés de sources diverses: *Mémoire de l'Association des physiâtres du Québec à la Commission Castonguay*, septembre 1967, p. 3, Fonds E-170, ANQQ; MAS, *Enquête sur la physiâtrie au Québec*, 1975, p. 20; *Annuaire statistique*, Québec, 1973 et 1974, p. 290 et 370.

33. *Mémoire présenté à la Commission parlementaire par l'Association des physiâtres*, *op. cit.*

34. Les physiothérapeutes accuseront les médecins de s'approprier des actes qui ne leur appartiennent pas en exclusivité pour étendre leur champ de pratique alors que le mécanisme de la délégation vise à assouplir les frontières interprofessionnelles plutôt qu'à les étendre.

35. Suzanne Mavrikakis, «La chaise à trois pattes», *L'Hôpital d'aujourd'hui*, 15, 1, janvier 1969, p. 15.

36. «Lettre ouverte», *Bulletin de la CPDQ*, avril 1975, p. 20.

37. Sr Saint-Paul, «Le service alimentaire», *L'Hôpital d'aujourd'hui*, 6, 5, mai 1960, p. 44; Suzanne Mavrikakis, «La chaise à trois pattes», *op. cit.*

38. «Lettre ouverte», *Bulletin de la CPDQ*, avril 1975, p. 21.

39. Dans une lettre parue le 27 mars 1972 dans le journal *La Presse*, la CPPQ demande l'appui des médecins spécialistes (neurologues, pédiatres, orthopédistes...) pour que ses membres puissent se contenter d'une prescription générale sans attendre la prescription détaillée d'un physiâtre. Voir aussi: *Mémoire de la CPPQ au MAS sur les éléments de problématique de la physiothérapie au Québec*, 1975; *Recommandations et considérations de la CPPQ présentées au comité conjoint de la Commission des accidents du travail...*, *op. cit.*

40. L'un des médecins affirme que les relations sont particulièrement tendues avec les physiothérapeutes qui exercent dans le domaine médical, mais beaucoup plus cordiales avec les professions qui n'ont pas besoin de prescription. C'est le cas des ergothérapeutes qui interviennent au niveau des «activités

quotidiennes» ou des orthophonistes-audiologistes qui ont un champ d'action très large. Voir le rapport de l'atelier paru dans *Physio Québec (Bulletin de la CPDQ)* durant l'été 1979.

41. Jugement déclaratoire rendu par la Cour supérieure le 6 août 1981, APPQ.

42. Définition de tâches établie par le Comité d'inspection professionnelle de la CPDQ, *La Lettre (Bulletin de la CPDQ)*, 1979; Rapport de l'atelier sur les prescriptions médicales, *Physio Québec (Bulletin de la CPPQ)*, 1979.

43. Gilles Dussault *et al.*, *La réglementation professionnelle et le fonctionnement du système socio-sanitaire*, Rapport Rochon, Commission d'enquête sur la santé et les services sociaux, Montréal, 1987, p. 107

44. Lucie Mercier, «À qui la faute?», *L'Hôpital d'aujourd'hui*, 15, 10, octobre 1969, p. 50.

45. Dans un article paru dans *La Presse* en août 1979, le président de la CPPQ évoque le «sandwich médecin-chiropraticien» dans lequel seraient coincées les physiothérapeutes. Par ailleurs, la même année, la CPPQ fait pression sur l'OPQ pour que les orthothérapeutes changent leur titre pour celui de «masseurs»: elle juge que leur appellation évoque beaucoup trop celle de «physiothérapeute» et permet de pratiquer la physiothérapie sans adhérer à la corporation.

46. Les deux groupes exercent dans le champ de la réadaptation. Leurs pratiques sont cependant différentes puisque les ergothérapeutes utilisent les activités de la vie quotidienne et le travail manuel pour rendre leurs patients fonctionnels aux plans physique et psychologique.

47. *Document de travail sur l'impact de la réglementation des actes délégués sur le fonctionnement des services de santé présenté à la Commission d'enquête sur la santé et les services sociaux*, février 1986, p. 3 (mémoire conjoint soumis par plusieurs corporations dont la CPPQ et la CPDQ). Cette remise en question des monopoles de pratique transparaît dans les mémoires individuels de la CPDQ et de la CPPQ à la Commission Rochon. La CPPQ admettra même que «l'acte exclusif ne [fait] qu'augmenter les jeux de dominance et de contre-attaque, de rivalité et de cloisonnement». Voir *Document de travail de la CPPQ pour la Commission d'enquête sur la santé et les services sociaux*, mars 1986, p. 18, ACPPQ; CPDQ, *L'alimentation au service de la santé*, janvier 1986, ACPDQ.

CHAPITRE HUIT

1. Margaret Lang et Elizabeth Upton, (dir.), *The Dietetic Profession in Canada*, Toronto, CDA, 1973, p. 32, p. 53.

2. Annie Laird, «Milestones», *CDA News*, vol. 1, n° 1, 1er mai 1938, p. 3.

3. «An Act respecting the Ontario Dietetic Association», 27 mars 1958, *Statutes of Ontario*, 1958, c. 147.

4. Procès-verbal d'une réunion spéciale des membres, 8 janvier 1958. Archives de l'ODA.

5. Procès-verbal d'une réunion spéciale de l'exécutif, 11 mars 1960. Archives de l'ODA.

6. Canada, *Royal Commission on Health Services*, Ottawa, 1965, vol. 2, p. 48-50.

7. *The Bulletin of the Ontario Dietetic Association*, vol. 12, n° 4, novembre 1974, p. 3. Archives de l'ODA.

8. Ontario, Report of the Committee on the Healing Arts, vol. 2, p. 403.

9. *The Bulletin of the Ontario Dietetic Association*, vol. 12, n° 4, novembre 1974, p. 2.

10. ODA, *Brief to the Committee on the Healing Arts*, 1967, p. 9-10. Archives de l'ODA.

11. Mary Grimble, présidente, ODA, à Thomas L. Wells, ministre de la santé, 26 juin 1970, ministère de la santé. Archives provinciales de l'Ontario (APO).

12. *The Bulletin of the Ontario Dietetic Association*, vol. 12, novembre 1974, p. 13.

13. Alice M. Wilson, présidente, ODA, à l'honorable R.T. Potter, ministre de la santé, 20 avril 1972, ministère de la santé. APO.

14. Mémo de J.H. Gray, coordinateur, «Health Disciplines Regulation», à S.W. Martin, sous-ministre de la santé, 19 janvier 1973, ministère de la santé. APO.

15. ODA, *Minutes of the Executive Committee Meeting*, 12 janvier 1973. Archives de l'ODA.

16. *Ibid.*

17. *The Bulletin of the ODA*, vol. 12, n° 4, novembre 1974, p. 4-6. Le mémoire en question est soumis en décembre 1994; il établit un lien direct entre l'expansion des services de nutrition d'une part, et l'amélioration du système de santé et la diminution des coûts d'autre part. Voir ODA, *Position Paper on the Nutrition Component of Health Services Delivery Systems in Ontario*, décembre 1994, RG10-129.39: ODA. APO.

18. ODA, *The Bulletin of the ODA*, vol. 12, n° 4, novembre 1974, p. 10, p. 13.

19. Voir Nutrition Canada, *National Survey*, Ottawa, Information Canada, 1973, et Health and Welfare Canada, *A New Perspective on the Health of Canadians. A Working Document*, Ottawa, 1974.

20. *Remarks by the Honourable Frank S. Miller, Minister of Health*, Canadian Dietetic Association convention, 17 juin 1974, p. 4-7, ministère de la santé de l'Ontario, RG10-129.39: ODA. APO.

21. Ontario Council of Health, *Nutrition and Dietetic Services*, Toronto, Ontario Council of Health, 1975, p. 12-13.

22. *Ibid.*, p. 6.

23. *Report of the Health Disciplines Committee to Management Committee*, août 1978, p. 10, RG10-66, Acc. 15692/14: Ministère de la santé, «Health Disciplines Coordination». APO.

24. *Ibid.*

25. Elizabeth MacNab, *A Legal History of Health Professions in Ontario*, Toronto, Imprimeur de la Reine, 1970, p. 139.

26. *Ontario Gazette*, vol. 59. n° 3, 1926, p. 77. Le champ de pratique des «masseurs» est défini comme suit: «the practice of therapy by means of manipulations, mechanistic, hydro, thermo, helio or electrical methods, for the treatment of any ailment, disease, defect or disability of the human body».

27. *Ibid.*, vol. 77, n° 53, 1944, p. 1681.

28. ACP, *Journal of the Canadian Association of Massage and remedial Gymnastics*, 1924, p. 16-17. Archives de l'ACP.

29. OPA, «Physiotherapy Today & Tomorrow: Partners in Physical Wellness» (brouillon), 1990, s.p., Archives de l'OPA.

30. Board of Directors of Physiotherapy, *Legislation and the Practice of Physiotherapy*, mémoire soumis au ministre de la santé, septembre 1975, p. 10-15, chemise 505: *Briefs, Reports and Evaluations*, Archives de l'ACP.

31. Board of Directors of Physiotherapy, *Legislation and the Practice of Physiotherapy*, p. 16.

32. *Ibid.*, p. 17-18.

33. Sur l'évolution de la chiropractie au Canada, voir Donald L. Mills et Donald E. Larsen, «The Professionalization of Canadian Chiropractic», dans D. Coburn *et al.*, dir., *Health and Canadian Society*, 1re édition, Toronto, Fitzhenry & Whiteside, 1981, p. 237-50; et David Coburn et C. Lesley Biggs, «Legitimation or Medicalization? The Case of Chiropractic in Canada», *ibid.*, 2e édition, Markham, Fitzhenry & Whiteside, 1987, p. 366-84.

34. Strategic Research and Manpower Planning Branch, «Physiotherapists: An Issues Paper», 29 juillet 1982, p. 7, RG 10-162: ministère de la Santé, acc. 2188, boîte 32, chemise: *Physiotherapists, Issues Papers, Discussion Papers, Policy Papers*, APO.

35. Joan Boase, «Regulation and the Paramedical Occupations: An Interest Group Study», *Canadian Public Administration*, vol. 25, n° 3, 1982, p. 337.

36. Elizabeth McNab, *Legal History*, p. 139-143.

37. Ontario, *Report of the Committee on the Healing Arts*, vol. 2, p. 468.

38. R. Bradshaw, *A Comparison of Ontario Legislation for Chiropractors and Physios*, texte manuscrit, Toronto, 1974, p. 4, Archives de l'OPA.

39. OCA, «Brief to the Minister of Health and to the Honourable Richard T. Potter», *The Journal of the OCA*, décembre 1972, p. 36, Archives de l'OPA.

40. Sur le conflit entre les physiothérapeutes et les chiropraticiens en Ontario, voir Ruby Heap, «Physiotherapy's Quest for Professional Status in Ontario, 1950-1980», dans *Canadian Bulletin of Medical History/Bulletin canadien de l'histoire de la médecine*, vol. 12, 1995, p. 69-99.

41. En 1978, seulement 17% des physiothérapeutes ontariennes sont engagées dans la pratique privée, soit comme propriétaires de cliniques, soit comme employées. Ontario, *Report of the Committee on the Healing Arts*, vol. 2, p. 363.

42. Voir Ruby Heap, «Physiotherapy's Quest for Professional Status», (à paraître).

43. OPA, «Strategy Paper on Chiropractic», 17 avril 1979, p. 1, boîte 3: *Pertinent Documents*, Archives de l'OPA.

44. Dr J.C. Dawson, Registraire, Collège des médecins et chirurgiens de l'Ontario, à G.G. Hollyer, 7 décembre 1971, chemise: *Proposed New Physiotherapy Act, 1971-72*, Archives du «Board of Directors of Physiotherapy of Ontario».

45. «Legislation and the practice of physiotherapy», mémoire soumis au ministre de la santé par le Conseil de direction en Physiothérapie, septembre 1975, p. 4-10, chemise 505: *Briefs, Reports and Evaluations*, Archives de l'ACP.

46. *Ibid.*

47. *Ibid.*, p.27-29.

48. «Referral Debate Makes Headline in Ontario», *Journal of the Canadian Physiotherapy Association*, vol. 31, n° 1, 1979, p. 41.

49. *Canadian Medical Association Journal*, vol. 120, 1979, p. 519-520.

50. Lettre d'Antoine Helewa, président, ACP, au rédacteur du *Canadian Medical Association Journal*, 29 mai 1979, chemise 420: *CMA, 1976-81*, Archives de l'ACP.

51. Cette pratique se répand en Ontario avant même l'avènement de OHIP. Déjà en 1967, la branche ontarienne de l'ACP signale au ministre de la santé: «The Association is concerned with the increasing number of applications for physiotherapy clinics to be owned by physicians, as it is felt that by approving more of such clinics, the physiotherapist is prevented from practising as an independant professional person». *Submission to the Honourable Matthew B. Dymond, Minister of Health for the Province of Ontario, by the Ontario Branch of the CPA Concerning the Private Physiotherapy Plan of the Ontario Hospital Services Commission*, août 1967, p. 5-6, Archives de l'OPA.

52. OPA, «Issues Kit», novembre 1979, p. 12, boîte 3: *Pertinent Documents/Files, 1978, 1979*, Archives de l'OPA.

53. *Ibid.*, p. 10-11.

54. OPA, «Strategy Paper on Chiropractic», *op. cit.*, p. 2.

55. OPA and Agnew Peckham Associates Ltd., *Physiotherapy Ontario*, février 1980, p. 12-13, Archives de l'OPA.

56. Cette fois, le gouvernement ontarien décide que les deux professions pourront finalement s'autogérer par le biais d'un «College». Elles n'obtiendront toutefois pas la pratique exclusive; l'État décide plutôt de réglementer certains actes précis qui seront définis dans la loi régissant chaque profession.

CHAPITRE NEUF

1. «Réunion du Comité exécutif de l'Association des hôpitaux du Québec», 24 septembre 1964, Fonds de l'Association des hôpitaux de la Province de Québec, ANQ-M, P271.1.

2. «Rapport du Comité salaire, 1965-1966», *Rapport annuel 1965-1966*, p. 10. Archives de la Corporation professionnelle des diététistes du Québec (ACPDQ).

3. «Procès-verbal de l'Assemblée du Comité de direction des Physiothérapeutes de la Province de Québec Inc., 29 novembre 1967», *Minute Book. Stock Ledger. Transfer Book (1961-1968)*, n.p. Archives de la Corporation professionnelle des physiothérapeutes du Québec (ACPPQ). Voir aussi le «Procès-verbal de l'Assemblée des membres du Conseil d'administration des physiothérapeutes de la Province de Québec, 9 janvier 1970», *Registre des procès-verbaux et du capital-actions (1968-1971)*, n.p. Pour une comparaison des salaires payés dans les diverses provinces à la fin des années 1960, on pourra consulter le *Journal of Canadian Physiotherapy Association*, 20, 4, septembre 1968, p. 280-281 et 21, 4, septembre 1969, p. 240-241.

4. «Loi modifiant le Code du travail», L.Q., chap. 47, article 2, juin 1969.

5. Des démarches seront également entreprises auprès des ministères provinciaux. Voir à ce sujet «President's Report», *Journal of Canadian Dietetic Association*, 11, 2, septembre 1949, p. 46.

6. «A Tradition and a Challenge. A Message From Our Honorary President, Mr Vincent Price, Q.C.», *Journal of Canadian Physiotherapy Association*, 10, 3, septembre 1958, p. 132. En 1965, l'association presse même ses membres de l'informer immédiatement si des représentants syndicaux les approchent afin qu'elle puisse apporter son aide, dit-elle, et contrer ainsi toute tentative de syndicalisation émanant des «unions de travail». Voir à ce sujet «Nouvelles de l'Exécutif national», *Ibid*, 17, 1, janvier 1965, p. 9.

7. J. Rouillard, *Histoire du syndicalisme au Québec des origines à nos jours*, Montréal, Boréal, 1989, p. 331.

8. J. Daigle, «L'éveil syndical des "religieuses laïques": l'émergence et l'évolution de l'Alliance des infirmières de Montréal, 1946-1966», dans M. Lavigne et Y. Pinard (dir.), *Travailleuses et féministes. Les femmes dans la société québécoise*, Montréal, Boréal Express, 1983, p. 115-138.

9. L'évolution de leur perception du syndicalisme est retracée dans L. Piché et N. Fahmy-Eid, «À la recherche d'un statut professionnel dans le champ du paramédical (1940-1973)», *Revue d'histoire de l'Amérique française*, 45, 3, hiver 1992, p. 375-401.

10. Alice Pageau-Lauzière, «Épitre annuel», *Bulletin de la Corporation des diététistes du Québec*, 9, 3, décembre 1969, p. 20, ACPDQ.

11. Yvan Harvey, «Le syndicalisme en physiothérapie», *Journal of Canadian Physiotherapy Association*, 22,5, décembre 1970, p. 241.

12. «Procès-verbal de la réunion générale spéciale des membres des Physiothérapeutes de la P.Q. Inc», 19 mars 1970, n.p., Archives de la Corporation professionnelle des physiothérapeutes du Québec (ACPPQ).

13. «Première réunion du Comité exécutif provisoire de l'Association professionnelle des physiothérapeutes du Québec», *Procès-verbaux*, 20 avril 1970. Archives de l'Association professionnelle des physiothérapeutes du Québec (AAPPQ).

14. Association syndicale des diététistes du Québec, «Lettre aux membres», s.d., *Communication aux membres, 1970.* Archives du Syndicat professionnel des diététistes du Québec (ASPDQ).

15. «Lettre aux membres», 16 juillet 1970, *Ibid.*

16. Cette fédération prendra le nom, en 1974, de Fédération professionnelle des salariés et cadres du Québec.

17. Voir notamment à ce sujet les propos du Comité d'information syndicale, *Procès-verbal*, 15 avril 1970, p. 3, ASPDQ.

18. Christiane Gauthier-Tougas, «Pourquoi choisir le Syndicat professionnel des diététistes du Québec?», *Bulletin de la Corporation des diététistes du Québec*, 2, 1, mars 1971, p. 9.

19. Un agent négociateur représente, selon les dispositions de la loi, plusieurs associations de salariés-es (Loi 46, article 6 et modifications).

20. «Loi du régime de négociations collectives dans les secteurs de l'éducation et des hôpitaux (Bill 46)», *Assemblée nationale du Québec, 2e session, 28e Législature*, Éditeur officiel du Québec, 1971 (loi adoptée le 30 juin 1971).

21. Yvan Harvey, *loc. cit.*

22. Il est pour le moins étrange que ce soit la corporation qui ait été invitée et non l'APPQ. Toutefois, cette dernière sera présente lors des discussions ultérieures.

23. «Réunion en vue de former un Cartel des organismes professionnels de la santé», 10 novembre 1970, p. 1. Archives du Cartel des organismes professionnels de la santé (ACOPS).

24. *Ibid.*, p. 2. Les trois groupes refusent notamment que le président des technologistes médicaux soit nommé président provisoire du nouvel organisme. Une deuxième rencontre aura lieu le 17 décembre, mais les discussions achopperont à nouveau.

25. Voir notamment à ce sujet le «Communiqué» qu'émet le Secrétariat provisoire du COPS (s.d., n.p.), ACOPS. Voir aussi SPDQ, «Assemblée spéciale du 28 novembre 1970», p. 3, ASPDQ, dossier «D-07-03».

26. «Rencontre des paramédicaux de la Fédération des professionnels de la santé, procès-verbal», 10 février 1971, p. 1, ASPDQ, Dossier «J.02.11» (Historique).

27. Association des technologistes médicaux du Québec et Syndicat professionnel des infirmiers et infirmières du Québec, «Regroupement du secteur professionnel de la santé en réaction au projet L'Allier», Communiqué de presse en date du 5 février 1971, ACOPS.

28. «Réunion spéciale du COPS, procès-verbal», 14 juillet 1971, p. 3, ACOPS.

29. «Réunion du COPS, procès-verbal», 11 août 1971, p. 2, ACOPS.

30. COPS, *Notes écrites sur l'unité appropriée de certains groupes de salariés para-médicaux dans le secteur des affaires sociales, plus particulièrement sur le groupe des infirmiers et infirmières auxiliaires*, 1980, p. 20. ACOPS. Il s'agit du mémoire soumis lors d'une requête en accréditation.

31. COPS, «Procès-verbal, conseil d'administration», 25 mars 1974, p. 2, ACOPS.

32. Jeanne Desrochers, «Le conflit des diététistes et des ergothérapeutes: la colère gronde», *La Presse*, 11 février 1972, dossier de presse, AAPPQ.

33. Ces propos auraient été tenus le 21 décembre 1971 et sont rapportés dans un tract d'information rédigé par le front commun au moment de la grève mais qui ne fut cependant pas distribué, l'APPQ trouvant la formulation trop «agressive». Les propos du sous-ministre ont cependant été largement publicisés dans les journaux au moment de la grève, tels qu'en témoignent les dossiers de presse conservés dans les archives de l'APPQ et du SPDQ.

34. Claire Harting, «Aux physiothérapeutes, ergothérapeutes et diététistes de nos hôpitaux: Allez vous faire vivre par vos maris», *Photo-Journal*, 21 au 27 février 1972, p. 22, dossier de presse, AAPPQ.

35. «Les syndicats ne sont pas d'accord avec le gouvernement et vice-versa», *Montréal-Matin*, 23 février 1972, dossier de presse, AAPPQ.

36. Lettre de la Direction des relations professionnelles du ministère des Affaires sociales aux directeurs généraux et directeurs du personnel des hôpitaux du Québec, «Échelle de traitement et montants forfaitaires à payer aux diététistes», 25 mai 1972, 8 p., ASPDQ, Dossier «J.04.01.MAS». *Mémoire d'entente entre l'hôpital Cloutier et l'Association professionnelle des physiothérapeutes du Québec*, mars 1972, AAPPQ.

37. N. Fahmy-Eid et L. Piché, *Si le travail m'était conté ... autrement. Les travailleuses de la CTCC-CSN: quelques fragments d'histoire, 1921-1976*, Montréal, CSN, 1987, p. 96-98.

38. Le président de l'ATDtQ souligne en effet que «[...] le réel intérêt du technicien en diététique n'étant pas de trouver une nouvelle structure «dominant-dominé». Il s'agit plutôt de regrouper une force (reconnu)[sic] qui sera capable de négocier pour le bien du technicien en diététique». ATDtQ, *Procès-verbal de la 4e réunion du Conseil exécutif*, 25 janvier 1975, p. 7, Archives de l'ATDtQ (AATDtQ).

39. Société des technologues en nutrition du Québec (STNQ), «Historique», Annexe V du *Procès-verbal de la 7e Assemblée générale*, 1978, p. 3. ATDtQ, «Quelles ont été les principales occupations de votre conseil pour cette année de mandat?», feuille volante, s.d., ASTNQ.

40. Guy Ho Van Hap, *Situation des techniques de diététique*, MAS (Direction de la planification de la main-d'œuvre), 1978, p. 9, ASTNQ.

41. F. Meloche *et al.*, *Problématique du programme 120.00 Techniques de diététique*, Québec, MAS, août 1977, p. 20-21.

42. M.E.Q. (en collaboration avec le M.A.S.), Planification sectorielle de l'enseignement supérieur, *Opérations sciences de la santé. Rapport final* (vol. 2), p. 274, cité par F. Meloche *et al.*, p. 21.

43. Hab Hoven, *op. cit.*, p. 8. Il est intéressant de souligner que la convention signée en 1978 stipule que la technicienne en diététique qui remplace temporairement le chef de service (plus de 7 heures) a dorénavant droit à un supplément salarial.

44. «Le président vous informe», *Bulletin de l'Association des techniciennes en diététique du Québec*, juin 1978, p. 1, ASTNQ.

45. Voir notamment à ce sujet Gisèle Bonin (Comité pédagogique des techniques de diététique), *Rapport soumis à la Digec. Résultats du sondage effectué auprès des employeurs des diplômés des programmes d'études reliés au secteur alimentaire*, juin 1980. Voir aussi F. Meloche, *op. cit.*

46. Dès 1970, l'APPQ se propose de favoriser la création d'un syndicat réunissant uniquement les physiothérapeutes cadres puisque les nouvelles dispositions du Code du travail (1969) ne lui permettent pas de négocier des contrats de travail pour ce personnel non accréditable. Il est donc possible que cette décision ait laissé pour un temps cette catégorie de physiothérapeutes sans représentation syndicale, d'où l'intervention de la corporation, plutôt que du syndicat.

47. ASPDQ, *Mémoire présenté à la Commission permanente des affaires sociales par [le] Syndicat professionnel des diététiste du Québec, Les Physiothérapeutes de la Province de Québec, [la] Société professionnelle des pharmaciens d'hôpitaux, [la] Corporation des psychologues de la Province de Québec, [la] Corporation des ingénieurs du Québec, [les] Cadres infirmiers unis Inc. Lois sur l'organisation des services sociaux et de santé, Bill 65*, novembre 1971, p. 1-2.

48. Voir à ce sujet «Hôpital St-Sacrement vs diététistes, la définition du salarié est confirmée», *Le Soleil*, 11 décembre 1971, dossier de presse, ASPDQ.

49. Lettre de Marcel Forget, Direction des relations professionnelles, MAS, à Hélène Tremblay, SPDQ, 29 septembre 1972, ASPDQ, dossier «J.04.01.MAS».

50. Esmé Dardier, «The Physiotherapist and Collective Bargaining», *Journal of the Canadian Physiotherapy Association*, 23, 4, septembre 1971, p. 174; Barry Larkin, *Report on Collective Bargaining for Physiotherapists in Ontario*, 21 avril 1971, Archives de l'ACP (AACP).

51. *Ibid.*, p. 285.

52. «The Unionization of Health Professionals», *Journal of the CPA*, 26, 5, décembre 1974, p. 284-85.

53. *Brief Submitted by the CPA to the Select Committee on Labour Relations, Ontario*, octobre 1957, Archives de l'ACP. L'ODA réclame aussi auprès de ce comité l'exclusion de ses membres des unités de négociation. ODA, *Minutes of the first executive meeting*, 5 décembre 1960, Archives de la ODA (AODA).

54. ACP, *Minutes of the National Executive Committee Meeting*, 8 décembre 1958, AACP.

55. Voir, par exemple, ACP, *Minutes of the Meeting of the Board of Directors and Executive Committee*, 30 juin, 1-2 juillet 1968, AACP.

56. Par exemple, la branche ontarienne de l'ACP rapporte en 1972 qu'elle a réussi cette année-là à exclure ses membres des syndicats établis dans huit hôpitaux de la province. ACP, *Minutes of the Board of Directors and National Executive Committee Meeting*, 9-11 novembre 1972, cartable: «National Executive Committee, Board of Directors», 1972, AACP.

57. «We don't want to join a big union», *Journal of the Canadian Physiotherapy Association*, 27, 3, juillet 1975, p. 150-151.

58. Voir, par exemple, M.E. Trotman, *The Physiotherapists and Unions. A paper presented to the delegates' meeting of the Canadian Physiotherapy Association's National Congress*, 9 juin 1969, Correspondence: «Unions in various provinces, 1967-1970», AACP; Esmé Dardier, «The Physiotherapist and Collective Bargaining», *Journal of the Canadian Physiotherapy Association*, 23, 4, septembre 1971, p. 171-176; «Professional Relations Investigation Committee», *The Bulletin of the Ontario Dietetic Association*, janvier 1972, AODA.

59. OPA, *Minutes of a meeting of the Board of Directors*, 14 mai 1974, appendice «B»: Collective Bargaining, AOPA.

60. «The Association of Allied Health Professionals of Ontario», boîte 2, chemise: *Association of Allied Health Professionals of Ontario*. AOPA.

61. John Allen, président, OPA, à J. A. Betts, directeur, Service des ressources humaines, Workmen's Compensation Board, 16 mai 1975, boîte 2, chemise: *Documents prior to 1978*, AOPA.

62. «Unions and the Allied Health Professional», *In Touch*, septembre 1975, s.p. Voir aussi «We don't want to join a big union», p. 151.

63. «The Unionization of Health Professionals», p. 286.

CHAPITRE DIX

1. Cégep de Chicoutimi et collaborateurs, *Mémoire: options paramédicales*, juillet 1967, ADIGEC.

2. La CPPQ n'est pas favorable à l'établissement des deux niveaux de formation que semble vouloir imposer le MEQ. C'est du moins sa position officielle dans le rapport qu'elle soumet au Comité Bergeron («Rapport du président», avril 1970, p. 5 ACPPQ). À défaut de pouvoir imposer son refus, il semble néanmoins qu'elle opte pour la collaboration lors de la mise sur pied d'un projet-pilote et ce, vraisemblablement, afin de ne pas être complètement écartée du processus de décision lors de l'élaboration du programme collégial de physiothérapie.

3. Comité ad hoc sur l'institution d'un cours de Techniques de physiothérapie au niveau collégial, *PV*, réunion du 09/03/1970, p. 4, ADIGEC, 58163, 289.

4. «Compte rendu de la réunion avec Conrad Johnston» tenue à l'École de Réhabilitation de l'Université de Montréal, le 11/07/1969, p. 2, ADIGEC.

5. Sous-comité de programme et d'agrément de l'option Techniques de physiothérapie, *PV*, 1ère réunion, 24/03/1970, p. 5, ADIGEC.

6. Le directeur de l'École de Réhabilitation de l'Université Laval représente alors un personnage influent dans la mesure où il siège au comité mandaté par la DIGEC pour élaborer le programme des Techniques de physiothérapie.

7. «Techniques de physiothérapie. Réponse à l'ordre du jour», 02/03/1970, ADIGEC.

8. Comité ad hoc sur l'institution d'un cours de Techniques de physiothérapie au niveau collégial, *PV*, réunion du 09/03/1970, p. 3, ADIGEC.

9. *Ibid.*

10. Compte rendu d'une rencontre portant sur l'option physiothérapie au cégep de Chicoutimi, 07/12/1970, p. 2, ADIGEC.

11. *Ibid.*

12. Les États-Unis ont également développé un système de formation à deux niveaux. Il semble, toutefois, que les connaissances des «assistantes en physiothérapie» américaines ne seraient pas du même calibre que celles des techniciennes en réadaptation physique (dites aussi thérapeutes) québécoises, puisque les programmes américains comportent deux fois moins d'heures de formation, ne comprenant ni cours généraux, ni enseignements cliniques. Cf. «La formation académique du technicien en réadaptation», *Rapport du congrès de l'APTRPQ 1978 (17-18 novembre)*, p. 4-5-6. ASQTRP.

13. En 1977, on comptait 280 diplômées en réadaptation physique au Québec. APTRPQ, *Rapport annuel de l'APTRPQ 1976-1977*. ASQTRP.

14. Cette estimation est fondée sur des calculs effectués à partir des *Cahiers de l'enseignement collégial*, Programme 144.00, Techniques en réadaptation. Le pourcentage varie entre 20% et 50%, selon les sources utilisées. Ainsi,

selon la SQTRP, près de 1000 heures ont été retranchées du programme. Selon nos calculs, entre 1971 et 1979, le nombre d'heures consacrées à la formation en réadaptation passe de 2205 à 1620 heures. Soulignons que les stages, la formation de base en français, en philosophie et en éducation physique n'entrent pas dans ce calcul.

15. Les stages sont de quatre mois en 1971, de 15 semaines pour les années 1972-1975 et de 540 heures (15 semaines à 36 heures/semaine) de 1977 à 1979.

16. La formation en sciences comprend les cours généraux et spécialisés en sciences de la santé de même que les cours en sciences pures et en sciences appliquées. Soulignons que le nombre d'heures consacrées aux sciences de la santé connaît une diminution notoire, passant de 1035 à 570 heures de formation. Voir *Cahiers de l'enseignement collégial, 1971 à 1979.*

17. L'APTRP deviendra, à partir de 1980, la Société québécoise des thérapeutes en réadaptation physique (SQTRP).

18. *Rapport annuel de l'APTRPQ 1975-1976*, oct. 1976, p. 9. SQTRP.

19. Claire Lalonde et Candide Butler, *Comité ad hoc pour l'étude des programmes de technique en réadaptation. Question des cours collégiaux de Chicoutimi et de Sherbrooke*, ADIGEC, mai 1976, p. 12.

20. André Audy, prés. de la CPPQ, *Quelques réflexions sur la formation du physiothérapeute*, sept. 1979, p. 2 et ss. ACPPQ; CPPQ, *Étude de la problématique…*, *op. cit.*, mai 1984, p. 9, 11 et 12, ACPPQ; Note de la DIGEC au sous-ministre adjoint au MAS, 24/03/1978, ADIGEC; Compte rendu d'une rencontre entre la CPPQ et le MEQ, 27/10/1977, p. 2 et ss., ADIGEC. Ce dernier compte rendu fait mention des positions de l'Office des professions du Québec, du MEQ et du MAS sur cette question.

21. R. Beaudouin, «Diététique et nutrition à la Faculté de médecine de l'Université de Montréal», *Union médicale du Canada*, 75, avril 1946, p. 1.

22. *Ibid.*

23. Association de diététique du Québec, *Le rôle et le statut des diététistes professionnelles dans les hôpitaux de la Province de Québec*, Mémoire soumis au ministre de la Santé (mai 1960), p. 14.

24. Association des diététistes du Québec, *Mémoire sur l'enseignement ménager présenté à la Commission royale d'enquête sur l'enseignement*, juin 1962, p. 38.

25. La corporation en profitera pour demander à ses membres de refuser d'organiser tout programme de formation pour les techniciennes avant qu'il ne soit approuvé par elle. *Bulletin CDQ*, vol. 6, n° 2, mars 1965, p. 9.

26. Rappelons que, dès les années 1950, l'Institut de diététique avait procédé à une révision de son programme de formation et avait augmenté le contenu scientifique. Soulignons cependant que cette réforme n'a pas soustrait la formation en diététique aux critiques des commissaires.

27. Mentionnons ici que certaines de ces «aides-diététiciennes» ont été formées directement dans les hôpitaux, sans avoir suivi un cours reconnu.

28. CPDQ, *Bulletin*, décembre 1971, p. 7. CPDQ.

29. *Ibid.*

30. F. Meloche et *al.* (DIGEC), *Problématique du programme 120.00 Techniques de diététique*, rapport 01/08/1977, ASTNQ; Gisèle Bonin (Comité pédagogique des Techniques de diététique), *Rapport soumis à la DIGEC. Résultat du sondage effectué auprès des employeurs des diplômés des programmes d'études reliés au secteur alimentaire*, juin 1980, ASTNQ; ADIGEC (Service des programmes), *Projet de décision, programme 120.00 Techniques de diététique*, juin 1983 ADIGEC; Annette Tardif, *Projet en vue de l'élaboration d'un nouveau programme en Industrie alimentaire pour le Cégep André Laurendeau*, sept. 1974, ADIGEC; Shirley Wood, G. Bonin et S. D. Courval, *Révision du programme de Techniques de diététique. Rapport d'étape*, 1982, ADIGEC.

31. Voir les conclusions dans F. Meloche *et al.* (DIGEC), *Problématique du programme 120.00 Techniques de diététique*, rapport soumis le 01/08/1977, ASTNQ; Voir aussi: Gisèle Bonin (Comité pédagogique des Techniques de diététique), *Rapport soumis à la Digec. Résultats du sondage effectué auprès des employeurs des diplômés des programmes d'études reliés au secteur alimentaire*, juin 1980, ASTNQ; voir enfin DIGEC (Service des programmes), *Projet de décision, programme 120.00 Techniques de diététique*, juin 1983, ADIGEC.

32. Excluant les cours du tronc commun (français, philosophie et éducation physique).

33. Respectivement les programmes 120.51 et 120.31, dont la durée de formation est, de façon générale, d'une année ou moins.

34. MEQ, «Correspondance» lettre du MEQ (DIGEC) à la STNQ, 18/09/1980 dans *Bulletin de l'ATDQ*, déc. 1980, p. 9, ASTNQ.

35. STNQ, «Historique», n.p., ASTNQ.

36. Société des technologues en nutrition du Québec (STNQ), «Historique», *Procès-Verbal de la 7*[e] *assemblée générale*, 1978, p. 3.

37. STNQ, «Quelles ont été les principales occupations de votre conseil pour cette année de mandat», s.d., s.n., feuilles volantes. Selon nous, ce texte constitue une partie du rapport du conseil exécutif de la STNQ pour l'année 1974-75.

38. Voir, par exemple, *Minutes of the Dominion Executive Committee Meeting*, 17 septembre 1956, Archives de l'ACP; *Minutes of the National Executive Committee Meeting*, 3 mai 1966, *ibid.*

39. Voir chapitre sur la formation professionnelle en Ontario.

40. *Proposal for the diploma course in physical therapy conjointly by the Faculty of Medicine, McMaster University; Mohawk College; and the Hamilton Health Association*, 10 juillet, 1967. *Summary of discussions. AD Hoc Pilot*

Committee, Proposed Diploma Course in Physical Therapy at McMaster University, 9 juin 1967, chemise 505: *Reports, Briefs, Evaluations, General and By School (McMaster and Mohawk)*. AACP.

41. La OHSC a été créée en 1957 avec le mandat d'administrer le «Public Hospitals Act and Regulations» ainsi que le «Private Hospitals Act and Regulations». Elle agit comme une commission indépendante, mais elle rend compte de ses activités au ministre de la santé. Elle voit au développement du système hospitalier ontarien, approuve les budgets des hôpitaux et leur fournit leur principale source de revenus. Ontario, *Report of the Committee on the Healing Arts*, vol. 1, p. 100-101.

42. *Minutes of the meeting held at the OHSC offices*, 13 avril 1967, chemise 505: *Briefs, Evaluations, General and by School(McMaster, Mohawk)*, Archives de l'ACP.

43. Dr J. D. Hamilton, «Paramedical Education», dans «Proceedings of the Conference on Health Science Centres and the Integration of Teaching Hospitals in Ontario», Toronto, 10 décembre 1965, p. 24, Ministère de la santé: RG10-163-0-454, boîte 13, AO.

44. *Ibid.*, p. 25-27.

45. *Summary of discussions. Ad Hoc Pilot Committee, proposed diploma course in physiotherapy held at McMaster University*, 9 juin 1967, chemise 505: *Programmes, Mohawk College*. AACP.

46. *Ibid. Minutes of meeting held at OHSC offices*, 13 avril 1967, chemise 505: *Reports, Briefs, Evaluations, General and by School (McMaster, Mohawk)*. AACP.

47. *Summary of discussions. Ad Hoc Pilot Committee, proposed diploma course in physiotherapy held at McMaster University*, 9 juin 1967, chemise 505: *Programmes, Mohawk College*. AACP

48. *Proposal for the Diploma Course in Physical Therapy conjointly by the Faculty of Medicine, McMaster University, Mohawk College and the Hamilton Healh Association*, 10 juillet 1967, chemise 505: *Reports, Briefs, Evaluations, General and By Schools (McMaster and Mohawk)*. AACP.

49. *Ibid.*

50. Chaque association ou institution aura deux représentants.

51. *Proposal for a diploma course in physiotherapy*, 10 juin 1968, chemise 505: *Programmes, Mohawk*, AACP.

52. Mary Martin, présidente, OPA, au Dr John C. Sibley, 20 juillet 1967, chemise 505: *Reports, Briefs, Evaluations, General and by School (McMaster, Mohawk)*, AACP.

53. Ruth Bradshaw, présidente, Bureau d'Éducation, ACP, au Dr Sibley, 20 septembre 1968, chemise 505: *Programmes, Mohawk*, AACP.

54. *Minutes of meeting of Board of Directors and of National Executive Committee*, 19-21 novembre 1970, p. 9.

55. Madame Curtis Millar, secrétaire exécutive, ACP, au Dr John Sibley, 3 décembre 1979, chemise 505: *Programmes, Mohawk*, AACP.

56. *Minutes of a meeting of the Boeard of Directors and of the National Executive Committee*, 30-31 mai et 1er juin 1971, chemise 505: *Programmes, Mohawk*, AACP.

57. Ontario, *Report of the Committee on the Healing Arts*, Toronto, Imprimeur de la Reine, 1970, vol. 2, p. 365-367.

58. Conal Thompson, «Educational Trends in Canada», *Journal of the CPA*, vol. 25, nº 3, mai 1973, p. 97.

59. CPA, «Requirements for the Basic Education Programme for Physiotherapists in Canada», chemise 5-0-1, Archives de l'ACP.

60. CPA, Education Committee, *Minutes of a meeting held on May 23, 1972*, chemise 5-0-1, Archives de l'ACP.

61. CPA, *CPA Policy Re: Educational Standards*, 30 janvier 1972, *ibid.*

62. *Ibid.*, p. 4-9.

63. *Report of the ad hoc committee on the evaluation of the Mohawk-McMaster pilot project to the Board of Directors and Executive Committee on the CPA*, mai 1974, p. 11, *ibid.*

64. CPA, *Minutes of the annual meeting of the Board of directors and of the National Executive Committee*, 20 juin 1974, p. 29-30, *ibid.*

65. J. Gordon Parr, sous-ministre, ministère des Collèges et des Universités, à Marion J. Leslie, directrice du Comité exécutif, ACP, 20 mai 1975, chemise 5-0-1, Archives de l'ACP.

66. Marion J. Leslie à J. Gordon Parr, 6 juin 1975, *ibid.*

67. Goldie Lewis, présidente, OPA, à Moira Reed-Davis, présidente, ACP, 29 octobre 1973, chemise 505: *Programmes: Mohawk*, Archives de l'ACP.

68. *The Profession of Physiotherapy. Paper I: Education*, janvier 1975, 9 pages, boîte I: *Reference documents prior to 1978*, Archives de la OPA.

69. *Submission of the Board of Directors of Physiotherapy on Educational Standards for Licensure of Physiotherapists in Ontario*, mai 1979, 23 pages, chemise: *Matters of Practice*, Archives de l'ACP.

70. Dr A.N. Bourns, président, Université McMaster, et Dr S. Mitminger, président, Collège Mohawk, à Bette Stephenson, ministre des collèges et des universités de l'Ontario, et à Dennis P. Timbrell, ministre de la santé de l'Ontario, 3 janvier 1979, chemise 505: *Reports, Briefs, Evaluations, Mohawk, McMaster*, Archives de l'ACP.

71. CPA, *Background information for the minister of Education. Re: Mohawk College and the CPA requirement for a B.A. degree for membership*, 1er mai 1979, *ibid.*

72. Hamilton, «Paramedical Education», *Proceedings of the Conference on Health Science Centres*, *op. cit.*, p. 26.

73. Ontario, *Report of the Committee on the Healing Arts*, Toronto, Imprimeur de la Reine, 1970, vol. 2, p. 403.

74. En 1964, l'ACD définit comme suit la *food supervisor*: «a person employed in a dietary department of a hospital or an institution who has been trained in the routine supervisory work and in the record keeping of the department». CDA, *Annual Report for the year 1964*, p. 20, Archives de l'ACD.

75. ODA, *Minutes of the first Board Meeting*, 3 novembre 1958, Archives de la ODA.

76. «Report of the Food Supervisors Course Committee», ODA, *Minutes of the Board of Dircetors*, 11 janvier 1965, Archives de la ODA.

77. ODA, «Reports presented at the mid-year Board Meeting», 24 novembre 1972, p. 2, Archives de la ODA.

78. Ontario, *Report of the Committee on the Healing Arts*, *op. cit.*, vol. 2, p. 404.

79. University of Toronto, *The Varsity*, 21 janvier 1972, 12 janvier 1973.

Bibliographie

Archives consultées

Archives de l'Association canadienne de physiothérapie.
Archives de l'Hôtel-Dieu de Montréal.
Archives de l'Ontario.
Archives de l'Ontario Dietetic Association.
Archives de l'Ontario Physiotherapy Association.
Archives de l'Université de Montréal.
Archives de l'Université McGill.
Archives nationales du Québec (à Montréal et à Québec).
Archives of the Board of Directors of Physiotherapy of Ontario.
Association canadienne de diététique.
Association professionnelle des physiothérapeutes du Québec.
Association professionnelle des techniciens en réadaptation physique du Québec.
Association des techniciens en diététique du Québec.
Bibliothèque nationale du Québec.
Cartel des organismes professionnels de la santé.
Corporation des diététistes du Québec.
Corporation professionnelle des diététistes du Québec.
Corporation professionnelle des physiothérapeutes du Québec.
Direction générale de l'enseignement collégial.
Ontario Dietetic Association.
Ontario Physiotherapy Association.
Société québécoise des thérapeutes en réadaptation physique.
Société des technologues en nutrition du Québec.
Syndicat professionnel des diététistes du Québec.

Commissions d'enquêtes
Études, Mémoires, Rapports

Association de diététique du Québec, *Le rôle et le statut des diététistes professionnelles dans les hôpitaux de la Province de Québec*, Mémoire présenté au ministre de la Santé (mai 1960).

Association des physiâtres du Québec, *Mémoire*, présenté à la Commission d'enquête sur la santé et le bien-être social (Commission Castonguay-Nepveu), septembre 1967.

BÉLAND, Richard et Thomas BOUDREAU, *La prévision de la main-d'œuvre dans le secteur hospitalier*, Étude présentée à la Commission d'enquête sur la santé et le bien-être social, Annexe 8, Québec, 1970.

BOUDREAU, Thomas J., *La main-d'œuvre hospitalière*, Rapport du Comité d'étude sur la main-d'œuvre hospitalière (C.E.M.O.H.), Québec, Éditeur officiel, 1973.

Corporation des diététistes du Québec, *Mémoire*, présenté à la Commission d'enquête sur la santé et le bien-être social, 1967.

Corporation professionnelle des physiothérapeutes du Québec, *Mémoire*, présenté au ministère des Affaires sociales sur les éléments de problématique de la physiothérapie au Québec, 1975.

Corporation professionnelle des physiothérapeutes du Québec et Corporation professionnelle des diététistes du Québec, *Document de travail sur l'impact de la réglementation des actes délégués sur le fonctionnement des services de santé présenté à la Commission d'enquête sur la santé et les services sociaux (Commission Rochon)*, février 1986.

DUSSEAULT, Gilles, *et al.*, *La main-d'œuvre sanitaire au Québec*, Étude présentée à la Commission d'enquête sur les services de santé et les services sociaux, Québec, 1987.

——, *La réglementation professionnelle et le fonctionnement du système socio-sanitaire*, Étude présentée à la Commission d'enquête sur la santé et les services sociaux, Montréal, 1987.

Gouvernement de l'Ontario, *Report of the Committee on the Healing Arts*, Toronto, Imprimeur de la Reine, 1070.

Gouvernement du Canada, *Rapport de la Commission royale d'enquête sur les services de santé (Commission Hall)*, Ottawa, Imprimeur de la Reine, 1964.

Gouvernement du Québec, ministère de l'Éducation et ministère des Affaires sociales, Planification sectorielle de l'enseignement supérieur, *Opérations sciences de la santé*, 1976.

Gouvernement du Québec, ministère des Affaires sociales, MELOCHE, F., *et al.*, *Problématique du programme 120.00 Techniques et diététique*, Québec, août 1977.

Gouvernement du Québec, *Rapport de la Commission royale d'enquête sur la santé et le bien-être social*, Québec, 1970.

HASTINGS, J.E.F., *Les services de santé communautaires organisés*, Étude présentée à la Commission royale d'enquête sur les services de santé au Canada, Ottawa, 1967.

Health and Welfare Canada, *A New Perspective on the Health of Canadians. A Working Document*, Ottawa, 1974.

LALONDE, Marc (ministre de la Santé nationale et du bien-être social), *Nouvelles perspectives de la santé des Canadiens*, Document de travail, Ottawa, mars 1971.

Nutrition Canada, *National Survey*, Ottawa, Information Canada, 1973.

Office des professions du Québec, *Actes du Colloque sur le titre réservé*, tenu à Montréal les 12 et 13 juin 1980, Québec, Éditeur officiel, octobre 1980.

Office des professions du Québec, *Actes du Colloque sur le système professionnel québécois*, Coll. «Documents d'information», Québec, Gouvernement du Québec, février 1986.

Ontario Council of Health, *Nutrition and Dietetic Services*, Toronto, Ontario Council of Health, 1975.

Les Physiothérapeutes de la Province de Québec Inc., *Mémoire*, présenté à la Commission d'enquête sur la santé et le bien-être social, avril 1968.

RIVARD, Jean-Yves, *et al*, *L'évolution des services de santé et des modes de distribution de soins au Québec*, Étude présentée à la Commission d'enquête sur la santé et le bien-être social, Annexe 2, Québec, 1970.

SHEPPARD, Claude-Armand, *L'organisation de la réglementation des professions de la santé et du bien-être au Québec*, Annexe 12, Tome 1, livre 1, Commission d'enquête sur la santé et la bien-être social, Gouvernement du Québec, 1970.

WELLS, Thomas L.(ministre de la santé), *Guiding Principles for the Regulation and the Education of the Health Disciplines*, Toronto, ministère de la Santé, 1971.

Journaux, revues et bulletins

Bulletin de l'Association canadienne de diététique.

Bulletin de l'Association canadienne de physiothérapie.

Bulletin de l'Ontario Dietetic Association.

Bulletin de l'Ontario Physiotherapy Association.

Bulletin de la Corporation professionnelle des diététistes du Québec.

CDA News (RUBY)

Cahiers de l'enseignement collégial.
Canadian Public Administration.
Canadian Home Economics Journal.
Canadian Medical Association Journal.
Châtelaine.
Journal of the Canadian Dietetic Association.
Journal of the Canadian Physiotherapy Association.
Journal of the Ontario Chiropractic Association.
Journaux des débats.
L'Hôpital d'aujourd'hui.
La Lettre (Bulletin de la Corporation des diététistes du Québec).
MacDonald College Magazine.
McGill News.
Ontario Gazette.
Physio Québec (Bulletin de la Corporation professionnelle des physiothérapeutes du Québec).
La Presse.
L'Union médicale du Canada.

Études

ABBOTT, Andrew, *The System of Professions. An Essay on the Division of Expert Labor*, Chicago, University of Chicago Press, 1988.

BERNIER, Jean, *La médecine au Québec. Naissance et évolution d'une profession*, Québec, PUL, 1989.

BOUTILIER, Beverly, «Helpers or Heroïnes? The National Council of Women, Nursing and "Women's Work" in Late Victorian Canada», Diane DODD et Deborah GORHAM (dir.), *Caring and Curing. Historical Perspectives on Women and Healing in Canada*, Ottawa, University of Ottawa Press, 1994, p. 17-49.

BRAVERMAN, Harry, *Travail et capitalisme monopoliste; la dégradation du travail au XX*e *siècle*, Paris, Maspéro, 1976.

Bureau fédéral de la statistique, *Health Manpower in Hospitals: Dieticians 1961-1968*, Ottawa, 1970 et 1971.

——, *Physio-Occupational Therapists 1961-1968*, Ottawa, 1970 et 1971.

CHARLES, Aline et Nadia FAHMY-EID, «La diététique et la physiothérapie face au problème des frontières interprofessionnelles (1950-1980)», *Revue d'histoire de l'Amérique française*, 47, 3, hiver 1994, p. 377-408.

COBURN, David et C. Lesley BIGGS, «Legitimation or Medicalization? The Case of Chiropractic in Canada», David COBURN *et al.* (dir.), *Health and Canadian Society*, 2e édition, Toronto, Fitzhenry & Whiteside, 1987, p. 366-384.

COLLIN, Johanne, *Changement d'ordonnance. Mutations professionnelles, identité sociale et féminisation de la profession pharmaceutique*, Montréal, Boréal, 1995.

COLLIN, Johanne et Denis BÉLIVEAU, *Histoire de la pharmacie au Québec*, Montréal, Musée de la pharmacie du Québec, 1994.

COUTURE, Denise, «Enjeux actuels en sociologie des professions», *Sociologie et sociétés*, 20, 2, octobre 1988, p. 5-9.

——, «Technologies médicales et statut des corps professionnels dans la division du travail socio-sanitaire», *Sociologie et sociétés*, 20, 2, octobre 1988, p. 77-89.

DANYLEWYCZ, Marta et Nadia FAHMY-EID, «L'enseignement ménager et les "home economics" au Québec et en Ontario au début du xxe siècle», J.D. WILSON (dir.), *An Imperfect Past*, Vancouver, University of British Columbia, 1984, p. 67-119.

DERBER, Charles, «Sponsorship and the Control of Physicians», *Theory and Society*, 12, 1983, p. 561-601.

DERBER, Charles et W. SCHWARTZ, «Des hiérarchies à l'intérieur de hiérarchies. Le pouvoir professionnel à l'œuvre», *Sociologie et sociétés*, 20, 2, octobre 1988, p. 55-76.

DODD, Dianne et Deborah GORHAM, *Caring and Curing. Historical Perspectives on Women and Healing in Canada*, Ottawa, University of Ottawa Press, 1994.

DUSSAULT, Gilles, «Les idéologies des professions libérales au Québec, 1940-1975», Fernand DUMONT *et al.*, *Idéologies au Canada français, 1946-1976*, Québec, PUL, 1981, p.47-73.

——, «Professionnalisation et dé-professionnalisation», Jacques DUFRESNE, Fernand DUMONT et Yves MARTIN (dir.), *Traité d'anthropologie médicale*, Québec, PUQ, IQRC et Presses Universitaires de Lyon, 1985, p. 605-616.

——, «Les effectifs sanitaires au Québec», Jacques DUFRESNE, Fernand DUMONT et Yves MARTIN (dir.) *Traité d'anthropologie médicale*, PUQ, IQRC et Presses Universitaires de Lyon, 1985, p. 587-603.

——, «L'évolution du professionnalisme au Québec», *Relations industrielles*, 33, 3, 1978, p. 428-463.

DUSSAULT, René et Louis BORGEAT, «La réforme des professions au Québec», *La Revue du Barreau*, 34, 3, mai 1974.

FAHMY-EID, Nadia et Aline CHARLES, «Savoir contrôlé ou pouvoir confisqué? La formation des filles en technologie médicale, réhabilitation et diététique à l'Université de Montréal (1940-1970)», *Recherches féministes*, 1, 1, 1988, p. 1 à 29.

——, «Raison d'État ou du plus fort? La diététique et la physiothérapie en quête d'une pratique exclusive au Québec, 1950-1980», *Histoire Sociale/Social History*, XXVI, 51, mai 1993, p. 95-113.

FAHMY-EID, Nadia et Johanne COLLIN, «Savoir et pouvoir dans l'univers des disciplines paramédicales: la formation en physiothérapie et en diététique à l'Université McGill, 1940-1970», *Histoire Sociale/Social History*, XXII, 43, mai 1989, p. 35-63.

FAHMY-EID, Nadia et Lucie PICHÉ, «Le savoir négocié. Les stratégies des associations de technologie médicale, de physiothérapie et de diététique pour l'accès à une meilleure formation professionnelle (1930-1970)», *Revue d'histoire de l'Amérique française*, 43, 4, printemps 1990, p. 509-534.

FREIDSON, Eliot, «The Theory of Professions: State of the Art», R. DINGWALL et P. LEWIS (dir.), *The Sociology of the Professions: Lawyers, Doctors and Others*, London, MacMillan Press Ltd., 1983, p. 19-37.

——, *Profession of Medecine. A study of the Sociology of Applied Knowledge*, New York, Dodd, Mead & Co., 1972.

GAUCHER, Dominique, *Le maternage mal salarié. Travail sexué et discrimination salariale en milieu hospitalier*, Montréal, PUM, 1988.

HARRIS, Robin S., *A History of Higher Education in Canada, 1663-1960*, Toronto, University of Toronto Press, 1976.

HARVEY, Yvan, «Le syndicalisme en physiothérapie», *Journal of Canadian Physiotherapy Association*, 22, 5, décembre 1970.

HEAP, Ruby, «Training Women for a New "Women's Profession" in the Health Sector: The Beginnings of Physiotherapy Education at the University of Toronto: 1917-1940», *History of Education Quarterly*, 35, 1 (été 1995).

——, «Physiotherapy's Quest for Professional Status in Ontario, 1950-1980», *Canadian Bulletin of Medical History/Bulletin canadien de l'histoire de la médecine*, 12, 1995, p. 69-99 (à paraître).

LALIBERTÉ, R., «La professionnalisation des occupations, une tendance à accentuer ou à renverser?», *Critère*, 25, printemps 1979.

LANG, Margaret et Elisabeth UPTON, *The Dietetic Profession in Canada*, Toronto, Canadian Dietetic Association, 1973.

LARKIN, Gerald, *Occupational Monopoly and Modern Medicine*, Londres, New York, Tavistock Publications, 1983.

LAURIN, Nicole, Danielle JUTEAU, Lorraine DUCHESNE, *À la recherche d'un monde oublié. Les communautés religieuses de femmes au Québec de 1900 à 1970*, Montréal, Le jour, 1991.

LESEMANN, Frédéric, *Du pain et des services. La réforme de la santé et des services sociaux au Québec*, Montréal, Éditions Albert Saint-Martin, 1981.

MacNab, Elizabeth, *A Legal History of Health Professions in Ontario. A Study for the Committee on the Healing Arts*, Toronto, Imprimeur de la Reine, 1970.

McPherson, Kathryn, «Science and Technique: Nurses' Work in a Canadian Hospital, 1920-1939», Diane Dodd et Deborah Gorham (dir.), *Caring and Curing. Historical Perspectives on Women and Healing in Canada*, Ottawa, University of Ottawa Press, 1994, p. 71-102.

Miles-Tapping, Carol, *«A Good Physical Therapist Would Cope»: Gender and Class Control in a Women's Profession*, Thèse de doctorat en sociologie, Carleton University, 1987.

Mills, Donald L., et Donald E. Larsen, «The Professionalization of Canadian Chiropractics», David Coburn *et al.* (dir.), *Health and Canadian Society*, 1re édition, Toronto, Fitzhenry & Whiteside, 1981, p. 237-250.

Neilson, Helen, *MacDonald College University. 1907-1908. A people of a campus*, Montréal, ECP Corona Montréal, 1989.

Oppenheimer, Martin, «The Proletarization of the Professional», P. Halmos (dir.), *Professionnalization and Social Change*, Keele, (Angleterre), University of Keele, Sociological Review Monograph n°. 20, 1973, p. 213-28.

Paradeise, Catherine, «Les professions comme marchés du travail fermés», *Sociologie et sociétés*, 20, 2, octobre 1988, p. 9-21.

Parkin, Frank, «Strategies of Social Closure in Class Formation», Frank Parkin (dir.), *The Social Analysis of Class Structure*, Londres, Tavistock Publications Ltd., 1974, p. 1-18.

Petitat, André, *Les infirmières*, Montréal, Boréal, 1989.

Piché, Lucie et Nadia Fahmy-Eid, «À la recherche d'un statut professionnel dans le champ du paramédical (1940-1973)», *Revue d'histoire de l'Amérique française*, 45, 3, hiver 1992, p. 375-401.

Renaud, Marc, «New Middle Class in Search of Hegemony», A.G. Gagnon *Quebec: State and Society*, Toronto, Melthuen, 1984.

Reverby, Susan S., *Ordered to Care, The Dilemma of American Nursing, 1850-1945*, Cambridge, Cambridge University Press, 1989.

Rowles Simpson, Édith C., «The history of Home Economics in Canada», *Canadian Home Economics Journal*, mars 1966.

——, *Home Economics in Canada in the early history of six colleges programs: Prologue to change*, Saskatchewan, Modern Press, s.d.

Sarfati-Larson, Magali, *The Rise of Professionalism. A Sociological Analysis*, Berkeley, University of California Press, 1977.

Ségrestin, Denis, *Le phénomène corporatiste*, Paris, Fayard, 1985.

Taylor, Malcom G., «The Canadian Health Care System: After Medicare», David Coburn *et al.* (dir.), *Health Care and Canadian Society. Sociological Perspectives*, 2e édition, Fitzhenry and Whiteside, 1987.

TROTTIER, Hélène, *Évolution de la profession infirmière au Québec de 1920 à 1980*, M.A. Département de sociologie, Université de Montréal, 1982.

VAILLANCOURT, Yves, *L'évolution des politiques sociales au Québec, 1940-1960*, Montréal, PUM, 1988.

WITZ, Ann, *Professions and Patriarchy*, Londres/New York, Routledge, 1990.

Liste des abréviations et des sigles

AAHP	Association of Allied Health Professionnals
ACD	Association canadienne de diététique
ACM	Association médicale du Canada
ACP	Association canadienne de physiothérapie
ADAQ	Association des diététistes autonomes du Québec
ADCQ	Association des diététistes cadres du Québec
ADNUM	Archives du Département de nutrition de l'Université de Montréal
AMC	Association médicale du Canada
ANC	Archives nationales du Canada
APO	Archives provinciales de l'Ontario
APPQ	Association professionnelle des physiothérapeutes du Québec
APTRPQ	Association professionnelle des techniciens en réadaptation physique du Québec
ATDQ	Association des techniciens en diététique du Québec
BNQ	Bibliothèque nationale du Québec (St-Sulpice)
CCA	Canadian Chiropractic Association
CDA	Corporation des diététistes du Québec
CIQ	Conseil interprofessionnel du Québec
CAMRG	Canadian Association of Massage and Remedical Gymnastics
COPS	Cartel des organismes professionnels de la santé
CPDQ	Corporation professionnelle des diététistes du Québec
CPPQ	Corporation professionnelle des physiothérapeutes du Québec

NB: dans les notes à la fin des chapitres, un «A» placé devant un sigle renvoie aux archives de l'organisme considéré.

DIGEC	Direction générale de l'enseignement collégial
DPA	Drugless Practitioners' Act
HDA	Health Disciplines Act
HDB	Health Disciplines Board
MAS	Ministère des Affaires sociales
MEQ	Ministère de l'Éducation
OCA	Ontario Chiropractic Association
OCH	Ontario Council of Health
ODA	Ontario Dietetic Association
OHA	Ontario Hospital Association
OHIP	Ontario Health Insurance Plan
OLRA	Ontario Labour Relation Act
OLRB	Ontario Labour Relation Board
OMA	Ontario Medical Association
OPA	Ontario Physiotherapy Association
OPQ	Office des professions du Québec
RAMQ	Régie de l'assurance-maladie du Québec
SPDQ	Syndicat professionnel des diététistes du Québec
SQTRP	Société québécoise des thérapeutes en réadaptation physique
STNQ	Société des technologues en nutrition du Québec
WCB	Workmen's Compensation Board

ANNEXE

Guide d'entrevue

A. Choix de la profession

1. Qu'est-ce qui vous a amenée à choisir cette profession?

B. Rapport entre formation professionnelle et travail

2. Considérez-vous que vos études vous ont préparée à votre travail?
3. Votre formation était-elle axée sur la théorie ou sur la pratique? Dans votre souvenir, quelle était la proportion de cours centrés sur la théorie et sur la pratique?
   La répartition théorie pratique vous a-t-elle semblé adéquate sur le moment? Et par la suite?
4. Dans la partie consacrée à la pratique, quelle était la place occupée par les stages?
   Dans quelles conditions se déroulaient-ils?
   Ont-ils été utiles pour vous préparer à votre travail professionnel?
5. Estimez-vous suffisantes, pour les besoins de votre pratique professionnelle, les connaissances médicales acquises lors de vos études?
6. Quels étaient, en tant qu'étudiantes, vos rapports avec les professeurs(res) médecins?
7. Que pensez-vous de la formation des nouvelles praticiennes dans votre profession en comparaison avec la formation que vous avez reçue?

C. Organisation du travail

8. Pouvez-vous nous décrire brièvement le fonctionnement du ou des départements dans lesquels vous avez travaillé?
9. Avez-vous perçu, au fil des ans, des changements dans ce mode de fonctionnement?
10. Qui vous embauchait?
    Qui vous donnait des directives?
    À qui deviez-vous régulièrement rendre des comptes?
11. Quelles ont été, au fil des ans, vos principales fonctions?
12. Est-ce que les tâches qui vous étaient dévolues étaient spécifiées lors de votre embauche?
    D'autres tâches se sont-elles ajoutées dans la pratique?
    Était-ce en fonction de vos compétences, de vos disponibilités ou de besoins plus ponctuels?
13. La pratique de la profession a-t-elle été affectée par des changements technologiques au fil des années?
14. Quel type de relations entreteniez-vous avec vos supérieurs?
    Et avec les médecins?
15. Considérez-vous que votre formation vous a préparée à fonctionner de façon autonome par rapport aux médecins?
16. Quelle était votre marge de manœuvre dans la mise en application des prescriptions, analyses ou traitements demandés par les médecins?
    Les choses ont-elles changé à cet égard?

D. Statut professionnel

17. Lorsque vous avez choisi cette profession, aviez-vous le sentiment qu'elle jouissait d'un certain prestige dans la société?
    Et dans le milieu hospitalier?
18. Quelles étaient les possibilités de faire carrière dans cette profession?
    Quelles étaient les possibilités de progression dans l'échelle salariale?
    Quelles étaient les possibilités de promotion?
19. Considérez-vous que votre salaire était suffisant, compte tenu de la formation exigée?
    Et compte tenu des tâches et des responsabilités à assumer?
20. Croyez-vous que votre profession est plus ou moins valorisée aujourd'hui qu'avant?
21. Pourquoi, selon vous, retrouve-t-on majoritairement des femmes dans cette profession?
    Quelles en sont les conséquences?

Table des matières